石油高职高专规划教材

钻井机械

孙松尧　主编

石油工业出版社

内 容 提 要

本书概括地介绍了钻机的基本组成、类型和基本参数；重点讲述了钻机的起升、旋转、循环三大工作系统和绞车、转盘、钻井泵这三大工作机及钻机的驱动与传动系统和气控制系统；介绍了海洋石油钻井设备、液压传动技术、离心泵和液力传动技术。

本书可作为石油钻井技术专业高职高专的学生教材，也可作为从事石油钻井和石油机械工作的职工上岗、考级、培训的参考书。

图书在版编目（CIP）数据

钻井机械/孙松尧主编.

北京：石油工业出版社，2006.8

石油高职高专规划教材

ISBN 978-7-5021-5607-7

Ⅰ.钻…

Ⅱ.孙…

Ⅲ.油气钻井-机械设备-高等学校：技术学校-教材

Ⅳ.TE92

中国版本图书馆 CIP 数据核字（2006）第 077380 号

出版发行：石油工业出版社

(北京安定门外安华里 2 区 1 号　100011)

网　址：http://www.petropub.com

编辑部：(010)64523612　发行部：(010)64523633

经　　销：全国新华书店

印　　刷：北京中石油彩色印刷有限责任公司

2006 年 8 月第 1 版　2015 年 8 月第 8 次印刷

787×1092 毫米　开本：1/16　印张：16.5

字数：416 千字

定价：22.00 元

(如出现印装质量问题，我社图书营销中心负责调换)

前 言

进入21世纪以来，我国高等职业技术教育发展迅速，但具有高职高专特色和石油特点的石油类高职高专教材却相对匮乏，不少高职高专院校尚在使用普通本科和中专教材。为了适应高等职业教育发展的要求，加快高职高专教材建设的步伐，根据石油高职高专教材建设会议的精神，讨论并制定了石油高等职业技术教育钻井技术专业《钻井机械》教学大纲和教材编写细纲。本书是在会议审定的教学大纲和教材编写细纲的基础上编写的。

本教材的编写力求突出高层次性和可衔接性。在教材内容的安排和知识能力的要求上既注意把高等职业教育与中等职业教育区别开来，又注意把高等职业教育与普通高等教育区别开来，努力适应新的角色要求，适应新的教育定位；同时又注意与本科教育相应课程的衔接，为学生的可持续性发展奠定基础。

本教材的编写力求突出职业性、技术性、应用性和针对性。努力体现职业教育特色和石油特点，面向生产、建设、服务、管理一线。以职业能力和职业岗位（群）的要求为核心，以“必须、够用”为度，建立“相对不完善的理论体系和相对完善的技能体系”。课程内容的选取以职业实践所需要的动作技能和心智技能为重点，同时兼顾学科理论的逻辑顺序。

本教材的编写力求突出前瞻性、先进性和创新性。尽可能地反映当代科技发展的新水平、新动向、新知识、新理论和新工艺、新材料、新设备。力求改变旧教材“从概念到概念”、“从公式到公式”的死板说教，注意发挥图、表、例在塑造应用型人才中的“赋型”作用。努力反映高职教育的特点，体现“能力本位”的原则要求。

全书内容分为十章，概括地介绍了钻机的基本组成、类型和基本参数；重点讲述了钻机的起升、旋转、循环三大工作系统和绞车、转盘、钻井泵三大工作机及钻机的驱动与传动系统、气控制系统；介绍了海洋石油钻井设备、液压传动技术、离心泵和液力传动技术。

参加本书编写的有：山东胜利职业学院孙松尧（第一章、第四章及附录），李德俭（第七章），马春成（第八章）；天津工程职业技术学院程瑞亮（第二章、第三章）；渤海石油职业学院郑爱军、毛建华（第五章）；天津石油职业技术学院宋文义（第六章）；辽河石油职业技术学院李国宾（第九章）；大庆职业学院刘玉忠（第十章）。全书由孙松尧副教授任主编，李德俭、程瑞亮副教授任副主编，中国石油大学（华东）高学仕教授任主审。

在教材编写过程中，得到了中国石油大学石油工程学院、中国石油大学机电工程学院及兄弟院校领导、专家和同行的大力支持，在此一并表示感谢。

本书可作为石油钻井技术专业高职高专的学生教材，也可作为从事石油钻井和石油机械工作的职工上岗、考级、培训的参考书。

由于编写人员水平有限，书中难免有不妥之处，希望广大师生及读者给予批评指正。

编者

2006.3

目　　录

第一章　钻机概论

石油钻机是指用来进行石油与天然气勘探、开发的成套钻井设备。转盘钻机是成套钻井设备中的基本形式，也称为常规钻机。此外，为适应各种地理环境和地质条件、加快钻井速度、降低钻井成本、提高钻井综合经济效益，近年来世界各国在转盘钻机的基础上研制了各种类型的具有特殊用途的钻机，如沙漠钻机、丛式井钻机、顶驱钻机、小井眼钻机、连续柔管钻机等特种钻机。

现代钻机是一套大型的综合性机组，为了满足油气钻井的需要，整套钻机是由若干系统和设备组成的。本章从整体上，简要介绍关于钻机的基本概念和基本知识。

第一节　钻井工艺对钻机的要求及钻机的特点

一、钻井工艺对钻机的要求

钻机设备的配置与钻井方法密切相关，目前，世界各国普遍采用的钻井方法是旋转钻井法。即利用钻头旋转破碎岩石，形成井身；利用钻杆柱将钻头送到井底；利用大钩、游车、天车、绞车起下钻杆柱；利用转盘或顶部驱动装置带动钻头、钻杆柱旋转；利用钻井泵输送高压钻井液，带出井底岩屑，如图 1－1 所示。

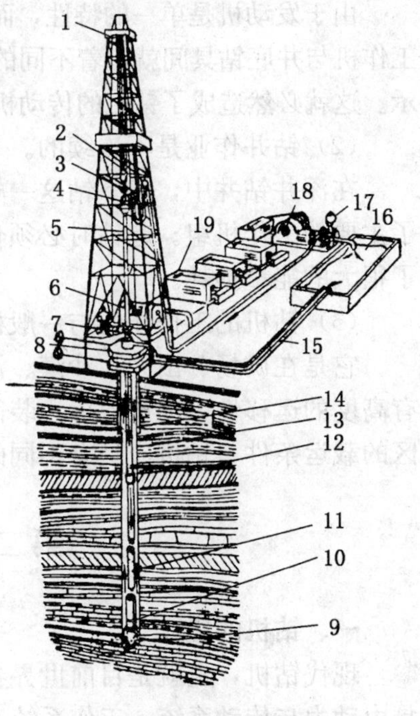

图 1－1　旋转钻井法示意图

1—天车；2—游动滑车；3—大钩；4—水龙头；5—方钻杆；6—绞车；7—转盘；8—防喷器；9—钻头；10—钻井液；11—钻铤；12—钻柱；13—井眼；14—表层套管；15—钻井液槽；16—钻井液池；17—空气包；18—钻井泵；19—动力机

显然，旋转钻井法要求钻井机械设备具有以下三方面的基本能力：

（1）旋转钻进的能力：钻井工艺要求钻井机械设备能为钻具（钻杆柱和钻头）提供一定的转矩和转速，并维持一定的钻压（钻杆柱作用在钻头上的重力）。

（2）起下钻具的能力：钻井工艺要求钻井机械设备应具有一定的起重能力及起升速度（能起出或下入全部钻杆柱和套管柱）。

（3）清洗井底的能力：钻井工艺要求钻井机械设备应具有清洗井底并携带岩屑的能力，能提供较高的泵压，使钻井液通过钻杆柱中孔，冲击清洗井底，并将岩屑带出井外。

此外，考虑到钻井作业流动性大的特点，钻机设备要容易安装、拆卸和运输。钻机的使用维修工作必须简便易行，钻机的易损零部件应便于更换。

钻机设备的配置和各种设备的工作能力、技术指标都是根据钻井工艺对钻机的以上三项基本要求确定的。在钻机的基本参数中对转盘的转矩与功率、大钩起重量及功

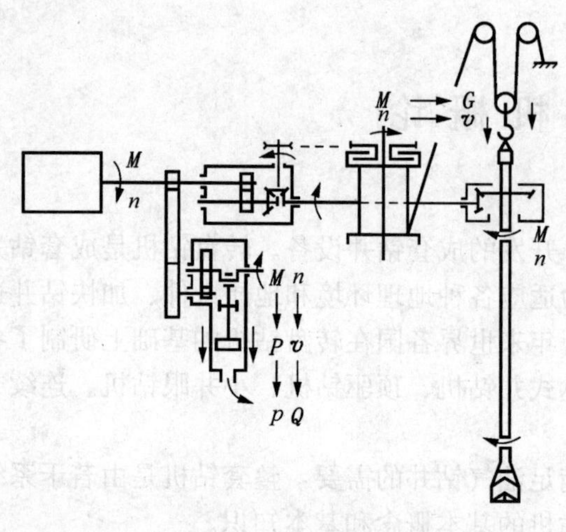

图 1-2 钻机能量传递与运动转换过程示意图
M—转矩；n—转速；v—速度；Q—流量；p—压力；G—拉力

率、钻井泵的许用泵压与功率提出了要求。在这三组参数中，转盘的转矩，大钩的起重量，钻井泵的许用泵压，都是受到机件强度限制的。

在强度满足使用要求的条件下，转盘应具有一定的转速；大钩应具有一定的提升速度；钻井泵应具有一定的排量，否则钻井作业就不能顺利进行。对转矩与转速，起重量与升速，泵压与排量的联合要求，就是工作机对功率的要求。为了保证一定的转速、升速、排量，应该供给一定的功率。钻机的能量传递与运动转换过程如图 1-2 所示。

二、钻机的特点

根据钻井工艺的要求和钻井场所的特殊性，钻机表现出与一般通用机械不同的特点，概括起来如下：

(1) 为了完成钻进与起下钻等钻井作业，钻机必须是一套大功率的重型联合工作机组。

由于发动机是单一的特性，而工作机与井底钻具则要求具有不同的特性，所以从发动机到工作机与井底钻具间就有着不同的能量转换、运动变化和很长的能量传递路线，如图 1-2 所示。这就必然造成了钻机的传动机构庞大、整体效率低，控制机构复杂、自动化程度低。

(2) 钻井作业是不连续的。

在深井钻井中，起下钻这一非生产性质的辅助操作跃居主要地位，所以，起升机组变成了主要的工作机组。起钻时必须付出很大的能量，而下钻时所产生的能量又不能回收，造成了很大的能量损耗。

(3) 钻机的工作场所与一般机器不同。

它是在矿场、山区、沙漠、沼泽地带及海洋上进行流动性作业的。这就要求钻机必须具有高度的运移性，即设备拆、装简易，尺寸和重量适于大块装运或整体拖运。为了适应各地区的载运条件，钻机应具有不同的底座结构形式。

第二节 钻机的组成及类型

一、钻机的组成

现代钻机，也就是目前世界各国通用的常规钻机，是一套大型的综合性机组，整套钻机是由动力与传动系统、工作系统、控制系统、辅助系统等若干系统和相应的设备所组成。一般说来，大型的综合性机组应包括：

(1) 动力系统：为整套机组提供能量的设备；

(2) 传动系统：为工作机组传递、输送、分配能量的设备；

(3) 工作系统：按工艺的要求进行工作的设备；

(4) 控制系统：控制各系统、设备按工艺要求进行工作的设备；

(5) 辅助系统：协助主系统工作的设备。

钻机也不例外，也应包括这五大系统。所不同的是，钻机的工作系统比较庞大，各机组的工作状况和工作特点各不相同，因而人们按照钻机工作机组的工作特点，把钻机的工作系统分成三部分，即旋转系统、起升系统和循环系统，另外，还把钻机底座单独列为一个系统。这样看来，整套钻机就是由下述八大系统设备组成的，如图1-3所示。

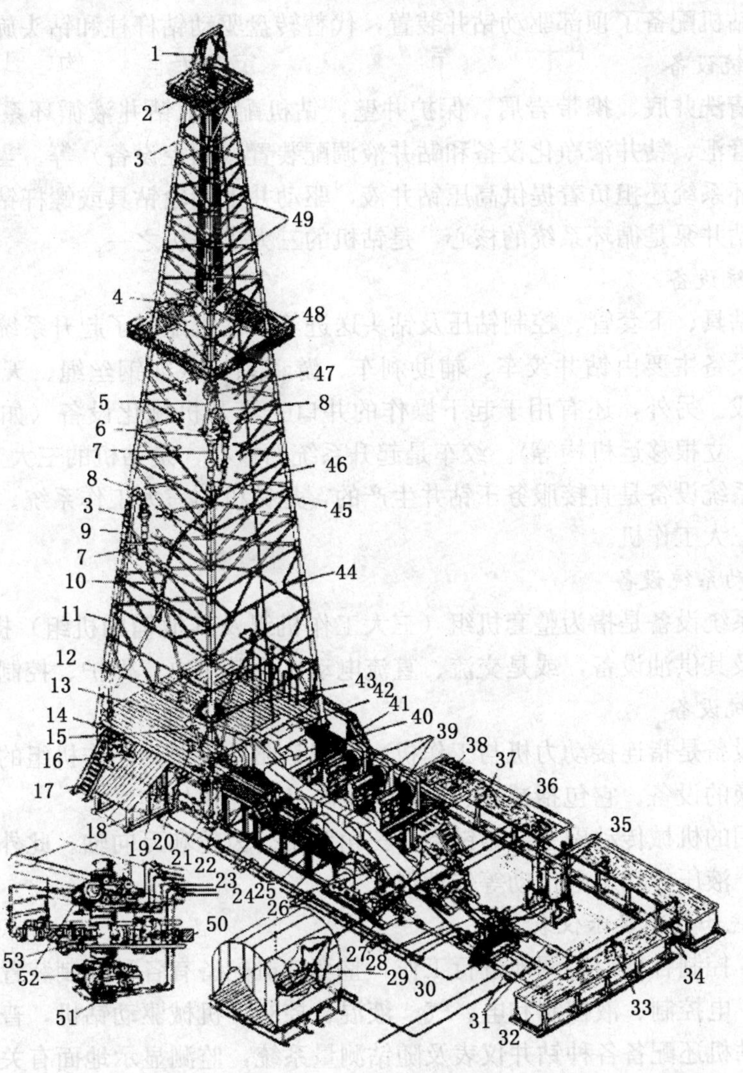

图1-3 钻机组成示意图

1—人字架；2—天车；3—井架；4—游车；5—水龙头提环；6—水龙头；7—保险链；8—鹅颈管；9—立管；10—水龙带；11—井架大腿；12—小鼠洞；13—钻台；14—脚架；15—转盘传动；16—填充钻井液管；17—扶梯；18—坡板；19—底座；20—大鼠洞；21—水刹车；22—缓冲室；23—绞车底座；24—并车箱；25—发动机平台；26—泵传动；27—钻井泵；28—钻井液管线；29—钻井液配置系统；30—供水管；31—吸入管；32—钻井液池；33—固定钻井液枪；34—连接软管；35—空气包；36—沉砂池；37—钻井液枪；38—振动筛；39—动力机组；40—绞车传动装置；41—钻井液槽；42—钻井绞车；43—转盘；44—井架横梁；45—方钻杆；46—斜撑；47—大钩；48—二层平台；49—游绳；50—钻井液喷出口；51—井口装置；52—防喷器；53—换向闸门

1. 旋转系统设备

为了转动井中钻具，带动钻头破碎岩石，钻机配备了旋转系统。它主要由转盘、水龙头、钻杆柱及钻头组成。另外，水龙头、钻杆柱和钻头也起着循环高压钻井液的作用。转盘是旋转系统的核心，是钻机的三大工作机之一。

顶部驱动钻机配备了顶部驱动钻井装置，代替转盘驱动钻杆柱和钻头旋转。

2. 循环系统设备

为了及时清洗井底、携带岩屑、保护井壁，钻机配备了钻井液循环系统。主要有钻井泵、地面高压管汇、钻井液净化设备和钻井液调配装置（固控设备）等。当采用井下动力钻具钻进时，循环系统还担负着提供高压钻井液，驱动井下涡轮钻具或螺杆钻具带动钻头破碎岩石的任务。钻井泵是循环系统的核心，是钻机的三大工作机之一。

3. 起升系统设备

为了起下钻具、下套管、控制钻压及钻头送进等，钻机配备了起升系统，以辅助完成钻井作业。这套设备主要由钻井绞车、辅助刹车、游动系统（如钢丝绳、天车、游动滑车）、大钩和井架组成。另外，还有用于起下操作的井口工具及机械化设备（如吊环、吊卡、卡瓦、动力大钳、立根移运机构等）。绞车是起升系统的核心，是钻机的三大工作机之一。

上述三大系统设备是直接服务于钻井生产的，是钻机的三大工作系统。绞车、转盘钻井泵称为钻机的三大工作机。

4. 动力驱动系统设备

动力驱动系统设备是指为整套机组（三大工作机组及其他辅助机组）提供能量的设备，可以是柴油机及其供油设备，或是交流、直流电动机及其供电、保护、控制设备等。

5. 传动系统设备

传动系统设备是指连接动力机与工作机，实现从驱动设备到工作机组的能量传递、分配及运动方式转换的设备。它包括减速、并车、倒车及变速机构等。

钻机中常用的机械传动副主要是链条、三角胶带、齿轮和万向轴。此外，不少钻机还采用了液力传动、液压传动、电传动等传动形式。

6. 控制系统和监测显示仪表

为了指挥、控制各机组协调地进行工作，整套钻机配备有各种控制装置，常用的有机械控制、气控制、电控制、液控制和电、气、液混合控制。机械驱动钻机，普遍采用集中统一气控制。现代钻机还配备各种钻井仪表及随钻测量系统，监测显示地面有关系统设备的工作状况，测量井下参数，实现井眼轨迹控制。

7. 钻机底座

底座包括钻台底座和机房底座，用于安装钻井设备，方便钻井设备的移运。钻台底座用于安装井架、转盘，放置立根盒及必要的井口工具和司钻控制台，多数还要安装绞车。钻台底座应能容纳必要的井口装置，因此，必须有足够的高度、面积和刚性。机房底座主要用于安装动力机组及传动系统设备，因此，也要有足够的面积和刚性，以保证机房设备能够迅速安装找正、平稳工作且移运方便。丛式井钻机底座必须满足丛式钻井的特殊要求。

8. 辅助设备

成套钻机还必须具有供气设备、辅助发电设备、井口防喷设备、钻鼠洞设备及辅助起重设备，在寒冷地带钻井时还必须配备保温设备。

二、钻机的类型

世界各国的各大石油公司、各钻机制造厂家按照各自的特点，对石油钻机的分类不尽相同。一般来说，可按以下方法对石油钻机进行分类。

1. 按钻井方法分

按钻井方法的不同可把钻机分为：冲击钻机（也称为顿钻钻机，最初用来打水井。1859年，美国人德雷克把它引入石油钻井）、旋转钻机（其代表是转盘旋转钻机，也成为常规钻机，是目前世界各国通用的钻机）。

2. 按驱动钻头旋转的动力来源分

按驱动钻头旋转动力来源的不同可把钻机分为：转盘驱动旋转钻机、井底驱动旋转钻机（转盘旋转钻机加井底动力钻具）、顶部驱动旋转钻机（转盘旋转钻机加顶部驱动钻井装置）。

3. 按驱动设备类型分

按驱动设备类型的不同可把钻机分为：柴油机驱动钻机（柴油机驱动钻机又可分为柴油机驱动—机械传动钻机和柴油机驱动—液力传动钻机）、电驱动钻机（电驱动钻机又可分为直流电驱动钻机和交流电驱动钻机）。

直流电驱动钻机包括：直—直流电驱动钻机（DC—DC）和交—直流电驱动钻机（AC—SCR—DC）。

交流电驱动钻机包括：交流发电机（或工业电网）—交流电动机驱动钻机（AC—AC）和正在发展中的交流变频电驱动钻机，即交流发电机—变频调速器—交流电动机驱动钻机（AC—VFD—AC）。

4. 按工作机分组分

按工作机分组的不同可把钻机分为：统一驱动钻机、单独驱动钻机、分组驱动钻机。

5. 按主传动副类型分

按主传动副类型的不同可把钻机分为：胶带钻机、链条钻机、齿轮钻机。

6. 按钻井深度分

按钻井深度的不同可把钻机分为：浅井钻机（钻井深度不大于1500m）、中深井钻机（钻井深度为1500～3000m）、深井钻机（钻井深度为3000～5000m）、超深井钻机（钻井深度大于5000m）。

7. 按使用地区和用途分

按使用地区和用途的不同可把钻机分为：海洋钻机、浅海钻机（适用与0～5m水深或沼泽地区）、常规钻机、丛式井钻机、沙漠钻机、直升机吊运钻机、小井眼钻机、连续柔管钻机等。

第三节　钻机的基本参数及我国钻机系列标准

一、钻机的基本参数

钻机的基本参数指的是反映钻机基本工作性能的技术指标，也称为特性参数。如名义钻井深度、最大钻柱重量、最大钩载等。基本参数是设计、制造、选择、使用、维修和改造钻机的主要技术依据。

钻机的基本参数按系统分类主要由主参数、起升系统参数、旋转系统参数、循环系统参数、驱动系统参数等构成。

1. 主参数

在基本参数中，选定一个最主要的参数作为主参数。主参数应具备以下特征：能最直接地反映钻机的钻井能力和主要性能；对其他参数具有影响和决定作用；可用来标定钻机型号，并作为设计、选用钻机的主要技术依据。

我国钻机标准采用名义钻井深度 L（名义钻深范围上限）作为主参数。因为钻机的最大钻井深度影响和决定着其他参数的大小。

俄罗斯和罗马尼亚钻机标准采用最大钩载 Q_{hmax} 作为主参数，美国钻机没有统一的国家标准，但各大公司生产的钻机基本上以名义钻深范围为主参数。

1）名义钻井深度 L

名义钻井深度 L 是钻机在标准规定的钻井绳数下，使用 127mm（5in）钻杆柱可钻达的最大井深。

2）名义钻深范围 $L_{min} \sim L_{max}$

名义钻深范围 $L_{min} \sim L_{max}$ 是钻机可经济利用的最小钻井深度 L_{min} 与最大钻井深度 L_{max} 之间的范围。名义钻井深度范围下限 L_{min} 与前一级的 L_{max} 有重叠，其上限即该级钻机的名义钻井深度（$L_{max}=L$）。

2. 起升系统参数

1）最大钩载 Q_{hmax}

最大钩载 Q_{hmax} 是钻机在标准规定的最大绳数下，下套管或进行解卡等特殊作业时，大钩上不允许超过的最大载荷。

Q_{hmax} 决定了钻机下套管和处理事故的能力，是核算起升系统零部件静强度及计算转盘、水龙头主轴承静载荷的主要技术依据。

2）最大钻柱质量 Q_{stmax}

最大钻柱质量 Q_{stmax} 是钻机在标准规定的钻井绳数下，正常钻进或进行起下作业时，大钩所允许承受的最大钻柱在空气中的质量。

$$Q_{stmax}=q_{st} \cdot L$$

式中 q_{st}——每米钻柱质量，kg；

L——名义钻井深度，m。

标准规定：127mm（5in）钻杆，接 80～100m 的 7in 钻铤，平均取 $q_{st}=36\text{kg/m}$。化整，即为系列钻机的 Q_{stmax} 值。Q_{stmax} 是计算钻机起升系统零部件疲劳强度和转盘、水龙头主轴承动载荷的主要技术依据。

Q_{hmax}/Q_{stmax} 称为钩载储备系数，用 K_h 来表示。一般 $K_h=1.8 \sim 2.08$。钩载储备系数越大，表明该钻机下套管、处理事故能力越强；但钩载储备系数过大会导致起升系统零部件过于笨重，不利于搬运。

3）起升系统钻井绳数 Z 和最大绳数 Z_{max}

起升系统绳数 Z 是指正常钻井时游动系统采用的有效提升绳数。最大绳数 Z_{max} 是指钻机配备的游动系统轮系所能提供的最大有效绳数，用于下套管或解卡等重载作业。

另外，起升系统参数还包括：绞车各挡起升速度 v_1、v_2、……、v_k；绞车挡数 K；绞车最大快绳拉力 P_e；钢丝绳直径 D_w；绞车额定输入功率 N_{de}；井架有效高度 H_m；钻台高度 H_{df} 等。

3. 旋转系统参数

旋转系统参数包括：转盘开口直径 D_r；转盘各挡转速 n_1、n_2、……、n_k；转盘挡数 K_r；转盘额定输入功率 N_{re} 等。

4. 循环系统参数

循环系统参数包括：钻井泵额定压力 p_e；钻井泵额定流量 Q_e；钻井泵额定输入功率 N_{pe} 等。

5. 驱动系统参数

驱动系统参数包括：单机额定功率 N；总装机功率 N_t 等。

二、我国石油钻机标准系列

为了规范钻机的设计、制造与设备供应，以达到生产、使用的经济合理，并有利于开展国际技术交流与合作，根据油气钻井的实际需要，选定主参数，将主参数系列化，也就是将钻机分级。再据此拟定其他基本参数，形成钻机标准系列。石油钻机基本参数见表 1-1。

表 1-1 石油钻机基本参数

<table>
<tr><td colspan="2">钻机级别
基本参数</td><td>15</td><td>20</td><td>32</td><td>45</td><td>60</td><td>80</td></tr>
<tr><td colspan="2">名义钻探范围（127mm 钻杆），m</td><td>900～1500</td><td>1300～2000</td><td>1900～3200</td><td>3000～4500</td><td>3000～6000</td><td>5000～8000</td></tr>
<tr><td colspan="2">最大钩载，kN（tf）</td><td>900（90）</td><td>1350（135）</td><td>2250（225）</td><td>3150（315）</td><td>4500（450）</td><td>5850（585）</td></tr>
<tr><td colspan="2">最大钻柱重量，kN（tf）</td><td>500（50）</td><td>700（70）</td><td>1150（115）</td><td>1600（160）</td><td>2200（220）</td><td>2800（280）</td></tr>
<tr><td colspan="2">绞车最大输入功率，kW（hp）</td><td>260～330
(350～450)</td><td>400～510
(550～750)</td><td>740
(1000)</td><td>1100
(1500)</td><td>1470
(2000)</td><td>2210
(3000)</td></tr>
<tr><td rowspan="2">提升系统绳数</td><td>钻井绳数</td><td>8</td><td>8</td><td>8</td><td>10</td><td>10</td><td>12</td></tr>
<tr><td>最大绳数</td><td>8</td><td>8</td><td>10</td><td>12</td><td>12</td><td>14</td></tr>
<tr><td colspan="2">钢丝绳直径，mm</td><td>26</td><td>28.5</td><td>32.5</td><td>34.5</td><td>38</td><td>41.5</td></tr>
<tr><td colspan="2">可配置每台钻井泵功率
kW（hp）</td><td colspan="2">260～590
(350～800)</td><td colspan="2">590、740、960
(800、1000、1300)</td><td>960、1180
(1300、1600)</td><td>1180
(1600)</td></tr>
<tr><td colspan="2">转盘开口直径，mm</td><td colspan="2">445</td><td>520</td><td>520、700</td><td>700、950</td><td>950、1260</td></tr>
<tr><td colspan="2">钻台高度，m</td><td colspan="2">1.5、3</td><td colspan="2">6、7.5</td><td>6、7.5、9</td><td>7.5、9</td></tr>
<tr><td colspan="2">井架</td><td colspan="6">各级钻机均采用可提升 28m 立柱的井架，对 15、20 两级钻机也可采用提升 19m 的可伸缩式井架</td></tr>
</table>

1. 钻机的驱动形式

(1) 机械驱动钻机：以柴油机为动力，通过液力变矩器、链条、齿轮三角胶带等不同组合的传动方式所驱动的钻机。

(2) 电驱动钻机：用电动机驱动的钻机。

2. 钻机的型号

我国钻机型号的含义如下：

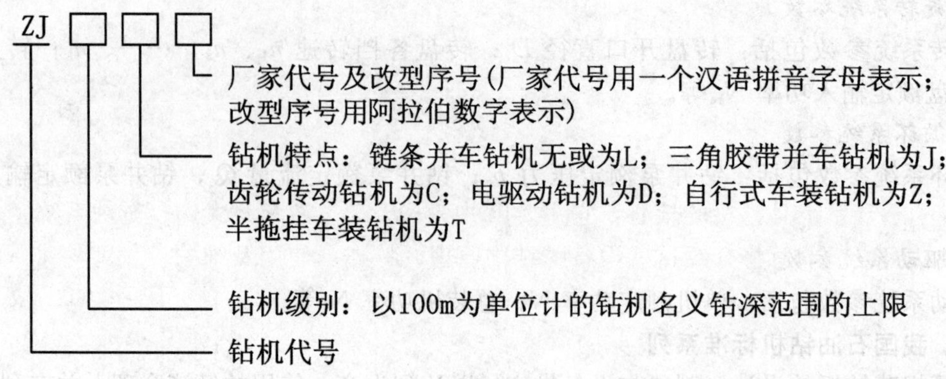

石油工业标准《SY/T 5609—1999》石油钻机型式与基本参数把钻机分为 9 级，名义钻井深度和钻深范围按 114.3mm（4½in）钻杆柱（$q_{st}=30$kg/m）确定。表 1－2 给出了新的钻机型号级别及钻深范围和最大钩载两项基本参数。钻机级别代号用双参数表示，如 10/600，前者乘以 100 为钻机名义钻深范围上限数值，后者是以 kN 为单位计的最大钩载。在驱动传动特点的表示方法上，增加了：Y—液压钻机；DJ—交流电动钻机；DZ—直流电动钻机；DB—交流变频电动钻机。

表 1－2　钻机修订标准的部分基本参数

钻机型号级别	10/600	15/900	20/1350	30/1700	40/2250	50/3150	70/4500	90/6750	120/9000
名义钻探范围，m	500～1000	800～1500	1200～2000	1600～3000	2500～4000	3500～5000	4500～7000	6000～9000	7500～12000
最大钩载，tf	60	90	135	170	225	315	450	675	900

注：1tf = 9.80665 × 10^3N。

第二章　钻机的起升系统

钻机的起升系统是钻机的核心，它主要由井架、天车、游车、大钩、游动系统钢丝绳和绞车等设备组成。本章将介绍这些设备的结构原理、特点、使用及维护。

第一节　井　　架

井架是钻机提升系统重要组成部分之一。它在钻井过程中，用于安放和悬挂游动系统、吊环、吊卡等，并承受井中钻柱重量，在起下钻作业时要存放钻杆或套管。所以，它是一种具有一定高度和空间的金属桁架结构。因此，井架必须具有足够的承载能力、足够的强度、刚度和整体稳定性。

一、概述

1. 井架的基本组成

石油矿场上使用的各种井架主要由以下几部分组成：

（1）井架主体：由型钢材、横、斜拉筋组成的空间桁架。

（2）天车台：用来安放天车及天车架，天车架是供安装、维修天车时起吊天车之用。天车台上有检修天车的过道，周围有护栏。

（3）二层台：是由操作台和指梁组成，是起下钻作业时井架工工作场所。塔形井架二层台在井架内部，其余井架二层台在井架外前侧。

（4）立管平台：是装拆水龙带的操作台，也是供上井架人员短暂休息场所。

（5）工作梯：有盘旋式和直立式两种，是井架工上下井架的通道。

2. 井架的基本参数

井架的基本参数是反映井架特征和性能的技术指标，是设计、选择和使用井架的依据。国产钻机井架的基本参数见表 2－1、表 2－2。

表 2－1　国产钻机井架的基本参数及尺寸

结构类型	型　　号	井架高度 m	最大钩载		5in 钻杆立根容量 m	井架可承受最大风速 km/h
			tf	kN		
桅形井架	JJ30/18－W	18	30	294	—	80
	JJ50/18－W	18	50	490		80
	JJ30/24－W	24	30	294		80
	JJ50/29－W	29	50	490		80
	JJ100/30－W	30	100	980		80
闭式塔形井架	TJ_2－41	41	220	2160	3200	80

续表

结构类型	型　　号	井架高度 m	最大钩载 tf	 kN	5in 钻杆立根容量 m	井架可承受最大风速 km/h
开式塔形井架	JJ90/39－K	39	90	880	1500	120
	JJ120/39－K	39	120	1180	2000	120
	JJ220/42－K	42	220	2160	3000	120
	JJ300/43－K	43	300	2940	4500	120
	JJ450/45－K	45	450	4410	6000	120
	JJ600/45－K	45	600	5880	8000	120
A形井架	JJ90/39－A	39	90	880	2500	120
	JJ20/39－A	39	120	1180	2000	120
	JJ220/42－A	42	220	2160	3200	120
	JJ300/43－A	43	300	2940	4500	120
	JJ450/45－A	45	450	4410	6000	120
	JJ600/45－A	45	600	5880	8000	120
海洋闭式塔形井架	JJ450/45－H	45	450	4410	6000	160
	JJ450/49－H	49	450	4410	6000	160

表 2－2　国产新型整体起放钻机井架基本参数

钻机型号	ZJ40/2250CJD	ZJ50/3150L	ZJ50/3150DB－1	ZJ70/4500DZ
井架型号	JJ225/43－KC_1	JJ315/44.5－K2	JJ450/45－K4	JJ450/45－K7
最大钩载，kN	2250	3150	4500	4500
型式	K	K	K	K
工作高度，m	43	44.5	45	45.72
顶跨（正×侧），m	2	2.1×2.05	2.2×2.2	2.2×2.2
底跨（正×侧），m	6	9.11×2.7	9.0×2.6	9.0×2.7
二层台容量，m	4000	5000	7280（5″钻杆 260 柱）	7280（5″钻杆 260 柱）
二层台高度，m	26.5、25.5、24.5	26.5、25.5、24.5	26.5、25.5、24.5、22.5	26.5、25.5、23.5、22.5
无立根抗风	＞12 级	＞12 级	＞12 级	＞12 级
满立根抗风	12 级	12 级	12 级	12 级
起放井架抗风	5 级	5 级	5 级	5 级
起升三角架高，m	—	9.175	4.5	7.6
井架主体段数	6	5	4	5
质量，kg	—	61114	95743	88742
配套底座	DZ225/7.5－ZT	DZ315/7.5－XD1	DZ450/9－S1	DZ450/10.5－S1

3. 井架代号

井架代号如下：

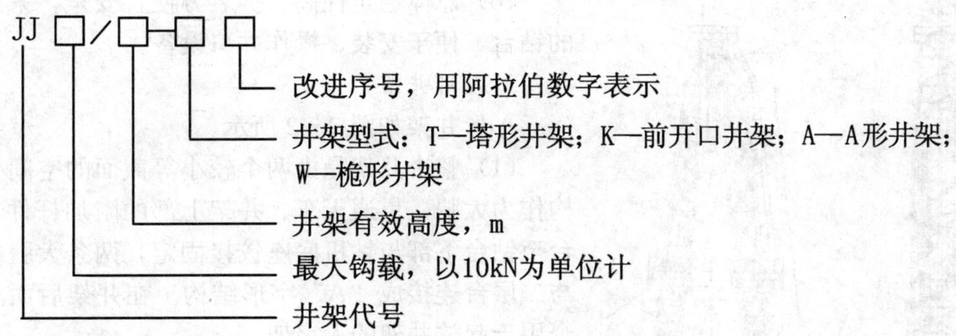

二、井架结构类型

虽然用于石油矿场的井架种类繁多，但按其主体结构形式主要可分为塔形井架、前开口井架、A形井架、桅形井架等基本类型。

1. 塔形井架

塔形井架如图1－3所示，是一种四棱截锥体的金属空间桁架结构，其横截面为正方形，立面为梯形，井架前扇有大门，后扇有绞车大门，主体部分是一个封闭的四棱锥体桁架结构。每扇平面桁架又分成若干桁格，同一高度的四面桁格在空间构成井架的一层，因此，整个井架可看作是由多层空间桁架所组成的四棱截锥空间桁架结构。

井架的四个大腿与横、斜拉筋都是通过螺栓连接而成的，拆装烦琐，且不安全。此种井架的突出特点是总体稳定性大，多用于海洋钻机。

2. 前开口井架

前开口井架又称为K形井架，如图2－1所示。我国电动钻机大多使用该种井架。

（1）井架本体由3～6段焊接空间桁架结构组成，段与段之间采用销子定位，抗剪销、螺栓连接。钻台具有较大的面积，便于操作和存放立根，整个井架的前面是敞开的。

（2）这种井架可在地面水平拆装、整体起放和分段运输。为了满足运输的需要，井架的截面尺寸不能太大，比塔形井架的截面尺寸小。

（3）井架各段两个侧扇形式完全一样，其背扇横、斜杆通过销轴与左右两个侧扇连接，并可组成多种图形，以扩大司钻视野。

（4）按照使用、制造等工艺要求的不同，可以将大腿做成没有坡度、坡度不变和坡度成折线变化（即下段没有坡度，上段坡度不变）等三种形式。

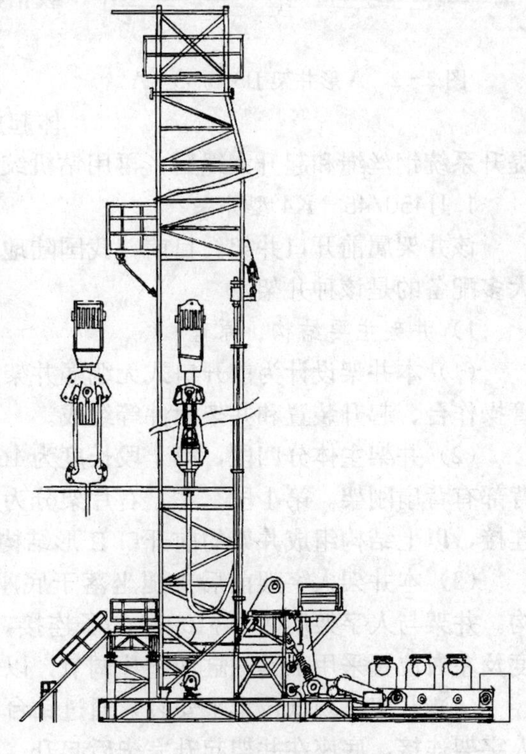

图2－1　前开口井架JJ225/43－K
（ZJ40/2250L钻机）

（5）为了保证井架的稳定性，井架底部桁架往往采用不同于两侧桁架的特殊桁架结构，如三角形结构和菱形结构等。

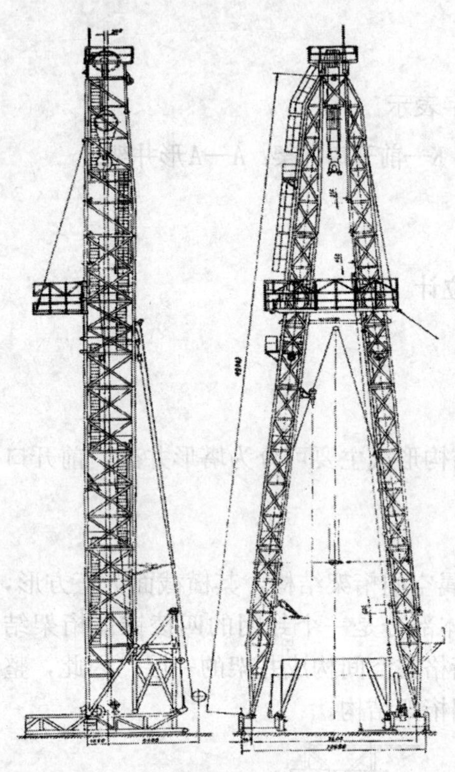

图 2－2　A 形井架 JJ330/43－A

（6）总体稳定性高、拆装方便且安全，采用较高的钻台，便于安装、操作井口设备。

3. A 形井架

A 形井架如图 2－2 所示。

（1）整个井架是由两个较小等截面的空间桁架结构作为大腿，贯通天车、井架上部的附加杆件、二层台至钻台下部与钻机底座铰接固定，两条大腿的上部与二层台连接成"A"字形结构。在井架后面配有一个用于起放井架的人字架。

（2）井架的两个大腿由 3～5 段焊接空间桁架结构组成，段与段之间用锥销定位，抗剪销、螺栓连接。整个井架可水平拆装、整体起放和分段运输。

4. 桅形井架

桅形井架由二或三段焊接结构组成的半可拆单柱式井架，桅形井架是由杆件或管柱组成的整体焊接空间桁架结构，井架的横截面为矩形或三角形，可分为整体式、伸缩式（或折叠式）。桅形井架主要用于车载钻机，并利用液压缸起放井架。

三、典型自升式井架简介

自升式井架是指伸缩式井架和整体起放井架。整体起放井架是指井架在地面拼装好，穿上钻井时用的提升系统钢丝绳和起升大绳后，再用钻机绞车把它拉起或放倒。

1. JJ450/45－K4 型井架

该井架属前开口井架。目前，我国陆地石油和天然气钻井使用的深井和超深井电动钻机大多配备的是该种井架。

1）井架主要结构、原理

（1）本井架设计为前开口式无绷绳井架，主要由井架主体、人字架、二层台、梯子、立管操作台、起升装置和井架附件等组成。

（2）井架主体分四段，第Ⅰ段长度为 16.8m，第Ⅱ、Ⅲ、Ⅳ段长度为 11.954m。第Ⅰ段背部有背扇刚架。第Ⅰ段有左、右片架分为五个桁格，背部有刚架和斜拉杆。采用销子耳板连接，以上结构组成井架的前开口Ⅱ形结构。

（3）本井架人字架前后支腿坐落于底座底层的左、右前下座上，组成稳定的三角形结构。井架与人字架用两个 ϕ100 的销子连接，井架大腿坐落在人字架前腿的支座上，井架高度及左右位置采用工具油缸加垫片调节，以便使大钩对中井眼。

（4）井架实现低位水平安装，通过钻台面上的人字架，整体起放井架。井架通过销子与人字架连接，底座在井架起升完毕后起升。井架起放动力采用钻机自身动力。

（5）在人字架大横梁上有一个导向滑轮，在井架起升时快绳绕过该滑轮，对快绳起支承和导向作用。

(6) 当井架起升到位时，由固定在人字架上的缓冲液缸来完成缓冲作用。

(7) 井架二层台设有四个安装高度，即：26. 5m、25. 4m、24. 5m、22. 5m。

(8) 死绳固定器固定在离台面约 2. 45m 高处的司钻对面的井架右大腿上。

2) 井架现场安装

(1) 井架左右第Ⅰ至Ⅳ段主腿就位，然后打入 $\phi150$ 大腿销子，$\phi20$ 抗剪销及 $\phi30$ 别针和 $\phi65$ 段与段连接双锥销，$\phi15$ 抗剪销及 $\phi30$ 别针，使其成为左右大腿，并用小支架支护好。然后依次低位安装背扇钢架、钢架、斜杆、天车、梯子、立管操作台、大钳平衡重装置，起升大绳等部件。

(2) 将井架从天车一端吊起，将高支架放在起升装置所规定的位置，然后安装二层台及附件。

(3) 用小支架将底座的坡道位置支为水平，将游钩及平衡架放置在坡道上，然后将起升大绳穿好，用销子安装在平衡架上，并把平衡架挂在游钩上，要特别安装好抗剪销及别针。

(4) 在人字架上安装井架液压缓冲缸、管路和各种控制阀，接通液压源。

(5) 井架装好后，在二层台及井架Ⅳ段右前大腿上装上死绳护绳器。

3) 井架的起升

(1) 把井架起升到离开高支架 100～200mm 的位置，刹住绞车，停留 15min 左右，检查应力集中的部位，如起升大绳、人字架后支架焊接连接部位、销子等处是否有异常现象，钢丝绳是否正确地穿入滑轮轮槽，指重表是否在正常工作。在一切都正常的情况下，把井架放回到高支架上，如此反复，进行三次。

(2) 用绞车低速挡平稳地把井架起升至与缓冲液缸伸出端接触时，缓冲液缸开始工作，配合绞车，缓慢平稳地收缩液缸，直到井架就位。

(3) 井架就位后，将井架Ⅰ段上的耳座与人字架之间用两个 $\phi100$ 的销子连接并插入抗剪销及别针，并将起升大绳悬挂在起升大绳悬挂器上，并用安全链锁固在钢架上，至此井架起升过程完成。

4) 井架的下放

下放井架和起升操作程序相反。即先挂好游钩和起升平衡架，把高支架放到指定的位置，松开井架和人字架连接的 $\phi100$ 的销子，将二层台舌台翻起并固定牢靠。然后缓冲液缸慢慢顶出，司钻应根据液缸的伸出速度操作绞车，使井架平稳地下放在高支架上。

5) 井架的拆卸

井架的拆卸与井架的安装程序相反。

2. JJ300/43－A 型井架

该井架主要配于 ZJ45J 和 ZJ45 等钻机。

1) 井架的现场安装

(1) 井架安装前先将底座上左、右两调节支座的斜铁调整到最高位置。

(2) 拼接井架左、右大腿，用吊车把左、右大腿第一段装在底座的调节支座上，然后依次接装第二、三、四段。

(3) 装井架上端两副十字连接架，对左、右两大腿初步校正，利用安装支架将井架垫平。

(4) 装天车台及天车，装二层平台及第三段左、右大腿背面的加强横梁。装好二层台绷绳及其他附件，如梯子小台等。二层平台的安装位置应根据配备的钻杆立根长度来确定。

（5）安装人字架。先将左右人字架前腿装入人字架前支座中，斜靠在井架大腿第一段背面，然后将人字架横梁与左、右前腿拼装，再用吊车将左右人字架后腿装上，并同时安装人字架前后腿之间的拉杆，然后用吊车将整个人字架提起，使人字架两后腿就位在底座上的后腿支座中。

（6）摆放游车、大钩，并穿好游动系统钢丝绳，穿绳方法为花穿。

（7）安装井架的起升装置。将起升滑轮安装在左、右井架大腿上，将起升平衡滑轮挂在大钩上，完成起升井架穿绳。

2）井架起升与下放

该井架的起升与下放方法同JJ450/45－K4型井架（前开口井架），参阅上述内容。

3. JJ225/43－KC1型井架

该井架属前开口垂直起升的井架，即在井架底座上，由上至下一节一节地安装，所以井架的安装即为起升。其突出特点是井架前大门的前面不需要有很大的空间，而整体起放的井架，该空间必须大于井架高度。

1）结构特点

井架分为左右两片，每片由六节组成，上段为整体焊接结构，下段即是井架主体的一部分（支撑转盘驱动装置）。其余各段均由背横梁和斜拉杆组成一个门形结构。主要受力件立柱由宽翼缘H型钢制造。井架四角落地，稳定性好，承载能力强。井架从底部到顶部开档均为6m，操作空间大，视野开阔。

该井架的安装与起放方法和前面介绍的几种自升式井架不同，前面介绍的几种井架都是在钻台的前方将井架进行地面水平组装，然后整体起放。而JJ225/43－KC1型井架是在井架前面的场地上，在欲起升一段井架上安装好配件，然后用专用小车将其运到井口的地面处，在井口处已提前安装好带有导轨的左右安装支架，再用液压绞车起升该段井架至钻台面以上并固定，然后再将欲起升的井架段与已起升的井架段在钻台以上连接。这样，安装一段，起升一段，最后完成井架的安装和起升。可见，该井架并不是地面水平组装，整体起放，而是分段起放。因此，大大减少了井场占地面积，特别适合于场地受限制的场所钻井。

2）井架安装与起升

（1）顶段、左右二段及天车等附件的安装。

①首先将井场基础摆好，起升装置安装就位。

②将底座左、右下座和左、右上座及井架的安装支架安装好。

③将安装支架靠近井口的销孔，安装在底座上座靠近井口的第二个销孔上。

④在地面安装支架上将左二段、右二段、背横梁、斜撑杆及防碰装置安装好并在前立柱上安装好工艺撑杆，将其吊装在小车上送至井口位置。

⑤在就位的左右二段顶部安装顶段、天车、直梯。

⑥在就位的顶段安装登梯助力机构等相应附件。

⑦将游车固定在天车上并穿好游动系统钢丝绳，将钢丝绳抽出60m长，以备缠滚筒用。

⑧悬挂、辅助滑轮、吊钳滑轮及其所有辅助钢丝绳，将井架上前部工艺撑杆去掉。

⑨将左右安装支架用丝杠推至底座上的靠近井口的销孔，并用销子连接好。

⑩在地面安装支架上，将左右三段及背横梁、斜撑杆连接好，并在前立柱上安装工艺撑杆。

（2）起升顶段、左右二段及天车等附件。

将连接在动滑轮上的井架起升大绳连接在井架左二段底部的挂绳桩上，并在专人指挥下对井架安装质量和起升前的准备工作进行检查，确认无误后，才允许进行起升，以保证人身和设备的安全。

①试起升：起升前要做好认真检查，所有安装件检查确认无误后才能试起升。起升时的风速不得超过8.3m/s。缓慢推动操作箱上的操纵杆，使井架缓慢升起，注意观察压力表的变化，观察井架和导轨间有无卡阻现象。如有卡阻现象应停止起升，并把井架放下进行检修。

②正式起升：启动液压绞车，慢速起升井架至台面上的方销支撑处，伸出方销将井架支撑好。

(3) 左右三段、二层台等附件的安装与起升。

①将在地面安装好的左右三段井架用吊车吊在小车上送至井口位置，落下井架起升大绳，挂在左右三段上部的挂绳桩上，起升三段至二段底部，连接二和三段之间的双锥销，并穿好止动销和别针。

②将起升大绳从挂绳桩上取下，挂在三段底部的挂绳桩上并缩回方销，慢速起升井架至台面上的方销处，伸出方销将井架支撑好。

③在地面将二层台及挡风墙安装好，将二层台吊至台面安装在三段上。

④重复顶段、左右二段及天车等附件的起升步骤，起升该段。

(4) 左右四段、大钳平衡重的安装与起升。

①在地面安装支架上安装左右四段井架及背横梁、斜拉杆。

②在地面将大钳平衡重组装成一个整体。

③用吊车将大钳平衡重整体吊起，往井架体上安装，用M16螺栓连接。

④用吊钳绳固定在平衡块的提环上。

⑤重复以上各步骤，起升该段。

(5) 左右五段、立管台等附件的安装与起升。

①在地面安装支架上安装左右五段井架及背横梁。

②将立管台、立管安装在左右五段上。

③重复以上各步骤，起升该段。

(6) 左右六段、套管台等附件的安装。

①将左右六段、连接架及斜拉杆在地面安装支架上用销轴别针连接好，并在井架前立柱装上工艺撑杆。

②安装高压管汇。

③重复以上各步骤，起升该段。

④安装套管台。

(7) 左右下段等附件的安装。

①将左右下段、连接梁及前立柱上的工艺撑杆在地面安装支架上用销轴别针连接好。安装死绳固定器及小台。

②用吊车将下段吊至井口并与底座的基座相应部位用销子相连。在下段顶部将调整垫片放好，用螺栓将其连接牢固。至此井架安装起升已经基本完成。

3) 游动系统钢丝绳的固定

(1) 将快绳头固定在绞车滚筒绳座上，在滚筒上缠上足够的钢丝绳。

(2) 将死绳头固定在死绳固定器上。

(3) 将游车提起 0.5m。

4) 井架的找正

井架的找正应用经纬仪校准井架的正面和侧面。

(1) 井架的左、右和前、后校正靠调节支座垫片的增减实现。

将井架高的一侧的调节支座的螺栓松开，用千斤顶将井架顶起，抽出一定的调节垫片，然后将千斤顶落下，检查井架左右是否找正，如已找正，将螺栓上紧，否则重复以上操作，直至找正为止。井架校正后应达到以下要求：

①井架正面天车中心对准井架大腿下边开裆 6m 的中心，此时校正转盘中心，左右偏移应小于 10mm。

②井架侧面、天车轴中心对井架大腿下支点销轴中心之水平距离为 950mm，此时校正转盘中心，前后偏移应小于 10mm。

(2) 井架校正后拉好井架绷绳。

(3) 井架的下放。

井架的拆卸程序与安装程序相反。注意：

①井架起升及下放不得使用液压缸！

②下放井架时系统压力不得小于 5MPa，否则液压系统会产生振荡，易酿成重大事故。可调节操纵箱内的双单向节流阀，用提高油缸大腔下放时的背压来控制下放速度，背压由左右缸压力表显示。

四、井架的维护和保养

1. 润滑

定期向井架旋转部位加注锂基润滑脂，注油期限为每次起升前及每次下放前必须各注油一次。每三个月必须注油一次。

2. 维护及保养

(1) 井架工应每天对井架进行安全检查，内容包括检查螺栓、销子、别针等紧固件是否连接牢固，是否有损失现象，焊缝是否开裂；井架构件是否有弯曲、变形、裂纹；梯子栏杆和走台是否完好、安全，连在井架上的零件及悬挂件是否有跌落的危险等。若发现问题应及时维修。

(2) 对井架缓冲装置系统中的管线、液压源等，起升或下放完井架后拆卸入库，而两只液缸固定在人字架上不拆卸，且用防护帽保护管线接口。

(3) 二层台舌台、指梁架在翻转时应防止冲击，特别是在井架起升后将舌台翻下时应采用棕绳拉住，使其无冲击地放到工作位置。

(4) 在操作中应防止大钩、吊环、吊卡等游动部件碰撞二层台舌台等部件。

(5) 井架上的梯子一般仅供井架工操作及保养时上下井架使用，不允许两人以上同时登梯，非井架工上井架需经井队领导同意，并注意当一人上到二层台或天车台时，另一人方可开始登梯。

(6) 井架在一年内必须按 API—4F 的检查内容由安全技术部门进行一次检查，发现问题及时修复。

第二节 钻机的游动系统

钻机的游动系统主要由天车、游车、大钩和钢丝绳等设备组成。本节将分析它们的结构原理、特点、使用及维护。

一、概述

天车是固定在井架顶部的定滑轮组，游车是动滑轮组，利用动滑轮省力的原理，在钻井中钻机可以提起 100 多吨甚至几百吨的重量。

1. 游动系统命名

游动系统是根据游车和天车的滑轮数目命名的：

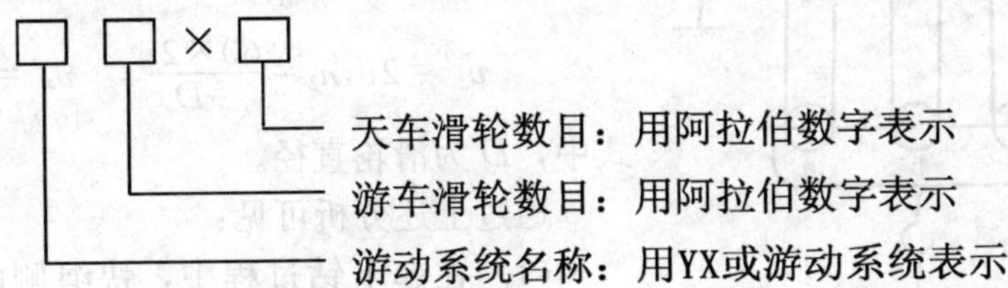

如：游动系统 6×7，表示天车有 7 个滑轮，游车有 6 个滑轮的游动系统结构。

2. 天车、游车、大钩的型号

天车、游车、大钩的型号如下：

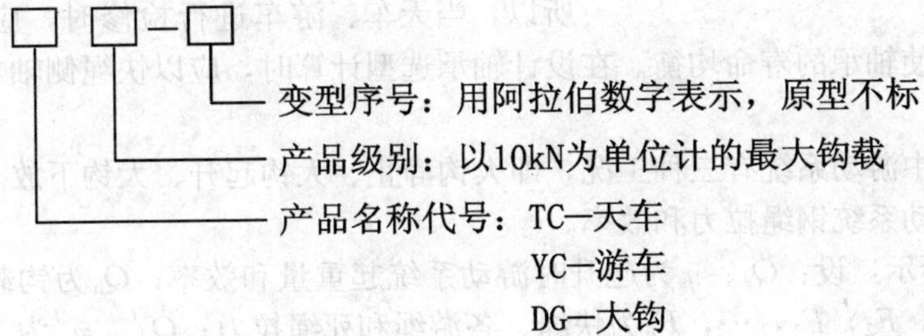

3. 游动系统设备基本参数

游动系统设备基本参数如表 2-3 所示。

表 2-3 石油钻机主要提升设备基本参数

设备级别	基本参数			
	最大钩载，kN	钻井钢丝绳直径，mm（in）	游车滑轮数	天车滑轮数
60	600	22（$^7/_8$）	3	4
90	900	26（1）	4	5
135	1350	29（$1^1/_8$）	4	5
170	1700	32（$1^1/_4$）	5	6
225	2250	32（$1^1/_4$）	5	6
315	3150	35（$1^3/_8$）	6	7
450	4500	38（$1^1/_2$）	6	7
675/585	6750/5850	42	8/7	9/8
900	9000	52	8	9

二、游动系统钢丝绳与滑轮力学分析

1. 运动分析

游动系统运动和钢丝绳拉力分析如图 2-3 所示。设 v 为大钩速度，v_1～v_6 为钢丝绳速

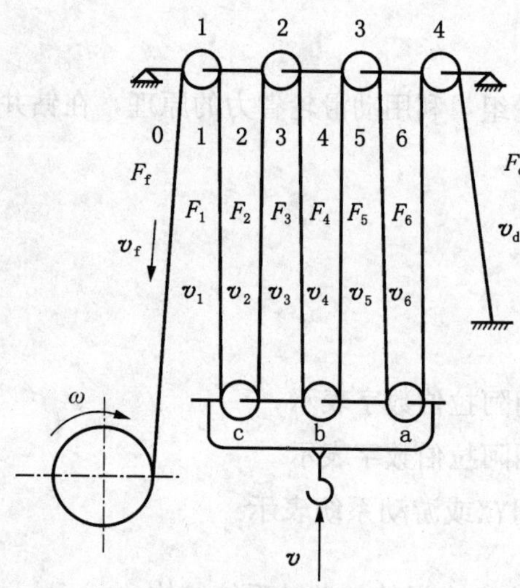

图 2-3　游动系统运动和钢丝绳拉力分析图

度，钢丝绳速度由快绳侧至死绳侧依次为：

$$v_f = v_1 = 6v = Zv;\quad v_3 = v_2 = 4v;$$

$$v_5 = v_4 = 2v;\quad v_6 = v_d = 0 \tag{2-1}$$

式中，v_f为快绳速度，Z为有效绳数。

天车滑轮的旋转线速度v'和转速n依次为：

$$v_1' = Zv, n_1 = \frac{60\times Zv}{\pi D};\quad v_2' = 4v, n_2 = \frac{60\times 4v}{\pi D};$$

$$v_3' = 2v, n_3 = \frac{60\times 2v}{\pi D};\quad v_4' = 0, n_4 = 0 \tag{2-2}$$

式中，D为滑轮直径。

通过上述分析可见：

（1）在起下钻过程中，快绳侧的钢丝绳运动速度快，弯曲次数比死绳侧多出数倍，容易产生疲劳而断丝。所以，钢丝绳使用一定时间后，应从死绳储绳卷筒向快绳方向补充新绳，即倒大绳。

（2）快绳侧的滑轮转速要比死绳侧的高出数倍，所以，当天车、游车进行检修时，应将其滑轮及轴承相互倒换，以使轴承的寿命均衡。在设计轴承选型计算时，应以快绳侧轴承工况为依据。

2. 动力分析

在钻井作业中游动系统有三种工况，即大钩静止、大钩起升、大钩下放。下面分别讨论此三种工况的游动系统钢绳拉力和效率。

如图 2-3 所示，设：Q_s、η_s为起升时游动系统起重量和效率；Q_h为钩载；G_s为游动部件常量；F_f，F_1，F_2，F_3，…，F_d为快绳、各游绳和死绳拉力；Q_s'、η_s'为下钻时游动系统的起重量和效率；F_f'，F_1'，F_2'，F_3'，…，F_d'为下钻时快绳、各游绳和死绳拉力。

1）大钩悬重静止时

各段游绳拉力相等，即

$$F_f = F_1 = F_2 = F_3 = \cdots = F_Z = F_d,\quad Q_s = Q_h + G_s = F_1 + F_2 + F_3 + \cdots + F_Z = ZF_f$$

$$F_f = \frac{Q_s}{Z} \tag{2-3}$$

2）起升时

由于滑轮轴承的摩擦阻力和通过滑轮时的弯曲阻力，使各绳拉力发生变化，即：

$$F_f > F_1 > F_2 > F_3 > \cdots > F_Z > F_d$$

设η为一个绳轮的效率，则：

$$F_1 = \eta F_f,\ F_2 = \eta F_1 = \eta^2 F_f,\ F_3 = \eta F_2 = \eta^3 F_f,\ \cdots,\ F_Z = \eta^z F_f$$

$$Q_s = Q_h + G_s = F_1 + F_2 + F_3 + \cdots + F_Z = F_f\ (\eta + \eta^2 + \eta^3 + \cdots + \eta^z)\ = \eta\ (1-\eta^z)\ /\ (1-\eta)$$

（等比级数前Z项和）

$$F_f = Q_s\frac{1-\eta}{\eta(1-\eta^Z)} \tag{2-4}$$

由于　$F_f = Q_s/(Z\eta_s)$ 所以起升时的游动系统效率为：

$$\eta_s = \frac{\eta(1-\eta^Z)}{Z(1-\eta)} \tag{2-5}$$

可见：游动系统的效率主要取决于游动系统有效绳数 Z，Z 越多，η_s越低，其次与单轮效率 η 有关，η 的大小则取决于滑轮轴承类型和钢丝绳特性。当装滚动轴承、较大的滑轮和用较软的钢丝绳时 $\eta=0.98$，滚动轴承、用较硬的钢丝绳时 $\eta=0.96\sim0.97$，滑动轴承和绳轮较小时 $\eta=0.95$。

3）下钻时

情况与起钻时相反，即：

$$F_f'<F_1'<F_2'<F_3'<\cdots<F_Z'<F_d'$$

$$F_1'=F_f'/\eta,\ F_2'=F_1'/\eta=F_f'/\eta^2,\ F_3=F_2'/\eta=F_f'/\eta^3,\ \cdots,\ F_Z'=F_f'/\eta^z$$

$$Q_s'=F_1'+F_2'+\cdots+F_Z'=F_f'\ (1/\eta+1/\eta^2+1/\eta^3+\cdots+1/\eta^z)\ =F_f'\ (1-\eta^z)\ /\eta^z\ (1-\eta)$$

$$F'_f=Q'_s\frac{\eta^Z(1-\eta)}{(1-\eta^Z)} \tag{2-6}$$

由于 $F_f'=(Q_s'\eta_s')/Z$，代入（2－6）式，得下放时的游动系统效率，即

$$\eta'_s=\frac{Z\eta^Z(1-\eta)}{(1-\eta^Z)} \tag{2-7}$$

通过以上对游动系统的钢丝绳拉力和效率的分析可见：在起钻和下钻时各游绳的拉力是不同的，其中起钻时快绳拉力为最大，设计时应以此值作为绞车的基本参数，并作为选用钢绳的依据。

（2－5）式和（2－7）式虽然不一样，但当 Z 相同时它们的值非常接近，因此取 $\eta_s\approx\eta_s'$。将此二式相乘得：

$$\eta_s\eta_s'=\eta^{Z+1}$$

$$\eta_s=\eta_s'=\eta^{(Z+1)/2} \tag{2-8}$$

表 2－4 中给出 η 常用的值，可直接选用。

表 2－4　起下钻时游动系统效率

游动系统结构	有效绳数 Z	η_s				
		$\eta=0.98$	$\eta=0.97$	$\eta=0.96$	$\eta=0.95$	美国石油协会
2×3	4	0.95	0.93	0.90	0.88	—
3×4	6	0.93	0.90	0.87	0.84	0.874
4×5	8	0.91	0.87	0.83	0.79	0.841
5×6	10	0.90	0.85	0.80	0.75	0.81
6×7	12	0.83	0.82	0.77	0.72	0.77

三、天车

天车主要是由天车架、滑轮组和辅助滑轮等零部件组成。

1. 天车的结构特点

尽管天车的种类繁多，但主要可分为三种基本结构形式：滑轮轴共轴线，且各滑轮相互平行；滑轮轴线平行，快绳滑轮在另一根轴上；滑轮轴不共轴线，且快绳滑轮偏斜。

1）TC－350、TC－250 天车

这两种天车结构形式相同，主要由天车架、滑轮组和辅助滑轮等组成，均属于滑轮轴线平行天车。因快绳滑轮在另一根轴上，且位于两组滑轮中间，所以只能采用交叉法穿绳。

TC－350 主要配备于 ZJ45J 和 ZJ45 钻机，TC－250 主要配备于 ZJ32L－1、ZJ40/2250L 钻机，如图 2－4 所示。

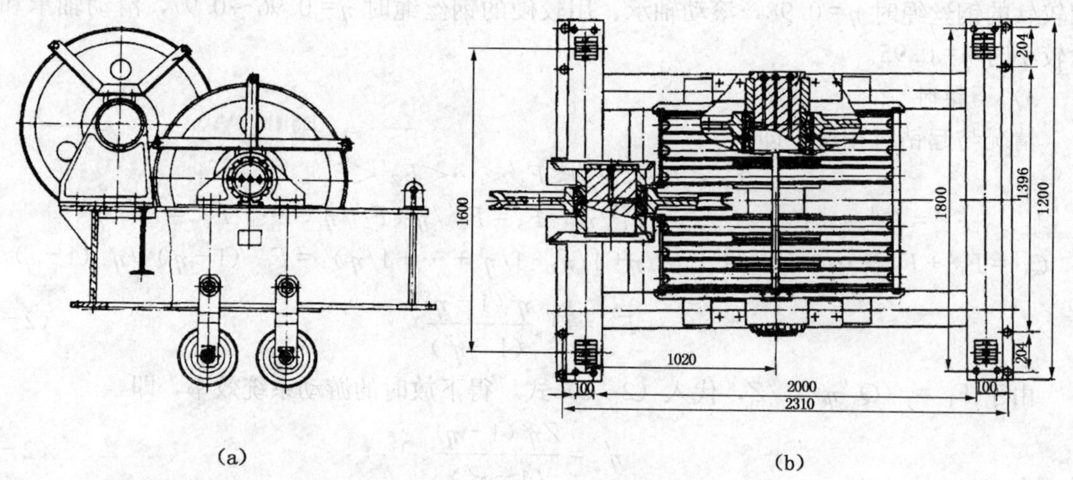

图 2－4　TC－350 天车

(a) TC－350 天车主视图；(b) TC－350 天车俯视图

（1）天车架（天车底座）：是一个由两根横梁及两至三根纵梁焊接成的方形框架结构，两横梁座在井架天车梁上，用 4 个 U 形螺栓固定。

（2）滑轮组：TC－350（TC－250）天车共有 7 个滑轮，滑轮结构完全相同，可以互换。

每个滑轮都是由两个双列圆锥滚子轴承支撑在滑轮轴上，采用注油隔环和弹簧圈对每个滑轮两轴承进行润滑和定位。每个滑轮的两副轴承都有 1 个单独的润滑油道，通过安装在滑轮轴两端的黄油嘴进行脂润滑。在两根纵梁之间同一根滑轮轴上有 6 个滑轮，每 3 个滑轮为 1 组，两组滑轮之间用 1 个轴套隔开，每组滑轮用螺母固定在天车轴上，并用止动垫圈止动，防止螺母松动。快绳滑轮则单独安装在两组滑轮之间的前方，这样可以使快绳直接从井架外侧引向滚筒。滑轮轴通过轴承座固定在天车底座上，为了防止天车轴转动，采用止动板固定。天车轴的转动固定主要有三种形式：止动板固定（如 TC－350 型、TC－90 型）、稳钉固定（如 TC_1－130 型）、平键固定（如 GF－400 型）。

为保护滑轮和人身安全并防止钢丝绳跳槽，每组滑轮都装有护架。

（3）辅助滑轮：又称为高悬猫头绳轮。3 个辅助滑轮都是通过吊架用销子悬挂在天车底座上，滑轮内装有两副圆柱滚子轴承，销轴的一端装有 1 个黄油杯，用来向轴承加注润滑脂。

2）TC－200 天车

该天车是 TC_1－130 天车的变型，配备于大庆Ⅱ型钻机。其结构主要由天车架、滑轮组和辅助滑轮等组成，但属于滑轮轴共轴线天车，故既可采用顺穿法，又可采用交叉法穿绳。TC－200 天车共有 7 个滑轮装在一根轴上（TC_1－130 天车有 6 个滑轮，分别装在同一轴心线的两根轴上），各滑轮相互平行。其余与 TC－350 相似。

3）TC_{10}－450、TC_7－315 天车

这两种天车均属于滑轮轴不共轴线且快绳滑轮偏斜型天车，因快绳滑轮在另一根轴上，且快绳滑轮是偏斜的，故只能采用顺穿法穿绳。TC_{10}－450 天车主要配备于 ZJ70/4500DZ、

ZJ70/4500L 钻机，TC_7-315 天车主要配备于 ZJ50/3150DZ 系列钻机和 ZJ50/3150L 钻机。其结构如图 2－5 所示，主要由天车架、轴承座、天车轴、双列圆锥滚子轴承、滑轮、辅助滑轮、天车滑轮起重架及栏杆等组成。

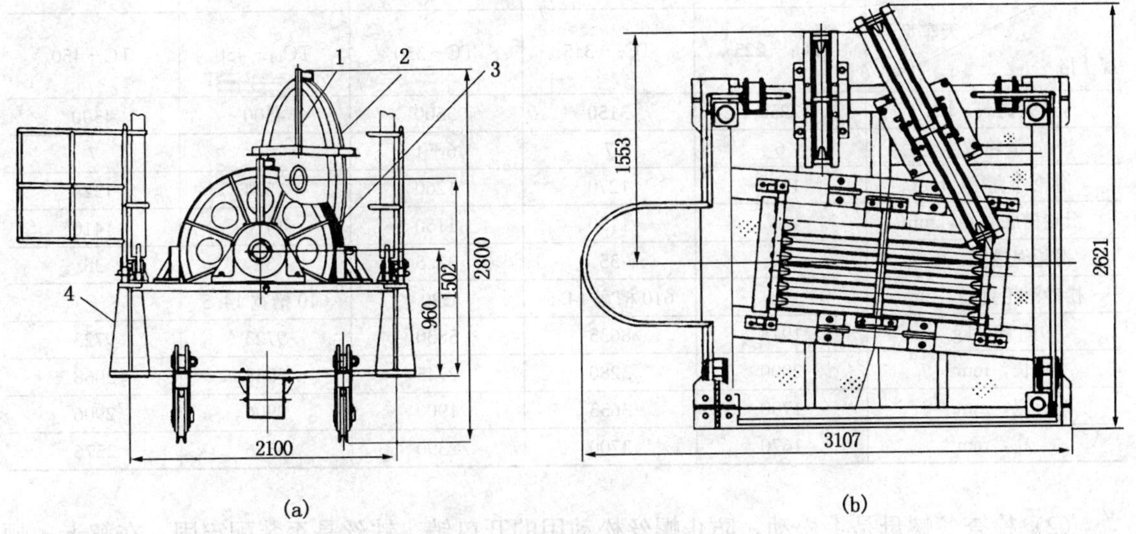

图 2－5　TC_7-315 天车

(a) TC_7-315 天车主视图；(b) TC_7-315 天车俯视图

1—滑轮架；2—快绳滑轮；3—主滑轮；4—底座

(1) 天车架：由两根横梁及两根纵梁材料为 16Mn 板材焊接成的方形框架结构，天车和井架之间的连接靠 2 个 $\phi40$ 的定位销定位后，用 12 个螺栓固定在井架上。天车上部有滑轮起重架，用于天车滑轮及其轴和轴承的换修。天车下部用螺栓固定两块方木，用于钻井过程中防止碰天车。

(2) 滑轮组：$TC_{10}-450$（TC_7-315）天车共有 7 个主滑轮和 1 个导向滑轮，7 个主滑轮结构相同，可以互换。

最大绳系为 6×7，钢丝绳直径 $\phi38$mm。主滑轮和导向轮的轴承都是双列圆锥滚子轴承。导向轮安装在主滑轮组前方纵梁上，其轴线与天车架对称中心线平行。每个滑轮中的轴承都通过安装在滑轮轴两端的黄油嘴进行单独脂润滑。6 个相互平行的主滑轮为 1 组，装在同一根轴上，每两个滑轮之间装一个间隔环，对滑轮轴向定位。主滑轮组轴两端通过轴承座固定在天车底座上，为了防止天车轴转动，采用止动板固定。而快绳滑轮则单独安装在该组滑轮之前，快绳滑轮的轴线与天车轴中心线偏斜 45°角，这样可以使快绳直接从井架外侧引向滚筒，因此也就决定了配备此种天车的钻机游动系统绳系必须采用顺穿法。为了使游车与井架大门相平行，滑轮组的天车轴中心线与天车架的对称中心线偏斜 4.3°。滑轮上方护架可防止钢丝绳从滑轮绳槽内脱出。

(3) 辅助滑轮：天车下部悬挂有两个辅助滑轮，用于气动绞车悬绳。

2. 天车的技术规范

我国常用钻机天车的技术规范如表 2－5 所示。

3. 天车的维护保养及故障排除

(1) 检查各滑轮转动是否灵活，有无阻滞现象，以一个人用手能自由旋转为宜。当旋转任一滑轮时，其相邻滑轮不应随着转动。

表 2－5 天车技术规范

规格 \ 天车型号 \ 钻机	ZJ40/2250CJD	ZJ50/3150L	ZJ45	ZJ70/4500DZ	ZJ60
	TC_1-225	TC_7-315	TC－350	$TC_{10}-450$	TC－450
最大钩载，kN	2250	3150	3500	4500	4500
滑轮数	6	7	6＋1	7	7
滑轮外直径，mm	1120	1270	1260	1524	1524
滑轮槽底直径，mm	—	1150	1150	1410	1410
滑轮绳槽宽，mm	32	35	32.5	38	38
捞砂滑轮直径，mm	—	610 槽宽 14.5	320	610 槽宽 14.5	—
质量，kg	1918	8635	5830	9723	9723
长，mm	2000	3280	2745	3068	3068
宽，mm	1780	3653	1900	2906	2906
高，mm	1670	3700	2390	3576	3576

（2）检查各螺母是否松动，防止螺丝松动用的开口销、铁丝是否装配牢固。在解卡、顿钻等重大事故后，要仔细对天车进行全面检查。

（3）检查护架、栏杆是否可靠，管座上的焊缝有无碰裂现象。

（4）要按规定时间用 1、2 号锂基润滑脂对各滑轮轴承进行润滑。

（5）检查各润滑轴承的温升，不得大于 50℃。

（6）应定期用检查滑轮槽磨损的量规对滑轮槽测量，测量滑轮槽的槽宽和深度，当滑轮槽产生偏磨或严重磨损时，应将滑轮倒转 180°使用或更换滑轮。

四、游车

1. 游车的结构

游车的结构如图 2－6 所示，主要由横梁、左、右侧板组、滑轮、滑轮轴、销座（钢板）、下提环（吊环）、护罩等零、部件组成。

滑轮用双列圆锥滚子轴承支撑在滑轮轴上，每个轴承都通过安装在滑轮轴两端的油杯单独进行润滑。侧板组上部用螺杆与横梁连接，下提环被两个提环销连接在销座上。销座用销轴与侧板组连接，提环销的一端用开槽螺母及开口销固定。当摘挂大钩时，可以拆掉游车上的任何一个或两个提环销。为使两侧板组夹紧滑轮轴，通过两侧板组的中部和上部的调节垫片进行调节。用止动块（或键）将轴固定在侧板上，以防止轴转动。

2. 游动滑车的技术规范

游动滑车的技术规范如表 2－6 所示。

表 2－6 游车技术规范

钻机型号	ZJ40/2250CJD	ZJ45	ZJ60	ZJ50/3150L	ZJ70/4500DZ	ZJ50/3150DB－1
游车型号	YC－225	YC－350	YC－450	YC315	YC450－2	YC450
最大钩载，kN	2250	3500	4500	3150	4500	4500
滑轮数	5	6	6	6	6	6

续表

钻机型号	ZJ40/2250CJD	ZJ45	ZJ60	ZJ50/3150L	ZJ70/4500DZ	ZJ50/3150DB-1
滑轮直径，mm	1120	1260	1524	1270	1524	1524
滑轮槽底直径，mm	900	1150	1410	1150	1410	1410
滑轮绳槽宽，mm	32	32.5	35	35	38	38
质量，kg	3788	6710	7978	6842	8135	8135
长，mm	2294	974	1600	1350	1600	1600
宽，mm	1190	1350	800	2680	3075	3075
高，mm	630	2710	3075	974	800	800

3. 使用与维护保养

（1）游车在使用前及使用过程中，应经常检查，发现故障，立即排除。

（2）在使用期间，滑轮轴承发出噪声和由于不平稳转动造成的滑轮抖动，表明轴承的间隙过大，应及时更换磨损了的轴承。

（3）滑轮槽应定期用专门样板检查，当滑轮槽半径磨损至规定的滑轮槽半径数值时，应该更换滑轮。

（4）润滑：用油枪向轴两端油杯注入1、2号锂基润滑脂，每周1次。

五、大钩

1. 大钩结构特点

钻井大钩有两类，一类是独立大钩，其提环挂在游车的吊环上，可与游车分开拆装，中型、重型和超重型钻机大多采用此大钩；另一类是游车大钩，将游车和大钩做成整体结构，二者不能分开。轻便钻机和车载钻机大多采用此种大钩。尽管大钩种类繁多，结构形状各异，但按减震形式可分为：单弹簧减震大钩、单弹簧减震加液压减震和双弹簧加液压减震大钩。

1）DG-350、DG-315 大钩

这两种大钩结构相同，均属于双弹簧加液压减震的独立大钩。DG-350 大钩主要配备于 ZJ45J 钻机和 ZJ45 钻机，DG-315 大钩主要配备于 ZJ50/3150L 和 ZJ50/3150DZ 钻机。其结构如图 2-7 所示，主要由钩身、筒体、吊环座、内外弹簧、钩杆、吊环、安全锁紧装置和转动锁紧装置等组成。

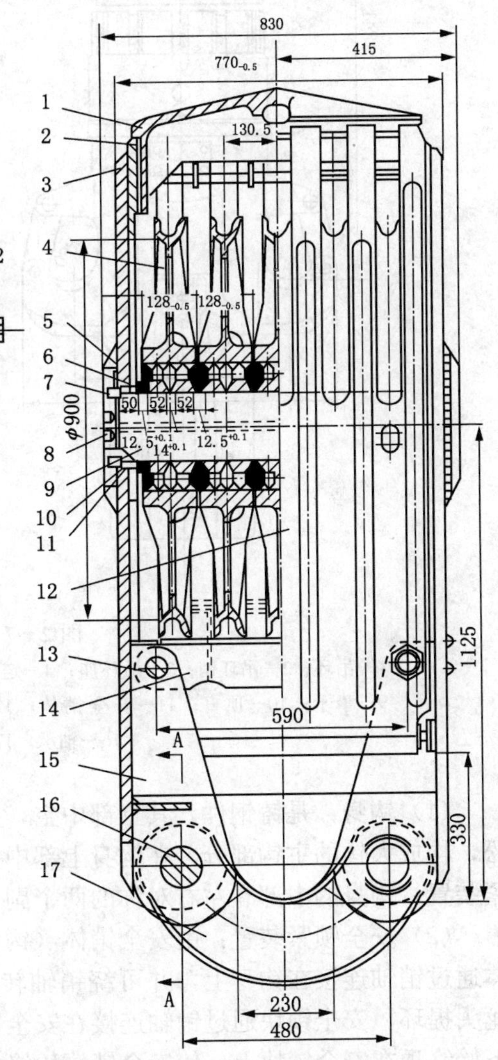

图 2-6 YC-350 游车

1—横梁；2—调节垫片；3—侧板；4—滑轮；5—护环；6—间隔环；7—螺母；8—黄油杯；9—滑轮轴；10—调节垫圈；11—键；12—护罩；13、16—销子；14—护板；15—钢板；17—吊环

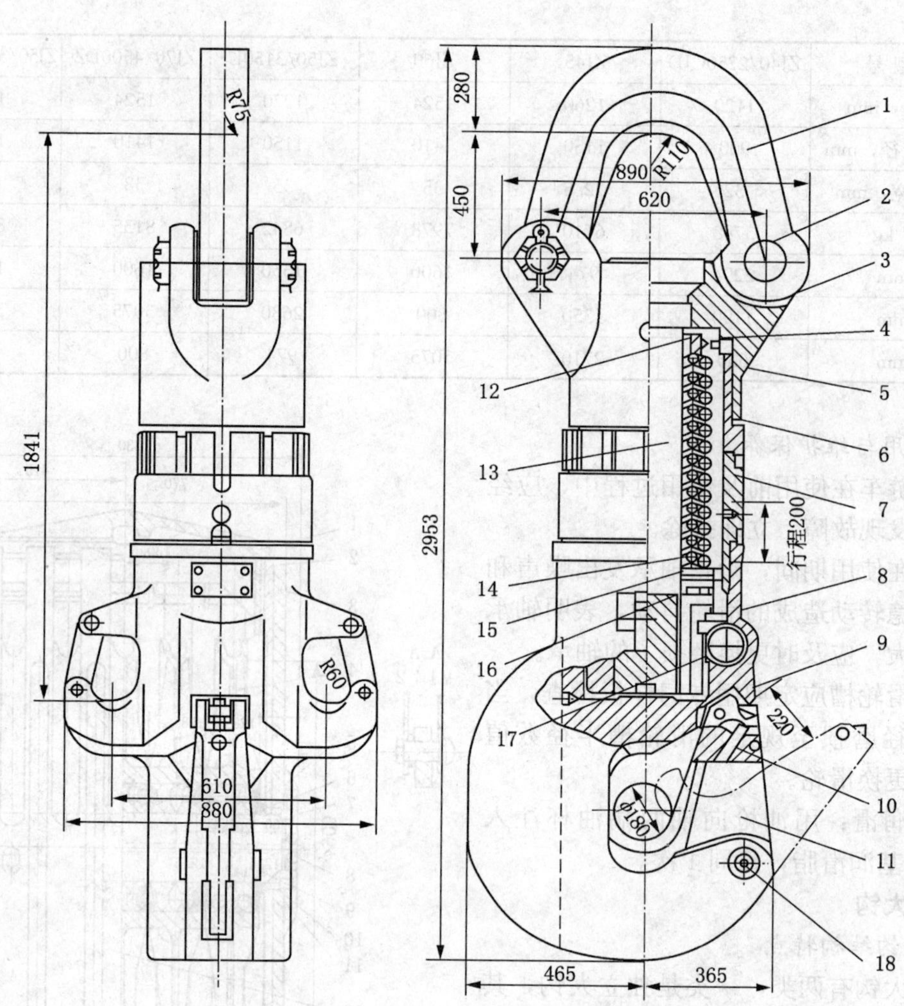

图 2-7 DG-350 型大钩

1—吊环；2—吊环销；3—吊环座；4—定位盘；5—外弹簧；6—内弹簧；7—筒体；8—钩身；9—掣子；10—顶杆；11—安全销体；12—上衬套；13—钩杆；14—下衬套；15—弹簧座；16—轴承；17—止动装置；18—销轴

(1) 钩身：是铸钢件，其上部中空，并加工有左旋螺纹，与下筒体连接，并用止动块防松，构成大钩的主钩部分。在钩身上部中空部分安装转动锁紧装置，钩身的下部安装安全锁紧装置，钩身的中部有左右对称的两个副（侧）钩及闭锁装置。

(2) 安全锁紧装置：由安全销体（钩舌）、安全锁块、安全插销和弹簧等组成。安全销体通过销轴连接在钩身上，并可绕销轴转动，相对钩身的最大开口 220mm，其功用闭锁水龙头提环。安全锁块通过销轴连接在安全锁体顶部，并可绕销轴转动，安全插销在弹簧作用下始终顶在安全锁块上，使安全锁块始终处于锁紧位置。当用专用工具或钩子钩住安全销块下拉时，安全销块压迫安全插销及弹簧，安全销体即可打开；挂上水龙头上提时，安全锁体就能自动闭锁。

(3) 转动锁紧装置：主要由制动轮、制动轮轴、掣子、掣子轴、掣子弹簧、壳体和锁环等组成。锁环外径上加工有 8 个均布的凹槽，锁环内径加工有母花键，与固定不动的钩杆螺母上的外花键配合，锁环可相对螺母上下移动，但不能转动，当制动轮进入锁环的任意一个凹槽时，则钩身被制动。掣子通过锥销与掣子轴连接，制动轮与制动轮轴也通过锥销连接。制动轮在其弹簧作用下始终具有转出圆形轮廓的趋势（图示为逆时针转动），掣子在其弹簧作用下始终具有图示顺时针转动趋势。当用专用扳手将“止”端的手把向下拉时，掣子轴带动掣子克服弹簧力转动，使掣子端部脱离制动轮台肩，制动轮在其弹簧作用下转出圆形轮廓，嵌入大钩锁环的凹槽内，使钩身不能转动。当将“开”端的手把向下拉时，制动轮在其轴带动下克服弹簧力转动，当掣子落入制动轮台肩时，制动轮被掣子卡住，钩身就可以自由转动。

（4）安全定位装置：该定位装置位于上筒体顶端，由 6 个小弹簧和 1 个定位盘组成。6 个小弹簧均布安装在上筒体顶端，其上支撑定位盘。定位盘上表面和钩座环形下表面的加工质量很高，通过二者接触时产生的摩擦力，来限制钩身转动。当大钩提升空吊卡时，定位盘与钩座环形面形成一定的摩擦力，来阻滞钩身转动，这样可避免吊卡转位，便于井架工在二层台上操作。当大钩悬挂有钻柱时，定位盘与钩座脱离，钩身自由转动。

（5）缓冲减震装置：该大钩采用双弹簧和减震油双重减震形式，外弹簧左旋，内弹簧右旋，筒体内装有减震油。位于轴承上面的弹簧座把钩身和筒体内腔分为两部分，减震油可以通过轴承和弹簧座与筒体之间的环隙上下窜动，形成一定阻尼作用，使大钩具有较好的液力缓冲性能。

2）YD－125 型游车大钩

YD－125 型游车大钩如图 2－8 所示。其结构主要由游车总成、缓冲减震总成和大钩总成三部分组成。这种结构的特点是减少了大钩和游动滑车的总高度，充分利用了井架的有效高度，但穿钢丝绳和维修不便。

（1）游车总成：由 4 个滑轮、滑轮轴、外壳等组成。每个滑轮通过两个圆柱滚子轴承支撑在滑轮轴上，轴承采用单独润滑。用键将滑轮轴、支承套、外壳三者连为一体并固定在外壳的两侧板上。

（2）缓冲减震总成：主要由右旋内弹簧、左旋外弹簧和减震油等组成。当大钩全负荷时，与提杆固定为一体的弹簧座压缩内、外弹簧迅速坐在弹簧盒上部内台肩上，提杆下行 150mm。当提杆卸载时，弹簧力足以使刚卸开的钻杆立根自动从钻柱中跳出。

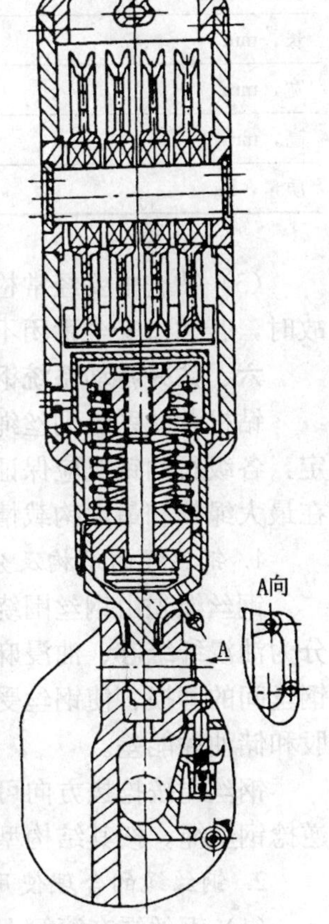

图 2－8　YD－125 游车大钩

（3）大钩总成：由钩身、提杆、提帽等零件组成。钩身上装有安全锁紧装置，钩身两侧铸有挂吊环的副钩，为了防止吊环从副钩中脱出，用月牙挡板闭锁。钩身通过轴与提帽相连，提帽通过带螺纹的帽盖悬挂在装有单向推力滚子轴承的提杆上。

2. 大钩及游车大钩的技术规范

大钩及游车大钩的技术规范如表 2－7 所示。

3. 大钩维护保养

（1）当水龙头提环挂入钩口后，应检查掣子是否闭锁完好。

（2）起下钻时，应注意侧钩耳环螺母是否紧固，防止耳环轴移动，致使吊环脱出。

表 2-7　大钩技术规范

钻 机 型 号	ZJ40/2250CJD	ZJ45	ZJ60	ZJ50/3150L	ZJ70/4500DZ	ZJ50/3150DB-1
大钩型号	DG-250	DG-350	DG-450	DG315	DG450	DG450
最大钩载，kN	2250	2940	3920	3150	4500	4500
大钩开口宽，mm	190	180		220	220	220
弹簧工作行程，mm	180	200		200	200	200
弹簧行程开始时负荷，kN	26.6	30.0		30.6	30.6	30.6
弹簧行程终了时负荷，kN	52.5	55.4		56.5	56.5	56.5
弹簧数量，个	2	2		2	2	2
长，mm	2545	830	880	2953	2953	2953
宽，mm	780	890	880	890	890	890
高，mm	750	2953	2953	880	880	880
质量，kg	2180	3340	3430	3410	3496	3496

（3）钻进中要经常检查钩口安全装置锁紧及各紧固件螺栓是否松动。在处理井下复杂事故时，若钩口安全舌闭不紧，应在挂好水龙头后用钢丝绳绑住大钩钩口和安全舌。

六、钻井游动系统钢丝绳

钻机游动系统钢丝绳起着悬持游车、大钩和井中全部钻具的作用。我国钻机标准中规定：各级石油钻机应保证在钻井绳数和最大钻柱重量的情况下，钢丝绳的安全系数 $n \geqslant 3$，在最大绳数和最大钩载情况下，钢丝绳的安全系数 $n \geqslant 2$。

1. 钢丝绳的结构及分类

钢丝绳先由钢丝围绕一根中心钢丝制成绳股，再由绳股围绕绳芯捻成绳。钢丝绳的绳芯分为油浸纤维芯、油浸麻绳芯和金属绳芯。绳芯的作用是支撑绳股、储油、润滑钢丝、减少钢丝间的磨损、使钢丝受力均匀。石油钻机钢丝绳的绳芯不允许使用黄麻，因为黄麻支撑绳股和储油性能差。

钢丝绳按捻搓方向可分为：左旋顺捻钢丝绳、左旋逆捻钢丝绳、右旋顺捻钢丝绳、右旋逆捻钢丝绳。按其结构型式可分为：普通型、外粗型、填充型和异型。

2. 钢丝绳的合理使用

（1）钢丝绳在滚筒上要规则排列，不得在钢丝绳缠乱情况下承受负荷。

（2）钢丝绳的直径应与滑轮绳槽相匹配，滑轮绳槽半径应略大于钢丝绳半径 1mm 左右。

（3）滑轮或滚筒直径与钢丝绳直径的比例要合理，二者的比值一般不得小于 18。因为钢丝绳经过滑轮时不但承受弯曲交变应力，而且承受弯曲阻力，所以钢丝绳所通过的轮径越小，钢丝绳受力越大，其寿命越短。

（4）切割钢丝绳时应先用软铁丝缠好两端，缠绕长度为绳径的 2～3 倍，再用氧气切割或用剁绳器切断钢丝绳。

（5）上绳卡时，两绳卡间距离不应小于绳径的 6 倍，上卡子时，要正上，卡子的拧紧程度应在拧紧螺母后，钢丝绳被压扁 1/3 左右为宜。

（6）每周应检查一次钢丝绳润滑状态，如无润滑剂挤出应涂抹润滑脂。

七、游动系统钢丝绳穿绳方法

1. 顺穿法

如图 2－9（a）所示，以自升式井架绳系 5×6 为例。

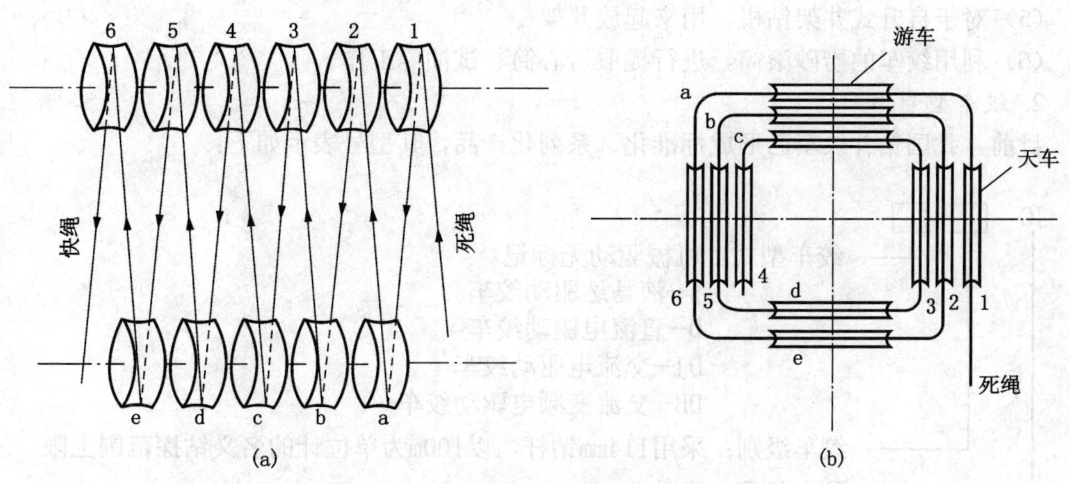

图 2－9 钢丝绳穿绳方法

（a）钢丝绳顺穿法示意图；（b）钢丝绳交叉穿法示意图

（1）天车轮自死绳端编号为 1、2、3、4、5、6；游车自靠近井口一侧编号为 a、b、c、d、e。

（2）引绳的一端与钢丝绳相连，另一端穿过游车轮，用牵引设备按 1—a—2—b—3—c—4—d—5—e—6 的顺序完成穿绳。穿完绳后将钢丝绳放出约 60m 长。

（3）将钢丝绳一端固定在滚筒绳座上，死绳端用死绳固定器固定。

2. 交叉穿法

如图 2－9（b）所示，以塔形井架 5×6 滑轮组为例。

（1）天车轮自死绳端编号为 1、2、3、4、5、6；游车自靠近井口一侧编号为 a、b、c、d、e。

（2）背引绳上天车台，并把引绳搭在天车死绳轮上（即天车 1 号轮）。

（3）引绳的一端与钢丝绳相连，另一端穿过游车轮（从井架 2 号大腿向 1 号大腿方向穿），然后拴在上行的大绳上。第一次、第二次引绳头都拴在天车滑轮上行绳上；第三次拴在 a 轮至 6 号轮的上行绳上；第四次拴在 e 轮至 2 号轮的上行绳上；第五次拴在 b 轮至 5 号轮的上行绳上。

（4）穿完大绳，解去引绳，活绳头固定在滚筒上，另一端固定在死绳固定器上。

第三节 钻井绞车

绞车是起升系统的重要设备，也是一部钻机的核心设备，是钻机的三大工作机之一。

一、概述

1. 绞车的功用

（1）在钻进过程中，悬挂钻具，送进钻柱、钻头，控制钻压。

（2）在起下作业中，起下钻具和下套管。

（3）利用绞车的猫头机构紧、卸钻具和起吊重物。

（4）作为转盘的变速机构和中间传动机构。

（5）对于自升式井架钻机，用来起放井架。

（6）利用绞车的捞砂滚筒，进行提取岩心筒、试油等工作。

2. 绞车型号

目前，我国钻井绞车已形成标准化、系列化产品，其型号表示如下：

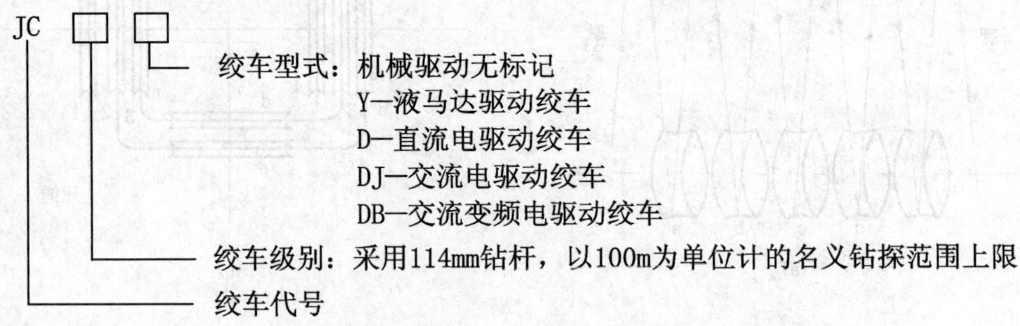

3. 绞车技术规范

绞车技术规范如表2－8所示。

表2－8 绞车的技术规范

钻机型号	ZJ40/2250CJD	ZJ50/3150L	ZJ70/4500DZ	ZJ50/3150DB－1	ZJ45J ZJ45L
绞车型号	JC40－3	JC50	JC70D	JC50DB	JC45
输入功率，kW	735	1100	1470	1840	1103
快绳拉力，kN	280	340	485	340	343
钢丝绳直径，mm	32	35	38	38	32.5
滚筒（直径×长度），mm×mm	640×1175	685×1130	770×1361.15	770×1556	685×1245
刹车盘（直径×厚度），mm×mm	—	1600×76	1600×76	1400×75	—
提升挡数	4＋4R	4＋2R	无级变速	无级变速	6＋2R
主刹车	伊顿236WCB2	PSZ751	PSZ751	液压盘刹	带刹车
辅助刹车	伊顿336WCS	DS50，YS50	伊顿436WCB	能耗电机	DS50
上扣猫头最大拉力，kN	—	35	60	—	30
卸扣猫头最大拉力，kN	—	100	100	—	100
质量，kg	—	36000	54000	40900	29520
绞车尺寸（长×宽×高） mm×mm×mm	5190×2484× 2181	765×2995× 2580	7670×3080× 2890	8000×2946× 2625	7000×3600× 2725

二、现代绞车的结构方案

钻井绞车种类繁多，但最能体现其结构特点的是绞车的轴数，下面按绞车的轴数对各种绞车进行简单地归纳和分析。

（1）单、双轴绞车：最初钻机的绞车是单轴绞车，这种绞车仅有一根滚筒轴，绞车的变速由独立的齿轮变速箱实现。猫头转速偏高，位置过低，操作不方便。为了克服单轴绞车的缺点，把猫头单独装配在一根轴上，就形成了双轴绞车。单、双轴绞车一般适用于浅井或中深井。

（2）三轴和多轴绞车：为了满足深井和超深井钻井的需要，三轴和多轴绞车相继问世，四轴以上的绞车为多轴绞车，现代重型和超重型绞车属于此种类型的绞车。如大庆Ⅱ型钻机绞车 JC－14.5 和 ZJ40/2250CJD 钻机的 JC40－3 结构，如图 2－10，图 2－12 所示。ZJ45J 和 ZJ45L 钻机的 JC－45 绞车结构，如图 2－11 所示。

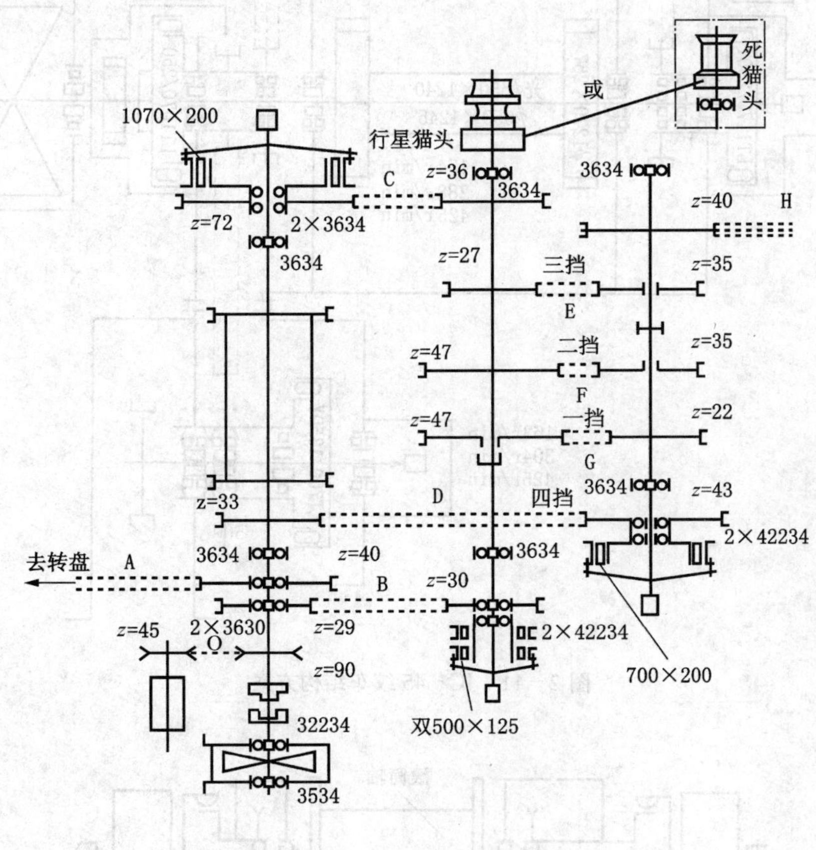

图 2－10　JC－14.5 绞车结构方案

（3）独立猫头轴—多轴绞车：由于重型和超重型绞车外形尺寸大、质量大（一般为20～30t）、搬运和安装困难，尤其是现代深井和超深井的钻机钻台较高（一般为 6～11m），为了避免绞车上高钻台，近年来又研制了独立猫头轴—多轴绞车。此种绞车的结构方案为：独立猫头轴和转盘传动装置构成一个单元，置于钻台上，担负接、卸钻具和提升一般重物，还可充当转盘中间传动装置。主绞车置于钻台下面后台上或联动机底座上，担负起、下钻具、下套管、处理事故等提升任务，可避免长的上钻台链条。此种绞车的滚筒、猫头机构以及转盘都单独有各自的变速和制动机构，这样，它们都能根据所需，获得较好的工作特性。JC40－3 绞车结构方案如图 2－12 所示。

（4）电驱动绞车：由于直流电驱动钻机和交流变频电驱动钻机的问世，结构更为简单的电驱动绞车应运而生。此种绞车利用直流电动机或交流变频电动机为动力，分别驱动滚筒轴

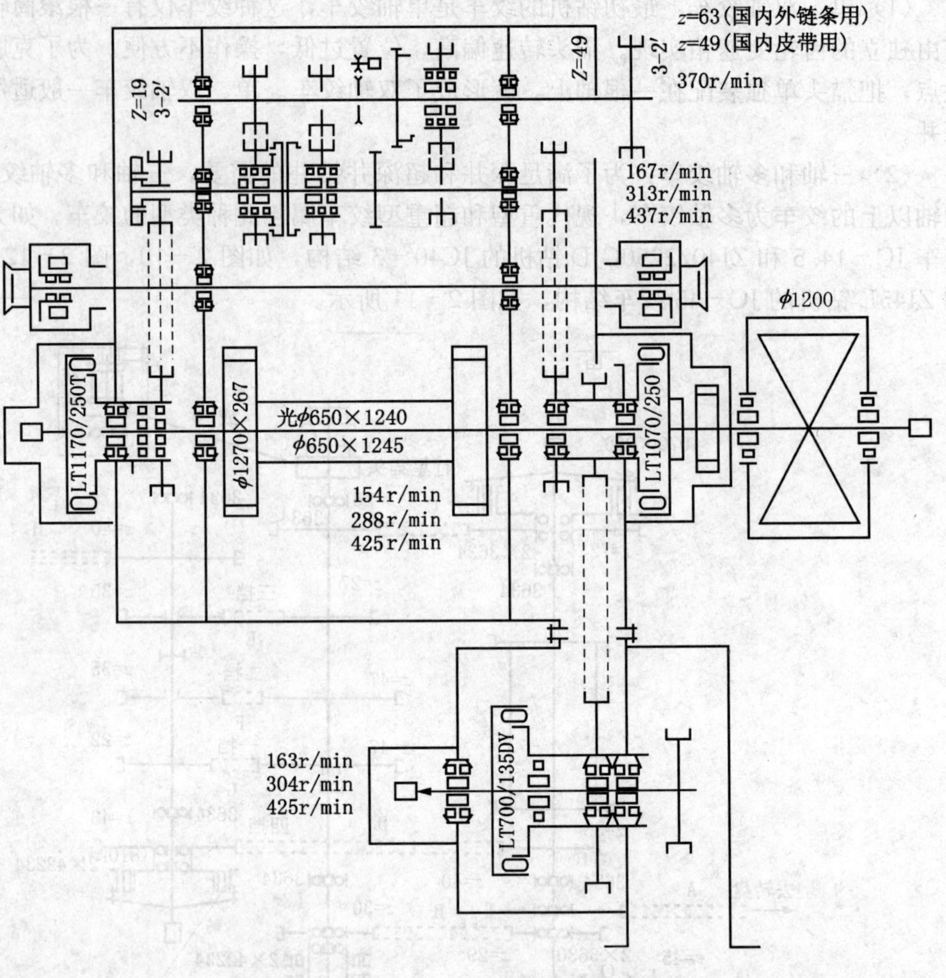

z=63(国内外链条用)
z=49(国内皮带用)
3-2′
370r/min
Z=19
3-2′
Z=49
167r/min
313r/min
437r/min
47r/min
89r/min
125r/min
ϕ1200
LT1170/250T
42r/min
79r/min
111r/min
ϕ1270×267
光ϕ650×1240
ϕ650×1245
LT1070/250
154r/min
288r/min
425r/min
163r/min
304r/min
425r/min
LT700/135DY

图 2-11 JC-45 绞车结构方案

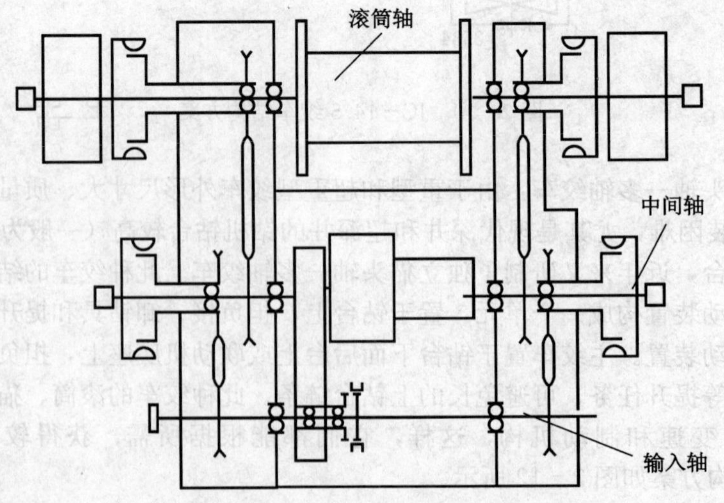

图 2-12 JC40-3 绞车结构方案

和猫头轴。因电动绞车的结构较简单，一般猫头轴不分设单元，和主绞车构成一个整体。JC50D绞车结构方案如图2－13所示。

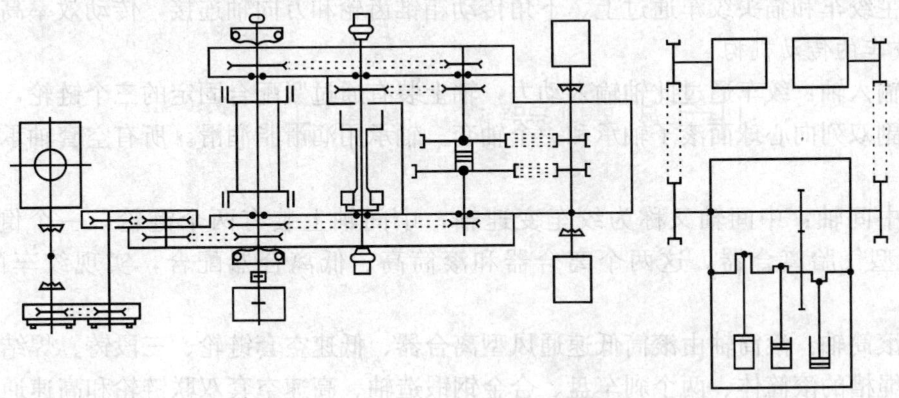

图2－13 JC50D绞车结构方案

三、典型绞车介绍

1. JC－50绞车

如图2－14所示，JC－50绞车主要由绞车架、输入轴、中间轴、滚筒轴、角传动箱、液压盘式刹车、换挡机构、润滑系统、绞车气管道、绞车水管道及DS50电磁涡流刹车等主要部件组成。

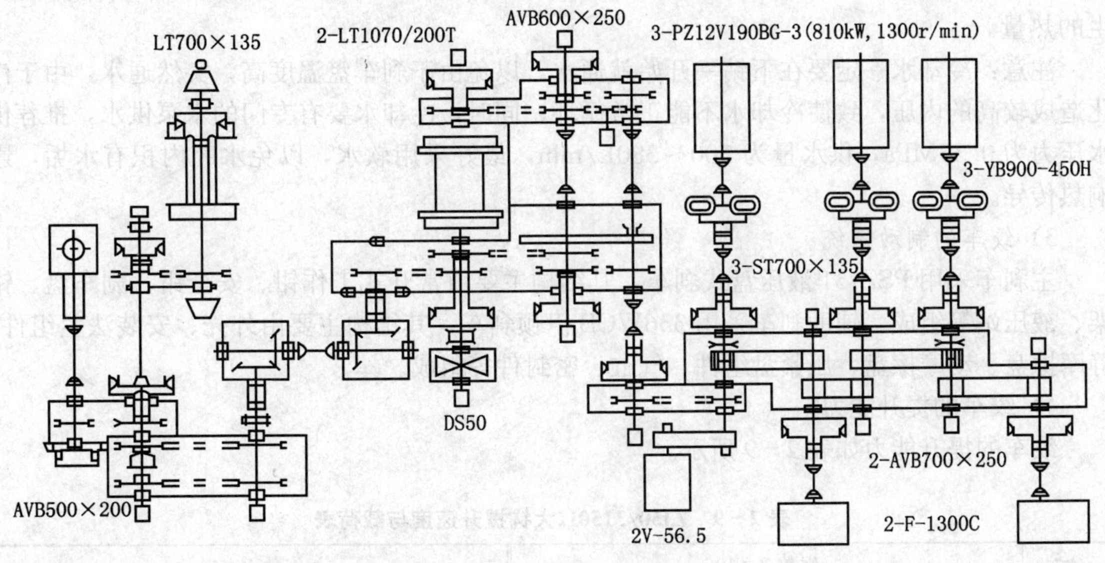

图2－14 JC－50绞车结构方案

1）绞车的结构特点

（1）独立猫头轴—多轴自变速双墙板闭式箱体绞车，绞车挡数4＋2R，换挡采用气胎离合器换挡方式，倒挡则由两位汽缸及顶杆阀联合实现，换挡方便。

（2）滚筒上开有符合API、RP9B推荐的两级螺旋槽。采用过卷阀式防碰天车装置。

(3) 配有DS50电磁刹车或伊顿刹车，制动性能好。

(4) 滚筒轴、中间轴高低速离合器均为通风型气胎离合器，并设有事故螺栓。

(5) 主绞车和猫头绞车通过上、下角传动箱锥齿轮和万向轴连接，传动效率高。

2) 绞车的传动机构

(1) 输入轴：绞车通过此轴输入动力，轴上装有通过紧配合固定的三个链轮，一个倒挡齿轮，两副双列向心球面滚子轴承和一个轴套。轴承用润滑脂润滑。所有空套轴承都由轴端润滑。

(2) 中间轴：中间轴又称为绞车变速轴，中间轴上装有两个链轮，一个倒挡齿轮，两个通风型气胎离合器。这两个离合器和滚筒高、低离合器配合，实现绞车的4+2R挡速。

(3) 滚筒轴：滚筒轴由滚筒低速通风型离合器、低速空套链轮、三段铸、焊结构并开有双阶螺旋绳槽的滚筒体、两个刹车盘、合金钢锻造轴、高速空套双联链轮和高速通风型离合器等主要零部件组成。滚筒体法兰的外侧，铸有特殊锥度的快绳入口槽，正好与卡绳座相匹配，更换钢丝绳相当方便。滚筒轴主轴承采用承载能力大、扶正性能好的双列向心球面滚子轴承。润滑轴承的黄油杯装在绞车前方的集中润滑板上，并有特殊标志。

刹车盘直径ϕ1600mm，厚度76mm，材料为ZG35CrMo特种合金钢，耐热性能良好、摩擦系数高，再加上刹车盘表面经高频淬火后，再进行磨削加工，具有表面粗糙度低、耐磨性好等优点，其最大允许磨损量为10mm。刹车盘内部设有冷却水道，在刹车盘内径处设有进、出水口，外径上设有放水口，用来放尽通道内的水，防止寒冷气候冻裂刹车盘。正常工作时，放水口用螺塞封住。由水气葫芦给刹车盘通冷却水，以平衡摩擦副产生的热量。

注意：冷却水一定要在下钻一开始就通水，以免由于刹车盘温度高，突然通水，由于汽化造成较高的内压，致使冷却水不能正常循环；同时，冷却水要有专门的水泵供水，推荐供水压力为0.35MPa，供水量为300～380L/min，最好采用软水，以免水腔内积有水垢，影响热传导。

3) 绞车的制动系统

主刹车采用PSZ751液压盘式刹车，其结构主要由常开式工作钳、安全钳、刹车盘、钳架、液压站等组成。辅助刹车采用336WCB伊顿刹车，其结构主要由外壳、安装法兰组件、静摩擦盘、动摩擦盘、压紧盘组件、气缸、密封件等组成。

4) 绞车的提升能力

绞车的提升能力如表2-9所示。

表2-9 ZJ50/3150L大钩提升速度与载荷表

绞车挡数	绳数 $Z=10$		绳数 $Z=12$	
	提升速度，m/s	提升载荷，10kN	提升速度，m/s	提升载荷，10kN
Ⅰ	0.29	284～167	0.242	315～190
Ⅱ	0.493	167～87	0.411	190～100
Ⅲ	0.947	87～51	0.789	100～59
Ⅳ	1.61	51～15	1.34	59～15

5）绞车的安装与固定

绞车吊上大底座后，以大底座上的预先画好的井眼中心线和滚筒中心线为基准（两线相互垂直），与绞车架底座上的井眼中心绞车底座两端的滚筒轴线（均有标记）对准找正，找正时可用千斤顶移动绞车，绞车就位后，将绞车用压板、螺栓或其他方法可靠地紧固在大底座上，如果绞车底座与大底座之间有间隙，需用垫片调平后，方可紧固。垫片要选用合适的厚度，不推荐采用多层垫片，必要时将垫片焊在大底座上。

6）辅助刹车的安装与找正

辅助刹车通过齿式离合器与滚筒轴连接，辅助刹车的外齿圈与滚筒轴的轴端跳不大于0.38mm，径跳在直径430mm范围内不大于0.2mm。绞车固定好后，以滚筒轴为基准进行检查，如果径跳和端跳均超过公差范围，则必须重新找正。

2. JC50DB绞车

如图2－15所示，JC50DB绞车为单轴绞车，主要由滚筒轴、齿轮减速箱、转盘传动箱、绞车架及润滑、气控、水冷却系统等组成。其传动形式为电动机通过齿轮减速箱直接传动滚筒轴。钻台上配有液压猫头，以满足钻进和起下作业的要求。绞车的主刹车为液压盘式刹车，两个刹车盘集中布置在轴左端；辅助刹车既可用能耗制动，也可用336WCB型伊顿盘式气刹车。转盘由独立驱动电动机通过链条传动箱、锥齿轮箱及传动轴驱动，独立驱动电动机置于钻台面上并与绞车电动机通过右侧伊顿CH1250离合器连接，这样，既可实现两台电动机并车传动绞车，也可在一个电动机出故障时替换使用，以提高绞车和转盘的可靠性。

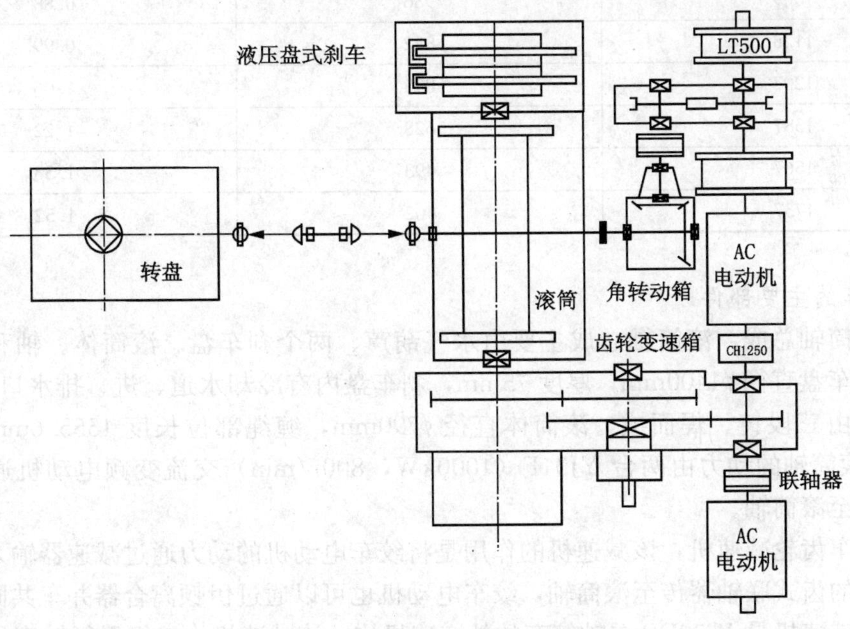

图2－15　JC50DB绞车传动图

1）绞车的特点

（1）滚筒轴是由一台交流变频电动机通过齿轮减速箱驱动的，在特殊情况下，可由两台电动机并车驱动。滚筒提升速度，通过电动机实现无级变速。

（2）减速箱中间轴上装有伊顿CH1940离合器，以满足下放空吊卡和起下钻点动操作。

（3）下钻时电动机反转，则变成发电机，可充当绞车的辅助刹车进行能耗制动。实现对电网能量反馈，减少制动装置的能量损耗，节约能源。根据需要也可在滚筒轴右端安装一个伊顿 336WCB2 盘式气刹车，作为绞车的第二辅助刹车。

（4）采用双联电动齿轮油泵装置，对齿轮减速箱强制润滑。

（5）减速箱采用收缩盘式结构与滚筒轴相连，安全可靠，可以减小轴向尺寸。

（6）主刹车采用液压盘式刹车，两个刹车盘集中布置在轴左端，每个刹车盘上装有两个工作钳和一个安全钳，由司钻房集中控制。

（7）装有过卷阀式防碰装置，使起下作业安全可靠。

（8）油气水管线布置于铺板下易于检修的地方。

2）绞车的提升能力

如表 2－10 所示，ZJ50/3150DB－1 钻机的最大钩载 3150kN，此时，必须两台电动机并车。当单台电动机超载 1.5 倍时的提升能力为：大钩载荷 1857kN，提升速度 0.7m/s。交流变频电动机额定转速 803r/min，额定转矩 11876N·m。

表 2－10　ZJ50/3150DB－1 大钩提升速度与载荷关系表

电动机转速，r/min	大钩载荷，kN（12 绳）	提升速度，m/s（12 绳）
803	1238	0.7
930	1070	0.82
1009	986	0.88
1128	882	0.99
1207	825	1.06
1387	628	1.22
1567	493	1.38
1737	402	1.52

3）绞车的主要部件

（1）滚筒轴总成：滚筒轴总成主要由水气葫芦、两个刹车盘、滚筒体、轴和轴承等组成。两个刹车盘直径 ϕ1400mm，厚度 75mm，刹车盘内有冷却水道、进、排水口和放水口。开槽滚筒体由三段铸、焊而成，滚筒体直径 ϕ790mm，缠绳部位长度 1555.6mm，总长度 2108mm。滚筒轴的动力由两台 YJ31F（1000kW，800r/min）交流变频电动机通过绞车齿轮减速机传至滚筒轴。

（2）绞车齿轮减速机：该减速机的作用是将绞车电动机的动力通过减速器输入轴与绞车电动机之间的齿式联轴器传至滚筒轴，绞车电动机也可以通过伊顿离合器并车共同驱动滚筒轴。因此，减速机是 JC50DB 单轴绞车的外变速机构。该减速机为二级平行轴直齿圆柱齿轮减速器，第一级小齿轮齿数 35，大齿轮齿数 69，第二级小齿轮齿数 34，大齿轮齿数 75，齿数比 4.394，额定功率 1840kW，输入转速 803～1800r/min。齿轮箱齿轮和轴承由电动油泵循环润滑系统强制润滑和冷却，为了保证润滑油能正常工作，在环境温度低于 0℃时启动设备应对润滑油进行预热，预热温度不小于 8℃。润滑油工作温度为 5～85℃，最大工作温升不大于 45℃，齿轮箱的工作环境温度为－40～45℃。润滑油应 3～9 个月检查油质 1 次。

（3）转盘链条箱和角传动箱：其作用是将转盘电动机的动力通过离合器和齿式联轴器传

给角传动箱。角传动箱通过传动轴和两根万向轴传动转盘，采用三个双列调心滚子轴承支撑。

4）绞车的安装与固定

（1）起吊绞车前，先试找好起吊中心，然后调整好吊钩和钢丝绳位置，将绞车吊起200mm高，若绞车平稳不倾斜，则可将绞车吊到底座上就位。

绞车吊上底座后，应以底座上预先定好的井眼中心线和滚筒轴中心线（两中心线相互垂直）为基准，与绞车底座前后梁及两端头的滚筒中心线（焊接的标记牌）对准找正。找正时，用千斤顶移动绞车，在绞车架前梁、后梁下翼板上有10个$\phi40$的孔与对应大底座梁上的孔对准，找正后用10条M36螺栓与大底座连接固定。

（2）减速箱的安装与固定。

安装减速箱时，应使用减速箱配套专用安装工具，齿轮箱输出轴收缩盘$\phi230$传扭矩配合孔部位及滚筒轴相应配合部位安装前，应彻底清洗脱脂并干燥，轴孔其余部位也应用干净棉纱擦拭干净，保证安装时无油性物质进入传扭配合面，以保证传扭工作可靠。齿轮箱输入轴齿式联轴器在与电动机调整安装时，应找正齿式联轴器外齿套，其相对端跳不大于0.05mm，径跳不大于0.01mm。安装拧紧螺栓，带负荷工作一段时间后，应复查螺栓是否松动，轴线对中是否变化，如有异常应及时调整。

（3）电动机与减速箱输入轴的安装找正。

滚筒轴在与绞车架墙板安装固定后，首先将减速箱安装就位，再用垫片调整电动机及转盘传动箱中心高，使之端跳不大于0.13mm，径跳不大于0.15mm（间隔90°检查4点）。将电动机地脚螺栓把紧后，再检查1次，端跳不大于0.13mm，径跳不大于0.15mm。

（4）转盘传动箱及传动轴安装找正。

转盘传动箱输入轴法兰中心必须与传动轴、角传动箱输出轴同心，确保传动轴转动自如，然后拧紧螺栓固定。

第四节　绞车的刹车机构

绞车的刹车机构包括主刹车机构和辅助刹车机构，主刹车用于各种刹车制动，辅助刹车仅用于下钻时将钻柱刹慢，吸收下钻能量，使钻柱匀速下放。

一、带刹车的结构原理

1. 带刹车的结构组成

带刹车机构主要由控制部分（刹把）、传动部分（刹带轴、刹把轴、曲拐、连杆）、制动部分（两根刹带、刹带块、刹带吊耳及机械换挡机构）、平衡梁和气刹车等组成。如图2－16、图2－17、图2－18和图2－19所示。

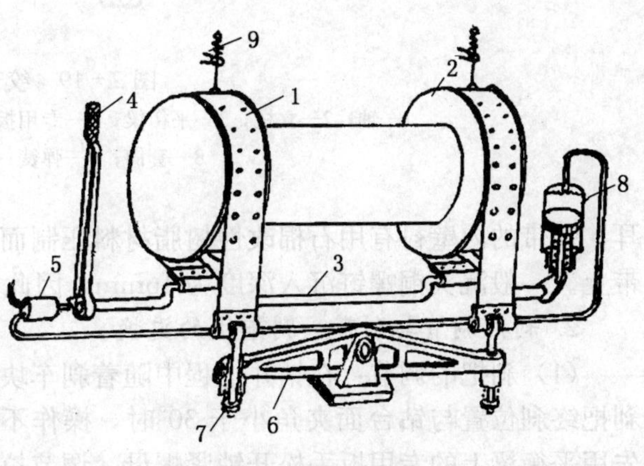

图2－16　单杠杆刹车机构

1—刹带；2—刹车鼓；3—杠杆；4—刹把；5—司钻阀；6—平衡梁；7—调节螺杆；8—刹车气缸；9—弹簧

两根刹带完全相同，一般为6mm厚的圆形钢带。钢带的两端分别铆接活端吊

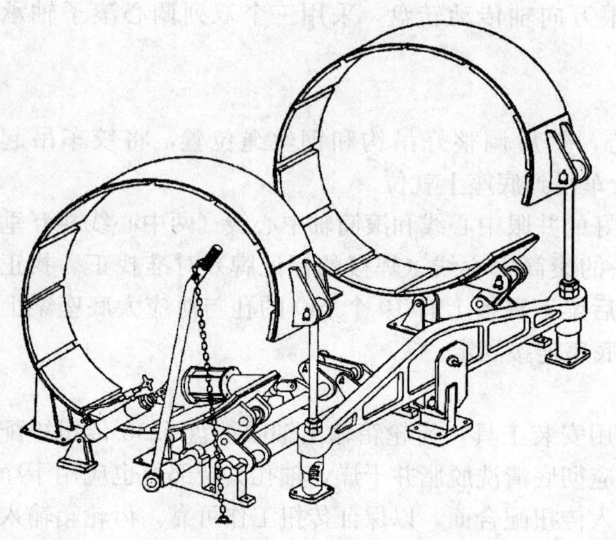

图 2-17　双杠杆刹车机构

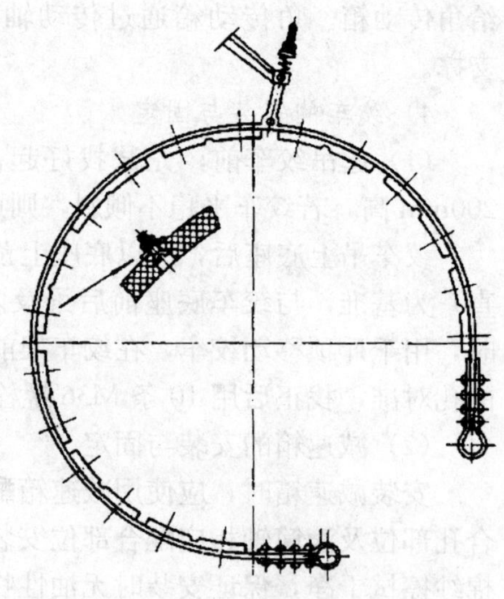

图 2-18　绞车刹带

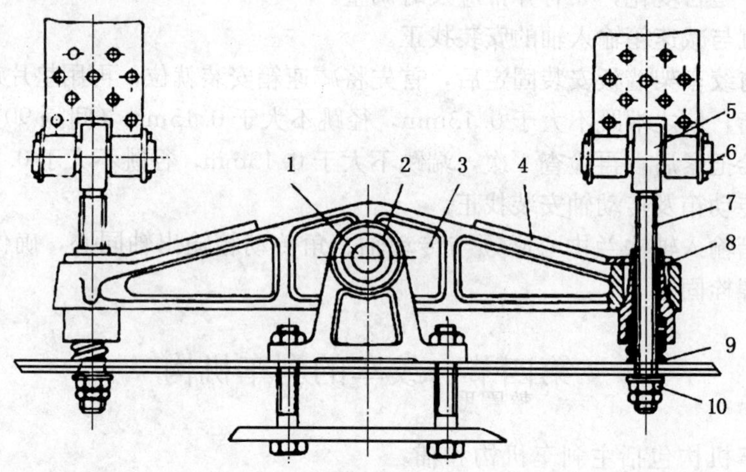

图 2-19　绞车平衡梁

1—轴；2—立柱；3—平衡梁；4—专用扳手；5—拉环；6—小轴；7—螺杆；8—套筒；9—弹簧；10—调整螺母

耳，钢带的内壁衬有用石棉改性树脂材料压制而成的刹车块，刹车块用沉头铜螺钉固定在钢带上。一般沉头铜螺钉沉入深度为16mm，因此，当刹车块磨损16mm时，必须更换。

2. 刹把调节与刹带、刹车块的更换

（1）刹把的调节：在钻井过程中随着刹车块磨损量的增加，刹把终刹位置逐渐降低，当刹把终刹位置与钻台面夹角小于30°时，操作不便，因此，必须对刹带进行调节。调节时，先用平衡梁上的专用扳手松开锁紧螺母，调节拉杆的长度，直到刹紧刹车鼓时，刹把与钻台面的夹角为45°时为止，然后拧紧锁紧螺母。

（2）更换刹带：更换刹带时，先卸下刹带拉簧、托轮和刹带吊耳，然后将刹带向内移到滚筒上，再往下将其取出。决不能用猫头绳硬将其拉出，以免造成刹带失圆。若刹带失圆或新刹带不满足圆度要求时，应对刹带进行整圆。刹带整圆方法是：以刹带半圆为半径在钻台上画圆，将卸下的刹带与该圆比较，用大锤对刹带不圆处敲击整圆，直到刹带与所画半圆一致为止。调节或更换刹带后，都应调节刹带上方的拉簧，以及后面和下面的托轮位置。

(3) 更换刹车块：当刹车块磨损量达到其厚度的一半时，就要更换刹车块。更换时，最好单边交叉更换，以免由于新刹车块贴合度差而刹不住车。

3. 刹车机构的润滑

刹车机构上除平衡梁上支座上的润滑点外，其余所有润滑点均集中在平衡梁下面左、右两块润滑孔板上，用锂基润滑脂对各润滑点每天注油 1 次。刹车机构的各销轴铰接处及平衡梁两端的球面支座处应经常浇 30 号机械油润滑。

滚筒轴承座的润滑点也分别分布在左、右孔板上，由 ϕ10mm 的紫铜管连接至轴座上。

二、带刹车机构的基本计算

1. 绞车的工作计算

1) 滚筒的缠绳直径

缠在滚筒上的钢丝绳如果第一层为左旋，则第二层必为右旋。在快绳拉力的作用下，第二层各圈钢丝绳大部分（约 3/4 圈）缠绕在第一层钢丝绳所形成的绳槽内，如图 2－20 所示。

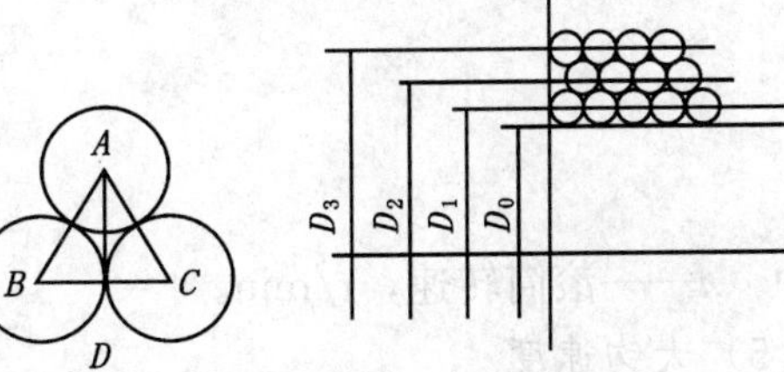

图 2－20 滚筒缠绳直径计算图

在此种情况下，第二层缠绳直径增加了 2 倍的 AD。在以 d 为边长的等边三角形 ABC 中：

$$AD = AB\sin 60^\circ = d\frac{\sqrt{3}}{2} = \varphi \cdot d$$

式中 d——钢丝绳直径，mm；

φ——绳径修正系数，此时 $\varphi = \frac{\sqrt{3}}{2} = 0.866$。

但第二层缠绳各圈要向相邻各绳槽中跳过，仍然有少半圈（约 1/4 圈）必定是重叠起来的，此时 $\varphi = 1$。所以，对于每一整圈取平均值，即：$\varphi = 0.9$。则各层缠绳直径为：

$$D_1 = D_0 + d$$

$$D_2 = D_1 + 2\varphi \cdot d = D_0 + d + 2\varphi \cdot d$$

$$D_3 = D_2 + 2\varphi \cdot d = D_0 + d + 4\varphi \cdot d$$

以此类推，可以求出任意一层缠绳直径的通式为：

$$D_e = D_0 + d + 2(e-1)\varphi \cdot d \tag{2-9}$$

式中 D_0——滚筒缠绳直径，mm；

e——缠绳层数，一般 $e = 3 \sim 5$；

D_e——任意一层（或最外层）缠绳直径，mm。

2) 滚筒的平均工作直径

通常，下完一根立根，游车在最下面位置时，滚筒上还应保留一层钢丝绳。

则滚筒的平均工作直径为：

$$D_a = \frac{D_2 + D_e}{2} \tag{2-10}$$

3) 滚筒的缠绳总长

同样因为，下完一根立根，游车在最下位置时，滚筒上还应保留一层钢丝绳。

则缠绳的总长为：

$$L=\pi D_1 n+Zl \tag{2-11}$$

式中　n——每层缠绳圈数；

Z——有效绳数；

l——立根长度，一般为28m。

实际工作中，滚筒的缠绳在上式的基础上加10圈左右的裕量。

4）快绳速度 v

由于滚筒缠绳直径是变化的，因而当滚筒以一定的速度（某一确定的挡速）旋转时，快绳与大钩的速度也有较大变化。

$$v_{fmin}=\frac{\pi D_2 n}{60} \tag{2-12}$$

$$v_{fmax}=\frac{\pi D_e n}{60} \tag{2-13}$$

$$v_{fa}=\frac{\pi D_a n}{60} \tag{2-14}$$

式中　n——滚筒转速，r/min。

5）大钩速度

大钩速度可表示为：

$$v_{min}=\frac{v_{min}}{Z}=\frac{\pi D_2 n}{60Z} \tag{2-15}$$

$$v_{max}=\frac{v_{min}}{Z}=\frac{\pi D_e n}{60Z} \tag{2-16}$$

$$v_a=\frac{v_{min}}{Z}=\frac{\pi D_a n}{60Z} \tag{2-17}$$

2. 绞车的制动计算

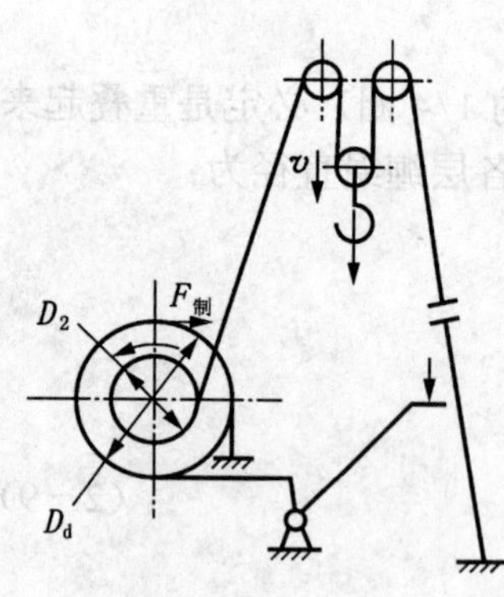

图2-21　下钻操作示意图

如图2-21所示为下钻操作示意图。当下钻开始时，司钻抬起刹把，刹带松开，钻柱在自重的作用下加速下落，下钻速度逐渐加快。这时司钻在刹把上加力，使刹带与刹车毂之间产生摩擦力（或者辅助刹车产生的制动力，也可能是二者共同作用的结果）。当摩擦力在滚筒上构成的制动力矩与悬持钻柱的静力矩平衡时，钻柱匀速下落。当钻柱下放接近立根行程终点时（距钻台面2～3m），司钻压住刹把，使钻柱减速下放，直到完全刹住为止。由于减速下放所产生的惯性力矩使得制动力矩大大超过悬持钻柱的静力矩，因此，最大制动力矩 M_{max} 发生在刹住钻柱的一瞬间。

1）制动力的确定

设：使钻柱匀速下落，刹车摩擦副所产生的静制动力矩为 M；静制动力为 F_b。刹住钻柱瞬间的最大制动力矩为 M_{max}；最大制动力为 F_{bmax}。则：

$$M=\frac{Q'_s D_2}{2Z}\eta_s\eta_d=F_b\frac{D_d}{2} \tag{2-18}$$

$$F_b=\frac{Q'_s D_2}{ZD_d}\eta_s\eta_d \tag{2-19}$$

$$M_{max}=\beta M=\beta\frac{Q'_{s}D_{2}}{2Z}\eta_{s}\eta_{d} \tag{2-20}$$

$$F_{bmax}=\beta F_{b}=\frac{Q'_{ts}D_{2}}{ZD_{d}}\eta_{s}\eta_{d} \tag{2-21}$$

式中　D_2——滚筒第二层缠绳直径；

η_d——滚筒轴效率，一般取 $\eta_d=0.97$；

$Q_s{}'$——下钻游动系统总载荷，一般取 $Q_s{}'=70\%Q_s$；

β——动载系数，一般取 $\beta=1.5\sim2$；

D_d——刹车毂直径。

2）刹带两端的拉力

设两条刹带活端总拉力为 t，死端总拉力为 T，当两刹带以 α 角抱住刹车毂连续摩擦时，若忽略刹带的弹性伸长和弯曲阻力，刹带两端拉力的关系可用下式表示。

$$T=te^{\mu\alpha} \tag{2-22}$$

式中　e——自然常数，e＝2.718；

α——刹带包角，一般 $\alpha=\frac{3\pi}{2}\sim\frac{11\pi}{6}$（270°～330°）；

μ——刹带片与刹车鼓之间的摩擦系数，一般 $\mu=0.35\sim0.45$。

在整个刹带的弧长上，刹带拉力由 T 逐渐递减为 t，其差值即为摩擦力或制动力 F_b，即 $T=t+F_b$，故两端总拉力为：

$$t=\frac{F_b}{e^{\mu\alpha}-1};T=\frac{F_b e^{\mu\alpha}}{e^{\mu\alpha}-1} \tag{2-23}$$

$$t_{max}=\frac{F_{bmax}}{e^{\mu\alpha}-1};T_{max}=\frac{F_{bmax}e^{\mu\alpha}}{e^{\mu\alpha}-1} \tag{2-24}$$

3）计算刹车杠杆传动比

（1）单杠杆刹车机构，如图2－22（a）所示。设刹把力为 F，刹把长度为 l，曲拐臂长为 r，单杠杆刹车机构的传动效率为 η，则：

$$F\cdot\cos\alpha\cdot l\cdot\eta=t\cdot\sin(\alpha+\beta)r$$

$$F=t\cdot\frac{r}{l}\cdot\frac{1}{\eta}\cdot\frac{\sin(\alpha+\beta)}{\cos\alpha}$$

$$i=\frac{t}{F}=\frac{l}{r}\cdot\eta\frac{\cos\alpha}{\sin(\alpha+\beta)} \tag{2-25}$$

式中，i 为刹车杠杆传动比。从工作省力和增大制动力的角度来看，希望 i 越大越好；这样可用较小的刹把力 F，得到较大的刹带拉力 t，从而产生较大的制动力矩；但从制动灵敏来看，则希望 i 越小越好，因为 i 越小，则在刹把摆动距离相同的情况下，刹带活动端的运动距离越大，这样就使刹带能更快的抱住刹车轮毂，进行制动。

（2）双杠杆刹车机构，双杠杆刹车机构也称为复杠杆机构，如图2－22（b）所示，用浮动连杆把两套单杠杆机构铰接起来，就组成了复杠杆刹车机构。设连杆拉力为 F_C；两单杠杆机构轴线至连杆间的垂直距离分别为 a、b（虚线所示）；双杠杆刹车机构的传动效率为 η。则：

$$F\cdot\cos\alpha\cdot l\cdot\eta=F_c a$$

$$t\cdot\cos\gamma\cdot r=F_c b$$

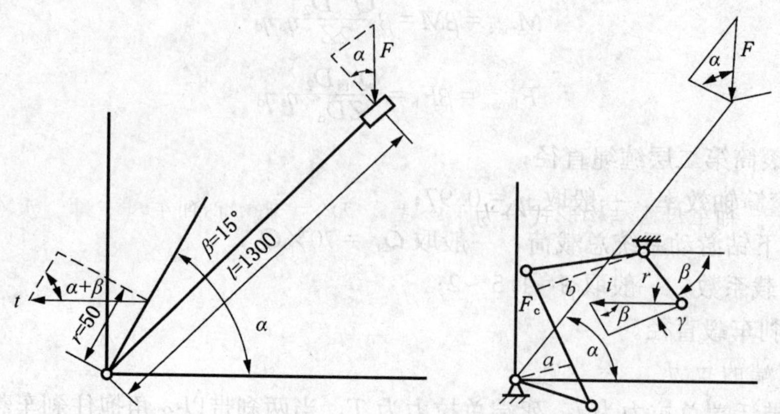

图 2－22　刹车机构

(a) 单杠杆刹车机构；(b) 双杠杆刹车机构

$$i=\frac{t}{F}=\frac{l}{r}\eta\frac{b}{a}\frac{\cos\alpha}{\cos\gamma} \tag{2-26}$$

式（2－26）中$\frac{l}{r}$为定值，$\frac{b}{a}$随α而变化，在α逐渐减小时，b增大，a减小，即$\frac{b}{a}$越来越大；r的转角γ随α的加大而减小。可得到比单杠杆更大的i，这样可使$\alpha=45°\sim30°$时，刹车机构灵活省力。

三、液压盘式刹车的结构组成与工作原理

1985 年美国 CH、NSCO、EMSCOD 等公司首先把液压盘式刹车用于钻机绞车主刹车，1995 年我国开始在钻机绞车主刹车使用液压盘式刹车。近年来，液压盘式刹车在钻机绞车中得到了广泛的应用。

1. 液压盘式刹车的结构组成

如图 2－23 所示，液压盘式刹车，可分为常开型杠杆钳液压加压式、常闭型杠杆钳弹簧加压式、常开型固定钳液压加压式、常闭型固定钳弹簧加压式等四类。

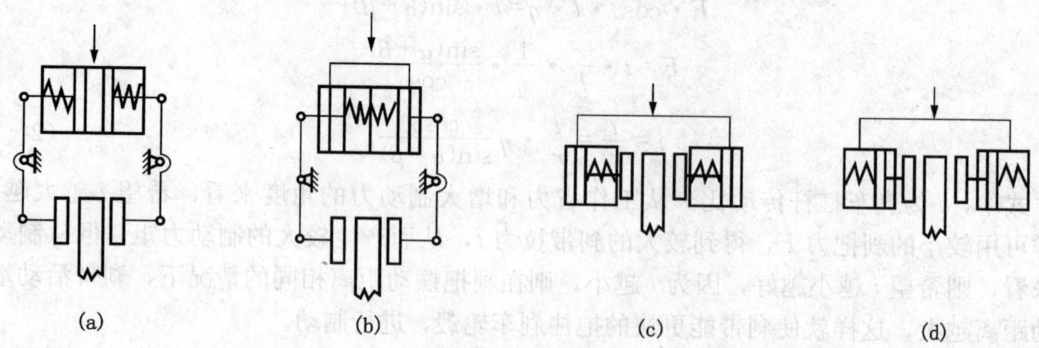

图 2－23　刹车钳结构方案

(a) 常开型杠杆钳液压加压式；(b) 常闭型杠杆钳弹簧加压式；(c) 常开型固定钳液压加压式；(d) 常闭型固定钳弹簧加压式

液压盘式刹车由刹车盘、开式刹车钳（安全钳）、闭式刹车钳（工作钳）、钳架、液压动力源、控制系统等组成。

1）刹车装置总成

刹车装置总成由钳架、刹车盘、刹车钳等组成。刹车盘通过滚筒轮缘与滚筒组装成一体，刹车钳安装在钳架上，它是盘式刹车实现刹车的主要部件，如图 2－24 所示。

（1）刹车盘是直径为 1500～1650mm，厚为 65～75mm 带有冷却水道的圆环，其内径与滚筒轮缘配合，装配成一体。刹车盘环形侧表面与刹车钳上的刹车块构成摩擦副，实现绞车的刹车，如图 2－25 所示。刹车盘按结构形式分为水冷式、风冷式和实心刹车盘三种。水冷式刹车盘内部设有水冷通道，在刹车盘内径处设有进、出水口；外径处设有放水口，用来放尽通道内的水，以防止寒冷气候时刹车盘冻裂；正常工作时，放水口用螺塞封住。风冷式刹车盘内部有自然通风道，靠自然通风道和表面散热。实心刹车盘靠表面散热，主要用于修井机和小型钻机。

图 2－24　液压盘式刹车总成

1—滚筒；2—刹车盘；3—工作钳；4—钳架；5—安全钳；6—过渡板

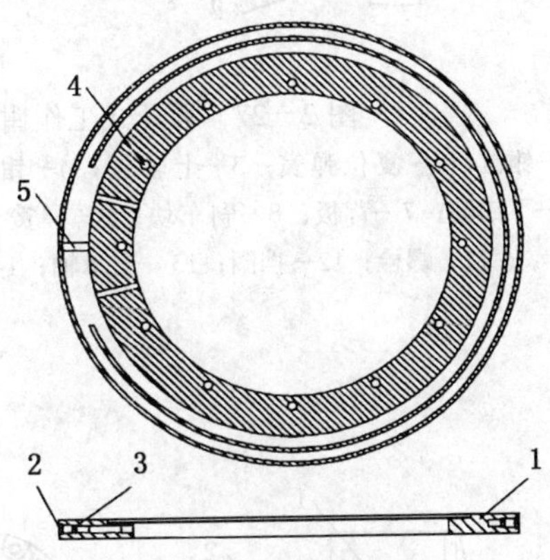

图 2－25　液压刹车盘

1—刹车盘体；2—外封闭环；3—支承环；4—沉头螺钉；5—隔板

（2）钳架是一个弯梁，工作钳及安全钳均安装在其上。通常配备两个钳架，钳架上下端通过螺栓分别固定在绞车横梁和绞车底座上，位于滚筒两侧的前方，如图 2－26 所示。

（3）刹车钳由浮式杠杆开式钳（常开钳）和浮式杠杆闭式钳（常闭钳）组成。常开钳是工作钳，用于控制钻压、各种情况下刹车。常闭钳用于悬持情况下的驻刹。

开式钳的工作原理是：当向钳缸供给压力油时，液压力推动活塞左移动，由于钳缸的浮式放置，活塞与缸体通过上销分别推动左右钳臂的上端向外运动，减少了左右下销之间的距离，带动刹车块向内运动，从而将刹车块以一定的正压力压在旋转中的刹车盘上，在刹车盘与刹车块之间产生摩擦力，对刹车盘实施制动。可见，开式钳的刹车力来源于液压力，且压力油的压力越高，刹车力越大。如果进入钳缸压力油的压力等于零，活塞与缸体通过安装

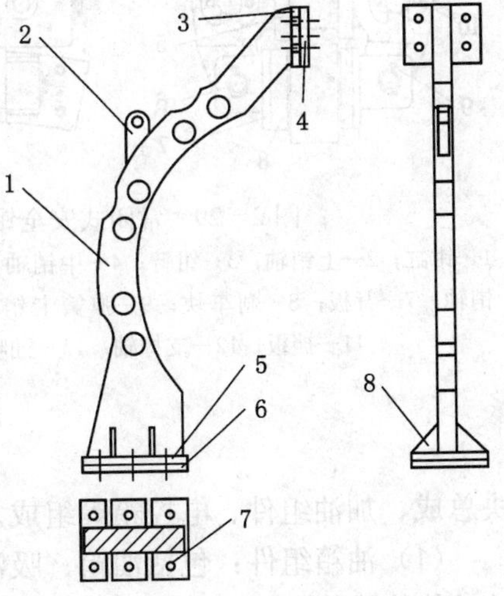

图 2－26　刹车钳架

1—弯梁；2—吊耳；3—连接顶板；4—上连接板；5—连接底板；6—下连接板；7—六角螺栓；8—加强筋板

在左右上销端部的回位弹簧向内运动，刹车块向外运动与刹车盘脱离接触，刹车钳松刹。开式钳是有油压刹车、无油压松刹，称为常开钳，如图 2-27、图 2-28 所示。

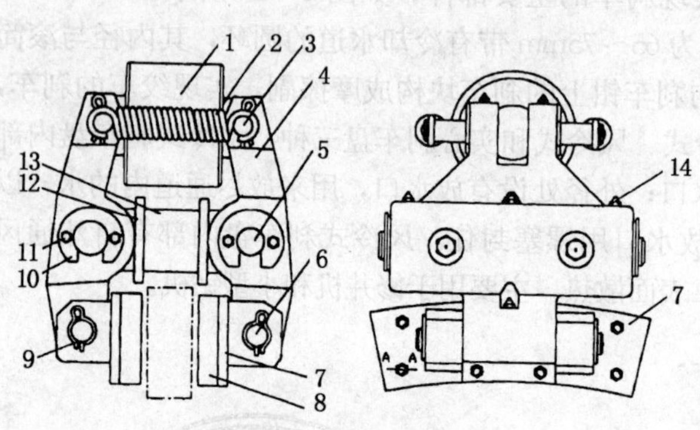

图 2-27 常开式工作钳

1—钳缸；2—复位弹簧；3—上轴销；4—钳臂；5—中销轴；6—下销轴；7—背板；8—刹车块；9—弹簧卡销；10—挡板；11—螺栓；12—挡圈；13—支承轴；14—油嘴

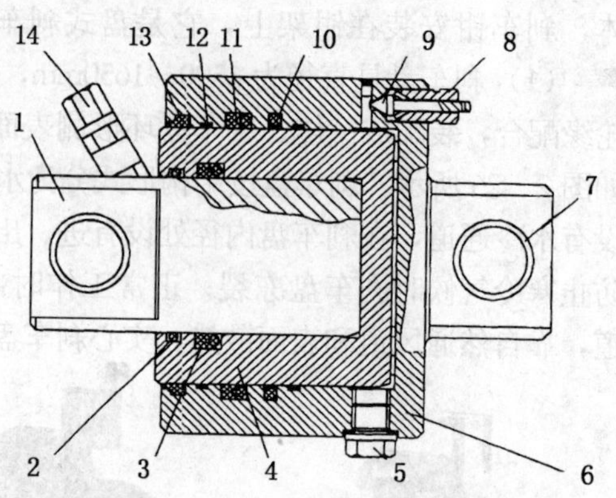

图 2-28 常开式工作钳缸

1—调节柱塞；2—O 型密封圈；3—BA 型密封圈；4—工作柱塞；5—六角螺栓；6—缸体；7—含油轴承；8—排气阀座；9—排气阀；10—OD 型密封圈；11—BA 型密封圈；12—F3 型导向带；13—A5 型防尘圈；14—单向注油阀

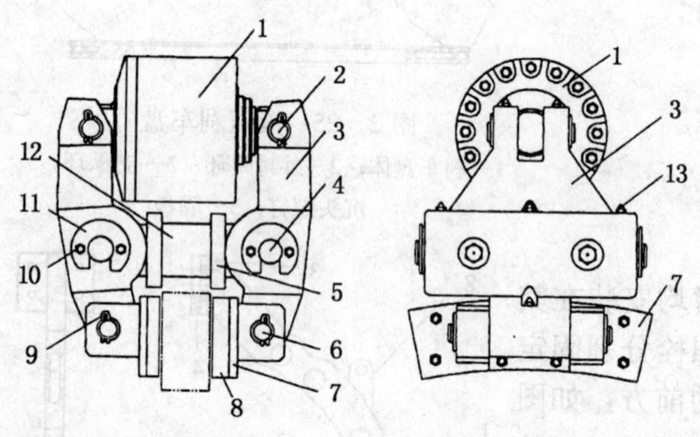

图 2-29 常闭式安全钳

1—钳缸；2—上销轴；3—钳臂；4—中销轴；5—挡圈；6—下销轴；7—背板；8—刹车块；9—弹簧卡销；10—螺栓 M10；11—挡板；12—支撑轴；13—油嘴

闭式钳的工作原理是：当向钳缸供给压力油时，液压力推动活塞右移压缩碟簧，同时拉动左右钳臂的上端向内运动加大了左右下销之间的距离，带动刹车块向外移动，刹车块与刹车盘脱离接触，刹车钳松刹。当钳缸泄油时，碟簧反弹推动活塞左移，左右钳臂上端向外运动，减少了左右下销之间的距离，使刹车块与刹车盘接触。此时，刹车块作用在刹车盘上的力为碟簧力，该力形成的摩擦力实施刹车。闭式钳的刹车力来源于碟簧的弹簧力。闭式钳是有油压松刹、无油压刹车，称为常闭钳，如图 2-29、图 2-30 所示。

2）*液压动力源*

液压动力源由油箱组件、泵组、控制块总成、加油组件、电控箱等组成。

（1）油箱组件：包括油箱、吸油阀、放油阀、液位液温计、冷却器等元器件。吸油阀门的功能为维修油泵时，关闭该阀，使油箱与油泵吸油口断开，防止液压油外泄。正常工作时，处于开启状态；放油阀门是为了更换液压油而设。正常工作时，处于关闭状态；液位液温计供观察油箱液面高低及油箱油温；冷却器为列管式水冷冷却器，用来平衡整个系统的发热。可根据系统的工作温度确定是否投入使用。需冷却时，将旁路截止阀关闭，冷却水接通。不需冷却，则将旁路截止阀开启，冷却水关闭。

（2）泵组：系统配备两台同样的柱塞泵，分别由防爆电机驱动，一台工作，另一台备用，工作时可交替使用。

（3）控制块总成：主要由油路块、蓄能器、截止阀、单向阀、安全阀和高压滤油器等元器件组成。蓄能器可降低液压回路的压力脉动，并在无法正常工作时提供一定的储存能量。截止阀是用来释放蓄能器油压的，在正常工作时，截止阀一定要关严。否则，系统压力将建立不起来。单向阀的作用是把两台泵的出油口隔开，使其形成三个相互独立而又相互联系的油路，保持蓄能器的油液不回流。安全阀是一个溢流阀，起安全保护作用。

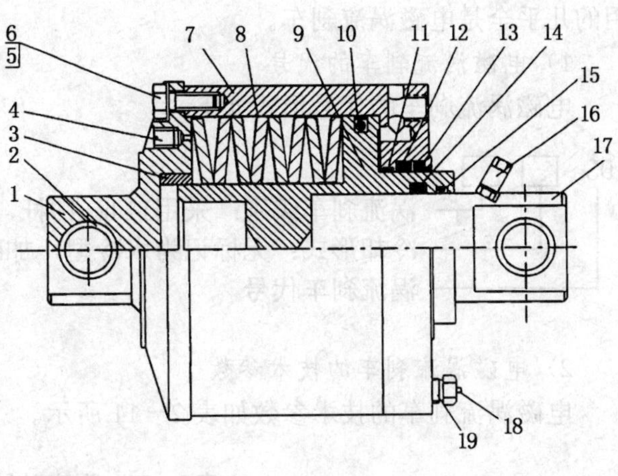

图 2-30　常闭式安全钳缸

1—缸盖；2—含油轴承；3—导向套；4—螺塞 M14×1.5；5—螺栓；6—弹簧垫 $\phi12$；7—缸体；8—碟簧 $\phi180$；9—活塞；10—OE 型密封圈；11—BA 型密封圈；12—导向带；13—A5 型防尘圈；14—BA 型密封圈；15—O 型密封圈 N674-70；16—单向注油阀；17—调节柱塞；18—排气阀；19—排气阀座

（4）加油组件：加油组件由一台手摇泵、一台过滤器组成。油箱加油时，通过加油泵组完成，以保证油液的清洁度。

（5）电控柜：液压站的电控箱主要用来控制电动机和加热器的起、停。

3）操作台

操作台由刹车阀组件、驻刹阀组件、控制阀组、管路、压力表等组成。操作台位于钻台操作室中，司钻通过操作台上的控制手柄对 SY 型盘式刹车集中控制。

2. 刹车系统工作原理

SY 型盘式刹车的刹车系统可实现五个方面刹车：

（1）工作刹车由开式钳承担。操作司钻阀向开式钳输入不同压力的压力油，即产生不同的刹车力。工作刹车的刹车力仅是液压力。

（2）驻刹车由闭式钳承担。实施驻刹车时闭式钳泄油刹车。驻刹车的刹车力是碟簧力。

（3）紧急刹车由开式钳与闭式钳共同承担。实施紧急刹车时，闭式钳泄油刹车，同时开式钳充入压力油也可进行刹车。

（4）防碰天车刹车由闭式钳承担。当过卷阀启动送来的气压信号传递给盘式刹车系统的控制元件时，闭式钳自动泄油刹车。

（5）蓄能器在系统失电情况下，分别向开式钳和闭式钳提供刹车压力油，可分别进行 6～8 次刹车。

四、辅助刹车

辅助刹车的功用是帮助主刹车进行下钻，在下钻时通过制动滚筒轴来制动下钻载荷。过去，钻机的辅助刹车多为水刹车。目前，水刹车已逐渐被电磁刹车和伊顿盘式刹车所取代，下面主要介绍电磁涡流刹车和伊顿盘式辅助刹车。

1. 电磁涡流刹车

电磁刹车可分为感应式电磁刹车（又称为涡流刹车）和磁粉式电磁刹车。目前钻机中应用的几乎全是电磁涡流刹车。

1）电磁涡流刹车的代号

电磁涡流刹车的代号形式如下：

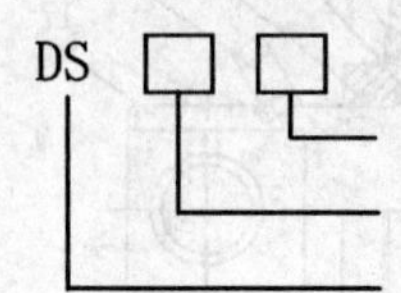

涡流刹车级别：采用114mm钻杆，以100mm为单位计的名义钻深范围的上限

冷却形式：无标记为水冷型，加F为风冷型

涡流刹车代号

2）电磁涡流刹车的技术参数

电磁涡流刹车的技术参数如表 2－11 所示。

表 2－11　涡流刹车的基本参数

<table>
<tr><th rowspan="2">基本参数</th><th colspan="8">型　号</th><th rowspan="2">DS90</th><th rowspan="2">DS120</th></tr>
<tr><th colspan="2">DS（F）30</th><th colspan="2">DS（F）40</th><th colspan="2">DS（F）50</th><th colspan="2">DS（F）70</th></tr>
<tr><td>额定制动扭矩，kN·m</td><td colspan="2">23</td><td colspan="2">33</td><td colspan="2">55</td><td colspan="2">98</td><td>110</td><td>130</td></tr>
<tr><td>适用井深，m</td><td colspan="2">3000</td><td colspan="2">4000</td><td colspan="2">5000</td><td colspan="2">7000</td><td>9000</td><td>12000</td></tr>
<tr><td>最高空载转速，r/min</td><td colspan="2">500</td><td colspan="2">500</td><td colspan="2">500</td><td colspan="2">500</td><td>500</td><td>500</td></tr>
<tr><td>最大励磁功率，kW</td><td colspan="2">9</td><td colspan="2">10</td><td colspan="2">12</td><td colspan="2">23</td><td>25</td><td>—</td></tr>
<tr><td>冷却水流量，L/min</td><td colspan="2">150</td><td colspan="2">190</td><td colspan="2">285</td><td colspan="2">560</td><td>600</td><td>—</td></tr>
<tr><td>冷却风量，m^3/h</td><td colspan="2">4000</td><td colspan="2">6000</td><td colspan="2">12000</td><td colspan="2">15000</td><td>—</td><td>—</td></tr>
<tr><td>最高出水（风）温度，℃</td><td>72</td><td>70</td><td>72</td><td>70</td><td>72</td><td>70</td><td>72</td><td>70</td><td>72</td><td>72</td></tr>
<tr><td>最高进水（风）温度，℃</td><td>42</td><td>40</td><td>42</td><td>40</td><td>42</td><td>40</td><td>42</td><td>40</td><td>42</td><td>42</td></tr>
</table>

3）电磁涡流刹车的工作原理

如图 2－31 所示，涡流刹车主要由左、右定子和转子组成。定子中固定嵌装着激磁线圈，当三相 380V 交流电源经过三相变压器降低电压后，输入桥式整流器，便可输出连续可调的直流电至电磁涡流刹车的激磁线圈，在线圈周围产生固定磁场，转子处于此磁场中。当转子与绞车滚筒轴一起旋转时，转子切割磁力线，转子内磁通密度发生变化，在转子表面产生感应电动势，从而产生感生电流，即涡流。转子成为带涡流感应电流的导体，带涡流感应电流的转子在原来的固定磁场中产生旋转磁场，此旋转磁场在转子的不同半径上产生与转子转动方向相反的电磁力，亦即对旋转轴的电磁制动力矩。显

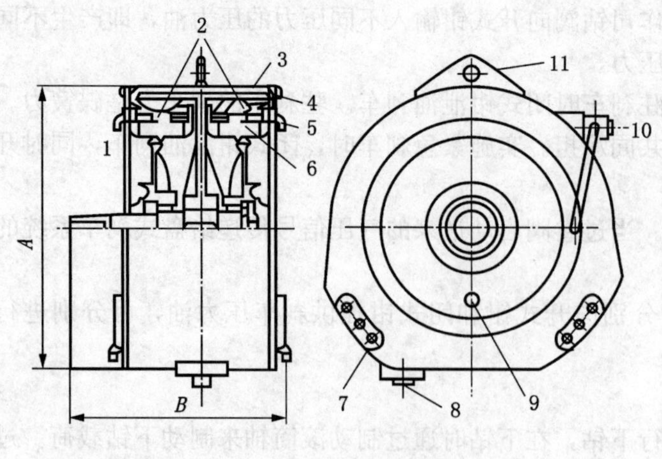

图 2－31　电磁涡流刹车

1—导入导线；2—磁极；3—水套；4—转子；5—激磁线圈；6—定子；7—底环联板；8—出水口；9—进水口（两侧）；10—接线盒；11—提环

然，输入直流电的电流强度越大，固定磁场强度越强，所产生的电磁力矩也越大，以此来平衡不同下钻载荷的能量。

涡流刹车在工作过程中将机械能转化为热能。为了迅速带走转子中的热量，从离合器侧面送进冷却水，流经转子的外表面后，由周围的水套下面的出水口排出。对冷却水质要求较高，矿物质含量要低，一般 pH 值不超过 7～7.5。涡流刹车与滚筒刹车通常用一个冷却系统。如图 2－32 所示。

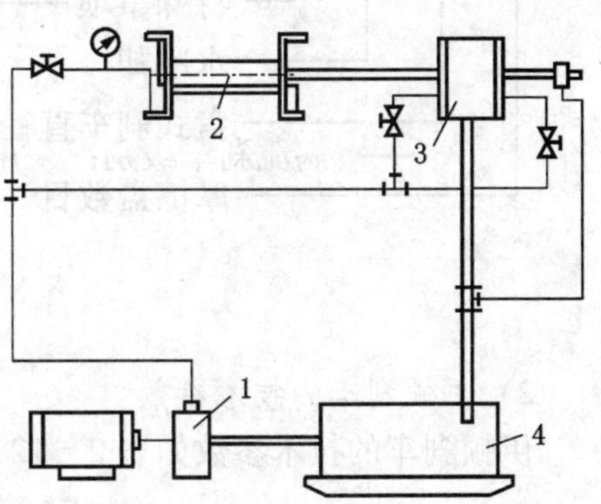

图 2－32　电磁涡流刹车的水冷却系统

1—泵；2—绞车滚筒；3—涡流刹车；4—水箱

4）涡流刹车的特性

电磁涡流刹车的机械特性如图 2－33 所示，与并激直流发电机的 M—n 特性相似。除去一小部分低速段外，中、高速段具有较大的几乎不变的止动扭矩。当转速变化时，止动扭矩可以保持恒定，图 2－33 中的曲线为 100％激磁。通过改变激磁电流大小，获得较低的 M—n 特性曲线。也就是在任何下钻载荷下，可调得任意的下钻速度，并可以不用带式刹车就可以将钻柱刹慢，但由于有转速差才能产生电磁力矩，因而不能刹死。平滑调节激磁电流，改变制动力矩，实现无级调速。调节激磁电流非常灵活省力。电磁涡流刹车产生的制动力矩 M 制始终与滚筒轴的旋转方向相反，因而轴的转向改变无需改变激磁电流方向。

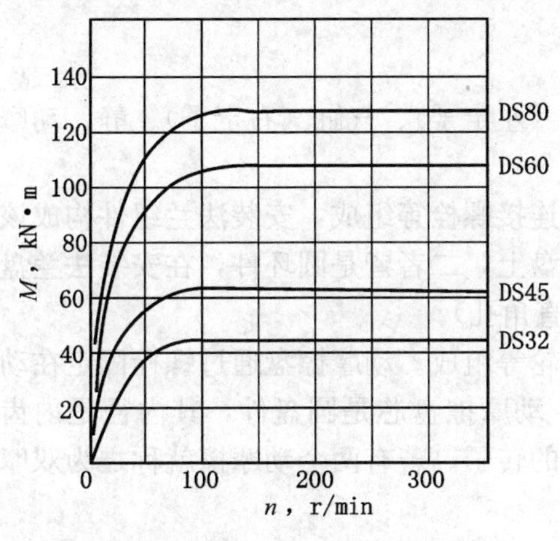

图 2－33　电磁涡流刹车的 M—n 特性

图 2－34　伊顿刹车

2. 盘式辅助刹车

美国伊顿公司生产的 WCB 系列水冷却盘式刹车，如图 2－34 所示，是目前比较理想的辅助刹车，它特别适用于大转动惯量的制动以及快速散热。WCB 刹车可以安装在轴的中间，也可以安装在轴的末端。坚固的结构可以确保其长时间无故障运行。

1）伊顿刹车的代号

伊顿刹车的代号，形式如下：

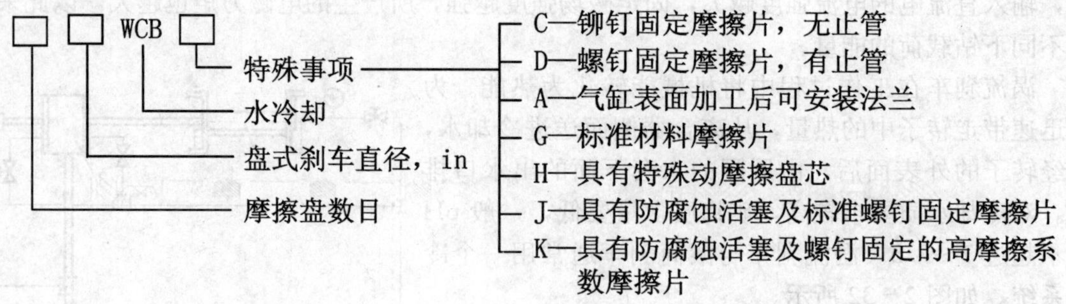

2）伊顿刹车的技术参数

伊顿刹车的技术参数如表2-12所示。

表2-12　WCB型盘式气刹车技术参数

型　号	摩擦盘的最大转速，r/min		静摩擦盘拧紧扭矩	静摩擦盘尺寸，in		进出水口尺寸
	最大磨合转速	摩擦盘最大转速	Nm	内径	外径	螺纹代号
8WCB	2150	3580	7	106	212.7	1/2-14NPT
14WCB	1260	2045	16	181	365.1	1/2-14NPT
18WCB	955	1600	28	279	463.5	1/2-14NPT
24WCB	715	1200	28	324	619.1	3/4-14NPT
36WCB	475	700	54	419	932.1	11/4-11NPT

3）伊顿刹车的结构组成

如图2-35所示，伊顿刹车主要由安装法兰组件（左定子）、气缸（右定子）、静、动摩擦盘、复位弹簧、活塞、齿轮转子等组成。

（1）安装法兰组件：由安装法兰盘、静摩擦盘、连接螺栓等组成，安装法兰组件构成该辅助刹车的定子。静摩擦盘通过螺栓固定在安装法兰盘上，二者皆是圆环件，在安装法兰盘顶部（时钟的12点钟位置）设置有冷却水出口（90°直角孔）。

（2）摩擦盘组件：由动摩擦盘、动摩擦盘芯、齿轮等组成。动摩擦盘通过螺栓固定在动摩擦盘芯上，每个动摩擦盘芯上固定两个动摩擦盘。动摩擦盘芯是圆盘件，其内径是内齿圈，与齿轮啮合，因此，摩擦盘组件构成该辅助刹车的转子。若有两个动摩擦就称之为双摩擦盘的WCB，依此类推。

（3）气缸总成：由气缸、活塞、压紧盘组件、复位弹簧等组成。气缸的下部有锥螺纹进气孔，在气缸的环形空间中装有活塞，活塞可沿气缸内孔左右移动，从而推动压紧盘压紧摩擦盘。压紧盘组件由压紧盘、静摩擦盘、螺栓等组成，静摩擦盘通过螺栓固定在压紧盘上。在压紧盘的顶部（时钟的12点钟位置）设有冷却水排出口。压紧盘可沿螺栓上的夹管左右移动，其作用是推动摩擦盘，产生制动力矩。复位弹簧安装在安装法兰与压紧盘之间，其作用是使压紧盘复位，使静、动摩擦盘脱离。

4）伊顿刹车的工作原理

当来自钻机气控制系统的压缩空气从气缸上的进气孔进入气缸后，推动活塞向左移动，活塞推动压紧盘移动，压紧盘克服弹簧力向左移动，将动摩擦盘压紧，从而产生制动力矩。当切断气缸进气孔处的压缩空气时，压紧盘在弹簧的作用下向右移动，推动活塞复位，同时

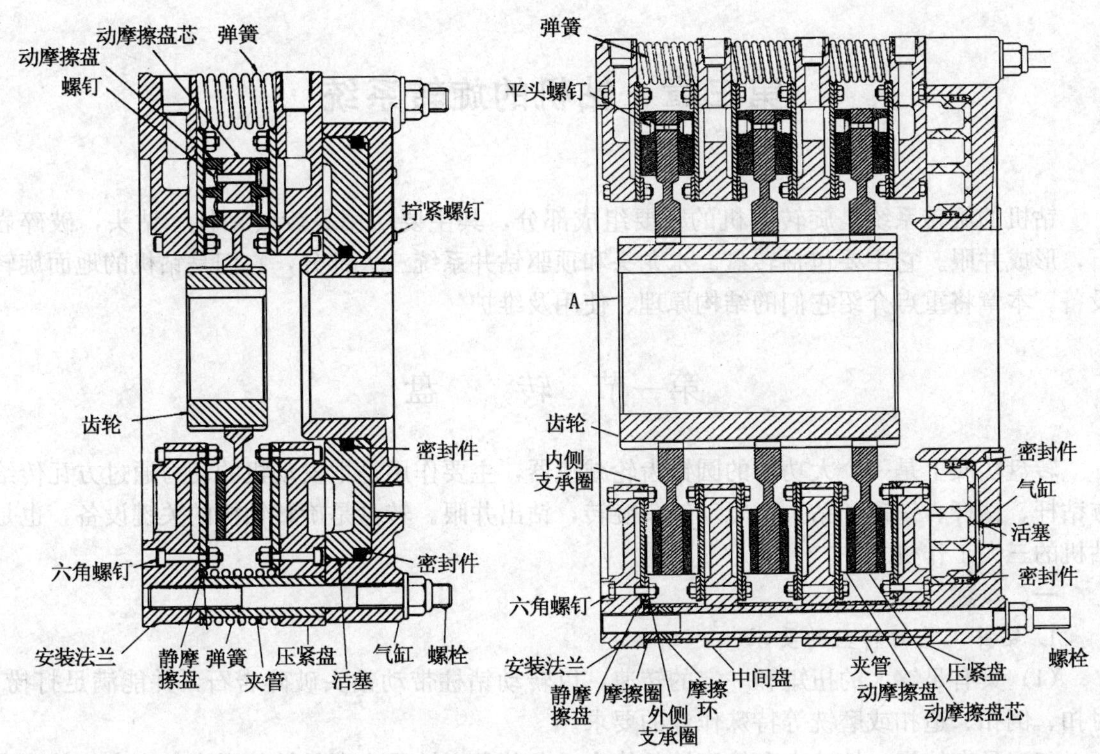

图 2－35　伊顿刹车的结构

(a) 单摩擦盘伊顿刹车；(b) 三摩擦盘伊顿刹车

动摩擦盘脱离两个静摩擦盘，使得盘式刹车处于非工作状态。

第三章　钻机的旋转系统

钻机的旋转系统是旋转钻机的重要组成部分，其主要功用是旋转钻柱、钻头，破碎岩石，形成井眼。它主要包括转盘、水龙头和顶驱钻井系统三大部分，它们是钻机的地面旋转设备。本章将重点介绍它们的结构原理、使用及维护。

第一节　转　　盘

转盘实质上是一个大功率的圆锥齿轮减速器，主要作用是把发动机的动力通过方瓦传给方钻杆、钻杆、钻铤和钻头，驱动钻头旋转，钻出井眼。转盘是旋转钻机的关键设备，也是钻机的三大工作机之一。

一、概述

1. 钻井工艺对转盘的要求

（1）具有足够大的扭矩和一定的转速，以转动钻柱带动钻头破碎岩石，并能满足打捞、对扣、倒扣、造扣或磨铣等特殊作业的要求。

（2）具有抗震、抗冲击和抗腐蚀的能力，尤其是主轴承应有足够的强度和寿命，并要求其承载能力不小于钻机的最大钩载。

（3）能正反转，且具有可靠的制动机构。

（4）具有良好的密封、润滑性能，以防止外界的泥浆、污物进入转盘内部损坏主辅轴承。

2. 转盘代号

转盘代号的标识如下：

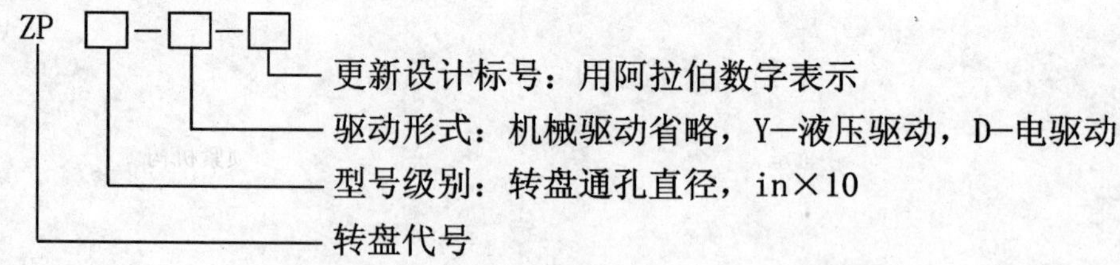

3. 转盘的技术参数

转盘的技术参数见表 3－1。

二、转盘的结构

如图 3－1 所示是我国深井钻机中广泛使用的 ZP－275（in）转盘，也称为 ZP－700 型转盘，主要由水平轴总成、转台体总成、主辅轴承、密封及壳体等部分组成。

1. 水平轴总成

水平轴总成主要由动力输入链轮（链条驱动）或连接法兰（万向轴驱动）、水平轴、小锥齿轮、轴承套和底座上的小油池组成。水平轴由两副轴承支承，靠近小锥齿轮的轴承是向

表 3-1　转盘的技术参数

钻机代号	ZJ20K	ZJ50/3150L ZJ40/2250CJD	ZJ45J	ZJ70/4500DZ ZJ50/3150DB-1	ZJ90/6750
转盘代号	ZP175	ZP275	ZP205	ZP375	ZP475
通孔直径，mm	444.5	698.5	520.7	952.5	1206.5
最大静负荷，kN	2250	4500	441.3	5850	—
最高转速，r/min	300	250	350	300	300
齿轮传动比	3.58	3.667	3.22	3.56	—
主轴承 （长×宽×高） mm×mm×mm	53×710×109	800×1060×155 800×950×120	800×1060×155	1050×1270×220	—
辅助轴承 （长×宽×高） mm×mm×mm	500×600×60	600×710×67	800×950×120	800×950×120	—
质量，kg	3888	6163	6182	8026	—

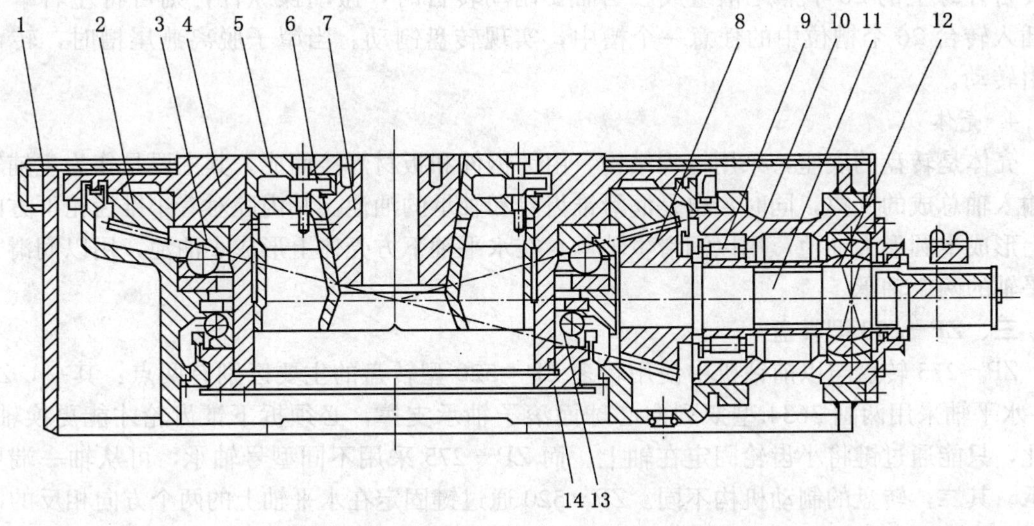

图 3-1　ZP-700 转盘

1—壳体；2—大圆锥齿轮；3—主轴承；4—转台；5—大方瓦；6—大方瓦与方补心锁紧机构；7—方补心；8—小圆锥齿轮；9—圆柱滚动轴承；10—套筒；11—快速轴（水平轴）；12—双列向心球面滚子轴承；13—辅助轴承；14—调节螺母

心短圆柱滚子轴承，它只承受径向力。靠近动力输入端的轴承是双列调心球面滚子轴承，它主要承受径向力和不大的轴向力。在水平轴的另一端装有双排链轮或连接法兰（万向轴驱动）。小锥齿轮与水平轴装好后，与两个轴承一起装入轴承套中，在将轴承套连同其内的各件一起装入壳体。为了保证大小锥齿轮之间保持一个合理的间隙，可通过轴承套与壳体之间的调整垫片调节控制。

2. 转台总成

转台总成主要由转台迷宫圈、转台、固定在转台上的大锥齿轮、主轴承、辅轴承、下座圈、大方瓦和方补心等组成。转台迷宫圈（两道环槽）装在转台外缘上，与壳体上的两道环槽形成动密封，防止钻井液及污物进入转台并损坏主轴承。

转台是一个铸钢件，其内孔上部为方形，以安装方瓦，下部为圆形。下座圈用螺栓固定在转台的下部，以支承辅助轴承，并形成下部迷宫密封，防止外界污物进入转台内。转台是用一对圆锥齿轮来传动的，大齿轮装在转台上，小圆锥齿轮过盈配合装在水平轴的一端。主、辅轴承均采用推力向心球轴承，主轴承主要承受方钻杆下滑造成的轴向力和锥齿轮副啮合所产生的径向力。起、下钻时，承受最大静载荷，故主轴承的承载力应大于额定钩载。辅助轴承的功用是：一方面承受钻头、钻柱传来的径向载荷，另一方面防止转台摆动，起扶正转台的作用。主轴承的轴向间隙是通过主轴承下圈和壳体之间的调节垫片来调节的，辅助轴承的轴向间隙是通过辅轴承下圈和下座圈之间的垫片来调整节的。

大方瓦为两体式方形铸件，每个方瓦上有两个制动销，一个用于将大方瓦与转台锁在一起，防止大方瓦在钻井过程中从转台中跳出，另一个制动销可将大方瓦与方补心锁在一起，以防止方补心跳出。从转台中取出方瓦是用两个方瓦提环操作的。

3. 转盘的制动机构

在转盘的上部装有制动转台两个方向转动的制动装置，它由两个操纵杆、左右掣子和转台外缘上的 26 个燕尾槽组成。当需要制动转台时，搬动操纵杆，则可将左右掣子之一插入转台 26 个槽位中的任意一个槽中，实现转盘制动。当掣子脱离燕尾槽时，转台可自由转动。

4. 壳体

壳体是转盘的底座，采用铸焊结构，由铸钢件和板材焊接而成。其主要是作为主辅轴承及输入轴总成的支撑，同时，也是润滑锥齿轮和轴承的油池。其内腔对着小锥齿轮下方的壳体上形成半圆形大油池，用以润滑主轴承，在水平轴下方壳体上形成小油池，用以润滑支撑水平轴的两个轴承。

三、ZP—520 型转盘

ZP－275 转盘与以前钻机中使用较多 ZP－520 型转盘的主要区别有两点：其一，ZP－520 水平轴采用两副 3634 型双列向心球面滚子轴承支撑，必须拆下锥齿轮才能更换轴承。因此，只能通过键将小齿轮固定在轴上。而 ZP－275 采用不同型号轴承，可从轴一端更换轴承。其二，转盘的制动机构不同。ZP－520 通过键固定在水平轴上的两个方向相反的制动棘轮、两套制动传动杠杆和箱体上的两个制动手柄来实现制动，属于间接制动的转盘。而 ZP－275 通过制动块直接制动转台并实现转盘制动，属于直接制动的转盘。

四、转盘的使用及维护保养

1. 使用前的准备与检查

（1）新启用的转盘应先在油池内加入 L－CKC150 闭式工业齿轮油，油面应达到游标尺最高位置。

（2）对锁紧装置上的销轴注入润滑脂。

（3）检查锁紧装置上的操纵杆或手柄位置，在转盘开动前应在不锁紧位置。因为锁紧的转盘在启动时会使转盘内的零部件产生严重的损坏。制动块和销子转动应灵活，制动应可靠。

（4）检查转台与方瓦、方瓦与补心是否锁紧。

（5）检查快速轴上的弹簧密封圈密封是否可靠。

（6）检查链轮是否有轴向位移，如果有，则用螺栓固紧轴端压板。然后装上转盘链条护罩或万向轴护罩，未装上护罩前不得使其运转。

(7) 使转盘平稳启动，慢慢合上气阀手柄或转盘离合器，检查转台是否跳动，并检查圆锥齿轮的啮合情况，检查声音是否正常，应无咬卡和撞击噪声。

2. 工作中的检查

(1) 定期检查转盘的固定情况，检查是否平、正、稳和牢固。

(2) 检查运转的声音是否正常，动力输入轴端的弹簧密封圈密封是否可靠。

(3) 每班检查油池内油面是否符合要求，油位的高低必须以停车 5min 后检查的结果为准。检查油的清洁情况，如油脏要及时换油。检查油池和轴承温度是否正常，若不正常，应立即查找原因。

(4) 严禁使用转盘崩扣，防止损坏齿轮牙齿。

(5) 钻进和起下钻过程中应避免猛蹩、猛顿，以防因此而损坏零件。

(6) 钻台和转盘面要保持清洁。油标尺和黄油嘴要上紧。

(7) 方补心不能高于大方瓦面 3mm，大方瓦与转台面要齐平。

(8) 转盘在承受较大冲击载荷后（如卡钻、顿钻）应注意检查运转声音有无异常。

(9) 定期检查输入轴端的万向轴连接法兰（或链轮）是否有轴向窜动，若有，应拧紧轴端压板螺钉。

(10) 定期检查下座圈的连接螺栓，看其是否松动。

3. 润滑的检查

(1) 锥齿轮副和所有轴承均采用飞溅润滑，润滑油每 2 个月更换 1 次，每周检查 1 次油的清洁情况，发现油脏，应随时更换。换油时应将油池用轻质油进行彻底清洗，然后注入 L－CKC150 闭式工业齿轮油（或 90 号硫磷型极压工业齿轮油 SAE90）。

(2) 防跳轴承和锁紧装置销轴的润滑应每周润滑 1 次，用油枪注入锂基润滑脂。

第二节　水　龙　头

水龙头是钻机的旋转系统设备，又起着循环钻井液的作用。它悬挂在大钩上，通过上部的鹅颈管与水龙带相连，下部与方钻杆连接。它不但要导输来自钻井泵的钻井液，还要在旋转的情况下承受井中钻具的重量。因此，水龙头是旋转钻机中提升、旋转、循环三大工作机中相交汇的关键设备。

一、概述

1. 钻井工艺对水龙头的要求

(1) 水龙头主轴承应具有足够的强度和寿命，其承载力应不小于钻机的最大钩载。

(2) 有可靠的高压钻井液密封系统，寿命长，拆卸迅速、方便。能自动补偿工作中密封件的磨损。

(3) 上端与水龙带连接处能适合水龙带在钻进过程中的伸缩弯曲。

(4) 各承载件要有足够的强度和刚度，并且要求连接可靠，能承受高压。

2. 水龙头的代号

水龙头的代号标识如下：

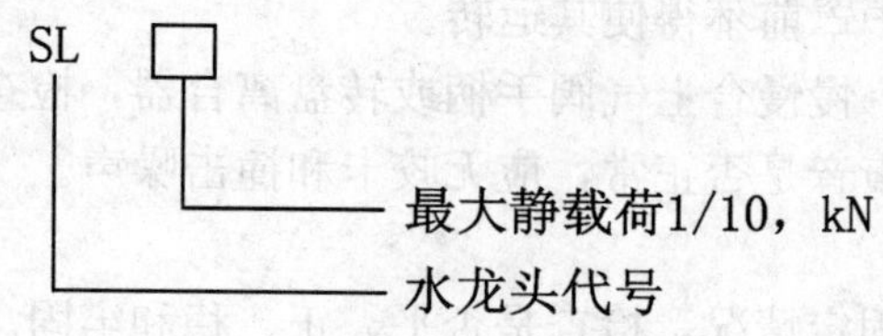

3. 水龙头的技术参数

水龙头的技术参数如表 3－2 所示。

表 3－2　水龙头的技术参数

序号	基本参数	型号					
		SL90	SL135	SL225	SL315	SL450	SL505
1	最大静载荷，kN	900	1350	2250	3150	4500	5050
2	主轴承额定负荷大于或等于，kN	600	900	1600	2100	3000	3900
3	鹅颈管中心线与垂线夹角，(°)	15					
4	接头下端螺纹	$4\frac{1}{2}$FH 左旋或 $4\frac{1}{2}$REG 左旋		$6\frac{5}{8}$REG 左旋			
5	中心管通孔直径 D，mm	64		75			
6	泥浆管通孔直径 d，mm	57	64	75			
7	提环弯曲半径 $F_{2\min}$，mm	102	115				
8	提环弯曲处断面半径 $E_{2\max}$，mm	51	57	64	70	83	83
9	最大工作压力，MPa	25	35				

二、水龙头的结构组成

1. 普通水龙头

普通水龙头的结构主要由“三管”、“三（或四）轴承”、“四密封”组成，“三管”即鹅颈管、冲管、中心管；“三轴承”即主轴承、上扶正轴承、下扶正轴承，所谓“四轴承”结构，即除上述三轴承外，还有一个防跳轴承；“四密封”即上、下钻井液密封和上、下机油密封。SL－135 型水龙头、SL－250 型水龙头和 SL－450 型水龙头在我国石油天然气钻井中应用广泛，而且结构特点类似。下面以最典型的 SL－450 型水龙头为例介绍水龙头的结构组成及特点。

SL－450 型水龙头的结构如图 3－2 所示。该水龙头由固定部分、旋转部分和密封部分组成。固定部分由外壳、上盖、下盖、鹅颈管、提环等组成；旋转部分由中心管、接头、主轴承、扶正（防跳）轴承和下扶正轴承组成；密封部分由上、下钻井液密封总成和上、下机油密封盘根装置组成。

1）固定部分

（1）提环。其用合金钢锻造经热处理后加工而成，通过提环销与外壳连接。

（2）外壳。其是一个中空铸钢件，通过螺栓分别与上、下盖连接，构成润滑和冷却水龙头主轴承和扶正轴承的密闭壳体和油池。外侧面装有 3 个橡胶缓冲器，以免在钻井过程中吊环撞击外壳。

（3）上盖。其又称支架，是支架式铸钢件。其上部加工成法兰，通过螺栓安装鹅颈管。

其下部是圆形，通过螺栓与壳体上部连接，构成壳体上盖，在圆盖中心孔处装有扶正（防跳）轴承和两个安装方向相反的自封式U型弹簧密封圈，即上机油密封圈，以防壳体内部的油液外漏和外界的泥浆及其他脏物侵入壳体内部。圆盖上还加工一个螺纹孔，用来向壳体内添加油液和固定油标尺，油标尺的丝堵（呼吸器）上的90°的折角通孔用来排除壳体内热气，降低润滑油温度。

（4）鹅颈管。其是一个鹅颈形中空式合金钢铸件，在其下部的异型法兰上加工有左旋螺纹，通过上钻井液盘根盒压盖与冲管总成连接。

（5）下盖。其是一个圆形铸钢件，并通过螺栓与壳体连接，在其中心孔处安装下扶正轴承和3个自封式U型弹簧密封圈。为了更换壳体内的油液，在下盖上有两个排油孔，且在较小的直角排油孔的杆形丝堵上带有磁性，可吸走壳体内的金属屑。

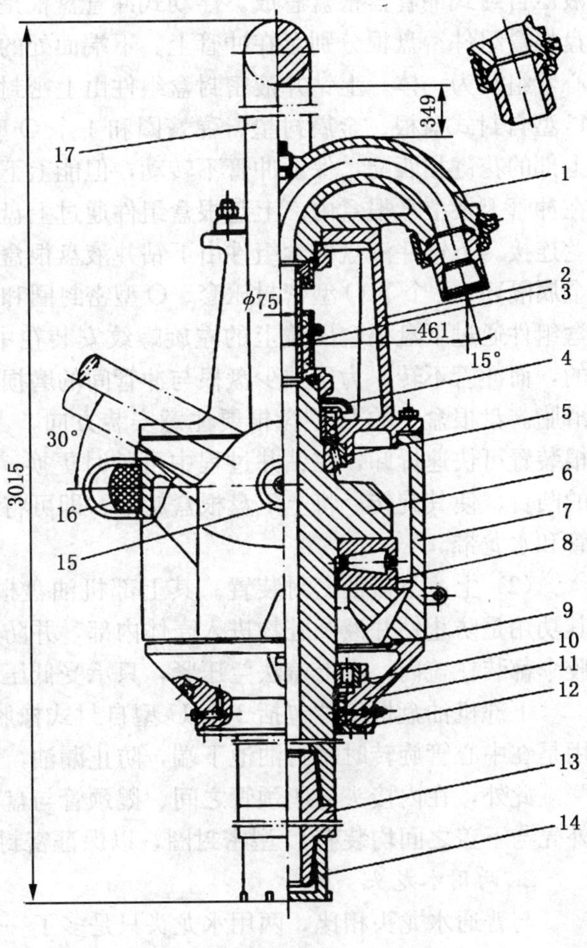

图3-2　SL-450型水龙头

1—鹅颈管；2—上盖；3—浮动冲管总成；4—泥浆伞；5—上辅助轴承；6—中心管；7—壳体；8—主轴承；9—密封垫圈；10—下辅助轴承；11—下盖；12—压盖；13—方钻杆接头；14—护丝；15—提环销；16—缓冲器；17—提环

2）旋转部分

（1）中心管。其是用合金钢锻造并经热处理后加工而成，它是水龙头旋转部分的重要承载部件。它不仅要在旋转的情况下承受全部钻柱的重量，而且其内孔还要承受高压钻井液压力。中心管上端连接冲管总成，下端母扣与保护接头连接，保护接头再与方钻杆上端连接。中心管上、下端螺纹均为左旋，这样，钻进时可防止转盘带动中心管向右旋转时松扣。

（2）主、辅轴承。其主轴承为上下圈可拆卸的圆锥磙子轴承，承载能力大。因磙子的锥顶角与其旋转中心线相交，根据相交轴定理，磙子只作纯滚动，寿命长。下扶正轴承为短圆柱滚子轴承。上扶正（防跳）轴承是圆锥滚子轴承，它既可以承受较大的轴向力，又可以承受较大的径向力，故它兼有扶正和防跳的双重作用。上、下扶正轴承的作用是承受中心管转动时的径向摆动力，使中心管居中，保证密封效果。因此，上、下扶正轴承距离较远时扶正效果较好。上扶正轴承在上机油盘根下，下扶正轴承在下机油盘根上，分别由上盖和下盖用螺栓压紧。

3）密封部分

该部分由上、下钻井液冲管盘根盒组件和上、下机油盘根盒组件四部分组成。

（1）上、下钻井液冲管盘根盒组件。该水龙头采用浮动式冲管结构和快速拆装的U型液压自封式冲管盘根盒总成。浮动式冲管盘根是将上、下冲管盘根装于盘根盒中，构成上下盘根盒组件。盘根分别套在冲管上、下端面处的外径上，通过密封盒压盖分别与鹅颈管和中心管组装为一体。上钻井液密封盒组件由上密封盒压盖、上密封盒、上密封金属压套、1 个 U 型自封式盘根、金属衬垫、弹簧圈和 1 个 O 型密封圈组成。金属压套上有花键，与冲管上部的花键相匹配，保证冲管不转动，但能上下窜动。弹簧圈用于将压套、盘根及衬垫固定在冲管上及上盘根盒内。上盘根盒组件通过上盘根盒压盖上的左旋螺纹与鹅颈管上的异型法兰连接。下钻井液盘根盒组件由下钻井液盘根盒压盖、盘根盒、4 个 U 型自封式盘根、4 个金属隔环、1 个下 O 型密封压套、O 型密封圈和在盘根盒上的 1 个黄油嘴组成。下密封盘根盒组件通过下盘根盒压盖上的左旋螺纹安装在中心管上，因此下钻井液盘根盒组件是旋转的，而冲管不转，为了减少盘根与冲管间的磨损，必须定期通过下盘根盒上的黄油嘴注入润滑脂。盘根盒中的 U 型盘根要注意安装方向，上盘根朝向鹅颈管，下盘根朝向中心管。盘根装置可快速拆卸，在钻井过程中可随时更换，更换时只需用 16lb 铁锤敲击盘根盒压盖上的凸台，使其旋转。将上下盘根盒旋下，即可将整个装置从上盖一侧取出，不需要拆卸鹅颈管和水龙带。

(2) 上、下机油密封装置。其上部机油盘根组件包括 2 个 U 型橡胶密封圈和橡胶伞；其功用是防止钻井液及脏物进入壳体内部，并防止油池内机油从中心管溢出。机油盘根和橡胶伞都装在盖内，由上盖法兰压紧，只承受低压。

下部机油盘根组件包括 3 个 U 型自封式橡胶密封圈和石棉板，用下盖压紧；它们的作用是在中心管旋转时密封油池下端，防止漏油，只承受低压。

此外，在内接头与鹅颈管之间、鹅颈管与盘根装置之间、盘根装置与中心管之间，以及外壳与下盖之间均装有 O 型密封圈，以保证密封。

2. *两用水龙头*

与普通水龙头相比，两用水龙头只是多了一个风马达。风马达通过变速箱驱动中心管快速转动，完成在接单根作业时快速上扣动作。风马达气源来自钻机气控制系统，可以满足接单根时上扣的需要。

三、更换盘根装置

1. *拆卸*

(1) 锤击上、下盘根盒压盖，左螺纹松开后，推动上、下盘根盒压盖与泥浆管齐平，即可从一侧推出盘根装置。

(2) 将下盘根盒与钻井液管分开，去掉油杯，再去掉下盘根盒压盖，反转螺钉两、三转，从下盘根盒中取出下 O 型密封压套、隔环，下衬环和钻井液盘根。

(3) 从钻井液管顶部拿去弹簧圈，去掉钻井液管和上盘根盒压盖，再从上盘根盒中取出上密封压套，钻井液盘根和上衬环。

(4) 检查上密封压套和钻井液管的花键是否磨损，检查钻井液管偏磨和冲坏，如有损坏，则必须更换。

2. *安装*

将经检查的合格零件和更新的零件重新安装，方法如下：

(1) 用润滑脂装满钻井液盘根的唇部和上衬环，上密封压套的槽，依次将上衬环、钻井液盘根、上密封压套装入上盘根盒中，并装入上盘根盒压盖。把它们一起从钻井液管带花键端小心地装到钻井液管上，再把弹簧圈卡入钻井液管的沟槽中。

（2）先在钻井液盘根的唇部、下衬环、隔环和下O型密封压套的V型槽内涂满润滑脂，依次将下衬环、隔环、钻井液盘根、下O型密封压套装入下盘根盒中。必须注意：隔环的油孔应对准下盘根盒的油杯孔。拧入螺钉，拧紧后再反转1/4转。下盘根盒总成和下盘根盒压盖从钻井液管另一端装入。

（3）在上、下密封压套上装入O型密封圈，在下盘根盒上装上油杯，然后将盘根装置装入水龙头，上紧上、下盘根盒压盖。

四、水龙头的使用、维护和保养

（1）水龙头在搬运、运输过程中必须带护丝。

（2）检查中心管转动情况。一个人用914mm链钳转动中心管，应转动自如，无阻卡现象。

（3）新水龙头在使用前必须试压，按高于钻进最大工作压力1～2MPa试压15min，压力不降为合格；否则需重装盘根盒。

（4）检查水龙头壳体是否温度过高，油温不得超过70℃。

（5）水龙头体内的油位每班都要检查1次。检查油面是否在要求的位置上（油位不得低于油标尺尺杆最低刻度），润滑油每2个月更换1次，对新的或新修理过的水龙头，在使用满200h后应更换。换油应将脏油排净，用清洗油洗掉全部沉淀物，再注入清洁的L－CKC150闭式工业齿轮油。

提环销、盘根装置、上部和下部弹簧密封圈和风动马达及传动系统采用锂基润滑脂1＃（冬季）、2＃（夏季）润滑，每班润滑1次。在润滑钻井液盘根时应在没有泵压的情况下进行，以便使润滑脂能挤入盘根装置的各个部位，更好地润滑钻井液管和各个钻井液盘根。

定期检查油雾器油面高度。油雾器应加注L－AN15号机械油。

第三节　顶部驱动钻井系统

顶部驱动钻井系统自20世纪80年代问世以来发展迅速，尤其在深井钻机和海洋钻机中获得了广泛的应用。通常，人们把配备了顶驱钻井系统的钻机称为顶驱钻机，考虑到顶驱钻井系统的主要功用是钻井水龙头和钻井马达功用的组合，故将其列为钻机的旋转系统设备。

一、顶部驱动钻井系统的发展

顶部驱动钻井系统简称顶驱系统，是一套由游车悬持，直接驱动钻具旋转钻进（将转盘的动力移到水龙头处）的驱动装置。它主要由钻井马达—水龙头总成、钻杆上卸扣装置和导轨—导向滑车总成组成。顶部驱动钻井系统从井架内部空间的上部直接旋转钻柱，并沿固定在井架内部的专用导轨向下送钻，完成以立根为单元旋转钻进、循环钻井液、倒划眼、上卸钻杆（单根、立根）、下套管和上卸管柱、实施井控作业等各种钻井操作。目前，该产品已由最初的TDS发展为最先进的带有AC变频加PLC控制的整体式顶部驱动钻井系统ITDS。

第一台顶驱钻井系统由美国Varco公司于1982年研制成功，自此，法国、挪威、加拿大、中国相继成功地研制了顶驱钻井系统。20世纪80年代中期，挪威Ro－galand研究开发中心研制了交流变频电机驱动的顶驱钻井系统。此后，挪威、美国、加拿大等相继研制出AC变频顶驱系统。

顶驱钻井系统的驱动型式有液马达驱动和电动机驱动两种，电动机驱动又可分为AC—SCR—DC驱动和AC—VF—AC驱动。在20世纪80年代，电驱动广泛采用的是AC—SCR—DC驱动，属于第三代电驱动型式。90年代，第四代电驱动型式AC—VF—AC交流变频顶驱系统在国外占据了主导地位。

我国从20世纪80年代末开始研制顶驱钻井系统，1997年12月我国第一台顶驱钻井系统DQ-60D（AC—SCR—DC驱动）通过部级鉴定。之后又研制了轻便型顶驱系统DQ-60P（AC—SCR—DC驱动）、DQ-20Y（液压驱动），2004年我国第一台交流变频顶驱系统DQ-70DBS研制成功。

二、顶驱钻井系统的特点

和转盘—方钻杆旋转钻井法相比较，顶驱钻井系统具有以下主要特点：

（1）节省接单根时间。直接采用立根（28m）钻进，节省了近2/3的钻柱连接时间。

（2）减少钻井事故。起、下钻时，顶驱钻井系统可在任意高度立即循环钻井液，实行倒划眼起钻和划眼下钻，大大减少了卡钻事故。

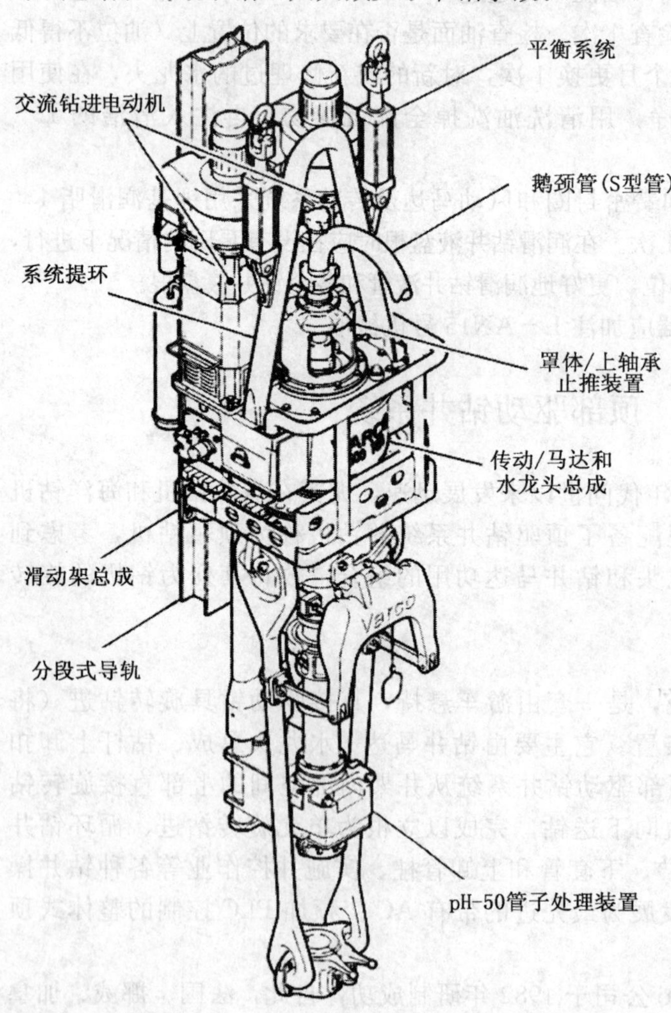

图3-3 TDS-11SA顶部驱动钻井系统

（3）提高安全性。系统具有遥控内部防喷器（IBOP），钻进或起钻中，如有井涌迹象，可在数秒内完成旋扣和紧扣，恢复循环，并安全可靠地控制钻柱内压力。

（4）提高钻定向井速度。顶驱系统以28m立根钻水平井、丛式井、斜井时，不仅节省时间，而且减少了测量次数，容易控制井底马达的造斜方位，提高了钻井效率。

（5）减轻劳动强度。顶驱系统配备了钻杆上卸扣装置，实现了钻杆上卸扣操作机械化，接单根时只需要打背钳，既节省时间，又减轻劳动强度，并且安全。

（6）提高取心质量。TDS以28m立根进行取心钻进，改善了取心条件，提高了取心收获率，减少了岩心污染，提高了岩心质量。

三、顶部驱动钻井系统的结构组成

顶部驱动钻井系统简称为顶驱钻井系统，主要由钻井马达—水龙头总成、钻杆上卸扣装置、导轨—导向滑车总成、平衡系统、冷却系统、控制系统和附属设备组成，如图3-3所示。

1. 钻井马达—水龙头总成

1）钻井马达

钻井马达是顶部驱动钻井系统的动力源，根据马达类型可将顶驱分为液马达顶驱、AC—SCR—DC顶驱和AC—VF—AC变频顶驱。图3-3所示为Varco公司生产的TDS-11SA型顶驱系统，（AC—SCR—DC驱动），马达上装有双头电枢轴和垂直止推轴承。气刹车用于马达的惯性刹车，承受钻柱扭矩，并有利于定向钻井的定向工作。气刹车由一个远控电磁阀控制，其气源来自于钻机气控制系统。

2）齿轮箱总成

TDS-11SA型顶部驱动钻井装置的单速变速箱主要由齿大齿轮、齿小齿轮、箱体、主轴和钻井马达等部件组成。变速箱是一个单速齿轮减速装置，水龙头主止推轴承装在齿轮箱内，由主止推轴承支撑的主轴通过一个锥形衬套连接大齿轮，并支撑钻杆上卸扣装置。

通过3～4hp的马达驱动润滑油泵，润滑油通过主止推轴承、上轴承，在经齿轮间隙、水冷或风冷的热交换器连续循环，并对齿轮进行强制润滑。油泵、油热交换器和油滤清器安装于传动箱外壳上。

3）整体水龙头

水龙头主止推轴承位于大齿圈上方的变速箱内部。主轴经锻制而成，上部台阶座于主止推轴承上以支承钻柱负荷。水龙头密封总成装在钻井马达上方，由标准冲管、组合盘根、联管螺母组成。联管螺母使密封总成作为一个整体运动，使水龙头密封总成能承受42MPa的工作压力。盘根盒为快速装卸式，与普通水龙头相同，只要松开上、下压紧盘根帽（左旋螺纹），即可很快拆装，更换冲管和盘根。

4）钻井马达冷却系统

钻井马达冷却系统为风冷，借助于鼓风机和空气进气管道实现对马达的冷却，鼓风机由一台20hp、3450r/min的防爆交流电动机驱动。

2. 钻杆上卸扣装置

顶驱钻井系统将钻井马达和钻井水龙头组合在一起，除具有转盘和常规水龙头功能外，更为重要的是配备了一套结构新颖的钻杆上卸扣装置，实现了钻柱连接、上卸扣操作的机械化、自动化，使钻机旋转系统设备焕然一新。

钻杆上卸装置由扭矩扳手（或称为保护接头和卸扣背钳）、内防喷器和启动器、吊环连接器、吊环倾斜机构、旋转头总成等组成。典型的钻杆上卸扣装置的结构如图3-4所示。

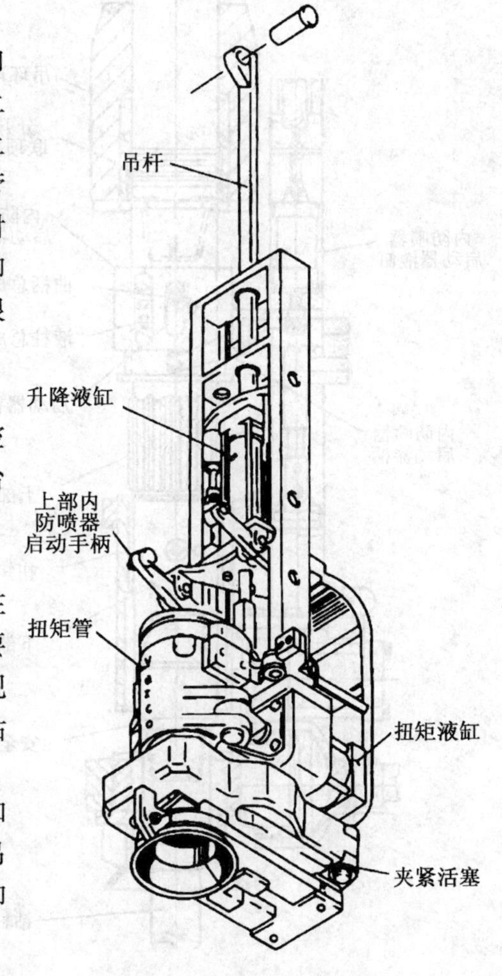

图3-4　扭矩扳手总成

1）扭矩扳手

扭矩扳手用于卸扣，由连接在钻井马达上的吊架悬挂于旋转头上。扭矩扳手位于内防喷器下部的保护接头一侧，两个液缸连接在扭矩管和下钳头之间，下钳头延伸至保护接头外螺纹下方。

钳头的夹紧活塞用来夹持与保护接头相连接的钻杆内螺纹。扭矩管上的母花键同上部内防喷器下方的公花键相啮合，为液缸提供反扭矩。

卸扣时，启动扭矩扳手，其自动上升并同内防喷器上的花键相啮合，在得到程序控制压力后，夹紧液缸动作，夹紧活塞（夹持爪）夹住钻杆母接头。当液缸中压力上升至夹紧压力后，另一程序阀自动开启，并将压力传给和扭矩臂相连的两个扭矩液缸（冲扣液缸）使保护接头及主轴旋转25°，完成冲扣动作。再启动钻井马达旋扣，完成卸扣操作。钻杆上卸扣装置另有两个缓冲液缸，类似大钩弹簧，可提供螺纹补偿行程125mm。整个作业由司钻控制台上的电按钮自动控制完成。

使用扭矩管升降机构上的一挡，夹紧装置可以升起，直到能夹住保护接头为止，从而可根据需要上紧和卸开保护接头。换用二挡则可以卸开下防喷器或调节接头。手动阀控制上卸扣旋转方向。

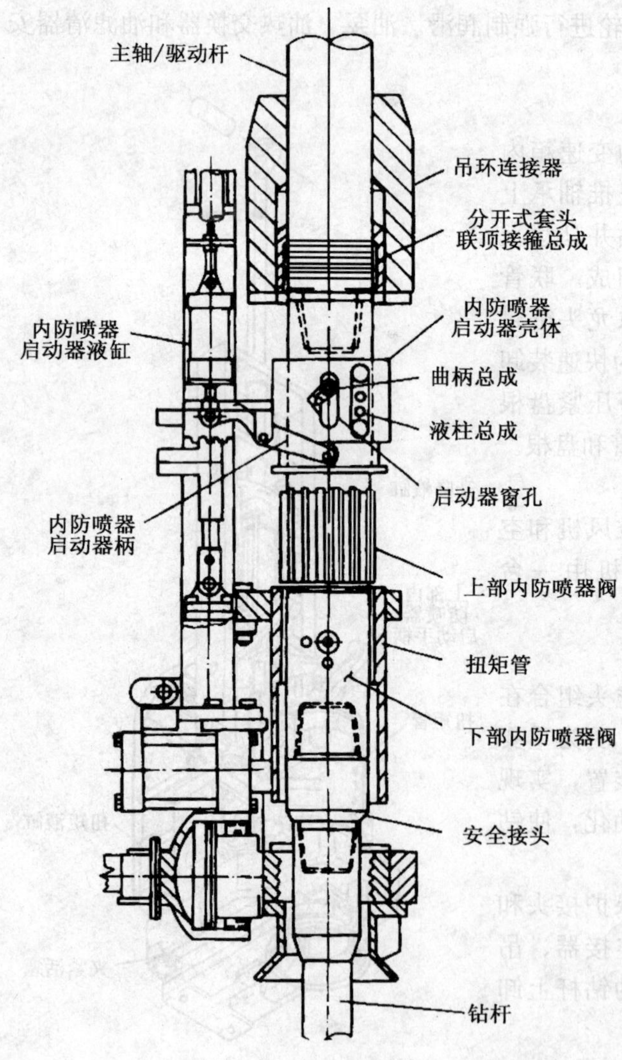

图3-5　内防喷器阀及启动器

2）内防喷器和启动器

如图3-5所示，内防喷器由带花键的远控上部内防喷器和手动下部内防喷器组成，属于全尺寸、内开口、球形安全阀式的井控内防喷系统。上、下内防喷器形式相同，接在钻柱中，可随时将顶部驱动钻井装置同钻柱相连使用。内防喷器的另一功用是：当上卸扣时，扭矩扳手同远控上部内防喷器的花键啮合来传递扭矩。在井控作业中，下部内防喷器可以卸开留在钻柱中。顶部驱动钻井装置还可以接入一个转换接头，连接在钻柱和下部内防喷器中间。

扭矩扳手架上安装有两个双作用液缸，通过司钻控制台上的电开关和电磁阀控制液缸的动作。液缸推动位于上部内防喷器一侧的圆环。同液缸相连接的启动器臂（即启动手柄）与圆环相啮合，远控开启或关闭上部内防喷器。

3）吊环连接器、吊环和钻杆吊卡

吊环连接器通过吊环将下部吊卡与主轴相连，主轴穿过齿轮箱壳体，齿轮箱壳体又同整体水龙头相接。吊环连接器额定负荷650t，可配350～650t提升能力的标准吊环。一般钻井配用3.35m、350t的吊环和中开钻杆吊卡。留出一定的空隙装固井水泥头，固井时要用4.57m长吊环。吊环配对使用，以保持最佳平衡效果。

提升负荷通过吊环连接器、承载箍和吊环传给主轴。在没有提升负荷的条件下，主轴可在吊环连接器内转动。吊环连接器可根据起下钻作业的需要随旋转头转动。该吊卡与常规吊卡不同，在连接吊环处比常规吊卡宽，且吊环长，这样可避免钻进时同其他设备相碰。

4）吊环倾斜器

吊环倾斜装置上的吊环倾斜臂位于吊环连接器的前部，由空气弹簧启动，钻杆上卸扣装置上的 2.7m 长吊环在吊环倾斜装置启动器的作用下，可以轻松的摆动，提放小鼠洞内的钻杆。启动器由电磁阀控制。该装置的中停机构便于井架工排放钻具作业。吊环倾斜装置的主要功用：一是吊鼠洞中的单根，二是接立根时，不用井架工在二层台上将大钩拉靠到二层台上。

若行程为 1.3m 的吊环倾斜装置不能满足使用要求，则可使用行程为 2.9m 的长行程吊环倾斜装置。有些吊环倾斜器通过液缸控制操作，如国产 DQ－60D、DQ－60P，吊环可前倾 30°，后摆 60°。

5）旋转头总成

顶部驱动钻井装置旋转头如图 3－6 所示。当钻杆上卸扣装置在起钻中随钻柱部件旋转时，能始终保持液、气路的连通。在固定法兰体内部钻有许多油气通道，一端接软管口，另一端通往法兰，向下延伸到圆柱部分的下表面。在旋转滑块的表面部分有许多密封槽，槽内也有许多流道，密封槽与接口靠这些流道相通。当旋转滑块就位于固定法兰的支承面上时，密封槽与孔眼相对接时，滑块和法兰不论是在旋转还是任意固定位置始终都有油气通过。旋转头可自由旋转和定位。当旋转头锁定在 24 个刻度中任意刻度位置上时，则通过凸轮顶杆和自动返回液缸对凸轮的作用，使旋转头自动返回到预定位置。

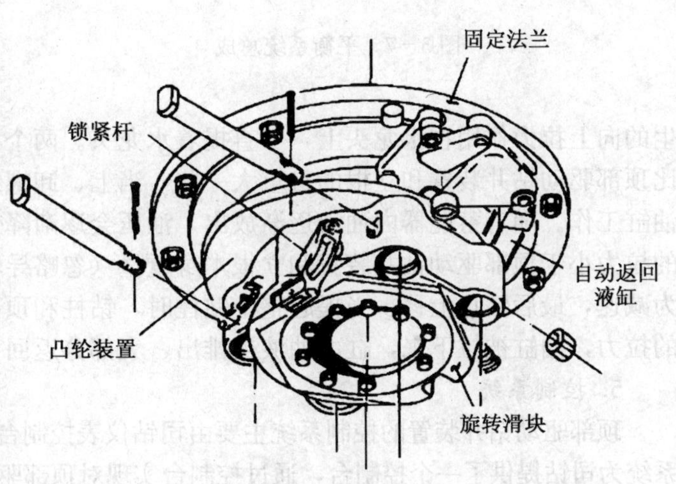

图 3－6　650t 旋转头总成

3. 导轨—导向滑车总成

导轨—导向滑车总成由导轨和导向滑车框架组成，导轨装在井架内部，通过导向滑车或滑架对顶驱钻井装置起导向作用，钻井时承受反扭矩。20 世纪 80 年代顶驱系统大都是双导轨，90 年代的顶驱系统改为单导轨，结构更轻便。导向滑车上装有导向轮，可沿导轨上、下运动，游车固定在其中。当钻井马达处于排放立根位置上时，导向滑车则可作为马达的支撑梁。

4. 平衡系统

平衡系统总成如图 3－7 所示，平衡系统又称为液气弹簧式平衡装置。其作用有两种：一是防止上卸接头时损坏螺纹；二是在卸扣时，可帮助外螺纹接头从内螺纹接头中弹出。这为顶部驱动钻井装置提供了一个类似于大钩的 152mm 的减震冲程。顶部驱动钻井系统不安

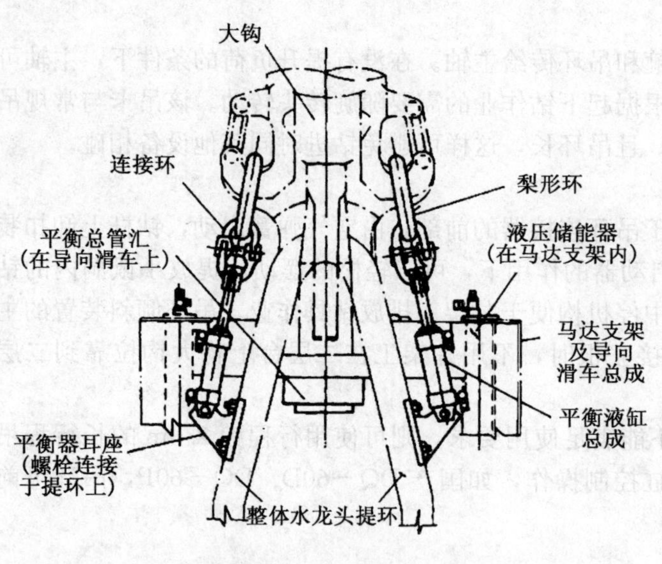

图 3－7　平衡系统总成

装大钩，因为顶驱系统太重，大钩弹簧的弹性力对顶部驱动钻井系统起不了缓冲作用。

平衡系统包括两个相同油缸及其附件，以及两个液压储能器和一个管汇及相关管线。油缸一端与整体水龙头相连，另一端或者与大钩耳环连接，或者直接连到游车上。这两个液缸还与导向滑车总成马达支架内的液压储能器相通。储能器通过液压油补充能量并且保持一个预设的压力，其值由液压控制系统主管汇中的平衡回路预先设定。

平衡系统的活塞杆上端与游车连接，油缸下端与水龙头连接。油缸上腔始终通高压油，下腔油缸产生的向上拉力作用在水龙头上，一直提着水龙头。两个相同的油缸产生的向上拉力的合力要比顶部驱动钻井装置和立根的自重大一些，当上、卸螺纹完成时，蓄能器排放出压力油供给油缸工作。随着蓄能器内油液逐渐放出，油压会逐渐降低，油缸的拉力亦逐渐减少。当油缸的拉力小于顶部驱动钻井装置和立根本身重量（忽略导轨的摩擦力）时，上提过程由加速变为减速，最后停止上移。当提起整个钻柱时，钻柱和顶部驱动钻井装置的重量大于油缸向上的拉力，油缸被拉下来，缸内油液被排出，大部分返回蓄能器储存。

5. 控制系统

顶部驱动钻井装置的控制系统主要由司钻仪表控制台、控制面板、动力回流等组成。控制系统为司钻提供了一个控制台，通过控制台实现对顶部驱动钻井装置自身的控制。司钻仪表控制台由扭矩表、转速表、各种开关和指示灯组成。顶部驱动钻井装置可实现的基本控制功能为：吊环倾斜、远控内防喷器、马达控制、马达旋扣扭矩控制、紧扣扭矩控制、转换开关等。

钻井时的转速、扭矩和旋转方向由可控硅控制台控制。可控硅控制台装有下列指示灯：马达控制、远控内防喷器、马达鼓风机等指示灯。

四、国产顶驱钻井系统

1. 代号

国产顶驱钻井系统代号表示如下：

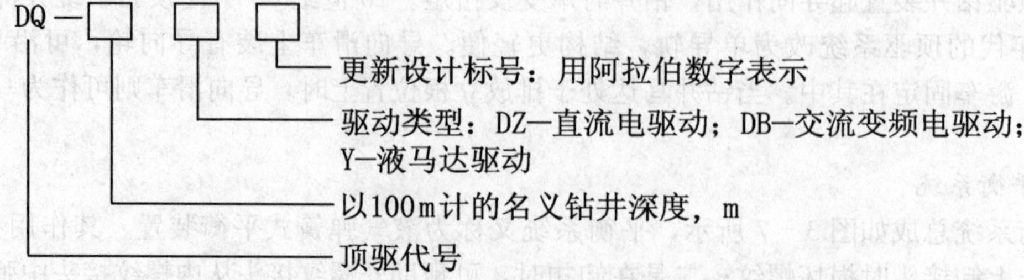

2. 国产顶驱钻井系统主要技术参数

国产顶驱钻井系统主要技术参数见表3－3。

表3－3　国产顶驱钻井系统主要技术参数

顶驱型号	DQ－60D	DQ－60P	DQ－20H
名义钻井深度（ϕ127mm钻杆），m	6000	6000	2000
最大钩载，kN（tf）	4500（450）	4500（450）	1600（160）
最大钻柱质量，t	220	220	70
动力水龙头最大连续扭矩，kN·m	45	48	
动力水龙头最大间隙扭矩，kN·m	55	68	23
动力水龙头转速范围，r/min	0～146	0～163	0～180
最大卸扣扭矩，kN·m	75	75	48
背钳夹持钻杆尺寸，mm（in）	89～216（3½～8½）	168	73～127（2⅞～5）
回转头速度，r/min	12	12	12
倾斜臂倾斜角度	前30°后60°	前30°后60°	前30°后60°
水龙头中心管内径，mm	75	75	64
液压系统工作压力，MPa	16	16	30
直流电动机型号	ZL490/390	Y10（GE752）	液马达A6VM/65－250
直流电动机额定功率，kW	670	800	液马达，365
直流电动机额定转速，r/min	1100	1100	
SCR传动柜输入电压，V	600，AC	600，AC	
SCR传动柜输出电压，V	0～750，DC	0～750，DC	
主体部分质量，t	18	13	5.5

3. 国产典型顶驱钻井系统

1）DQ－60D

如图3－8所示，DQ－60D顶驱钻井系统的结构特点如下：

（1）钻井马达—水龙头总成：动力水龙头由立式中空直流电动机及穿于其中的水龙头组成。电动机与主轴同轴线采用中空电动机、行星齿轮减速器和水龙头冲管与中心管综合为一体的整体结构。立式中空直流电动机ZL490/390，额定功率670kW、转速0～1100r/min、电枢电压0～750V、强制风冷。行星齿轮减速器中的太阳轮与电动机主轴相连，行星轮通过轴盘与内防喷器、保护短节，然后与钻具相连。

（2）钻杆上卸扣装置：背钳装置、内防喷器操纵机构、倾斜机构吊环吊卡是为起下作业服务的，悬挂于回转头下，与回转头一起作顺、逆时针运动，以便适应小鼠洞抓取单根、接立根。回转头通过液压驱动。倾斜机构由油缸和摆臂组成，来推动吊环吊卡作两个方向运动，可实现前倾1.35m，伸向鼠洞，后摆0.4m的移动，使吊卡在钻井时与钻具脱离接触。内防喷器操纵机构由一对悬挂于回转头下的油缸、操作盘、摆杆等组成。通过操作控制手柄可控制内防喷器。背钳装置由一组夹紧钳、扭矩架、导向体等组成。操作时，夹紧钳夹住钻杆上端的粗直径部分，由电动机上卸扣，上扣时的反扭矩由钳体通过扭矩架传递到主体，由

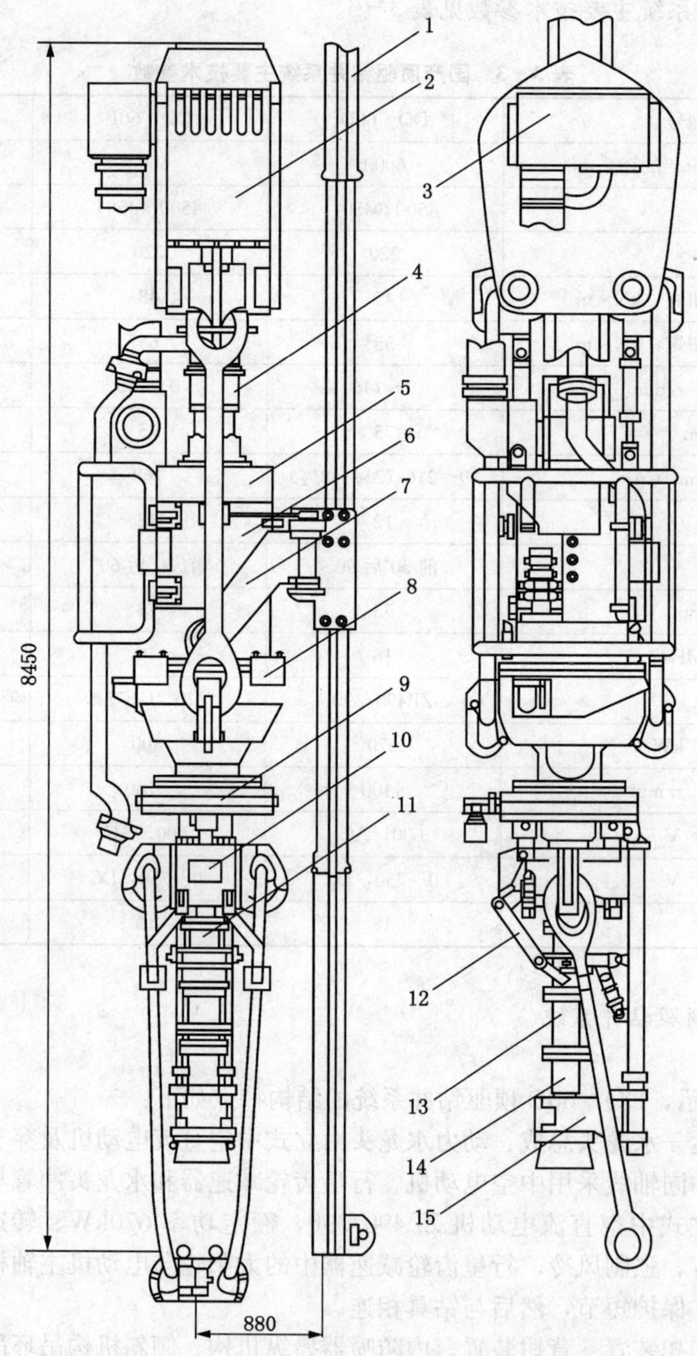

图 3-8 DQ-60D 结构组成

1—单导轨；2—游车；3—电机风冷装置；4—水龙头冲管总成；5—刹车装置；6—空心轴式直流电动机；7—滑车架；8—行星减速器；9—连接装置；10—回转头总成；11—自动内防喷阀 IBOP；12—倾斜机构；13—手动内防喷阀 IBOP；14—保护接头；15—背钳

主体、小车传递到单导轨上。DQ－60D 采用 AC—SCR—DC 驱动，PLC 检测控制，而钻杆上卸扣装置的回转头、吊环倾斜器都是液动的。

(3) 游车与平衡器：游车是比常规游车短的专用游车，在游车提环两侧装有一对补偿油缸。以承受大部分顶驱本体的重量，在上卸扣时，只有小部分本体的重量作用在螺纹上，减少了螺纹的磨损。

(4) 导轨总成：该顶驱采用单导轨结构，由上、中、下共 7 段导轨及连接座、支座、提环等组成。导轨之间采用锥销轴连接。支座固定在天车梁下部，U 型环通过提环与导轨连接，导轨下段与连接座相连，固定在井架下部的横梁上。

2）DQ－60P

DQ－60P 是轻便顶驱钻井系统，其结构组成如图 3－9 所示。采用 AC—SCR—DC 驱动，直流驱动电机侧置，单级双圆弧齿轮减速器（$i=7.53$）驱动水龙头中心管（主轴）结构型式。专门设计了过渡提环，可将顶驱系统挂在钻机的游车上。总体结构与 DQ－60D 相同，只是比 DQ－60D 长度短、质量轻，更便于安装拆卸。采用全套进口智能化传动控制系统加 PLC 诊断系统，对主电机进行全面控制，是集电、气、液为一体的全数字、全信息控制系统，性能好、安全性高。

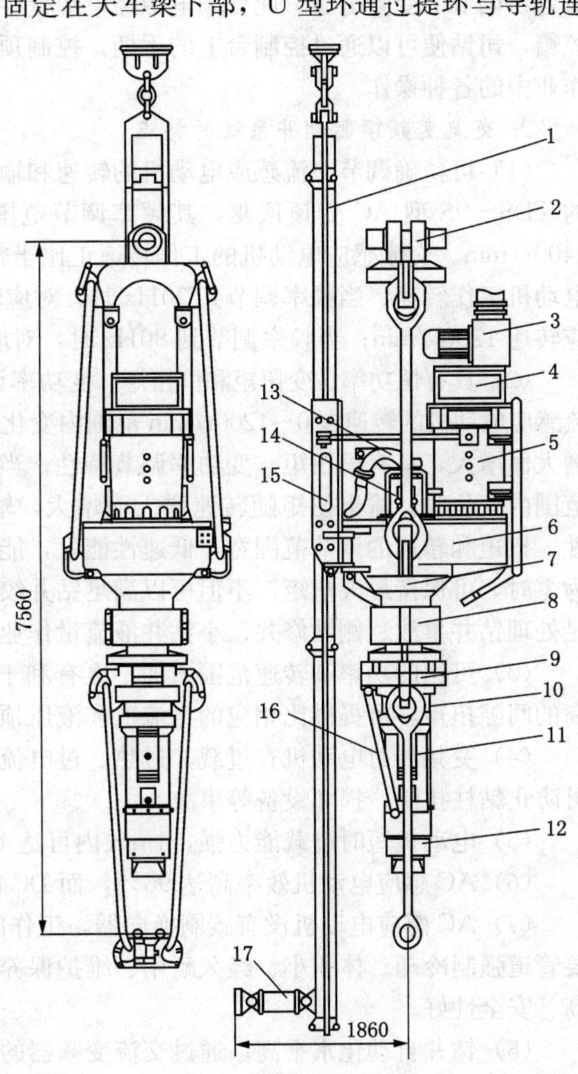

图 3－9　DQ－60P 结构组成

1—单导轨总成；2—过渡环总成；3—风冷装置；4—刹车装置；5—直流驱动电动机；6—齿轮减速器；7—动力水龙头体；8—夹紧连接器；9—回转头总成；10—自动内防喷阀（上 IBOP）；11—手动内防喷阀（下 IBOP）；12—环形背钳；13—鹅颈管；14—水龙头冲管总成；15—小车滑车；16—倾斜机构；17—导轨承担梁

五、AC 变频顶驱系统

交流变频（AC—VF—AC）顶驱钻井系统 1982 年问世，目前在世界各国得到了广泛的应用。

1. AC 变频顶驱系统的基本原理

由交流电动机的转速 n、输入电流频率 f、转差率 s 和功率 P 之间的关系式 $n=60f(1-s)/P$，可以看出：当 f、s、P 三个参数变化时，n 随之变化，但最好的调速方法是改变电动机的输入电源频率 f。这就需要有一套可对电源频率和电压进行调节的装置，从而使电动机的转速和扭矩进行人为控制，来满足各种钻井工况的要求。这套改变电源频率和电压的装置就是交流变频器，也称为逆变器。

交流变频器实际上是整流器和电容器的综合，柴油机—交流发电机系统产生三相交流电后，经 AC 母线进入 SCR 控制柜，经柜中桥式电路整流后变为直流电，从SCR控制柜出来的直流电经分流器分流，一个支路直流电存储在电容器中，以供电力设备使用。另一个支路绕过整流器进入变压器降压驱动变频器，即逆变器。控制AC感应电动机转速需要变频电压，为此，需用IGBT可自动关断的全控电子器件将直流电转换成一组脉冲组成的输出波形。控制每个脉冲的时间，使传给交流电动机的电压以交流正弦波的形式出现。用脉冲产生波形，并以正弦波传给电动机的方法，称为脉冲宽度调剂（PWM）。这样，从交流变频器输出的电源就是一个输出频率及电压均能被容易调节的变频电源。此变频电源经电缆盒中的专用电缆接入钻台，进入司钻控制室的电控箱，司钻便可以通过控制台上的手柄，控制顶驱钻井系统的交流感应电动机，来完成钻井作业中的各种操作。

2. 交流变频顶驱钻井系统的特点

（1）可精确调节交流感应电动机的转速和输出扭矩，无级调速。如美国Varco公司生产的TDS－9S型AC变频顶驱，其频率调节范围为0～80Hz，对应电动机转速范围为0～2400r/min。交流感应电动机的工作转速正比于输入电流频率，通过调节频率，可精确调节电动机工作转速。当频率调节到20Hz时，对应转速600r/min；当频率调节到40Hz时，对应转速1200r/min；当频率调节到80Hz时，对应转速2400r/min。

（2）具有恒功率、变扭矩和恒扭矩、变功率调节特性。仍以TDS－9S型顶驱为例，当交流感应电动机的转速在0～1200r/min范围内变化时，电动机输出扭矩不变，输出功率随转速增大而增大，具有恒扭矩、变功率调节特性；当交流感应电动机的转速在1200～2400r/min范围内变化时，输出扭矩随转速增大而增大，输出功率不变，具有变扭矩、恒功率调节特性。扭矩和转速的调节范围宽，低速性能好，能以极低的速度恒扭矩输出，且当电动机转速为零时，可保持最大扭矩，不但可以满足钻井绞车、转盘无级变速、变矩的要求，还可以满足处理钻井事故、侧钻修井、小钻井液流量作业及优选参数钻井的要求。

（3）可用的功率和转速范围增加，更有利于充分发挥PDC钻头的优势。交流电动机较高的间隙扭矩，可提供比相应的直流电和液压顶部驱动系统更高的上卸扣扭矩。

（4）变频器对电动机有过载、过热、过电流保护功能，并且具有扭矩和转速限制功能，可防止钻柱扭断、损坏设备等事故。

（5）电动机短时过载能力强，1min内可达1.5～2倍，因此，可带载平稳启动。

（6）AC感应电动机效率高达96%，而DC电动机仅为91%，经济性更好。

（7）AC感应电动机没有碳刷换向器，工作时不会产生火花，不需要制成防爆型，不需要管道强制冷却。体积小、经久耐用、维护保养简单、维护费用低、易于操作管理、可靠性高、安全性好。

（8）钻井自动化水平高。通过交流变频器的多种通讯接口与微机连接，可实现自动检测钻井参数及自动控制，加之顶驱的管子上卸扣装置，AC变频顶驱系统使钻井具有高度的机械化和自动化水平。

3. 典型AC变频顶驱系统简介

1）美国Varco公司生产的AC变频顶驱系统

美国Varco公司生产的AC变频顶驱钻井系统系TDS－9S，TDS－10S，TDS－11S等三种AC变频顶驱系统的主要结构是相似的，其整体结构形式和结构组成几乎一样，主要区别是主体部分的结构尺寸和承载能力不同，TDS－10S采用单电动机，TDS－9S和TDS－11S采用双电动机驱动。主要技术参数见表3－4。

表 3-4　Varco公司AC变频顶驱系统主要技术参数

AC顶驱型号	TDS-10S	TDS-9S	TDS-11S
最大提升能力，kN（tf）	2500（250）	4000（400）	5000（500）
最大连续钻井扭矩，kN·m（1b·ft）	27.115（20000）	41.05（32500）	44.05（32500）
钻井转速范围，r/min	0～228	0～228	0～228
最大连续钻进功率，kW（hp）	257（350）	514（700）	514（700）
最大制动扭矩，kN·m（1b·ft）	47.46（35000）	47.46（35000）	47.46（35000）
水龙头中心管内径，mm（in）	76.2（3）	76.2（3）	76.2（3）
二级齿轮减速比	13.1：1	10.5：1	10.5：1
钻井电动机类型	交流感应，强制风冷	交流感应，强制风冷	交流感应，强制风冷
转速，r/min	1200	1200	1200
最大转速，r/min	2400	2400	2400
功率，kN（hp）	257（350）	2×257（2×350）	2×257（2×350）
管子处理装置型号	PH-50	PH-50	PH-50
扭矩，kN·m（lb·ft）	67.8（50000）	67.8（50000）	67.8（50000）
夹持钻杆尺寸，mm（in）	73～127（2 ⅞～5）	89～127（3½～5）	89～127（3½～5）
配备吊环规格，tf	150，250	250，350或500	250，350或500
上卸扣扭矩，kN·m（1b·ft）	49.49（36500）	62.37（46000）	62.37（46000）

2）挪威MH公司生产的AC变频顶驱系统

挪威MH公司生产的AC变频顶驱系统主要技术参数见表3-5。

表 3-5　挪威MH公司AC变频驱动主要技术参数

DDM-650驱动型式	AC—SCR—DC驱动	AC变频驱动
额定提升能力，kN（tf）	6500（650）	6500（650）
电动机类型、功率，kW	DC、740	AC、760
电压，V	750	680
电流，A	1060	480
主轴转速，r/min	170	290
连续钻井扭矩，kN·m（1b·ft）	42（31000）	36.9（27000）
间隙钻井扭矩，kN·m（1b·ft）	56（41300）	41.2（30400）
卸扣背钳扭矩，kN·m（1b·ft）	81.3（60000）	81.3（60000）

六、顶部驱动钻井装置的操作

1. 钻进

1）采用立根钻进

采用立根钻进是顶部驱动钻井系统的独特钻进方式，但要提前在井架内配好立根。采用立根钻进操作的步骤如下：

（1）钻完立根后，用简易转盘上的卡瓦卡住钻柱，停止钻井液循环，将吊卡下放至钻台台面；

（2）用扭矩扳手卸开保护接头与钻杆的连接螺纹，然后用钻井马达卸扣；

（3）打开钻杆吊卡，提升顶部驱动钻井装置及游车，使钻杆吊卡上行，通过坐于卡瓦中的钻柱上部的母接箍；

（4）二层台处的井架工将立根放入吊卡，将立根吊起，钻台工将立根接头外螺纹插入井中钻柱内螺纹；

（5）下放顶驱装置及游车，使立根上部进入插入引鞋，直至保护接头外螺纹进入立根上端的内螺纹；

（6）用钻井马达旋扣和紧扣，在旋扣时要打背钳，承受反扭矩。注意钻杆接头只要旋进钻柱内螺纹即可，因为旋扣后还要用钻井马达施加紧扣扭矩。

（7）提出钻台上简易转盘中的卡瓦，循环钻井液，恢复钻进。

2）接单根钻进

在钻井过程中有两种情况需要接单根钻进，一种是新开钻井，井架中没有接好的立根；另一种是利用井下动力钻具造斜时，每 9.4m 必须测一次斜。操作步骤如下：

（1）钻完单根、坐放卡瓦/吊卡，停止钻井液循环；

（2）扭矩扳手卸开保护接头与钻杆的连接螺纹后，用钻井马达旋扣；

（3）打开钻杆吊卡，以便让吊卡通过卡瓦中的母接箍，然后提升顶驱装置；

（4）起动吊环倾斜装置，使吊卡摆至鼠洞单根上，扣好吊卡；

（5）提单根出鼠洞，当外螺纹露出鼠洞后，关闭起动器，使单根摆至井眼中心；

（6）对好钻台面的接箍，下放顶部驱动钻井装置，使单根底部插入引鞋；

（7）用钻井马达旋扣和紧扣，打背钳承受反扭矩；

（8）提出卡瓦/吊卡，循环钻井液，恢复钻进。

2. 起下钻操作

起下钻仍采用常规方法，但可以使用吊环倾斜装置使吊卡靠近井架工，以便于井架工扣吊卡。用吊环倾斜装置上的中停机构，可调节吊卡距二层台的距离。打开旋转锁定机构，旋转钻杆上卸扣装置可使吊卡开口定在任意方向。如钻柱旋转，吊卡将回到原定位置。

3. 倒划眼操作

利用顶驱系统可进行倒划眼，从而防止钻杆粘卡和破坏井下键槽。倒划眼的操作步骤如下：

（1）在循环和旋转时提升游车，当提出钻柱第三个接头时，停止循环和旋转；

（2）坐放卡瓦于钻柱上，把钻柱卡在简易转盘卡瓦中；

（3）从钻台面上卸开立根，用钻井马达倒车旋扣；

（4）用扭矩扳手卸开立根上部与马达的连接扣，在钻台上打背钳，用钻井马达旋扣；

（5）用钻杆吊卡提起自由立根，将立根排放在钻杆盒中，放下游车和顶驱装置至钻台；

（6）将钻井马达下部外接头插入钻柱内螺纹，用钻井马达旋扣，用扭矩扳手紧扣；

（7）恢复循环，提卡瓦，起升和旋转钻柱，继续倒划眼起升。

4. 井控操作程序

顶部驱动钻井装置可在井架任意高度同钻柱相接，在数秒内可在井架任意高度将内防喷器接入钻柱中。起下钻井控程序如下：

（1）一旦发现钻杆内井涌，立即坐放卡瓦，将顶部驱动钻井装置接入钻柱；

（2）操作旋紧扣控制阀，进行旋扣和紧扣；

（3）关闭远控内防喷器。

如果需要使用止回阀或其他钻井设备继续下钻，可借用下部内防喷器将止回阀接入钻柱。

第四章　钻机的循环系统

循环系统包括：钻井泵、钻井液池、钻井液槽（罐）、地面管汇，以及钻井液净化设备和钻井液调配设备。循环系统的核心是钻井泵，它是循环系统的工作机。

由于目前国内外石油钻机中采用的钻井泵都是往复式的压力泵，所以人们习惯上也把钻井泵称为往复泵。

往复泵是一种发展较早的水力机械，这种泵适用于输送要求压力较高，流量较小的各种介质（如水、油、钻井液等），特别是在排出压力大于 15MPa、流量小于 30l/s 的工况下，与其他类型的泵（如叶片泵、离心泵等）相比，它具有较高的工作效率和良好的运行性能。因此，钻机循环系统采用往复泵为整套钻机提供高压钻井液。

第一节　概　　述

一、往复泵的基本构成和工作原理

往复泵是一种容积式泵，它依靠活塞在泵缸中往复运动，使泵缸内工作容积发生周期性地变化来吸排液体。往复泵通常由两个基本部分组成：液力部分或称液力端，包括活塞、液缸、泵阀等部件，主要作用是进行能量形式的转换，即把机械能转化成液体能。动力部分或称动力端，包括曲柄、连杆、十字头、活塞杆等部件，主要作用是进行运动形式的转换，即把驱动机的旋转运动转换为活塞的往复直线运动。图 4－1 所示的为往复泵的工作示意图。当动力机通过皮带、齿轮等传动件带动曲柄以角速度 ω 按图示方向从左边水平位置开始旋转时，活塞向右边，即泵的动力端移动，由于缸内容积的扩大，液缸内形成一定的真空度，吸入罐中的液体在液面压力 p_A 的作用下，经吸入管推开吸入阀，进入液缸，直到曲柄转到右边水平位置，即活塞移到右死点为止，这一过程为液缸的吸入过程。曲柄继续转动，活塞开始向左，即液力端移动，由于缸内容积的缩小，液体受到挤压，压力升高，吸入阀关闭，排出阀被推开，液体经排出阀和排出管进入排出罐，曲柄再次转到

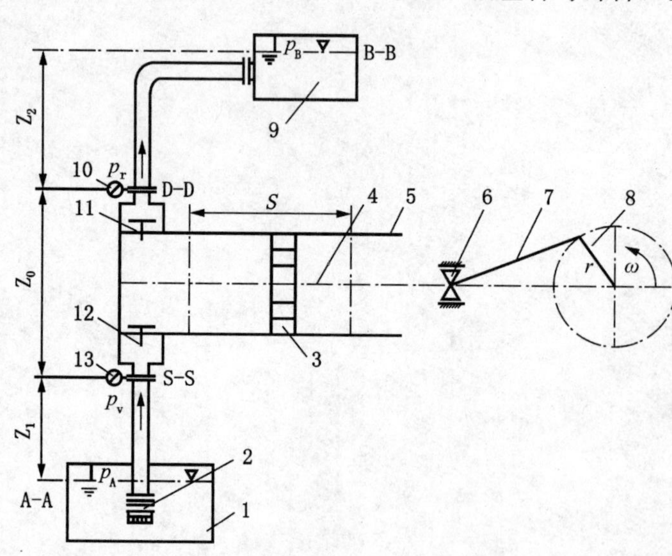

图 4－1　往复泵工作示意图

1—吸入罐；2—底阀；3—活塞；4—活塞杆；5—液缸；6—十字头；7—连杆；8—曲柄；9—排出罐；10—压力表；11—排出阀；12—吸入阀；13—真空表

左边水平位置，这一过程为液缸的排出过程。曲柄连续旋转，每旋转 1 周，活塞往复运动 1 次，泵的液缸完成 1 次吸入和排出过程。

在吸入或排出过程中，活塞移动的距离称为活塞的冲程，用 S 表示；若曲柄半径用 r 表示，则它们之间的关系是 $S=2r$。

二、往复泵的分类

石油矿场用往复泵可以按以下几个方式分类：

（1）按缸数分：分为单缸泵、双缸泵、三缸泵、四缸泵等。

（2）按工作件的式样分：分为活塞泵和柱塞泵。

（3）按作用方式分：分为单作用泵和双作用泵。

① 单作用泵：活塞的一面为工作面，其在缸内往复运动 1 次，液缸完成 1 次吸入和 1 次排出过程。

② 双作用泵：活塞的两面均为工作面，将液缸分为有活塞杆和无活塞杆两个工作室，每个工作室都有吸入阀和排出阀，活塞往复运动 1 次，每个工作室各吸入和排出 1 次液体。

（4）按液缸的布置方式及其相互位置分：分为卧式泵、立式泵、V 形或星形泵等。

（5）按传动或驱动方式分：分为机械传动泵、蒸汽驱动泵、液压驱动泵、手动泵。

如图 4－2 所示是几种典型的往复泵示意图。

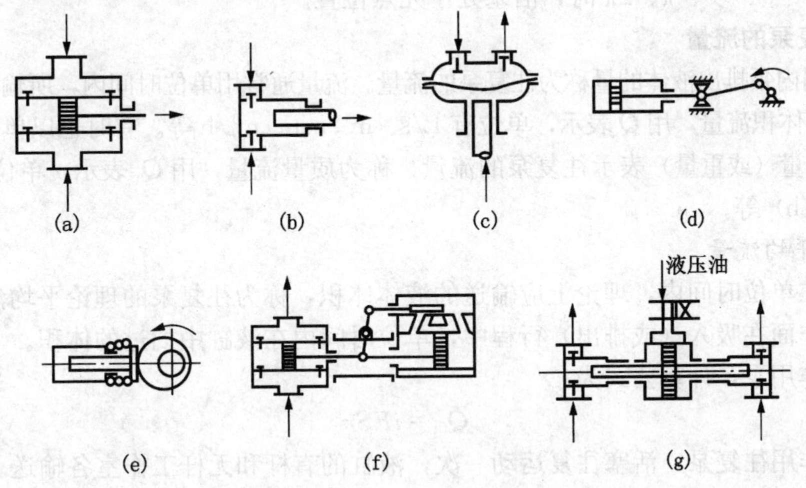

图 4－2 往复泵类型示意图

（a）双作用活塞泵；（b）单作用柱塞泵；（c）隔膜泵；（d）曲柄传动泵；（e）凸轮传动泵；（f）卧式蒸汽泵；（g）水平对置式液压驱动泵

石油矿场中的钻井泵，广泛使用三缸单作用或双缸双作用卧式活塞泵。

第二节 往复泵的流量

一、活塞的运动规律

往复泵动力端的不同，决定了运动规律的不同。目前，石油矿场用往复泵的动力端大多为曲柄连杆机构，因此，本节以动力端为曲柄连杆机构的往复泵为例，分析活塞的运动规律。如图 4－3 所示是往复泵活塞运动示意图。

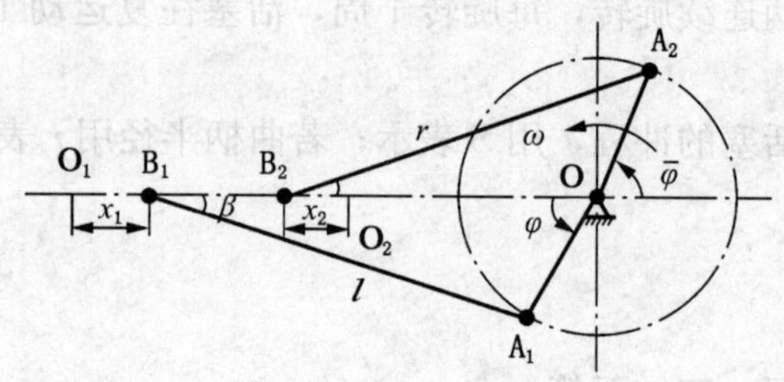

图 4-3　往复泵活塞运动示意图

为了定性地分析，可忽略曲柄和连杆比的影响，往复泵活塞的位移 x、速度 u 和加速度 a 可近似地用下式表示：

$$x \approx r(1 \mp \cos\varphi) \tag{4-1}$$

$$u \approx \pm r\omega\sin\varphi \tag{4-2}$$

$$a \approx \pm r\omega^2\cos\varphi \tag{4-3}$$

式中　r——曲柄长度；

ω——曲柄的角速度；

φ——曲柄转角，活塞由液力端向动力端运动时，$\varphi = 0 \sim \pi$；活塞由动力端向液力端运动时，$\varphi = \pi \sim 2\pi$。

上述各式表明：往复泵活塞运动速度和加速度分别近似地按正弦和余弦规律变化。

上述各公式中，正、负号及 φ 的取值范围按以下原则决定：当求活塞由液力端向动力端的位移、速度和加速度时，取公式上面的正、负号，曲柄转角在 $0 \sim \pi$ 范围内取值；当求活塞由动力端向液力端运动的位移、速度和加速度时，取公式中下面的正、负号，φ 在 $\pi \sim 2\pi$ 范围内取值，当 $\varphi = 0$、π、2π 时，活塞处于死点位置。

二、往复泵的流量

单位时间内泵排出液体的量称为往复泵的流量。流量通常用单位时间内，所输送的液体体积来表示，称为体积流量，用 Q 表示，单位有 L/s、m^3/min、m^3/h 等。有时也以单位时间内，所输送的液体质量（或重量）表示往复泵的流量，称为质量流量，用 Q_m 表示，单位为 kg/s、t/h（或 N/s、kN/h）等。

1. 理论平均流量

往复泵在单位时间内，理论上应输送的液体体积，称为往复泵的理论平均流量。理论上等于活塞工作面在吸入（或排出）行程中，单位时间内在液缸中扫过的体积。

对于单作用泵，计算公式为：

$$Q_{th} = iFSn \tag{4-4}$$

对于双作用往复泵，活塞往复运动一次，液缸的有杆和无杆工作室各输送一次液体，液体的体积为 $(2F - f)S$，则双作用泵的理论平均流量为：

$$Q_{th} = i(2F - f)Sn \tag{4-5}$$

式中　Q_{th}——理论平均流量，m^3/min；

S——冲程，m

i——液缸数；

F——活塞面积，m^2；

n——曲柄转数，r/min；

f——活塞杆截面积，m^2。

2. 实际平均流量

在往复泵实际工作时，由于吸入阀和排出阀一般不能及时关闭；泵阀、活塞和其他密封处可能有高压液体的漏失；泵缸中或液体内含有气体，而降低吸入充满度等原因，导致了往复泵的实际平均流量要低于理论平均流量。设实际平均流量为 Q，则有：

$$Q = \mu Q_{th} \tag{4-6}$$

式中 μ——流量系数，它反映泵内泄漏损失的大小，一般在0.85～0.95之间取值，对于大型且吸入条件较好的新泵，μ可取大值。

3. 瞬时流量

由活塞的运动规律可知：活塞的运动是非匀速的，故泵在每一时刻的流量也是变化的，为此，引入了瞬时流量的概念。单作用往复泵的瞬时流量可以近似地表示为：

$$Q_{cm} = Fu \tag{4-7}$$

即

$$Q_{cm} \approx \pm Fr\omega\sin\varphi_m \tag{4-8}$$

公式中的下标"m"表示曲柄或液缸的顺序编号1、2、3等。不难看出：当$\varphi_m = 0$、π、2π时，活塞处于死点位置，流量都为零。

对于双作用泵，活塞将液缸分为两个工作室，以Q_{cf}和Q_{ca}分别表示液缸无杆工作室和有杆工作室的瞬时流量，则：

$$Q_{cfm} \approx \pm Fr\omega\sin\varphi_m \tag{4-9}$$

$$Q_{cam} \approx \pm (F - f) r\omega\sin\varphi_m \tag{4-10}$$

当$\varphi_m = 0 \sim \pi$时，无杆室吸入，有杆室排出，公式前取"+"号；当$\varphi_m = \pi \sim 2\pi$时，无杆室排出，有杆室吸入，公式前取"-"号。

实际上，往复泵一般都由几个液缸组成，如图4-4所示。在曲轴转动一周内，几个缸按一定的规律交替进行吸入或排出，整台泵的瞬时流量由同一时刻各缸瞬时流量叠加而成。计算整台泵的瞬时流量时，要根据各曲柄间存在的角相位差决定公式中的角参数。

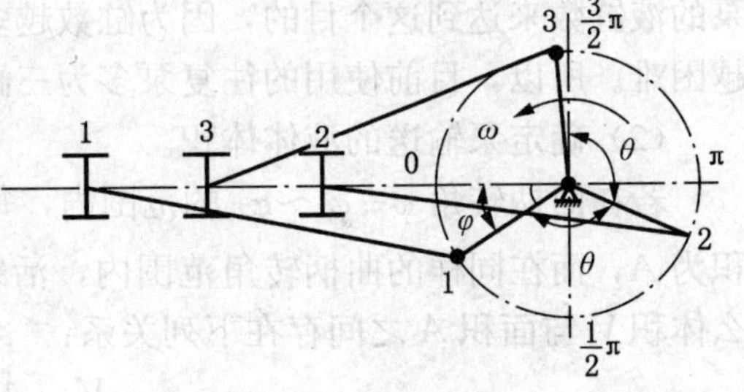

图4-4 往复泵曲柄间相互位置关系示意图

4. 往复泵的流量曲线及其应用

由以上分析可知：往复泵工作时，在曲柄旋转2π范围内，各液缸或工作室以及整台泵的瞬时流量按一定规律变化。如果以曲柄转角φ为横坐标，流量为纵坐标，就可以作出泵的瞬时流量随曲柄转角变化关系的曲线，如图4-5所示。这类曲线称为泵的流量曲线。通常，只需绘制一个过程的流量曲线。

往复泵的流量曲线除了比较直观地反映出整台泵与液缸或工作室瞬时流量之间的关系及其随曲柄转角的变化关系外，在往复泵的理论分析和计算中还具有下列用途：

（1）判断流量的均匀程度。

由于往复泵在曲轴转动一周的过程中，理论瞬时流量是不断变化的，因此，通过流量曲线可以找到流量的最大值Q_{max}、最小值Q_{min}及理论平均流量Q_{th}。理论瞬时流量的最大值与最小值之差与平均流量的比值，称为往复泵的流量不均度，用σ_Q表示，则：

$$\sigma_Q = \frac{Q_{max} - Q_{min}}{Q_{th}} \tag{4-11}$$

如图4-5所示，为单缸、双缸、三缸及四缸单作用泵的流量曲线，其流量不均度分别为3.14，1.57，0.140，0.325。如不考虑活塞杆面积f的影响，则单缸双作用泵与双缸单作用泵流量不均度相同，双缸双作用泵与四缸单作用泵的流量不均度也相同。

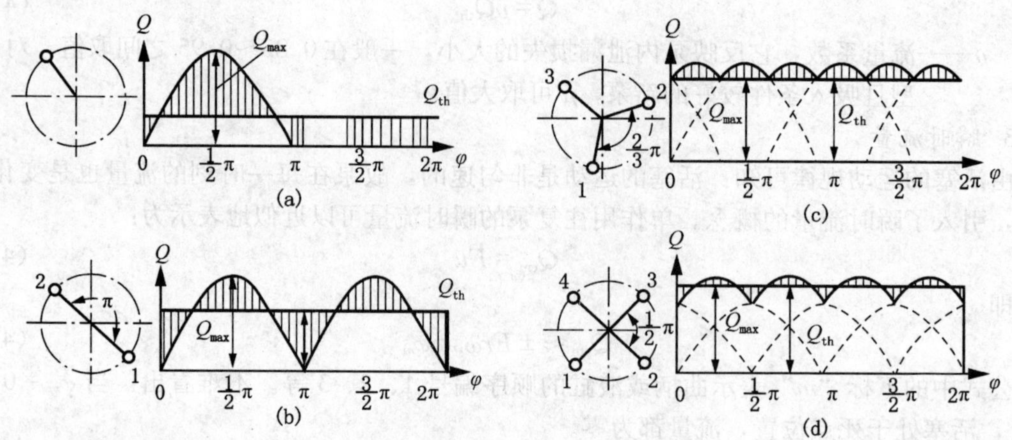

图 4－5 往复泵的流量曲线

(a) 单缸单作用泵；(b) 双缸单作用泵；(c) 三缸单作用泵；(d) 四缸单作用泵

由图 4－5 中的曲线可以看出：当往复泵缸数增加时，流量趋于均匀，而单数缸效果更为显著。从使用的角度来看，流量不均度越小越好。因为流量越均匀，管线中液流越接近稳定流，压力波动也越小，这有助于减小管线振动，使泵工作平稳。但是，不能只靠增加往复泵的液缸数来达到这个目的，因为缸数越多，泵的结构就会越复杂，造价就越高，维修也就越困难。所以，目前使用的往复泵多为三缸单作用泵。

(2) 确定泵输送的液体体积。

若在曲柄转角 $\varphi=\varphi_1\sim\varphi_2$ 的范围内，每个液缸或工作室的流量曲线与横坐标所围成的面积为 A，而在同样的曲柄转角范围内，活塞位移由 $S_1\Rightarrow S_2$，泵所输送的液体体积为 V，那么体积 V 与面积 A 之间存在下列关系：

$$\frac{V}{A}=\frac{1}{\omega} \quad \text{或} \quad V=\frac{A}{\omega} \tag{4-12}$$

(4－12) 式表明：在相同的曲柄转角范围内，泵或某个液缸所输送的液体体积与流量曲线所围成的面积成正比，这个关系在空气包的体积计算中十分有用。

(3) 检验曲柄布置是否合理。

对于多缸往复泵，为使叠加后的流量波动减小，其各缸的曲柄应相差一定角度，通过绘制流量曲线，可发现各液缸瞬时流量叠加是否合理，从而检验曲柄布置方案的合理性。

三、往复泵流量不均匀的危害及解决方案

由于瞬时流量的脉动，引起吸入和排出管路内液体的不均匀流动，从而产生了加速度和惯性力，增加了泵的吸入和排出阻力。吸入阻力的增加将降低泵的吸入性能，排出阻力增加将使泵及管路承受额外负荷，还会引起管路压力脉动及管路振动，破坏泵的稳定运行。可以采取以下措施解决往复泵的流量不均匀性：

(1) 合理布置曲柄的位置。

由往复泵的流量曲线可知：单缸泵的流量脉动与活塞的加速度有相同的波形，因此，可以将多缸泵各缸的曲柄错开一定的角度，使叠加后的流量趋于均匀。由前所述，缸数增多，则脉动减小，但比较而言，奇数缸比偶数缸效果好，可取各缸曲柄的相位差为$\frac{2\pi}{i}$（双作用泵为$\frac{\pi}{i}$）。

（2）采用多缸泵或无脉动泵。

多缸泵的流量变化情况如图 4－5 所示，可以采取增加缸数的方法来减小流量的脉动，但缸数增加会增加泵的复杂性，使制造和维修变得困难。双缸凸轮泵是一种无脉动泵，可用凸轮形状保证活塞在相当长的行程内作匀速运动，在排出行程开始及终了的很短时间内，作等加速和等减速运动，整个排出行程对应的转角大于 180°，两凸轮的相位差使加速段与减速段重合而无脉动。

（3）缩短管路长度、增大内径、减小往复次数（即降低曲柄角速度）均可减小惯性能头。

（4）设置空气包。

为减小流量的波动，可以在往复泵的吸入或排出口设置空气包，排出口空气包的作用原理是：当泵的瞬时流量大于平均流量时，泵的排出压力升高，空气包中的气体被压缩，一部分液体（超过平均流量的部分）进入气室储存；当瞬时流量小于平均流量时，排出压力降低，空气包向排出管排出一部分液体，从而使空气包后的管路流量趋于均匀。吸入空气包的作用刚好相反，当泵的瞬时流量大于平均流量时，气室内气体膨胀，向泵释放一部分液体；当泵的瞬时流量小于平均流量时，吸入压力升高，气室内气体被压缩，吸入管路中的一部分液体流入气室，这样，也可以使吸入气室前管路中的流量比较稳定。

第三节　往复泵的性能参数

一、往复泵的有效扬程

往复泵的扬程指的是单位质量（或重量）的液体经过泵后增加的能量，用 J/kg（或 J/N）或 m 液柱表示。如图 4－1 所示，经泵后液体的扬程可用下式表示：

$$H = Z + \frac{p_B - p_A}{\rho g} + \frac{c_B^2 - c_A^2}{2g} + \sum h \tag{4-13}$$

式中　p_A、p_B——吸入罐、排出罐液面上的压力，Pa；

c_A、c_B——吸入罐、排出罐液面上液体的流速，m/s；

Z——吸入罐与排出罐液面的总高度差，$Z = Z_1 + Z_0 + Z_2$，m；

Z_1——吸入管 S－S 断面处至吸入罐液面的高度差，m；

Z_2——排出管 D－D 断面处至排出罐液面的高度差，m；

Z_0——真空表与压力表的高度差，m；

$\sum h$——吸入管和排出管段内总的水力损失，m；

H——泵的有效扬程，m。

（4－13）式表明：泵的有效扬程等于排出罐液面与吸入罐液面液体的能量差，加上吸入、排出管路中的水头损失。即泵供给单位质量液体的能量，被用于提高液体的压能和位能，并克服全部管线中的流动阻力。

吸入罐与排出罐一般很大，有 $c_A \approx 0$，$c_B \approx 0$，并且当 $p_A = p_B$时，（4－13）式变为：

$$H = Z + \sum h \tag{4-14}$$

由（4－13）式、（4－14）式可知：要想求得泵的有效扬程，必须先求出管路中的全部阻力损失。但是，由于管路系统一般都比较复杂，计算繁琐，也不准确。简便的方法是应用（4－15）式直接计算有效扬程，即：

$$H = \frac{p_g}{\rho g} + \frac{p_v}{\rho g} + Z_0 \tag{4-15}$$

由（4－15）式可知：往复泵的有效压头，主要取决于泵的排出口处压力表与吸入口处真空表间的高度差 Z_0（一般为定值）；吸入口处真空表的读数 p_v 以及排出口处压力表的读数 p_g。

在实际计算中，考虑到钻井泵的排出压力一般较高，而真空度 p_v 及高度差 Z_0 相对很小，可以略去不计，因此，通常用表压力代表泵的有效扬程，即 $H \approx p_g / \rho g$。

二、往复泵的功率

设泵的有效扬程为 H，体积流量为 Q，则单位时间内液体由泵所获得的总能量即为泵的输出功率 N_o，可以写为：

$$N_o = \frac{\rho g Q H}{1000} \tag{4-16}$$

式中 N_o——输出功率，kW；

ρ——被输送液体的密度，kg/m^3；

Q——泵的实际平均流量，m^3/s。

泵的输出功率表明了泵的实际工作效果，因此也称为泵的有效功率。泵将能量传递给液体，是由于外界机械能传输的结果。假定驱动机输入到泵轴上的功率为 N_i（又称为泵的输入功率），由于泵内存在功率损失，$N_i > N_o$，N_o 与 N_i 的比值为泵的总效率，用 η 表示，即：

$$\eta = \frac{N_o}{N_i} \tag{4-17}$$

往复泵一般都是经过离合器、变速箱或变矩器、链条和皮带等传动件与驱动机相连，计算泵所应配备的功率时，应考虑传动装置的效率。因此，一台机泵组所需的动力机功率为：

$$N_p = \frac{N_i}{\eta_{tr}} = \frac{N_o}{\eta \eta_{tr}} \tag{4-18}$$

式中 η_{tr}——自驱动机输出轴到泵输入轴的全部传动装置的总效率。

考虑到工作过程中可能的超载，应留有一定功率储备，所选的动力机功率一般比 N_p 大10%左右。

三、往复泵的效率

往复泵在工作过程中会产生机械损失、容积损失和水力损失，这些损失的存在会使往复泵的效率降低。

1. 机械损失

它是指克服泵内齿轮、轴承、活塞、密封和十字头等机械摩擦所消耗的功率，用 ΔN_m 表示。机械损失功率的存在使往复泵的轴功率不能全部被液体所获得，往复泵机械损失功率的程度由机械效率 η_m 来衡量，即：

$$\eta_m = \frac{N_i - \Delta N_m}{N_i} \tag{4-19}$$

2. 容积损失

往复泵工作时有一部分高压液体会从活塞与缸套间的间隙、缸套密封、阀盖密封及拉杆密封等处漏失，造成一定的能量损失，使泵实际输送液体的体积总要比理论输出的体积小，设单位时间内漏失的液体体积为 ΔQ_v，用容积效率 η_v 来衡量泵泄漏的程度，即：

$$\eta_v = \frac{Q}{Q + \Delta Q_v} \tag{4-20}$$

3. 水力损失

液体在泵内流动时要克服沿程和局部阻力，消耗一定的能量，若各项水力损失之和用 h_h 表示，则水力损失的程度由水力效率 η_h 来衡量，即：

$$\eta_h = \frac{H}{H + h_h} \tag{4-21}$$

则泵的总效率为：

$$\eta = \frac{N_o}{N_i} = \eta_m \eta_v \eta_h \tag{4-22}$$

泵的总效率可由试验测定，一般情况下为 $\eta = 0.75 \sim 0.90$。

四、往复泵的特点

（1）和其他型式的泵相比，往复泵的瞬时流量不均匀。

（2）往复泵具有自吸能力。

往复泵启动前不像离心泵那样需要先行灌泵便能自行吸入液体。但实际使用时仍希望泵内存有液体，一方面可以实现液体的立即吸入和排出；另一方面可以避免活塞在泵缸内产生干摩擦，减小磨损。往复泵的自吸能力与转速有关，如果转速提高，不仅液体流动阻力会增加，而且液体流动中的惯性损失也会加大。当泵缸内压力低于液体汽化压力时，造成泵的抽空而失去吸入能力。因此，往复泵的转速不能太高，一般泵的转速为 80～200r/min，吸入高度为 4～6m。

（3）往复泵的排出压力与结构尺寸和转速无关。

往复泵的最大排出压力取决于泵本身的动力、强度和密封性能。往复泵的流量几乎与排出压力无关，如图 4－6 所示。因此，往复泵不能用关闭出口阀调节流量，若关闭排出阀，会因排出压力激增而造成动力机过载或泵的损坏，所以往复泵一般都设有安全阀，当泵压超过一定限度时，会自动打开，泄压。

（4）往复泵的泵阀运动滞后于活塞运动。

往复泵大多是自动阀，靠阀上下的压差开启，靠自重和弹簧力关闭。泵阀运动落后于活塞运动的原因是阀盘升起后在阀盘下面充满液体，要使阀关闭，必须将阀盘下面的液体排出或倒回缸内，排出这部分液体需要一定的时间。因此，阀的关闭要落后于活塞到达止点的时间，活塞速度越快，滞后现象越严重，这是阻碍往复泵转速提高的原因之一。

（5）往复泵适用于高压、小流量和高粘度的液体。

第四节　往复泵的装置特性

一、往复泵的特性曲线

往复泵的特性曲线是表示泵的流量、功率、效率等参数与压力之间变化关系的曲线。

由前面分析可知：往复泵在单位时间内排出的液体体积取决于活塞或柱塞的截面面积 A、冲程长度 S、冲次 n 以及缸数 i，而与往复泵的排出压力无关。因此，若以横坐标表示泵的流量，纵坐标表示排出压力，在保持泵的冲次不变的条件下，泵的理论 $Q—p$ 曲线应是垂直于横坐标的直线。实际上随着泵压的升高泵，密封处（如活塞与缸套、柱塞与密封、活

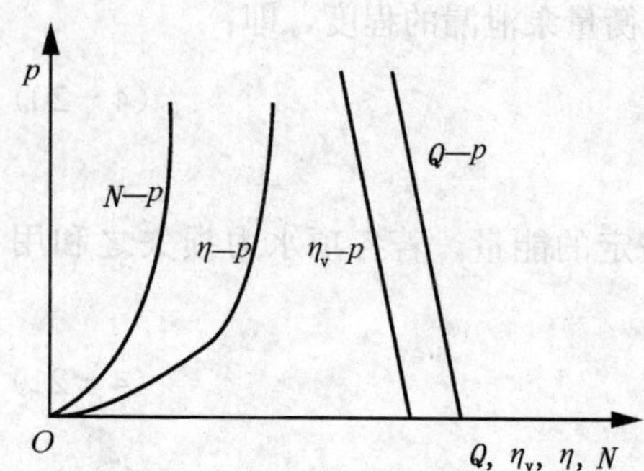

图 4-6 往复泵的性能曲线

塞杆与密封之间）的流量损失将增加，即流量系数 μ 将减小。所以，实际流量随着泵压的升高略有减小，反映在图 4-6 的 $Q—p$ 曲线上略为倾斜。流量不同，$Q—p$ 曲线的位置也不同。此外，机械传动往复泵输入功率 N_i、总效率 η 及容积效率 η_v 等也随着泵压的升高而变化。如图 4-6 所示是往复泵的基本性能曲线，可以通过试验求出。

应该指出的是：往复泵的 $Q—p$ 曲线是与传动方式紧密相关的，上述的 $Q—p$ 曲线，只适合纯机械传动往复泵。因为驱动机转速和机械传动的传动比一定时，泵的冲次 n 不变；在一定的冲次下，只要活塞截面积和冲程长度一定，流量也不会变。这时，泵压与外载基本上呈正比关系。机械传动的往复泵，在外载变化的条件下，不能保持恒定功率的工作状态。

往复泵在某些软传动（如液力传动等）条件下工作时，随着泵压的变化，泵的冲次和流量能自动调节，使往复泵在一定的范围内，按近似恒定功率的状态工作。此时，泵的 $Q—p$ 曲线近似于按双曲线规律变化。

二、往复泵的工况点

泵装置工作时，液体遵循质量守恒和能量守恒定律。前者指单位时间内泵所输送的液体量 Q 等于流过管线的液体量 Q'。后者则指泵所提供给液体的能量全部用于克服管路的流动阻力损失及提高液体的静压能上。若管路系统消耗及具有的总能量为 H'，则有 $H = H'$。由（4-13）式可知：对于一定的管路系统，其中右端前 3 项为定值，称为静扬程，用 H_{pot} 表示。由此，$\sum h$ 只是吸入及排出管路中的流动阻力损失，表达式为：

$$\sum h = kQ^2 \tag{4-23}$$

对于固定的管路系统，k 为常数。则管路特性曲线为：

$$H' = H_{pot} + kQ^2 \tag{4-24}$$

为了与泵性能曲线的单位一致，将（4-24）式中的扬程转换成压力降，则以压力降表示的管路特性为：

$$\Delta p = \rho g H_{pot} + \rho g k Q^2 \tag{4-25}$$

式中 ρ——液体的密度，kg/m³；

g——重力加速度，N/kg。

以流量 Q 为横坐标，压力降 Δp 为纵坐标，可以作出往复泵的管路特性曲线，如图 4-7 所示。由（4-25）式不难看出：往复泵管路特性曲线为一抛物线。将泵的理论（或实际）$Q-p$ 特性曲线按同样的比例绘制在管路特性曲线图上，即可得到泵与管路联合工作的特性曲线。

由图 4-7 可以看出：当管路系统发生变化时，k 也将发生变化，管路特性曲线的位置将发生变化，当流量不变时，管路压力将发生变化。另外，当管路系统一定时，管路中的流量发生变化时，泵的压力也将发生变化。由此可以说明：往复泵给出的压力总是与负载（此处指管路阻力）直接相关，负载增大，泵压就升高，反之泵压就下降。

三、钻井泵的临界特性

钻井泵工作过程中，受到泵冲次及压力的限制。泵的冲次 n 不能超过额定值。对钻井泵来说，冲次过高，不仅会加速活塞和缸套的磨损，使吸入条件恶化，效率降低，还会使泵阀产生严重的冲击，缩短泵阀寿命。在泵的冲程长度、缸套面积一定的条件下，泵的流量 Q 与冲次 n 成正比。对于同一台钻井泵，冲程长度通常是不变的，因此，对于不同直径（面积）的缸套 F_1，F_2，…，F_n，都具有一个相应的最大流量 Q_1，Q_2，…，Q_n，即在某级缸套下工作时，泵的流量不允许超过相应的流量。否则，泵的冲次就可能超过允许值，泵的压力也就超过了限制。因为泵的活塞杆和曲柄连杆机构等传动部件的机械强度是有限的，为了满足强度方面的要求，每一级缸套的最大活塞力 pF 应不超过某一常数（最大许用力）。当各级缸套的直径（面积）确定之后，则有：$p_1F_1 = p_2F_2 = \cdots = p_nF_n =$ 常数（最大许用力）。即每一级缸套都受到一个最大工作压力或极限压力的限制。钻井泵各级缸套的直径及极限压力就是按照这个等强度条件确定的。

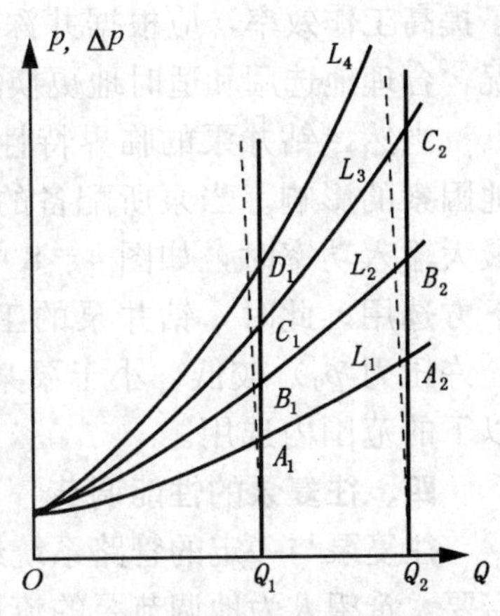

图 4－7　往复泵与管路联合工作的性能曲线

根据这个等强度条件绘制的钻井泵的临界特性曲线，如图 4－8 所示。以 Q 为横坐标，p 为纵坐标，作出了每一级（共 5 级）缸套下的泵特性曲线，并在其上标定各级缸套的极限工作压力点 1，2，…5。则折线 1—1"—2—2"—3—3"—4—4"—5 为机械传动泵的临界工作特性曲线。临界工作特性曲线上，通常还绘制了各种井深时的管路特性曲线（抛物线）。

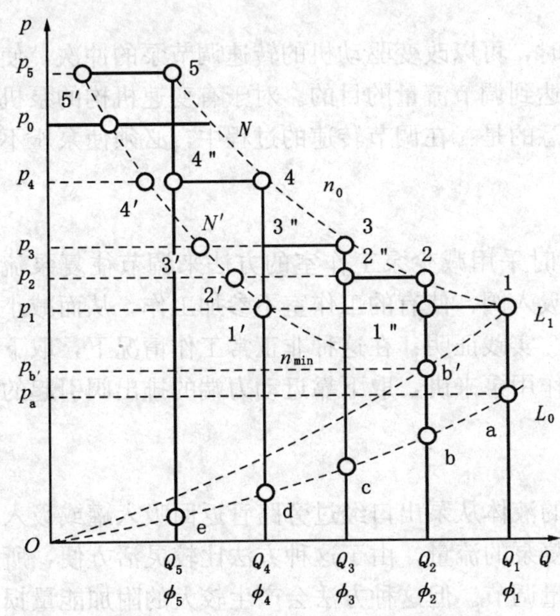

图 4－8　机械传动钻井泵的临界特性曲线

由临界特性曲线可以看出：

(1) 在纯机械传动条件下，无论使用哪一级缸套，随着井深的增加，工况点（泵曲线与管路曲线的交点）沿泵曲线上升，泵压不断增加，当钻至某井深时，泵压达到该级缸套的极限值，为了保证 pF 之积不超过泵结构强度所允许的最大活塞力，则必须更换较小直径的缸套。如泵在第一级缸套下以流量 Q_1 工作时，井深由 L_0 增至 L_1 压力由 p_a 增至 p_1；应更换第二级缸套。使用第二级缸套时，流量为 Q_2，工况点为 b′，泵压为 $p_{b'}$，随着井深的增加，泵压升高，当压力升到 p_2 时，应更换第三级缸套，依此类推。

(2) 不论泵速是否可调，任何一级缸套下的流量 Q（或冲次 n）和压力 p 都限制在一定的范围内。比如用第一级缸套时，泵压和流量只能在矩形面积 $Q_1 1 p_1 O$ 范围内；用第二级缸套时，则限制在 $Q_2 2 p_2 O$ 范围内。

(3) 在泵的最大冲次保持不变的条件下，各级缸套下泵的最大流量 Q_1，Q_2，…，Q_n，与缸套面积成正比，泵输出的最大水力功率（有效功率）为 $N = p_1Q_1 = p_2Q_2 = \cdots = p_nQ_n =$ 常数。显然，点 1，2，…，5 的连线是一条等功率曲线。可以看出：往复泵工作时，所有的工况点都应控制在等功率曲线的下方，即泵实际输出的水力功率总是小于最大有效功率。为了提高工作效率，应根据井深和钻井工艺的要求合理地选用钻井泵，并按照井深变化的情况，合理地选用和适时地更换缸套。

当然，钻井泵的临界特性曲线仅反映其本身的工作能力，而在使用中还要考虑到其他因素的影响。当泵所配备的动力机功率偏小时，即动力机所提供的最大功率小于泵的最大输入功率时，如图 4－8 中的等功率曲线 N' 所示，则泵的流量和压力应在 N' 曲线的下方选用。此时，钻井泵的工况主要受动力机功率的限制。若排出管的耐压强度（最大允许压力 p_0）较低，小于泵某级缸套的极限值时，则泵的实际工作压力和流量应该在 p_0 以下的范围内选用。

四、往复泵的性能调节

往复泵与一定的管路系统组成统一的装置后，其工况点一般也是确定的。有时为了工作需要，希望人为地调节泵的流量，以改变工况，称之为性能调节。

1. 流量调节

由于往复泵的流量与泵的缸数 i、活塞面积 F、冲次 n 及冲程 S 成正比关系，改变其中任意一个参数，都可改变泵的流量。往复泵常用的调节流量方法有以下几种：

（1）更换不同直径的缸套。

设计往复泵时，通常把缸套直径分为成若干等级，各级缸套的流量大体上按等比级数分布，即前一级直径较大的缸套的流量与相邻下一级直径较小缸套的流量比近似为常数。根据需要，选用不同直径的缸套就可以得到不同的流量。

（2）调节泵的冲次。

机械传动的往复泵，当驱动机的转速可变时，可以改变驱动机的转速调节泵的冲次，使泵的冲次在额定冲次与最小冲次之间变化，以达到调节流量的目的。对于有变速机构的泵机组，可通过调节变速比改变泵的转速。应当注意的是：在调节转速的过程中，必须使泵压不超过该级缸套的极限压力。

（3）减少泵的工作室。

在其他调节方法不能满足要求时，现场有时采用减少泵工作室的方法来调节往复泵流量。其方法是：打开阀箱，取出几个排出阀或吸入阀，使有的工作室不参加工作，从而减小流量。该法的缺点是加剧了流量和压力的脉动。实践证明：在这种非正常工作情况下，取下排出阀比取下吸入阀造成的波动小，对双缸双作用泵来讲，取下靠近动力端的排出阀引起的压力波动较小。

（4）旁路调节。

在泵的排出管线上并联旁路管路，将多余的液体从泵出口经过旁路管返回吸入罐或吸入管路，改变旁路阀门的开度大小，即可调节往复泵的流量。由于这种方法比较灵活方便，所以应用比较广泛，经常用于压力较低的泵的流量调节。但这种方法会产生较大的附加能量损失，从能耗的角度看是不经济的，特别是高压泵，旁路调节浪费大量的能量。旁路调节也可作为紧急降压的一种手段。

（5）调节泵的冲程。

调节泵的冲程就是在其他条件不变的情况下，改变往复泵活塞的移动距离，使活塞每一转的行程容积发生变化，从而达到流量调节的目的。

2. 往复泵的并联运行

往复泵的并联也是流量调节的一种方式。往复泵并联工作时，以统一的排出管向外输送液体，往复泵并联工作时有以下特点：

(1) 当各泵的吸入管大致相同，排出管路交汇点至泵的排出口距离较小时，对于高压下工作的往复泵，可以近似地认为各泵都在相同的压力下工作。

(2) 排出管路中的总流量为同时工作的各泵的流量之和。

(3) 泵组输出的总水力功率为同时工作的各泵的水力功率之和。

(4) 在管路特性一定的条件下，对于机械传动的往复泵，并联后的总流量仍然等于每台泵单独工作时的流量之和，而并联后的泵压大于每台泵在该管路上单独工作的泵压，因为流量增加，消耗在管路中的阻力损失加大。

泵并联工作是为了加大流量。应注意：并联后总压力必须小于各泵在用缸套的极限压力，各泵冲次应不超过额定值。

第五节 常用钻井泵的典型结构

20 世纪 60 年代以前，钻井泵普遍采用双缸双作用往复泵，60 年代中期，三缸单作用活塞泵在美国研制成功并投入使用，现场使用效果很好。由于三缸单作用泵排量不均度小，排量和泵压波动小，提高了泵装置的使用寿命。同时由于单作用的结构特点，使结构简化，减少了易损件数量。目前钻机循环系统普遍采用三缸单作用活塞式往复泵。

一、三缸单作用活塞泵的特点

1. 与双缸双作用泵相比，三缸单作用泵主要优点

(1) 缸径小、冲程短、冲次高、体积小、质量轻。

在额定功率相同的情况下，三缸单作用泵的长度比双缸双作用泵短 20%以上，质量轻 25%左右。

(2) 泵的流量均匀，压力波动小。

计算表明：一台未安装空气包的双缸双作用泵，其瞬时流量在平均值上、下的波动分别为 26.72%和 21.56%，总计达到 48.28%；而三缸单作用泵瞬时流量在平均值上、下的波动分别为 6.64%和 18.42%，总计为 25.06%。泵的压力随流量的平方而变化，三缸泵流量波动小，压力波动比双缸双作用泵更小。

(3) 活塞单面工作，可以从后部喷进冷却液体对缸套和活塞进行冲洗和润滑，有利于提高缸套与活塞的寿命。

(4) 缸套在液缸外部用夹持器（卡箍等）固定，活塞杆与介杆也用夹持器固定，因而拆装方便，活塞杆无需密封，工作寿命长。

(5) 易损件少、费用低。

在同样条件下工作，三缸单作用泵比双缸双作用泵易损件费用低 7%左右。

(6) 机械效率高。

根据实验数据表明：三缸泵的机械效率为 90%，比双缸泵高 5%左右。效率的提高除了加工精度、配合精度以外，主要原因是：三个曲柄互差 120°、运转平稳、十字头的摩擦小，同时没有活塞杆盘根处的摩擦阻力。根据实测三缸泵的容积效率，使用清水时为 97%，使用钻井液为 95%。

2. 三缸单作用泵的主要缺点

(1) 由于三缸单作用泵的冲次高，使得活塞线速度高（活塞平均线速度达 45m/min，

比双缸泵高 70%），降低了泵的自吸能力，容易产生吸入汽蚀现象，所以往往采用灌注泵，或者把钻井液池位置提高，使泥浆自行流入液缸，通常情况下应该配备灌注系统，即由另一台灌注泵向三缸单作用泵的吸入口供给一定压力的液体，这样便增加了附属设备。

（2）由于单作用泵活塞的后端外露，且外露圆周比双作用泵活塞杆密封圆周大得多，在自吸的条件下，当处于吸入过程时，液缸内压力降低，假如缸套和活塞配合之处松弛，外部空气有可能进入液缸，从而导致泵工作不平稳，降低容积效率。

3. 三缸单作用钻井泵的代号

我国用于石油、天然气勘探开发的三缸单作用钻井泵已经标准化，统一的代号如下：

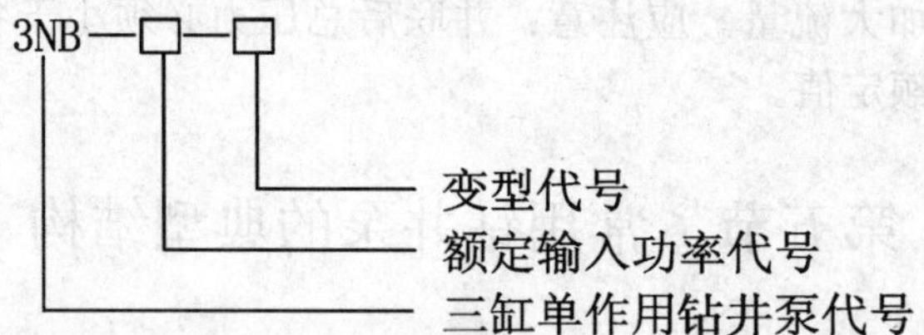

如 3NB—1300，表示输入功率为 1300hp（960kW）的三缸单作用钻井泵。有的钻井泵，为了反映其设计制造单位、适用区域和性能方面的特点，在统一代号的前后还标以适当的符号，如 SL3NB—1300A，其中 SL 是汉语拼音“胜利”的字头，A 表示改型设计。

二、三缸单作用钻井泵的组成

三缸单作用钻井泵由动力端和液力端两大部分组成，如图 4－9 和图 4－10 所示。

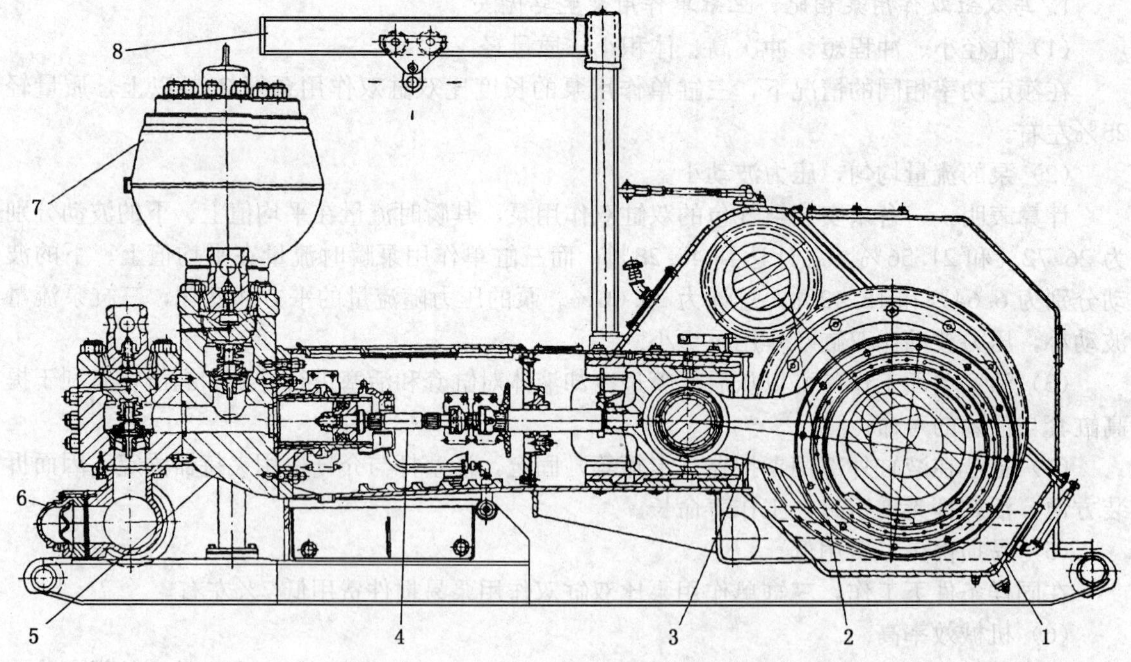

图 4－9　3NB—1000 三缸单作用钻井泵主剖面图

1—机座；2—主动轴总成；3—从动轴总成；4—缸套活塞总成；5—泵体；6—吸入管汇；7—排出空气包；8—起重架

1. 动力端

三缸单作用活塞泵的动力端主要由主动轴（传动轴）、被动轴（主轴或曲轴）、十字头等组成。

(1) 传动轴总成：通常三缸单作用活塞泵传动轴的两端对称外伸，可以在任意一端安装

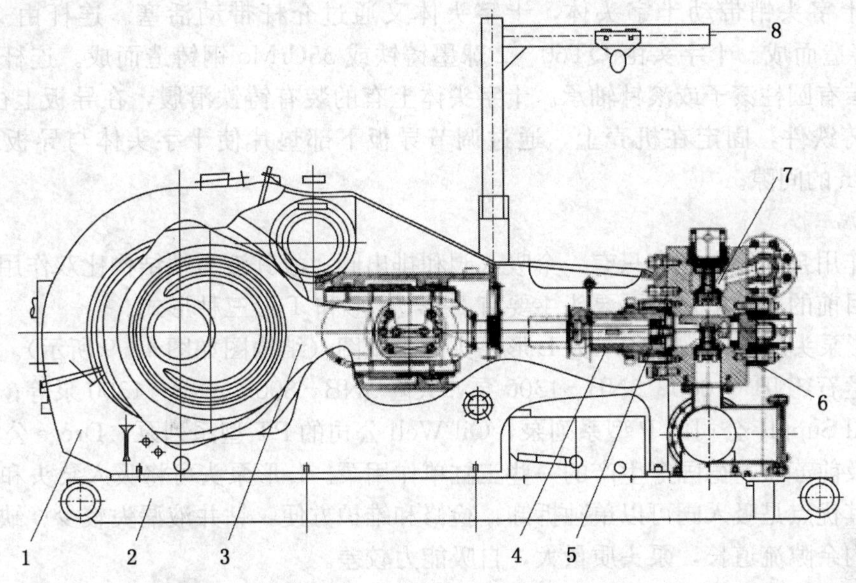

图 4-10　3NB—1300 三缸单作用活塞泵主剖面图

1—泵体；2—机座；3—动力端总成；4—缸套；5—活塞；6—吸入阀；7—排出阀；8—起重架

大皮带轮或链轮。两端的支承采用双列向心球面球轴承或单列向心短圆柱滚子轴承，可以保证有一定的轴向浮动。传动轴与小齿轮可以是整体式齿轮轴结构形式，也可以采用齿圈热套到轴上的组合形式。前者具有较大的刚性，国外泵多见；后者的齿圈与轴可选用不同的材料和热处理工艺，容易保证齿面硬度、轴的强度和韧性要求，必要时还可以更换齿圈。齿圈有的是整体式小退刀槽结构，有的是宽退刀槽结构。为了滚齿加工方便，保证齿形精度，消除退刀槽使泵宽度加大的影响，可将齿圈加工成两只半人字形齿圈，再套装到轴上，形成人字齿轮，装配精度要求高。

国产泵的传动轴多采用 35CrMo 锻钢件，加工过程大体为：退火处理消除内应力→粗加工→超声波检查→调质处理（硬度要求达 HB210～280）→精加工→磁粉探伤检查。小齿轮多采用 42CrMo 或 40CrNiMo 等高强度合金钢锻件，退火处理和粗加工后进行超声波探伤检查，再经过调质处理，硬度要求为 HB340～385。钻井泵齿轮大多采用高度变位的渐开线人字短齿，目的是保证具有较高的弯曲强度和接触强度。

(2) 曲轴总成：曲轴是钻井泵中最重要的零件之一，结构和受力都十分复杂。其上安装有大人字齿轮和三根连杆大头。大齿轮圈通过螺栓与曲轴上的轮毂紧固为一体。三个连杆轴承的内圈热套在曲轴上，连杆大头热套在轴承的外圈上。

国产三缸单作用泵的曲轴大体上有两种结构型式。一种是碳钢或合金钢铸造的整体式空心曲轴结构，另一种是锻造直轴加偏心轮结构，其特点是改铸件为锻件，化整体件为组装件，便于保证毛坯的质量，加工和修理也比较方便，在 SL3NB-1300、SL3NB-1600 型钻井泵和其他往复泵中已广泛采用。国外三缸泵中有的采用锻焊结构曲轴，即将曲柄和齿轮轮毂都焊接在直轴上，再加工为整体式曲轴。曲轴上的大人字齿轮多采用 35CrMo 铸钢件或 42CrMoA 锻造件，调质处理后的硬度大约为 HB285～325。

(3) 十字头总成：十字头是传递活塞力的重要部件，同时，又对活塞在缸套内作往复直

线运动起导向作用，使介杆、活塞等不受曲柄切向力的影响，减少介杆和活塞的磨损。曲轴通过连杆和十字头销带动十字头体，十字头体又通过介杆带动活塞。连杆由 20Mn2 或 35CrMo 钢铸造而成。十字头由 QT60－2 球墨铸铁或 35CrMo 钢铸造而成。连杆小头与十字头销之间装有圆柱滚子或滚针轴承。十字头体上有的装有铸铁滑履，在导板上往复滑动。导板通常是铸铁件，固定在机壳上，通过调节导板下部垫片使十字头体与导板之间保持 0. 25～0. 4mm 的间隙。

2. *液力端*

三缸单作用泵的每个缸套只有一个吸入阀和排出阀，故其液力端结构比双作用泵液力端简单得多。目前的三缸单作用泵泵头主要有 L 形、I 形和 T 形三种形式。

(1) L 形泵头：图 4－11 所示为 L 形泵头的示意图（结构图如图 4－9 所示）。属于此类的国产泵有兰石 3NB－1000、3NB－1300 泵，大隆 3NB－800、3NB－1300 泵等；国外泵有美国 National Supply 公司的 P 型系列泵，Oil Well 公司的 PT 型系列泵，Drece 公司的 T 形系列泵，以及前苏联、德国等生产的一些三缸单作用泵。L 形泵头可将吸入泵头和排出泵头分块制造。其优点是吸入阀可以单独拆卸，检修和维护方便，钻井液漏失较少；缺点是结构不紧凑，泵内余隙流道长，泵头质量大，自吸能力较差。

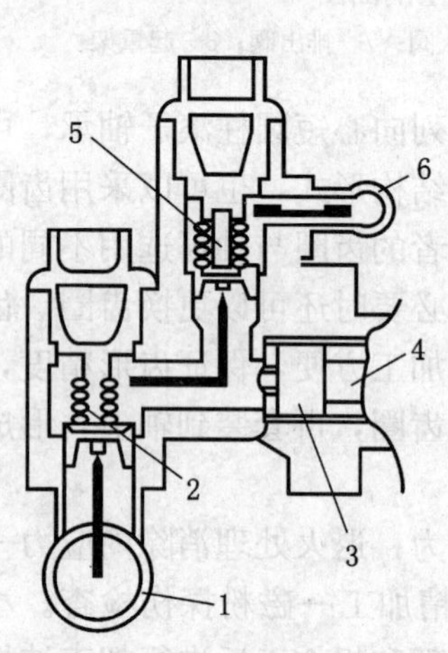

图 4－11　L 形泵头示意图

1—吸入管汇；2—吸入阀；3—活塞；4—活塞杆；5—排出阀；6—排出管汇

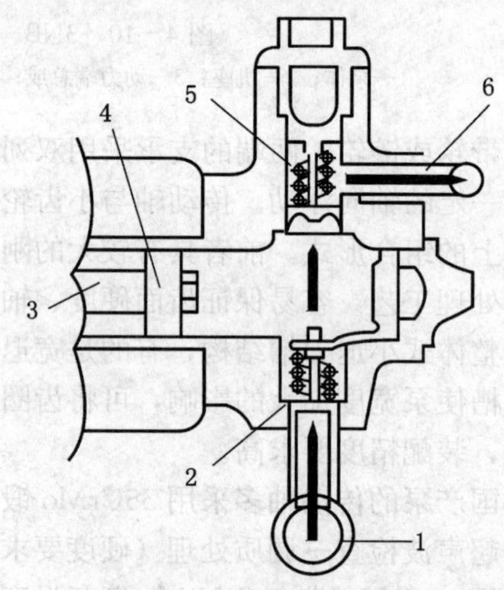

图 4－12　I 形泵头示意图

1—吸入管汇；2—吸入阀；3—活塞杆；4—活塞；5—排出阀；6—排出管汇

(2) I 形泵头：图 4－12 所示为 I 形泵头的示意图（结构图如图 4－13 所示）。国产大隆 3NB－1000、胜利 SL3NB－1300A、SL3NB－1600A 泵，美国 Continental Emsco（CE）公司的 F、FA、FB 型系列泵，Ideco 公司的 T 形系列泵，罗马尼亚的 3PN 系列泵等，都属于此类。这种直通形泵头的液力端结构紧凑，重量较轻，缸内余隙流道长度短，有利于自吸，但更换吸入阀座时，必须先拆除上方的排出阀，采用带筋阀座时，还要先取出排出阀座，检修比较困难。

由于吸入阀与排出阀重叠，吸入阀需采用特殊的固定机构。安装吸入阀时，先将阀体及弹簧就位，再将导向装置竖直方向伸入泵头，使阀的上导向杆插入其中心孔内，而弹簧则套在中心杆外围；将导向装置旋转 90°，使其两端的曲面与泵头垂直内孔曲面相配合；按下阀的导向装置，使弹簧受压缩，将楔形固定板插入导向装置上部槽内，放松弹簧后，固定板的上部就顶在泵头水平孔内的顶部；安装好密封圈和泵头端盖，则楔形固定板和导向装置全部被固定，吸入阀盘定位。

(3) T形泵头：美国休斯敦—高伟斯顿的 GH—Mattco 公司设计制造的三缸活塞泵液力端，类似于 BJ 公司生产的佩斯梅克（BJ—Pacemaker）型三缸柱塞泵液力端，为 T 形布置泵头。

主要特点是吸入阀水平布置，排出阀垂直布置，综合了 L 形和 I 形泵头的优点，既可分块制造，便于吸入阀的拆装和检修，又取消了吸入室，使泵头结构紧凑，内部余隙容积减小，质量减小。T 形泵头不足之处是更换吸入阀时需卸下吸入液缸及弯管，泥浆漏失相对多一些。

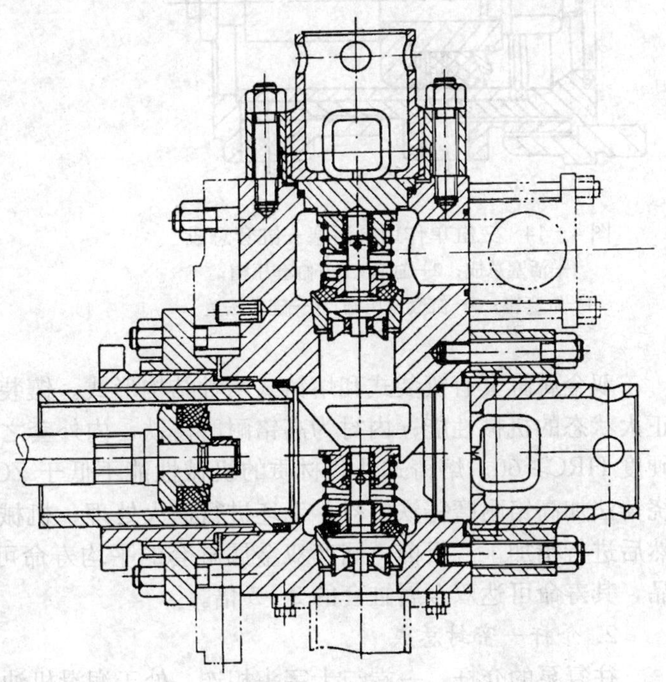

图 4-13　SL3NB-1300 三缸单作用泵液力端结构图

三、钻井泵的易损件及配件

钻井泵的主要易损件包括活塞、缸套、柱塞、密封、泵阀、安全阀等，有些往复泵还有空气包。其中活塞、缸套、柱塞、泵阀、密封等也是往复泵的易损件，其质量的好坏直接影响到往复泵的工作性能及使用寿命，必须高度重视。

1. 活塞—缸套总成

钻井泵的缸套座与泵头、缸套与缸套座之间多采用螺纹连接，活塞与中间杆及中间杆与介杆之间采用卡箍等连接。如图4-14所示是三缸单作用泵的活塞—缸套总成。其中，活塞和缸套是易损件。

如图 4-15 所示是三缸单作用泵的活塞，由阀芯和皮碗等组成，一般采用自动封严结构，即在液体压力的作用下自动张开，紧贴缸套内壁。单作用泵活塞的前部为工作腔，吸入低压液体，排出高压液体；后部与大气相通，一般由喷淋装置喷出的液体冲洗和冷却。双作用活塞泵将缸套分为两个工作室，两边交替吸入低压液体，排出高压液体，故活塞皮碗在阀芯两边呈对称分布。

活塞皮碗一般选用耐磨耐油橡胶作主体材料，其上嵌接高聚物树脂；以挂胶帆布为骨架，整体成型，模压定型，加工处理后与橡胶高压硫化成一体。目前，高压硫化活塞在 18～20MP_a下工作，寿命可达 179～324h；在 28～32MP_a下工作，寿命达 112h。

缸套结构比较简单，目前常用的有单一金属和双金属两种。由高碳钢或合金钢制造的单金属缸套，一般经过整体淬火后回火，或内表面淬火，保证一定的强度和内表面硬度；由低碳钢或低碳合金钢制造的单金属缸套，一般经渗碳、渗氮、氰化或硼化等表面硬化处理，将内表面硬度提高到 HRC60 以上，有的也对缸套内部进行镀铬、激光处理等。单金属缸套工作寿命短，贵金属消耗量大。

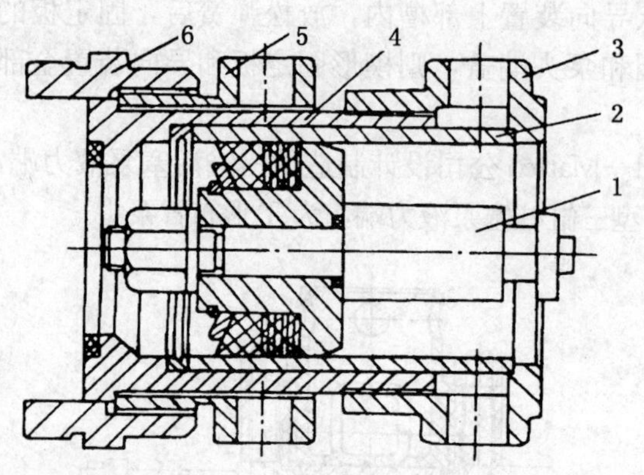

图 4－14　三缸单作用泵活塞—缸套总成

1—活塞总成；2—缸套；3—缸套压帽；
4—缸套座；5—缸套座压帽；6—连接法兰

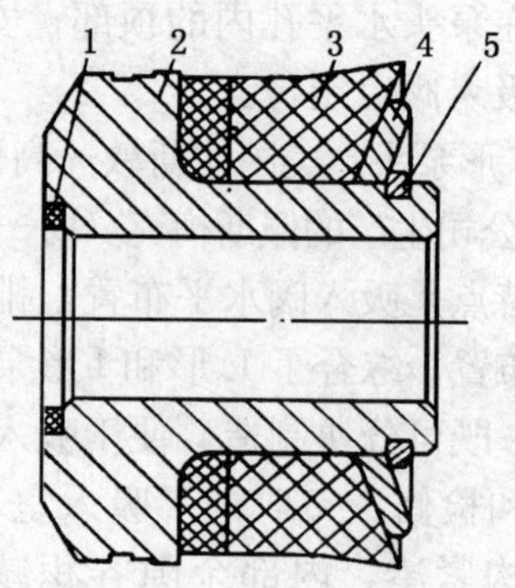

图 4－15　三缸单作用泵的活塞

1—密封圈；2—活塞阀芯；3—活塞皮碗；4—压板；5—卡簧

双金属缸套有镶装式和熔铸式两种结构形式。镶装式外套材质的机械性能不低于 ZG35 正火状态的机械性能；内衬为高铬耐磨铸铁，内外套之间有足够的过盈量保证结合力；内衬硬度 HRC≥60。熔铸式外套材质的机械性能不低于 ZG35 正火状态的机械性能；利用离心浇铸法加高铬耐磨铸铁内衬；毛坯进行退火处理，机械粗加工后进行淬火加低温回火处理，然后进行精加工。目前，国产双金属缸套的平均寿命可达 700h。金属陶瓷缸套是高技术产品，其寿命可达双金属缸套的 2～3 倍。

2. 介杆—密封总成

往复泵的介杆，一端与十字头相连，处于润滑机油中，另一端与活塞杆相连，经常受到漏失泥浆、污水等的冲刷或污染。为了防止各类污染液体窜入动力端机油箱而破坏机油的润滑性能，避免机油外漏，必须采用介杆密封装置将动力端与液力端严格地隔离。

目前较常用的介杆密封形式主要有两种：

(1) 跟随式介杆密封装置。如图 4－16 所示，波纹密封套的一端用压板紧固在中间隔板上，另一端用卡子固紧在介杆上。

(2) 全浮动式介杆密封。如图 4－17 所示，为全浮动式介杆密封装置结构图，包括连接盘、定位板、O 型密封圈、左右浮动套、球形密封盒、K 型自封式介杆密封等。

球形密封盒可以在浮动套内任意转动调整。与此同时，左右两个浮动套与联结盘和壳体形成端面间隙配合，可以随着球形密封盒的浮动在联结盘与壳体之间上下浮动，自动调整径向偏移量；浮动套与联结盘及球形密封盒之间，安装有 O 型密封圈，具有多重保险的密封作用。

K 型自封式介杆密封包括骨架和帘布增强橡胶两部分。骨架与帘布增强橡胶高压硫化在一起，使密封被压紧时不产生轴向变形；密封内圈的两唇部与介杆有一定的过盈，使其两端密封；密封的两唇部加一层耐磨橡胶，具有耐磨耐热性能。

此外，十字头与介杆之间采用活络连接，使活塞可以与十字头同时转动，也减轻了活塞—缸套、介杆—密封等的偏磨。

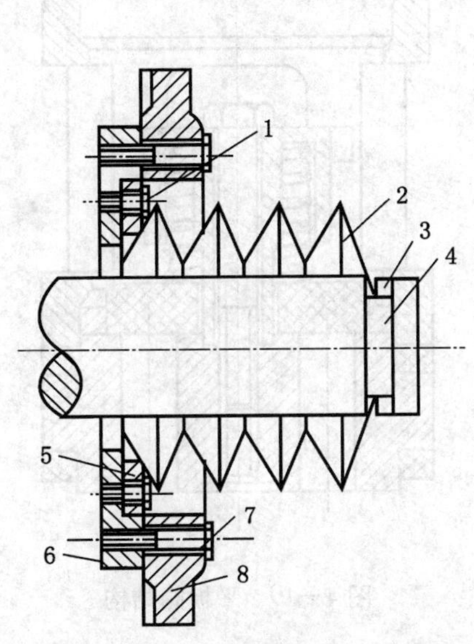

图 4-16　跟随式介杆密封装置

1—螺钉；2—波纹密封套；3—卡子；4—介杆；5—压板；6—连接板；7—螺栓；8—中间隔板

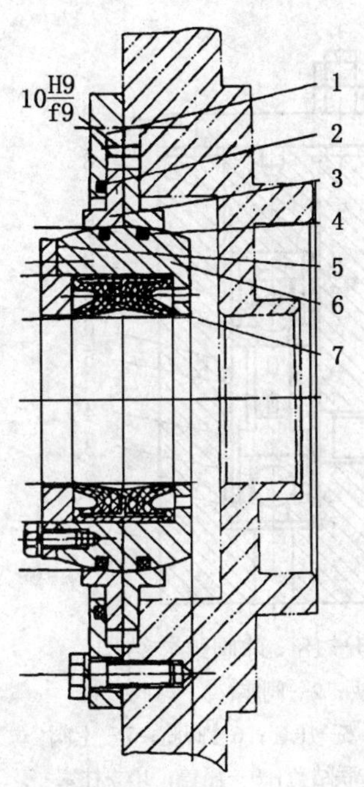

图 4-17　全浮动式介杆密封装置总成

1—联结盘；2、4—O 型密封圈；3—左右浮动套；5—定位板；6—球形密封盒；7—K 型自封密封

3. 泵阀

泵阀是往复泵控制液体单向流动的液压闭锁机构，是往复泵的心脏部分。泵阀一般由阀座、阀体、胶皮垫和弹簧等组成。目前，常用的泵阀有三种：

(1) 球阀：如图 4-18 所示。主要用于深井抽油泵和部分柱塞泵。

(2) 平板阀：如图 4-19 所示。主要用于柱塞泵和部分活塞泵。泵阀采用 3Cr13 不锈钢，表面渗碳处理，或采用 45 号钢喷涂，耐腐蚀、抗磨损；板阀采用新型聚甲醛工程塑料，综合性能好，质量轻、硬度高、耐磨、耐腐蚀，与金属表面相配合后密封可靠；弹簧采用圆柱螺旋形式，材料为 60Si2MnA，经过强化喷丸处理，寿命长。

(3) 盘状锥阀：主要用于大功率的活塞泵及部分柱塞泵。盘状锥阀的阀体和阀座支承，密封锥面与水平面间的斜角一般为 45°～55°。阀座与液缸壁接触面的锥度一般为 1∶5～1∶8。若锥度过小，则泵阀下沉严重，且不易自液缸中取出；锥度过大，则接触面间需加装自封式密封圈。

锥面盘阀有两种结构形式，一种是双锥面通孔阀，如图 4-20 所示。其阀座的内孔是通孔，由阀体和胶皮垫等组成的阀盘上、下运动时，由上部导向杆和下部导向翼导向。这种阀结构简单，阀座有效过流面积较大，液流经过阀座的水力损失小，但阀盘与阀座接触面上的应力较大，阀盘易变形，影响泵的工作寿命。另一种是双锥面带筋阀，如图 4-21 所示。主要特点是阀座内孔带有加强筋，阀盘上、下部都靠导向杆导向，增加了阀盘与阀座的接触面和强度，但阀座孔内的有效通流面积减小，水力损失加大。

往复泵工作时，阀盘和阀座的表面受到含有磨砺性颗粒液流的冲刷，产生磨砺性磨损；

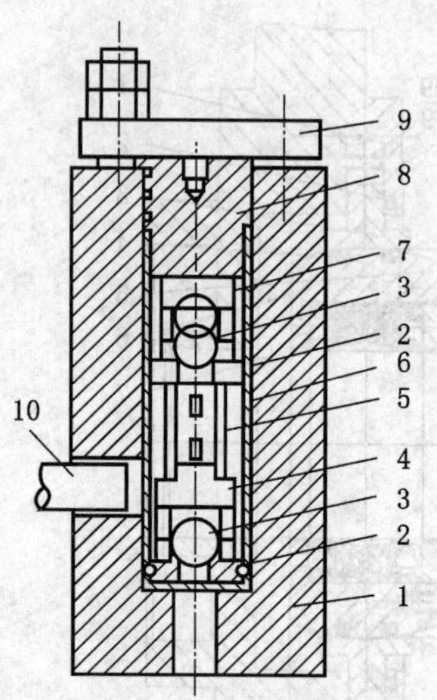

图 4－18　球阀组装结构

1—泵头；2—阀座；3—球阀；4—下阀套；5—压套；6—阀筒；7—上阀套；8—联结盖；9—压盖；10—柱塞

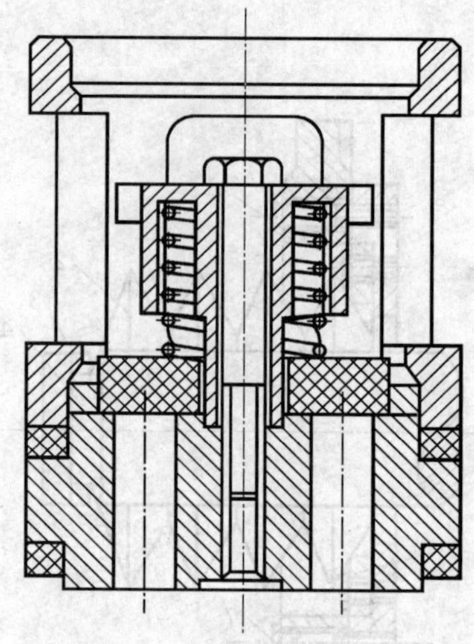

图 4－19　平板阀结构

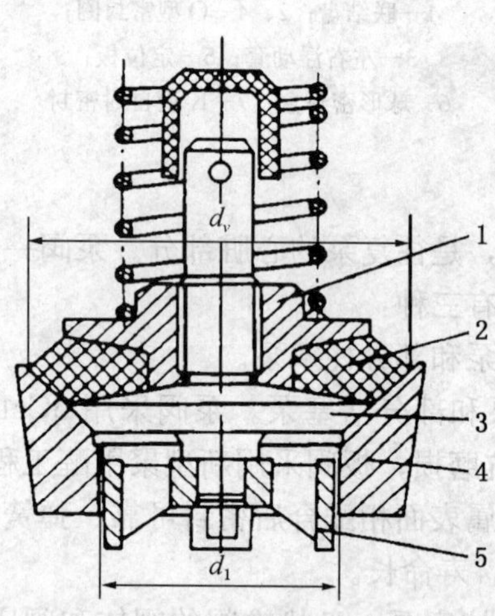

图 4－20　双锥面通孔泵阀结构

1—压紧螺母；2—橡皮垫；3—阀体；4—阀座；5—导向翼

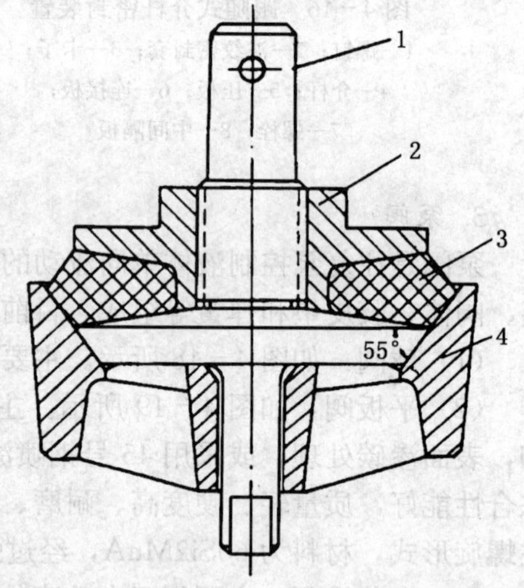

图 4－21　双锥面带筋泵阀结构

1—阀体；2—压紧螺母；3—橡胶垫；4—阀座

此外，阀盘滞后下落到阀座上，也会产生冲击性磨损，目前提高泵阀寿命的方法如下：

①合理确定液体流经阀隙时的速度，即阀的结构尺寸要与泵的结构尺寸和性能参数相对应，保证阀隙流速不要过大。

②控制泵的冲次，对于阀盘或阀座上有橡皮垫的锥阀，按照无冲击条件 $h_{max}n \leqslant 800 \sim 1000$，确定泵的冲次 n，单位为 min^{-1}，h_{max}是泵阀的最大升距，单位为 mm。

③阀体和阀座采用优质合金钢 40Cr、40CrNi2MoA 等整体锻造，经表面或整体淬火，表面硬度达 HRC60～62，橡胶圈由丁氰橡胶或聚氨酯等制成。

④保证正常的吸入条件，首先要满足最低吸入压力大于液体的汽化压力。其次，吸入系统不应吸入空气或其他气体，吸入的液体应尽可能少含气体。若不能保证正常吸入条件，则阀将极易损坏，特别是吸入阀。

⑤净化工作液体，液体中若含有磨砺性的固体颗粒，极易损坏泵阀和阀座的密封面，造成泵阀的失效，因此，往复泵工作时应尽量保证液体的清洁。

此外，阀箱虽然不是易损件，但在高压液体的交变作用下，容易发生裂纹，导致破坏。因此，全部采用整体优质钢 30CrMo 等锻件，调质处理。在圆孔相贯处采用平滑圆弧过渡，降低集中应力；在阀箱内腔采用喷丸或高压强化处理，或进行镍磷镀，能较好地解决阀箱开裂等问题。

4. 空气包

空气包有排出和吸入之分，一般为预压式。其结构方案如图 4－22 所示。其中（a)、(b) 为球形橡胶气囊预压式，1 为气室，2 为外壳；(c)、(d)、(e) 为圆筒形橡胶气囊预压式，1 为气室，2 为外壳，3 为多孔衬管；(f) 的气室 5 为金属波纹管，2 为外壳；(g) 的气室 1 与下液腔用金属活塞环 4 隔开。当输送液体温度高于橡胶的允许温度时，采用 (f)、(g) 方案。

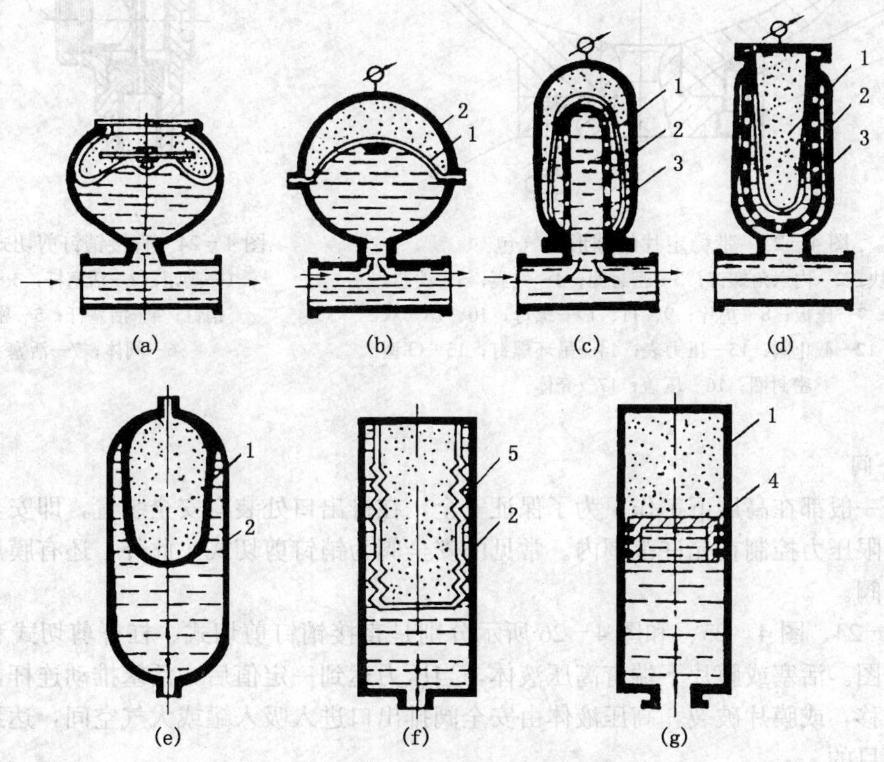

图 4－22 预压式空气包结构方案

(a) (b) 球形橡胶气囊预压式；(c)，(d)，(e) 圆筒形橡胶气囊预压式；(f)，(g) 矩形橡胶气囊预压式；

1—气室；2—外壳；3—多孔衬管；4—金属活塞环；5—金属波纹管

空气包气囊内一般充以惰性气体，如氮气或空气，充气预压由泵的工作压力而定。对于钻井排出空气包，充气压力一般为 4～7MPa。排出空气包安装在排出口附近，吸入空气包安装在泵的吸入口附近。空气包结构形式很多，如图 4－23 所示是钻井泵中常用的一种排出空气包。

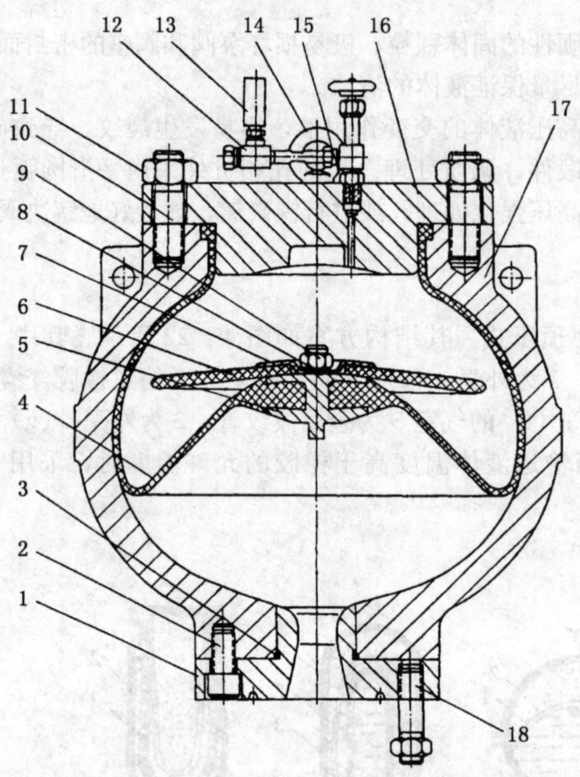

图 4－23　带稳定片的球形空气包

1—间隔块；2—内六角螺钉；3—密封圈；4—气囊；5—铁芯；6—胶板；7—压板；8—垫片；9、11、19—螺母；10、18—双头螺栓；12—截止阀；13—压力表；14—吊环螺钉；15—O 型密封圈；16—压盖；17—壳体

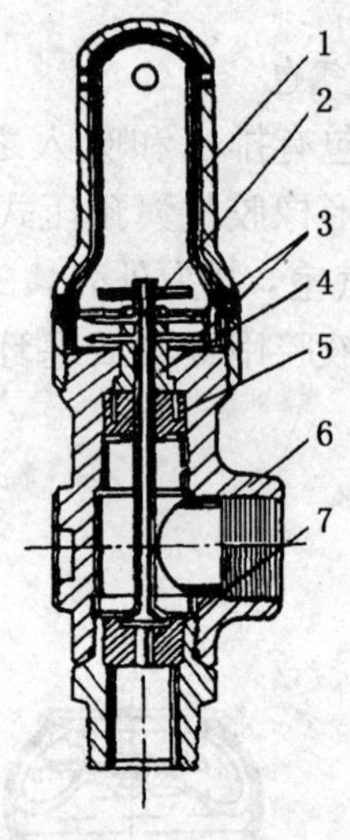

图 4－24　直接销钉剪切式安全阀

1—阀帽；2—活塞杆；3—安全销钉；4—活塞杆；5—密封；6—阀体；7—活塞

5. 安全阀

往复泵一般都在高压下工作，为了保证安全，在排出口处装有安全装置，即安全阀，以便将泵的极限压力控制在允许范围内。常见的安全阀为销钉剪切式，此外，还有膜片式和弹簧式等安全阀。

如图 4－24、图 4－25、和图 4－26 所示分别是直接销钉剪切式、杠杆剪切式和膜片式安全阀结构图。活塞或膜片下端有高压液体，当压力达到一定值后，活塞推动连杆，切断销钉，活塞上移，或膜片破裂，高压液体由安全阀排出口进入吸入罐或大气空间，达到泄压以保证安全的目的。

杠杆剪切式安全阀只需要同一种材料和同一截面的销钉，对于不同压力的规定值，改变安全阀销钉的位置即可；销钉距离力的作用点越远，承受的压力就越高。

直接销钉剪切式安全阀结构简单，拆卸容易，但安全销钉的材料、尺寸及加工工艺必须恰当，还要防止安全阀的活塞和导杆在缸套内锈蚀，否则灵敏度将降低，不能准确地控制排出压力；当安全阀打开后，不需要停泵，更换安全阀。

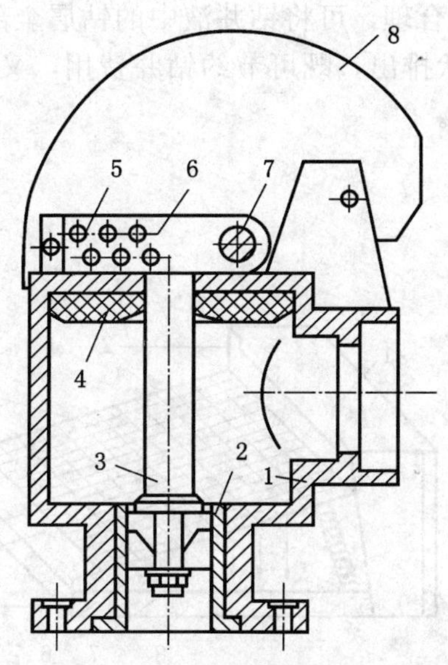

图 4-25　杠杆剪切式安全阀

1—阀体；2—衬套；3—阀杆阀芯总成；4—缓冲垫；5—剪切销钉；6—剪切杠杆；7—销轴；8—护罩

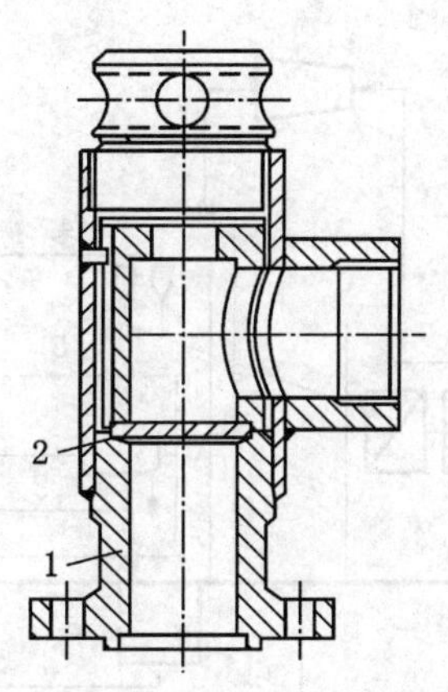

图 4-26　膜片式安全阀

1—阀体；2—膜片

第六节　钻井液净化设备

搞好钻井液净化工作对提高钻头进尺、提高钻速、减少钻井泵缸套等配件的磨损和防止卡钻等都具有十分重要的作用。实践证明：使用旧式振动筛只能将含砂量降到2%～3%，使用高频振动筛可以降到1%左右，而采用除砂器、除泥器、除气器和高频振动筛则可把含砂量降到0.5%以下。因此，良好的泥浆净化不仅可以提高钻井速度、保证井下安全、降低钻井泵易损件的消耗，而且在改善钻井工人的工作条件、避免人工捞砂的繁重体力劳动，降低钻井成本、使下套管、电测畅通无阻等方面都具有十分重要意义。

一、钻井液净化系统

目前使用的钻井液净化装置，主要是两级净化和三级净化处理系统。两级钻井液净化处理的流程如图 4-27 所示，自井口返出的泥浆先经过振动筛的预处理，除去颗粒较大的岩屑，再用砂泵送入旋流分离器（除砂器）进行除砂处理。三级净化处理是钻井液自除砂器流出后，再送入小尺寸的旋流分离器（除泥器），分离出更小的固体颗粒。

完备的钻井液净化装置一般由钻井液振动筛、旋流除砂器、旋流除泥器、离心分离机和除气器等组成。

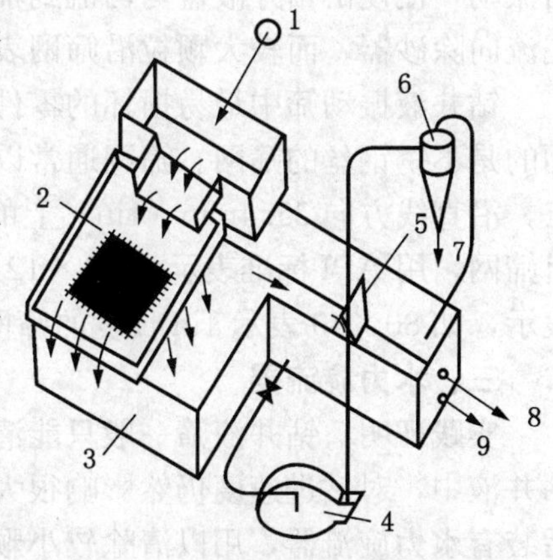

图 4-27　两级钻井液净化处理流程示意图

1—井口；2—高频振动筛；3—钻井液座罐；4—砂泵；5—溢流隔板；6—旋流除砂器；7—排砂；8—净化钻井液至泵房；9—排污口

近年来，不少钻机已将全套净化装置组成一个整体封闭式系统，装在一个带撬座的大罐上，由于设备先进、齐全，泵、管线、罐等与各设备之间的相对位置布置合理，可将钻井液中的钻屑全部清除，水耗仅为常规净化系统的10%，钻屑几乎可以干粒状排出，既可节约钻井费用，又能防止对环境的污染。整体封闭式系统流程如图4－28所示。

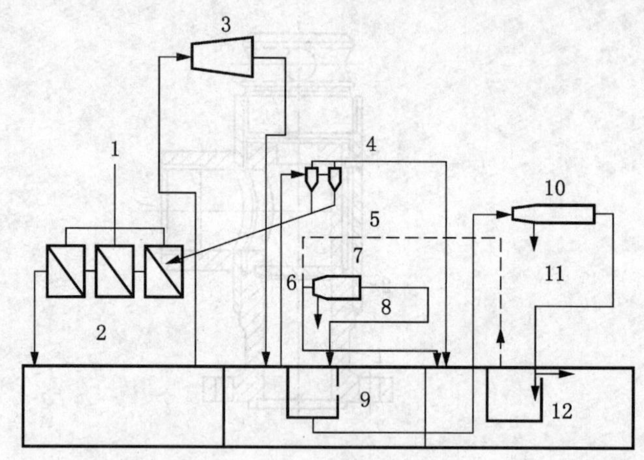

图4－28　整体封闭式净化系统流程图

1—井口返出钻井液；2—双层振动筛；3—除气器；4—钻井液清洁器；5—稀释；6—进浆；7—标准离心机；8—重晶石；9—储罐；10—高速离心机；11—废弃固相；12—吸入罐

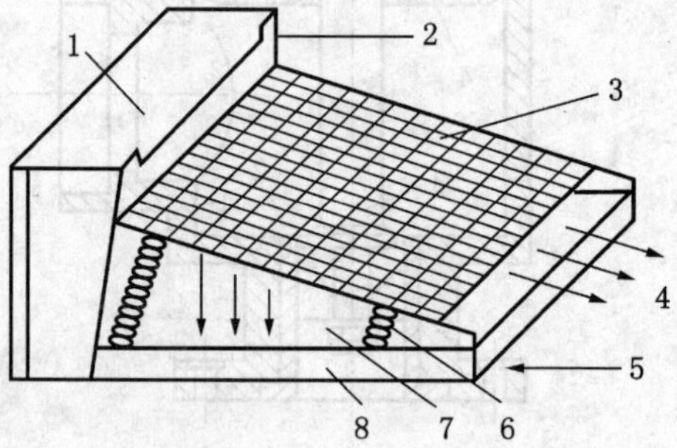

图4－29　钻井液振动筛示意图

1—钻井液进口；2—钻井液盒；3—筛网；4—筛除粗固相颗粒；5—底座；6—隔振元件；7—筛箱；8—液体和细固相颗粒

二、钻井液振动筛

钻井液振动筛是固控系统中的关键设备，自井筒中返回的钻井液首先进入钻井液振动筛中，清除掉较大的固体颗粒。石油矿场中使用的多为单轴惯性振动筛，主要由筛箱、筛网、隔振弹簧及激振器等组成，其示意图如图4－29所示。由主轴、轴承和偏心块等构成的激振器，旋转时产生周期性的惯性力，迫使筛箱、筛网、弹簧等部件在底座上作简谐振动或准简谐振动，促使由钻井液盒均匀流到筛网表面的钻井液固相分离，即液体和较小颗粒通过筛网孔流向除砂器，而较大颗粒沿筛网表面移向砂槽。

钻井液振动筛中最易损坏的零件是筛网。一般有钢丝筛网、塑料筛网、带孔筛板等，常用的是不锈钢丝的筛网。筛网通常以“目”表示其规格，它表示以任何一根钢丝的中心为起点，沿直线方向25.4mm（1in）上的筛网数目。例如某方形孔筛网每in有12孔，称作12目筛网，用API标准表示为12×12。对于矩形孔筛网，一般也以单位长度（in）上的孔数表示，如80×40表示1in长度的筛网上，一边有80孔，另一边为40孔。

三、水力旋流器

实践证明：钻井液筛一般只能清除25%左右的固相量，74μm以下的细微颗粒仍然留在钻井液中，对钻进速度仍然影响很大。为了进一步改善钻井液性能，一般在钻井液振动筛之后装有水力旋流器，用以清除较小颗粒的固相。水力旋流器分为除砂器和除泥器两种，结构和工作原理完全相同。除砂器的锥筒内径一般为6～12in，能清除大于70μm和约50%的大于45μm的细纱颗粒。除泥器的锥筒内径一般为2～5in，能清除大于40μm和约50%大于15μm的泥质颗粒。（锥筒内径是指锥筒圆柱体部分的内径，也称为工作内径）

水力旋流器的结构原理如图4－30和图4－31所示，其上部呈圆筒形，形成进口腔，侧

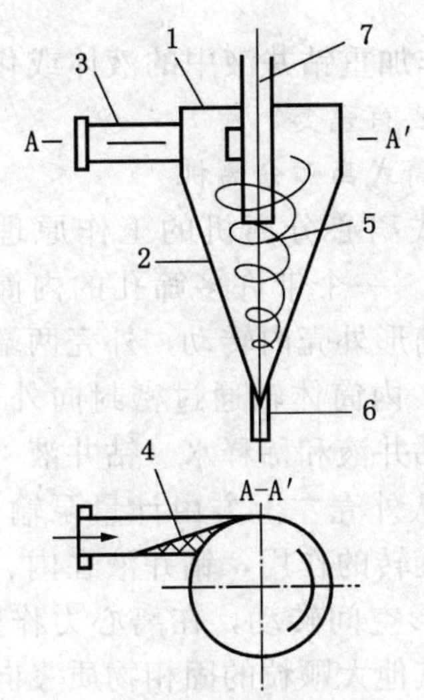

图 4－30　水力旋流器工作原理图
1—旋流器；2—锥形壳体；3—进液管；4—导向块；5—液流螺旋上升；6—排砂口；7—排液管

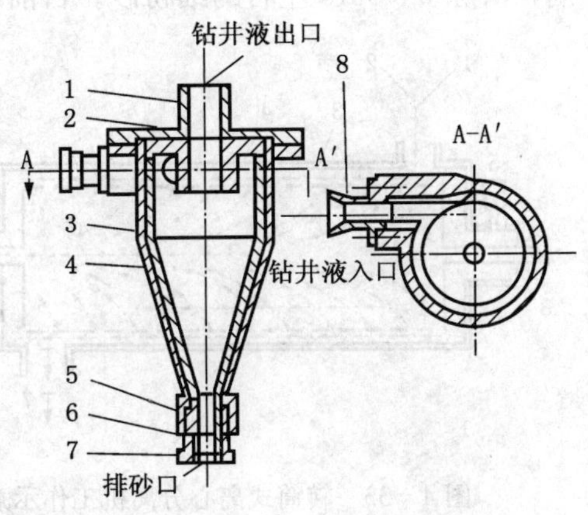

图 4－31　水力旋流器结构
1—盖；2—衬盖；3—壳体；4—衬套；5—橡胶囊；6—压圈；7—腰形法兰

部有一切向进口管，由砂泵输送来的钻井液沿切线方向进入腔内。顶部中心有涡流导管，处理后的钻井液由此溢出。壳体下部呈圆锥形，锥角一般为 15°～20°，底部为排砂口，排出固相。

水力旋流器与一般分离机械不同，它没有运动部件，是利用钻井液中固、液相各颗粒所受的离心力大小进行分离。根据动力学原理，切向进入一定压力的钻井液，在旋流器内腔旋转时所产生的离心力为 $C=Mv_t^2/r$。式中 M 为固、液相颗粒的质量，v_t 为切向速度，r 为旋转半径。因此，质量较大的固相颗粒受到较大的离心力，足以克服钻井液的摩擦阻力，被甩到旋流器的内壁上，并靠重力作用向下旋流，由排砂口排出；而质量小的固相颗粒及轻质钻井液则螺旋上升，经溢流管输出。

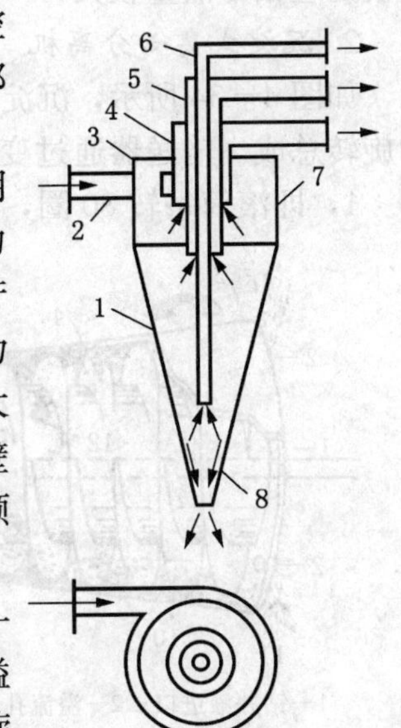

图 4－32　高效能水力旋流器
1—锥体；2—进液管；3—压盖；4～6—溢流管；7—短圆筒；8—底流口

目前，现场使用的水力旋流器多属于惯性型。另外，还有一种高效水力旋流器，如图4－32所示。它的独特之处是有三根溢流管，当钻井液进入时，重而大的固相颗粒被甩向筒壁，并螺旋下降，经排砂口排出；而轻质部分则从各溢流管溢出，不再形成螺旋上升的轻质液柱，消除了空气柱，减少了内部的水力损失，从而提高了钻井液处理量及液体的净化程度。

水力旋流器分离出固相颗粒的粒径越小，则分离能力越大，它与旋流器的尺寸、进浆压力、钻井液粘度及固相颗粒的分布等有关。由于钻井液中固相颗粒以高速撞击旋流器内壁，并沿内壁快速旋转下落，往往导致旋流器内壁很快磨损、破坏。

四、离心分离机

离心分离机主要用于回收加重钻井液中的重晶石，及非加重钻井液中的液体或化学药剂，清除0～8μm左右的细粉砂。目前现场使用的离心机主要有三类。

1. 转筒式离心分离机

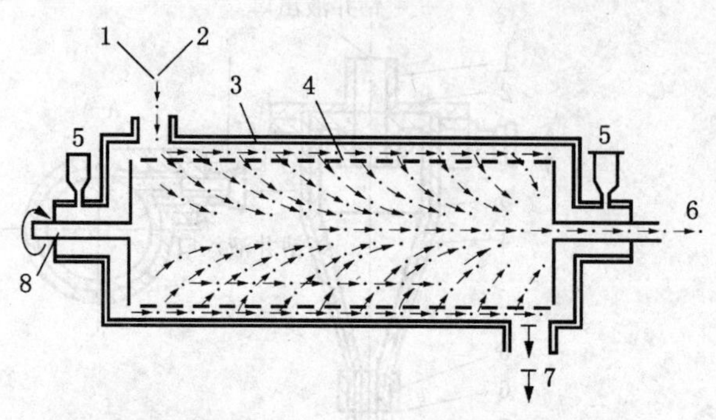

图4－33　转筒式离心分离机工作示意图

1—钻井液；2—稀释水；3—固定外壳；4—筛筒转子；5—润滑器；6—轻质钻井液；7—重晶石回收；8—驱动轴

转筒式离心分离机的工作原理如图4－33所示。一个带许多筛孔的内筒体在固定的圆筒形外壳内转动，外壳两端装有液力密封，内筒体轴通过密封向外伸出。待处理的钻井液和稀释水（钻井液：水＝1：0.7）从外壳左上方由计量泵输入后，由于内筒旋转的作用，钻井液在内、外筒之间的环形空间转动，在离心力作用下，重晶石和其他大颗粒的固相物质飞向外筒内壁，通过一种专门的可调节的阻流嘴排出，或由以一定速度运转的底流泵将飞向外筒内壁的重质钻井液从底流管中抽吸出来，予以回收。调节阻流嘴开度或泵速可以调节底流的流量。而轻质钻井液则慢速下沉，经过内筒的筛孔进入内筒体，由空心轴排出。这种分离机处理钻井液量较大，一般可回收重晶石82％～96％。

2. 沉淀式离心分离机

如图4－34所示，沉淀式离心分离机的核心部件是由锥形滚筒、输送器和变速器所组成的旋转总成。输送器通过变速器与锥形滚筒相连，二者转速不同。多数变速器的变速比为80：1，即滚筒每转80圈，输送器转一圈，因此，若滚筒转速为1800r/min，输送器的转速

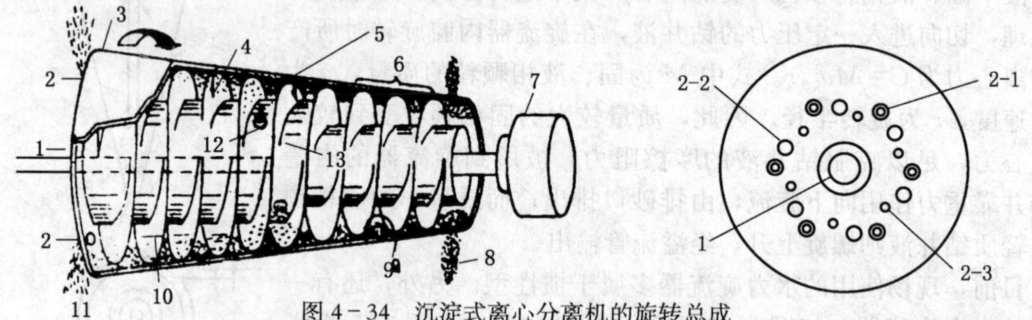

图4－34　沉淀式离心分离机的旋转总成

1—钻井液进口；2—溢流孔；3—锥形滚筒；4—叶片；5—螺旋输送器；6—干湿区过渡带；7—变速器；8—固相排出口；9—泥饼；10—调节溢流孔可控制液面；11—胶体—液体排出；12—进浆孔；13—进浆室；2—1—浅液层孔；2—2—中等液层孔；2—3—深层液孔

是22.5r/min。其分离原理是：待处理的加重钻井液用水稀释后，通过空心轴中间的一根固定输入管、输送器上的进浆孔，进入由锥形滚筒和输送器涡形叶片所形成的分离室，并被加速到与输送器或滚筒大致相同的转速，在滚筒内形成一个液层。调节溢流口的开度可以改变液层厚度。在离心力的作用下，重晶石和大颗粒的固相被甩向滚筒内壁，形成固相层，由螺旋输送器铲掉，并输送到锥形滚筒处的干湿区过渡带，其中大部分液体被挤出，基本上以固相通过滚筒小头的底流口排出，而自由液体和悬浮的细固相则流向滚筒的大头，通过溢流孔排出。

离心机滚筒有圆锥形和圆锥—圆柱形两种，其输送器有双头和单头螺旋的，如图 4－35 所示。在结构和尺寸一定时，离心机的分离效果与沉降时间、离心力和进口钻井液量等因素有关。而沉降时间又取决于滚筒的大小、形状及液层厚度。钻井液在离心机中的时间通常是 30～50s，时间越长，进口量越小，分离效果越好。

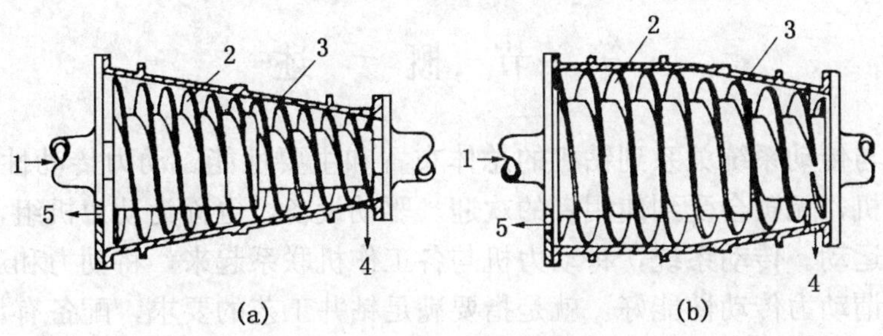

图 4－35　沉降式离心分离机旋转体结构

(a) 离心圆锥筒和螺旋输送器；(b) 离心圆锥—圆柱筒螺旋输送器

1—进浆口；2—输送器叶片；3—滚筒；4—固相底流；5—液相溢流

3. 水力涡轮式分离机

水力涡轮式分离机结构如图 4－36 所示。待处理的钻井液和稀释水经漏斗，流入装有若干个筛孔涡轮的涡轮室；当涡轮旋转时，大颗粒的固相携同一部分液体被甩向涡轮室的周壁，并穿过其上的孔眼进入清砂室，聚积到底部；在离心压头的作用下，这一部分浓稠的钻井液再经短管进入旋流器；通过旋流分离，加重剂等从回收出口排出，而轻质钻井液则通过管线返入涡轮室；与此同时，涡轮室内的轻质钻井液，则通过涡轮上的筛孔、上底孔板的孔及短管排出。

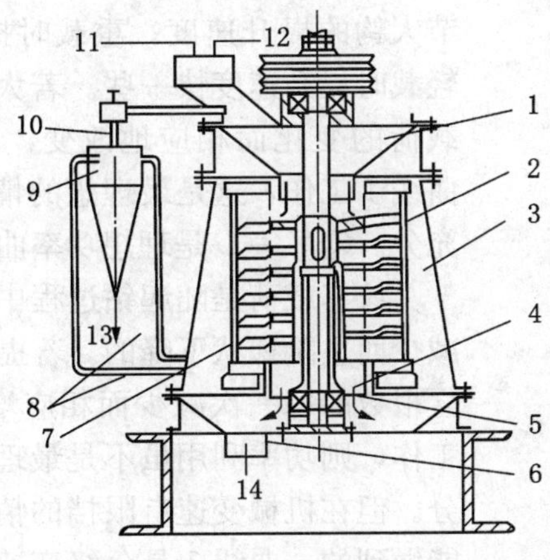

图 4－36　水力涡轮式分离机

1—漏斗；2—涡轮室；3—清砂室；4—稀浆腔室；5—上底孔板；

6、8—短管；7—涡轮室周壁孔眼；9—旋流器；10—管线；11—钻井液；

12—稀释水；13—回收加重剂；14—稀浆

第五章 钻机的驱动与传动系统

第一节 概 述

钻机的动力与传动系统关系到钻机的总体布置和主要性能。动力传动性好、结构先进、安全而简单的钻机，无疑会受到使用者的欢迎。驱动设备，也称为动力机组，为工作机提供所需要的动力和运动。传动系统，将动力机与各工作机联系起来，将动力和运动传递并分配给各工作机。所谓动力传动性能好，就是指要满足钻井工艺的要求，配备有足够的功率，并且能充分发挥功率的效能；要满足起下钻操作快和快速钻进的要求；要能提供合适的钻井泵的排量和高泵压，满足洗井以及喷射钻井的要求。复杂的钻井条件经常要求工作机组变速度、变转矩，所以足够大的功率、较高的效率、能够变速和变转矩是对动力和传动系统的基本要求。此外，钻机驱动与传动系统还必须使用可靠、维修简单、操作灵敏、重量轻、移运方便，并具有良好的经济性。

钻机驱动设备类型的选择和传动系统的设计，必须满足钻井过程中各工作机对驱动特性及运动关系的要求。

一、工作机组对驱动与传动系统的要求

1. 绞车

图 5-1 为大钩提升载荷 Q_h 与提升速度 V 的关系曲线。

钻井绞车的工作特点是载荷大，而且载荷变化也大。在同一挡中载荷随立根变化而变化，每起一个立根，载荷变化一次。因而要求驱动传动系统随大钩载荷的不断变化，能够调节大钩的提升速度。重载时提升速度慢一些，轻载时提升速度快一些。若大钩提升速度能随载荷的变化而相应地改变，即沿图 5-1 中，曲线 1 工作，这是最理想的情况，功率利用最充分。$Q_hV=C$ 是理想功率曲线。

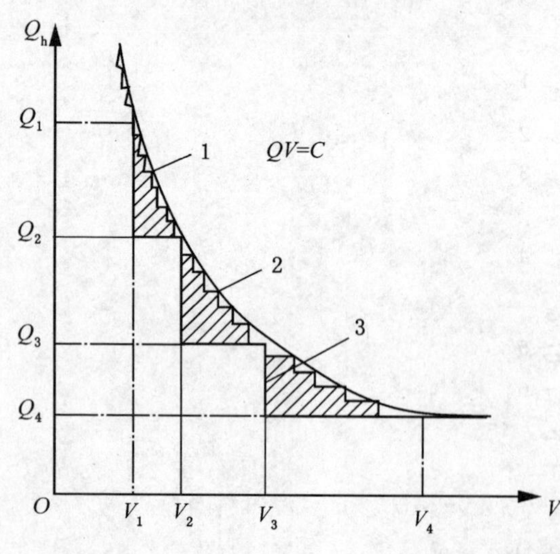

图 5-1 大钩提升载荷与提升速度的关系曲线
1—理想功率曲线；2—有限挡功率曲线；3—无限挡功率曲线

绞车载荷是随起钻过程中立根数目的逐一减少而呈阶梯状下降的。若提升速度 V 也能随立根数的每一次减少而相应增加，即沿曲线 2 工作，则功率利用虽不是最理想的，但也很充分。但在机械变速有限挡的情况下，这是不可能做到的。曲线 3 是分级变速时的曲线，可见功率利用不充分，阴影三角面积是未被利用的功率。

按绞车的工作特点，对动力机组提出的要求是：

（1）能无级变速，以充分利用功率，速度

调节范围 $R=\frac{V_{max}}{V_{min}}=5\sim10$。

（2）具有短期过载能力，以克服启动动载、振动冲击和轻度卡钻。

（3）绞车启、停操作频繁，要求动力传动系统有良好的启动性能和灵敏、可靠的控制离合装置。

综上所述，绞车需要的是具有恒功率调节、能无级变速并具有良好启动性能的柔性驱动。

2. 转盘

在钻井过程中，随着钻井深度的变化和岩层的变化，转盘载荷也在不断地变化，这就需要及时地改变钻压和转速。因此，钻井工作要求转盘：

（1）转速调节范围 $R=5\sim10$。

（2）能倒转、微调转速，满足处理事故的要求。

（3）有限制扭矩的装置，防止过载而扭断钻杆。

转盘配备的功率是一定的，应具有恒功率调节、无级变速的柔性驱动、能充分利用功率，但钻井工艺有时要求恒转矩调节。

3. 钻井泵

钻井泵的泵压随钻井深度的增加而增加。在一定的缸套直径下，达到允许的最大泵压后，若继续加深钻井，必须采用降低速度（冲数）的方法调节排量，以保持泵压不超过极限。

钻井泵一般都在额定冲次附近工作，负载的波动幅度也不大，因此对驱动系统的要求比绞车、转盘低。主要的要求是：速度调节范围 $R=1.3\sim1.5$，以充分利用功率；允许短期过载，以克服可能出现的憋泵。

二、典型驱动方案

钻机的驱动方案大致可以分为单独驱动、统一驱动和分组驱动三种。

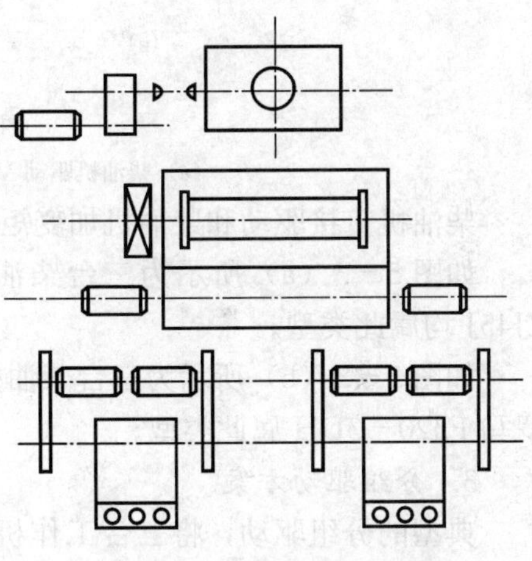

图 5－2 单独驱动示意图

1. 单独驱动方案

转盘、绞车、钻井泵三大工作机组，各由不同的动力机一对一或二对一地进行驱动，电驱动钻机大都采用如图 5－2 所示的单独驱动方案。单独驱动的传动系统简单、效率高、安装方便；工作机之间无机械形式的联系，总体布置灵活性大，但装机功率利用率低，动力机组间动力不能互济。

2. 统一驱动方案

这种方案是转盘、绞车、钻井泵三工作机由 2～4 台动力机并车统一驱动。

统一驱动的优点是：装机功率利用率高，不管是起下钻或是钻进，整个动力机组都可以同时进行工作；安全可靠性强，其中任一台动力机的动力可通过并车机构传递给每一台工作机组，若某一台动力机有故障时，动力可以互济。

统一驱动的缺点是：传动系统复杂、路线长、传动效率低；工作机组间的干扰大；安装找正困难。

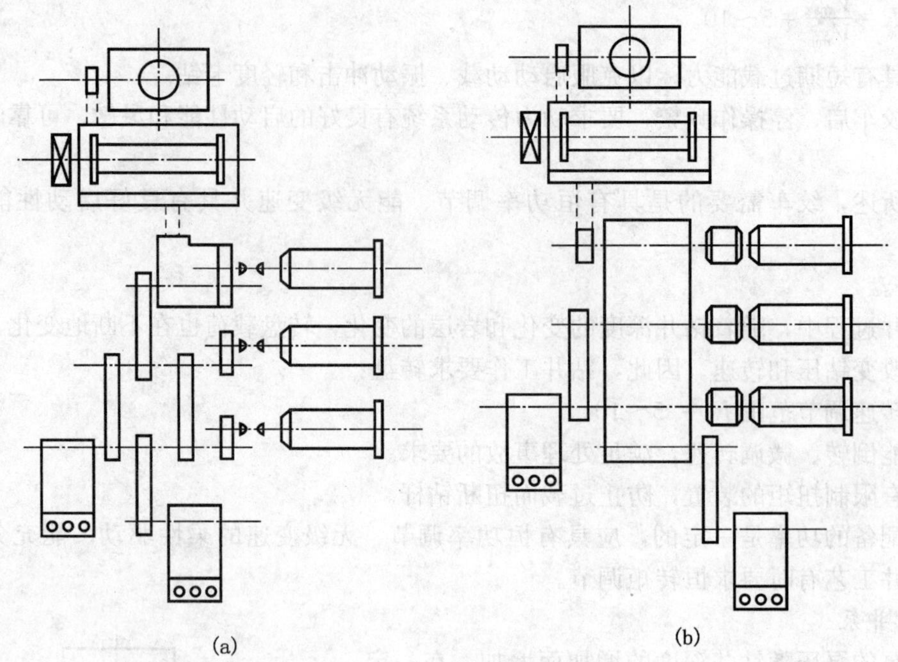

图 5-3　统一驱动示意图

(a) 柴油机驱动 V 带并车；(b) 柴油机—液力驱动链条并车

柴油机直接驱动和柴油机加变矩器驱动广泛采用统一驱动方案。

如图 5-3（a）所示为三台柴油机由 V 带并车统一驱动，国产 V 带钻机，如 ZJ32J、ZJ45J 均属此类型。

如图 5-3（b）所示为三台柴油机加变矩器由链条并车统一驱动，如国产 ZJ40L 钻机、罗马 F320-3DH 属此类型。

3. 分组驱动方案

典型的分组驱动，将三台工作机分成两组，绞车、转盘两个工作机由同一动力机组驱动，钻井泵由另一动力机组驱动，也称为二分组驱动。

分组驱动的特点是兼有单独驱动传动简单、安装方便和统一驱动装机功率利用率高的优点，现代深井钻机采用 7～9m 高钻台，分组驱动可实现转盘、辅助绞车（猫头轴）在钻台上，而主绞车不上钻台的方案。能满足从式井钻机对工作机平面布置的要求，转盘、绞车在钻台上可随钻台一起做纵横方向的移动，而钻井泵组不必移动。

三、驱动设备的特性指标

各类动力机有一些共同的技术经济指标，可用来评价它们的动力性和经济性。

1. 适应性系数 K

$$K = \frac{M_{max}}{M_e} \tag{5-1}$$

式中　M_{max}——发动机稳定工作状态时的最大扭矩；

M_e——发动机额定（标定）功率时的扭矩。

K 值的大小表明了动力机适应外载变化的能力。K 值越大，表明动力机抗过载能力越强。

2. 速度范围 R

$$R=\frac{n_{\max}}{n_{\min}} \tag{5-2}$$

式中 $n_{\max}$——动力机最高稳定工作转速；

$n_{\min}$——动力机最低稳定工作转速。

R 值越大，表明速度调节范围越宽。通常所说的柔特性，即指 K 值大、R 值大，随外载增加（或减少）而能自动增矩减速（或减矩增速）的范围宽。

3. 燃料（能源）的经济性

指的是提供同样的功率时所消耗的燃料。柴油机、燃汽轮机，以耗油率来表征；电动机则以耗电量、功率因数来表征。

4. 发动机比质量

发动机比质量，即每单位功率（kW）的质量，用 K_G 表示。

$$K_G=\frac{G}{N_e} \tag{5-3}$$

式中 G——发动机（包括必备的附件）的质量；

N_e——额定功率。

5. 使用经济性

除特殊指明的燃料经济性之外，使用经济性还包括：对工作地区的适应性、启动性能、控制操作的灵敏程度、工作的可靠性、安全性、持久性及维护保养的难易程度等。

四、钻机驱动与传动类型

按照钻机采用的动力设备不同，分为机械驱动、电驱动和复合驱动三大类。

机械驱动以柴油机为动力机，统一驱动转盘、绞车、钻井泵三大工作机组；电驱动以直流或交流电动机为动力机，单独驱动转盘、绞车、钻井泵三大工作机组；复合驱动是根据绞车、转盘和钻井泵的工作特点和性能要求，以柴油机和电动机为动力机，分组驱动不同的工作机。

1. 机械驱动

机械驱动依据驱动机组驱动特性的不同，分为柴油机驱动机械传动和柴油机—液力驱动机械传动两种。

（1）柴油机驱动机械传动：以 2～4 台柴油机为动力，经 V 带、齿轮、链条、万向轴等机械传动元件的多种形式的组合，实现并车、减速增矩、换向、倒车，以驱动绞车、转盘和钻井泵。由于柴油机本身的特性及机械传动的硬特性，工作机只能得到有限挡的有限调速。

（2）柴油机—液力驱动机械传动：以柴油机为动力，柴油机首先与液力变矩器（或偶合器）组合，组成柴油机—液力驱动机组，再经 V 带、齿轮、链条、万向轴等机械传动元件的多种形式的组合，实现并车、减速增矩、换向、倒车，以驱动绞车、转盘和钻井泵。由于液力变矩器能变速、变矩，属柔性传动。

2. 电驱动

电驱动钻机常用的形式有两种：

（1）可控硅直流电驱动（AC—SCR—DC）：可控硅直流电驱动是柴油机驱动交流发电机，发电机发出的交流电通过可控硅整流器（简称为 SCR），将交流电变换为可控的直流电，控制直流电动机，由直流电动机驱动绞车、转盘及钻井泵等。

（2）交流变频电驱动（AC—VFD—AC）：交流变频电驱动系统是柴油机驱动交流发电机，发电机发出的交流电通过变频器（简称为VFD），将交流电变换为可大范围调整频率的交流电，控制交流变频电动机，驱动绞车、转盘及钻井泵等。

3. 复合驱动

复合驱动可根据转盘、绞车、钻井泵三大工作机组的工作特点和性能要求，灵活选用相适应的动力驱动方式，以最经济的动力配置，获得最佳的工作性能。

复合驱动主要有两种形式：机电复合驱动和交直流电复合驱动。

（1）机电复合驱动：机电复合驱动主要有两种形式：一种是采用柴油机加偶合器驱动钻井泵和绞车，同时带动1台交流发电机，交流发电机发出的交流电通过变频器，控制交流变频电动机驱动转盘；另一种是采用柴油机驱动交流发电机，发电机发出的交流电通过变频器，控制交流变频电动机驱动绞车和转盘，钻井泵为独立机泵组采用机械驱动。

（2）交直流电复合驱动：交直流电复合驱动是采用柴油机驱动交流发电机，发电机发出的交流电一路通过变频器，控制交流变频电动机驱动绞车和转盘，另一路通过可控硅整流器，将交流电变换为可控的直流电，控制直流电动机，由直流电动机驱动钻井泵。

第二节　柴油机驱动—机械传动

柴油机驱动—机械传动钻机是指以柴油机为动力，通过液力变矩器、链条、齿轮、V带等不同组合的传动形式驱动的钻机。依据主传动副的类型，可分为齿轮钻机、V带钻机和链条钻机。

一、柴油机的类型与特性

1. 柴油机驱动特点

柴油机被广泛用作钻井设备的动力机。其主要特点是：

（1）不受地区限制，具有自持能力。无论寒带、热带、高原、山地、平原、沙漠、沼泽、海洋，只要自带燃料都可以工作，这对勘探和开发新油田是非常重要的。

（2）产品系列化后不同级别的钻机可采用所谓“积木式”，即采用增加相同类型机组数目的方法，增加总装机功率，从而减少柴油机品种。

（3）在性能上，转速可平稳调节，能防止工作机过载，避免出现设备事故。装上全制式调速器，油门手柄处于不同位置时，即可得到不同的稳定工作转速。当外载增加超过M_{max}时，柴油机便越过稳定工作点而灭火，不致造成传动机构或工作机因过载而损坏。

（4）结构紧凑、体积小、重量轻、便于搬迁运移，适于野外流动作业。

（5）作为钻机动力机，它的不足之处是，适应性系数小（1.05～1.15）、过载能力有限、转速调节范围窄（1.3～1.8）、驱动传动效率低、燃料成本高等。

2. 柴油机的特性

柴油机的特性包括外特性、负荷特性和调速特性。

1）外特性

油泵齿条固定于供油量最大位置时，性能参数N_e、M_e、g_e、G_e随n变化的规律就是外特性。外特性是正确选择及合理使用发动机的基础。图5-4为Z12V190B型柴油机的外特性曲线。

曲线定量地标明了不同转速下的N_e、M_e、g_e、G_e的值。标明了最大功率N_{max}、最大扭

矩 M_{max} 及最大功率时的扭矩 M_e、最小耗油量 g_{min} 及相应的经济转速，可确定适应性系数 K 和合理的工作转速范围。

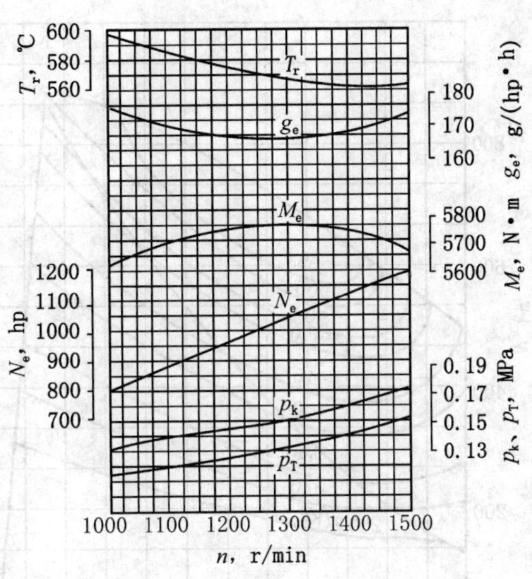

图 5－4　Z12V190B 型柴油机外特性

2）负荷特性

定转速下油耗 g_e 随功率 N_e 而变化的规律，称负荷特性。图 5－5 是 Z12V190B 型柴油机负荷特性曲线。

依据负荷特性，可确定动力机在定转速下工作时的经济负荷就是耗油率最小的功率范围。由坐标原点引射线与 g_e 曲线相切，切点所对应的功率即为最经济的功率，因为该点 N_e 与 g_e 的比值最大。

3）调速特性

油门手柄固定，油泵齿条由调速器自动控制时，N_e、M_e 与转速 n 的关系，称为调速特性，如图 5－6 所示。

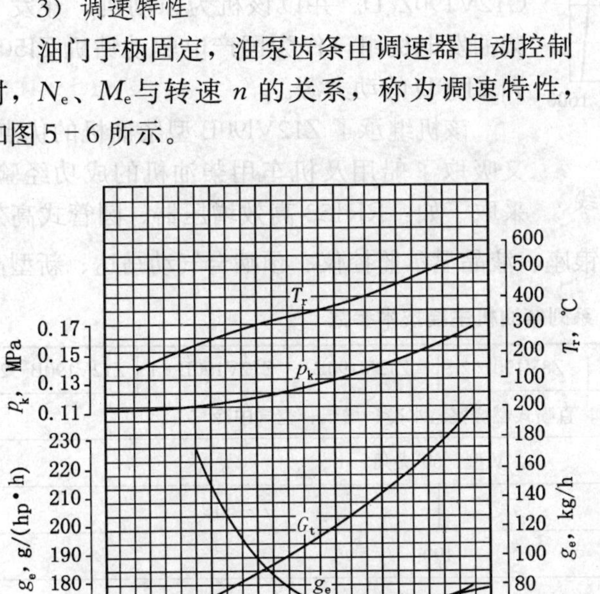

图 5－5　Z12V190B 型柴油机负荷特性

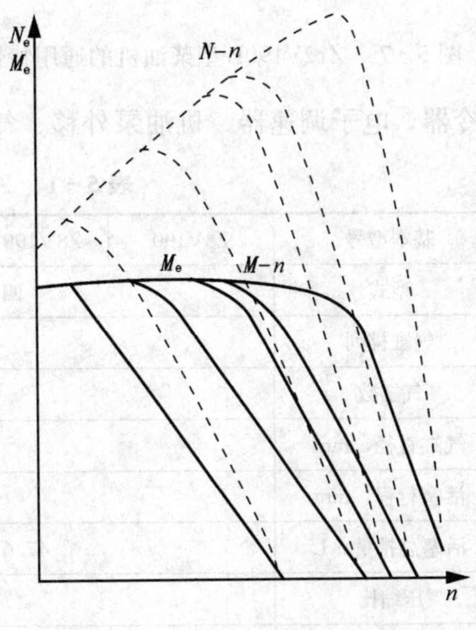

图 5－6　柴油机的调速特性

由调速特性知：装有全制式调速器的柴油机，负荷可以在很大范围内变化，而转速则可维持小于 5％的变化。调节油门手柄位置，可得到一系列形状类似的调速线。

在选择匹配的柴油机和使用柴油机时，都应让它在调速线上工作。若外载超过 M_e 点，发动机将在超负荷工况下运行，动力性和经济性指标都会变坏，这是不利的。

4）通用特性

如图 5－7 所示，是 Z12V190B 型柴油机的通用特性曲线，最内层的等油耗率曲线表明发动机最经济的工作范围。

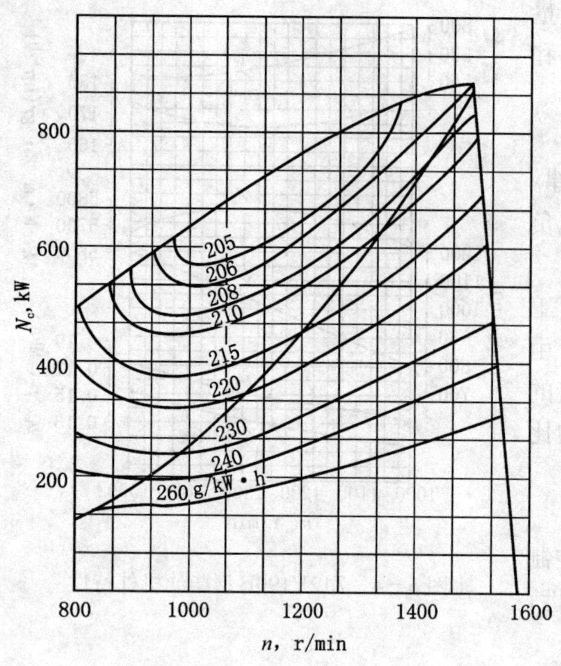

图 5-7　Z12V190B 型柴油机的通用特性曲线

3. 国产 Z190 系列柴油机

济南柴油机厂研制生产的 Z190 系列柴油机包括 Z8V190、Z8V190-1、Z8V190-2 和 Z12V190B、Z12V190B-1、Z12V190B-2 等基本机型及相应的配套机座（即带有风扇、水箱和底座的动力机组，如 PZ12V190B)。Z190 系列柴油机是国产钻机用动力机，也广泛用于发电机组、船舶、内燃机车及工程机械。其技术参数见表 5-1。

4. 电驱钻机用柴油机

为满足电驱钻机对动力设备的需要，济南柴油机厂研制了新型 1000kW 的柴油机——G12V190Z_LD。并以该机为原动机，开发了柴油发电机组，作为国产电驱动钻机 ZJ50D 和 ZJ70D 的动力源。

该机继承了 Z12Vl90B 型柴油机的优点，又吸取了船用及机车用柴油机的成功经验，采取了如：RR153 高效增压器、圆管式高效中冷器，电子调速器、机油泵外移、气门镍座、液晶显示监控仪、预啮合气动马达、新型高

表 5-1　Z190 系列柴油机主要技术参数

基本型号		Z8V190	Z8V190-1	Z8V190-2	Z12V190B	Z12V190B-1	Z12V190B-2
型式		四冲程、直喷式燃烧室、水冷、增压、空气中冷					
气缸排列		V 型、60°夹角					
气缸数		8			12		
气缸直径，mm		190					
活塞行程，mm		210					
活塞总排量，L		47.6			71.5		
压缩比		13.5：1					
额定转速，r/min		1500	1200	1000	1500	1200	1000
空载最低稳定转速，r/min		600					
燃油消耗率 g/（kW・h）		不大于 210					
机油消耗率 g/（kW・h）		不大于 1.63					
标定功率 kW（hp）	12h 功率	588.4（800）	470.7（640）	389.8（530）	882.6（1200）	735.5（1000）	588.4（800）
	持续功率	529.6（720）	426.6（580）	353（480）	794.3（1080）	662（900）	529.6（720）

压水泵、风扇、散热器、自吸式输油泵、新型密封垫材料等 12 项卓有成效的技术改进措施，使柴油机功率提高了 13%。可靠性、调速性、安全性、适应性都得到了进一步的提高，能适应陆地、高原、海洋、沙漠等环境下工作的要求，在技术性能上已达到美国 Cat 公司 3512TA 柴油机的水平。

G12V190Z_LD 型柴油机的负荷特性曲线如图 5-8 所示，主要技术经济指标见表 5-2。

表 5-2 G12V190Z_LD 型柴油机主要经济指标

型号	G12V190Z_LD	3512TA
型式	四冲程、直喷式燃烧室、水冷、涡轮增压、空气中冷	
缸径，mm	190	170
冲程，mm	210	190
转速，r/min	1500	1500
功率，kW	1000	1020
燃油消耗率，g/（kW·h）	209+5%	206～215
机油消耗率，g/（kW·h）	1.6	
排气温度，℃	不大于 630	602～655
稳定调速率，%	0～5 可调	0～5 可调
瞬时调速率，%	5	+5.4 -3.8
稳定时间，s	3	2.4
转速波动度，%	0.5	2.5
外形尺寸，mm	2642×1560×2070	2699×1703×1720
质量，kg	5800	6084

二、V 带钻机

V 带钻机是指采用 V 带作为钻机主传动副，采用 V 带将多台柴油机并车，统一驱动各工作机组及辅助设备，且用 V 带传动驱动钻井泵。

V 带并车传动具有传动柔和、并车容易、制造简单、维护保养方便的优点。早期的 V 带钻机，如大庆 130 型钻机、ZJ45J 型钻机为我国石油工业的发展作出了巨大贡献，但使用中普遍存在传动效率低、燃油消耗高、结构笨重、运移性差、安全性能低等诸多缺点，现已基本淘汰。目前使用的国产 V 带钻机有 ZJ32J 系列钻机和 ZJ50J 系列钻机。

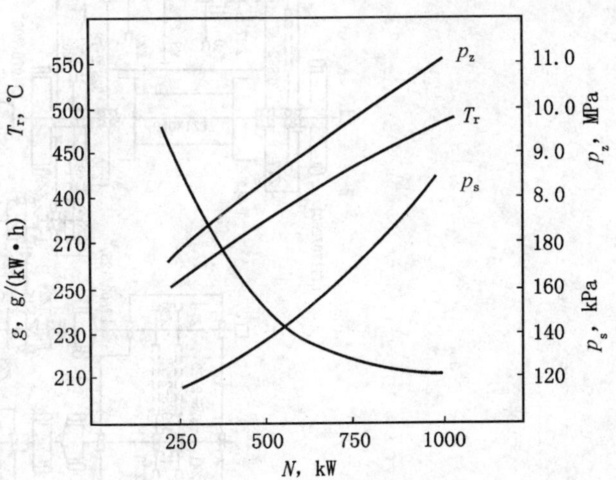

图 5-8 G12V190Z_LD 型柴油机负荷特性

ZJ32J 型钻机是兰州石油机器总厂于 1997 年生产的 V 带并车钻机，其传动系统如图 5-9所示。该钻机采用 3 台 PZ12V190B 柴油机通过 V 带并车驱动 2 台 3NB-1300 钻井泵以及自动压风机，通过链条传动驱动绞车，通过角传动箱、转盘传动箱驱动转盘。

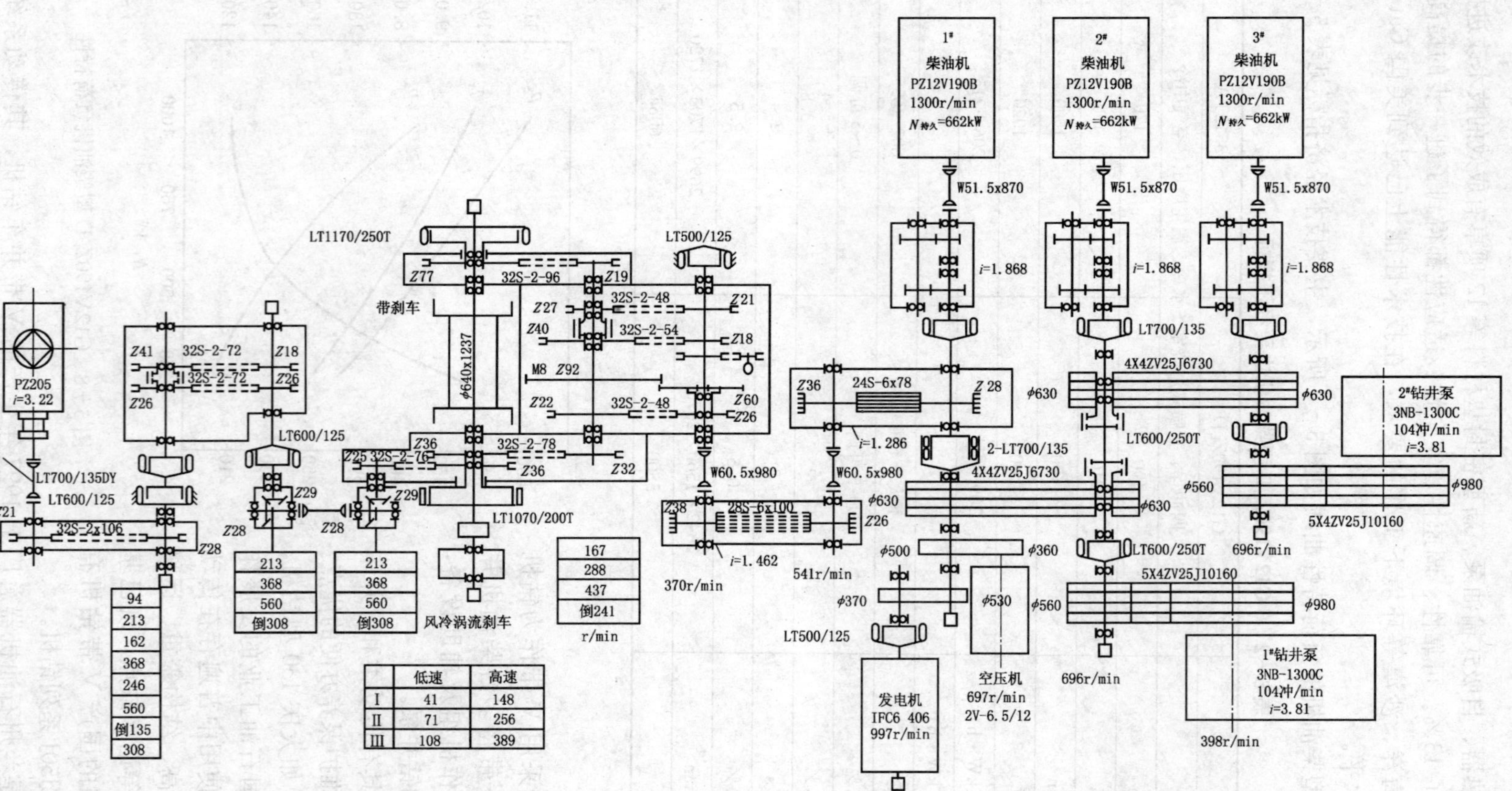

	低速	高速
I	41	148
II	71	256
III	108	389

图5-9 ZJ32J钻机传动系统图

三、齿轮钻机

齿轮钻机采用齿轮为主传动副，配合万向轴驱动绞车和转盘，或采用圆锥齿轮—万向轴并车驱动绞车、转盘和钻井泵。齿轮传动允许线速度高，其体积小、结构紧凑；万向轴结构简单、紧凑、维护保养方便、互换性好。但大功率螺旋齿圆锥齿轮制造困难、质量不易保证、成本高、现场不能修理、更换。因此 20 世纪 80 年代以后，中深井钻机不再采用齿轮而改用链条作为主传动副，不过在 2000m 以下的浅井和车装钻机中，齿轮传动钻机仍具有优越性。

ZJ20B7 型钻机是宝鸡石油机械厂于 1998 年生产的、以齿轮为主传动副的钻机，其传动系统如图 5－10 所示。该钻机采用单独驱动方案，钻机由 1 台 PZ－12V190B 柴油机通过万向轴和变速箱，输出四正挡、一倒挡，变速箱将动力传递给分动箱后，动力分成两路，一路通过万向轴和设在绞车上的直角箱，驱动绞车和与绞车一体的猫头轴总成，另一路通过通风离合器和万向轴，带动设在绞车上的过桥轴，再通过另一根万向轴驱动转盘。分动箱输入轴上设有电动应急装置，由 1 台 55kW 交流电动机驱动少齿差减速器，当柴油机或变速箱发生故障时，可启动电动机，经少齿差减速器减速，驱动分动箱，可活动或提升钻具，防止卡钻。独立机泵组由 1 台 PZ－12V190B 柴油机驱动 1 台 3NB－1000Q 钻井泵。

四、链条钻机

此类钻机采用链条作为主传动副，2～4 台柴油机加变矩器驱动机组，用多排小节距套筒滚子链条并车，统一驱动各工作机组，用 V 带传动驱动钻井泵。

ZJ40/2250L 是柴油机—液力驱动链条钻机，是宝鸡石油机械厂 1999 年研制生产的。作为一种新型的 4000m 陆地机械驱动链条钻机，在动力机选型、并车驱动方式、绞车布置形式、钻井泵功率配备、钻台高度等方面都进行了全新的设计。不仅采用了多项新技术、新结构，而且主要部件多为已定型的同级钻机的通用产品。满足了钻井效率高、使用安全可靠、操作运输方便、安装快捷的要求。

其传动系统如图 5－11 所示，该钻机采用 2 台 PZ12V190B 加 YB900 和 PZ8V190B 加 YB830 柴油机加变矩器组合动力，采用链条并车驱动绞车以及 2 台 3NB－1300 泵，通过角传动箱、转盘传动箱驱动转盘。

第三节　电驱动钻机

在石油钻机上采用电驱动，与传统的机械驱动相比，具有传动效率高；对负载的适应能力强；安装运移性好；处理事故能力及对机具的保护能力强；易于实现对转矩、速度、加减速度及位置的控制；易于实现钻井的自动化和智能化等诸多优越性能。因此，近 20 多年来，获得了迅速的发展。在海洋钻井平台上，几乎全部为电驱动；在陆上，从深井、超深井钻机开始，绝大部分更新为直流电驱动，并已向中深和轻型钻机、修井机发展。近 10 年来，由于电力电子技术的发展，大功率变频器的高频化和集成化，促使交流变频电驱动钻机日益显示出其更胜一筹的性能，交流电驱动必将取代直流电驱动。

电驱动钻机按其发展历程可分为：

(1) 交流电驱动钻机：即交流发电机（或工业电网）—交流发电机驱动（AC—AC）。

(2) 直流电驱动钻机：即直流发电机—直流电动机驱动（DC—DC）。

(3) 可控硅整流直流电驱动钻机：即交流发电机—可控硅整流—直流电动机驱动（AC—SCR—DC）。

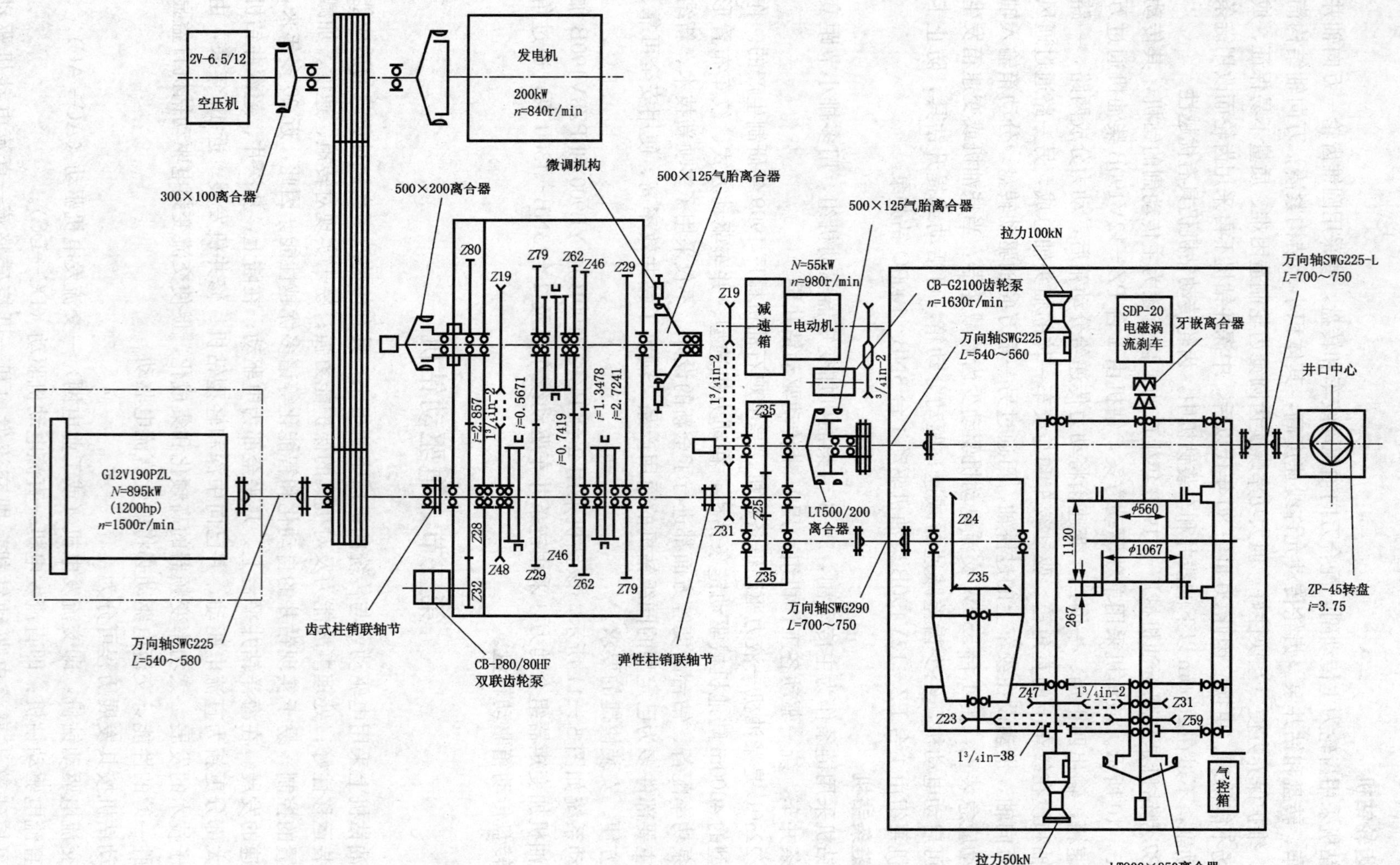

图 5－10 ZJ20B7 钻机传动系统图

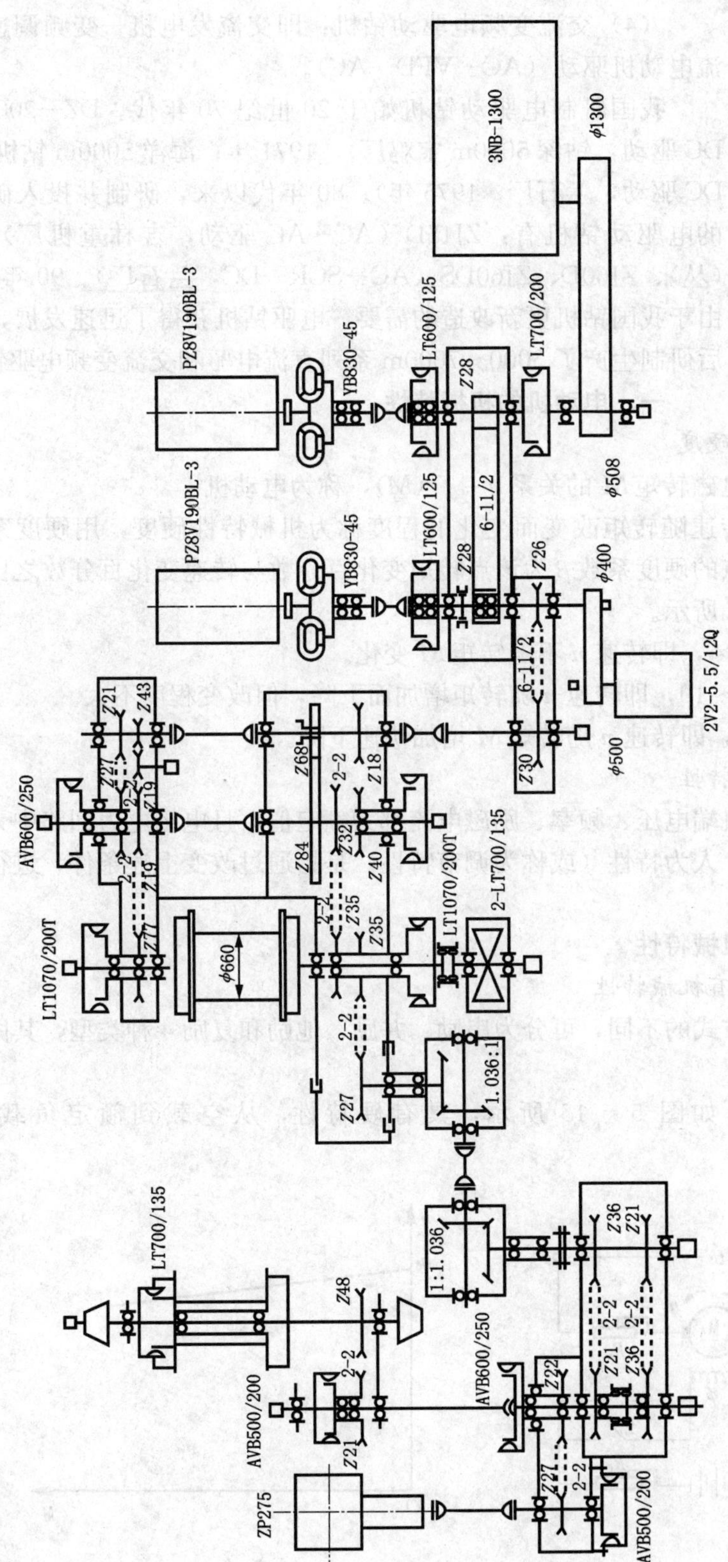

图5-11　ZJ40/2250L 钻机传动系统图

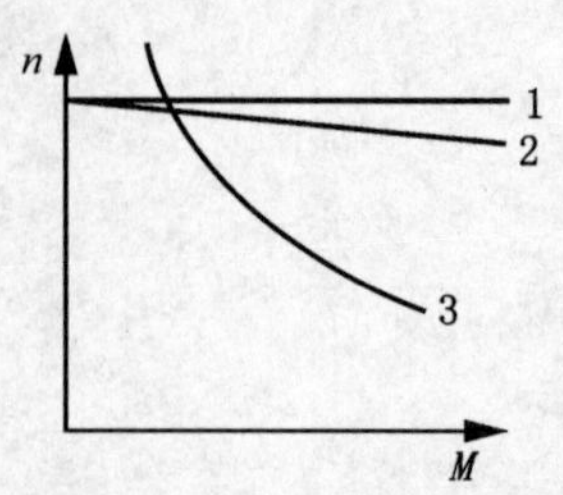

图 5-12　硬特性与软特性
1—特硬特性；2—硬特性；3—软特性

（4）交流变频电驱动钻机：即交流发电机—变频调速器—交流电动机驱动（AC—VFD—AC）。

我国研制电驱动钻机始于 20 世纪 70 年代。DZ—200（DC—DC 驱动，钻深 5000m 宝鸡厂），1971 年；海洋 5000m 钻机（DC—DC 驱动，兰石厂，1975 年）。80 年代以来，研制并投入矿场应用的电驱动钻机有：ZJ15D（AC—AC 驱动，吉林重机厂）；ZJ45D（丛）、ZJ60D、ZJ60DS（AC—SCR—DC，兰石厂）。90 年代以来，由于我国钻机更新改造的需要，电驱钻机获得了迅速发展，我国先后研制生产了 3000～7000m 系列直流电驱和交流变频电驱钻机。

一、电动机的机械特性

1. 机械特性与特性硬度

电动机的转速 n 和电磁转矩 M 的关系 $n=f(M)$，称为电动机的机械特性。电动机的转速随转矩改变而变化的程度称为机械特性硬度，用硬度系数 β 表示。特性曲线上任意一点的硬度系数 β 为该点转矩变化百分数与转速变化百分数之比，可分为 3 种类型，如图 5-12 所示。

（1）特硬特性：$\beta=\infty$，即转速 n 不随转矩 M 变化。

（2）硬特性：$\beta=40\sim10$，即转速 n 随转矩增加而下降，但改变程度不大。

（3）软特性：$\beta<10$，即转速 n 随转矩 M 增加快速下降。

2. 固有特性和人为特性

固有特性是指电动机端电压、频率、励磁电流都为额定值，且电极电力回路中无附加电阻时所具有的机械特性。人为特性（或称为调节特性）是指通过改变上述条件，进行调节得到的机械特性。

二、直流电动机的机械特性

1. 直流电动机的固有机械特性

直流电动机按励磁方式的不同，可分为串励、并励、他励和复励 4 种类型，其固有机械特性与励磁方式有关。

（1）他励电动机，如图 5-13 所示，具有硬特性，从空载到额定负载转速下降5%～10%。

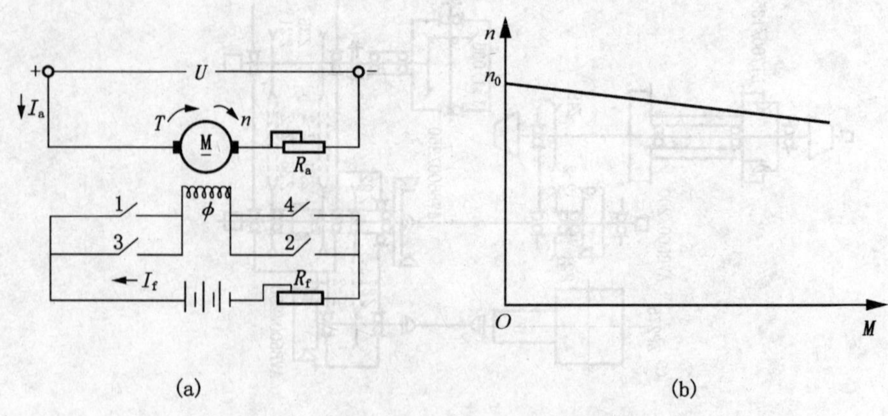

图 5-13　他励电动机电路图与机械特性
（a）他励电动机电路图；（b）机械特性

由电工学可知：电动机的电磁转矩为$M=C_M I_a \Phi$；感应电动势与电动机转速的关系为$E=C_e\Phi n$；外加电压$U=I_aR_a$。则：$n=f(M)$的表达式为：

$$n=\frac{E}{C_e\Phi}=\frac{U-I_aR_a}{C_e\Phi}=\frac{U}{C_e\Phi}-\frac{R_a}{C_eC_M\Phi^2}M=n_0-bM \tag{5-4}$$

并励（他励）电动机中，磁通Φ基本不变，C_e、C_M是与电动机结构有关的系数。因此，理想空载转速$n_0=U/C_e\Phi$；$b=R_a/C_eC_M\Phi^2$均为常数。

（2）串励电动机，如图5－14所示，具有软特性，$n=f(M)$的表达式与他励电动机基本相同。

$$n=\frac{E}{C_e\Phi}=\frac{U}{C_e\Phi}-\frac{R_a+R_f}{C_eC_M\Phi^2}M \tag{5-5}$$

但是，串励电动机的磁通Φ是变化的，具有如图5－14（b）所示的软机械特性。此外，串励电动机电磁力矩与电流的平方成正比，启动转矩大。因此，串励电动机适用于驱动带重载启动的机械设备，如起重机、机车、绞车等。但应注意：串励电动机轻载时电枢电流I_a很小，致使磁通Φ也很小，转速n过高，有“飞车”危险。从安全方面考虑，不应采用链条或V带传动，负荷不应低于额定值的25%～30%。

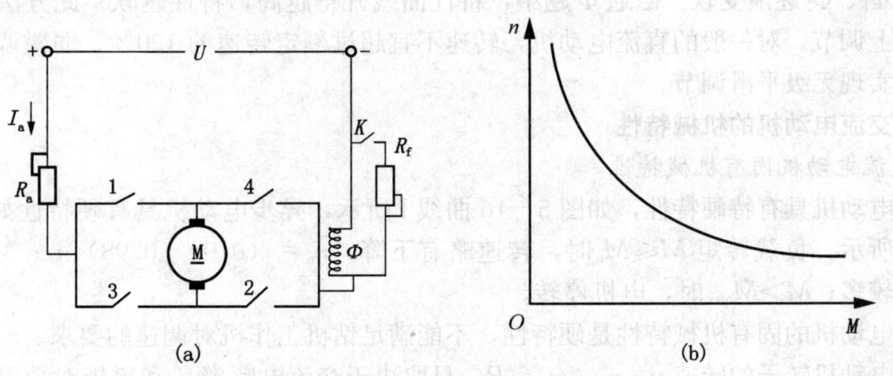

图5－14　串励电动机电路图与机械特性

（a）串励电动机电路图；（b）机械特性

2. 直流电动机的调速方法（人为特性）

现代电驱动钻机广泛采用他励直流电动机驱动工作机。为此，要调节电动机转速，获得人为特性，以适应绞车、转盘的调速要求。改变R_a、U及Φ中任意一个量即可改变转速n，即他励直流电动机有三种调速方法：电枢串电阻、降低供电电压及减弱磁通。

（1）电枢串电阻调速：在电枢电路中串入可调电阻。这种调速方法简单，但电枢电流长时间通过调节电阻，电能消耗大，不经济，适用于中小容量的电动机，不适合钻机电动机。

（2）降低电枢电压调速：保持励磁电流为额定值，即磁通Φ不变，降低输入电枢的电源电压U，则理想空载转速n将随U的下降而降低，但b值不变，可得到一组与固有特性曲线平行的机械特性曲线，如图5－15（a）中虚线U_1、U_2所示。此方法自额定转速向下调速，调速范围可达6～8。均匀降低电枢电压U，可实现平滑无级调节。磁通不变，工作电流不超过额定值，允许输出转矩仍为额定值，属恒转矩调速，如图5－15（b）中所示。

（3）减弱磁通调速：保持电枢电压U为恒定值，调节串入励磁电路中的可调电阻R_f，使励磁电流I_f减小，则磁通Φ减弱，n升高、b值增大，机械特性曲线上移，但图5－15

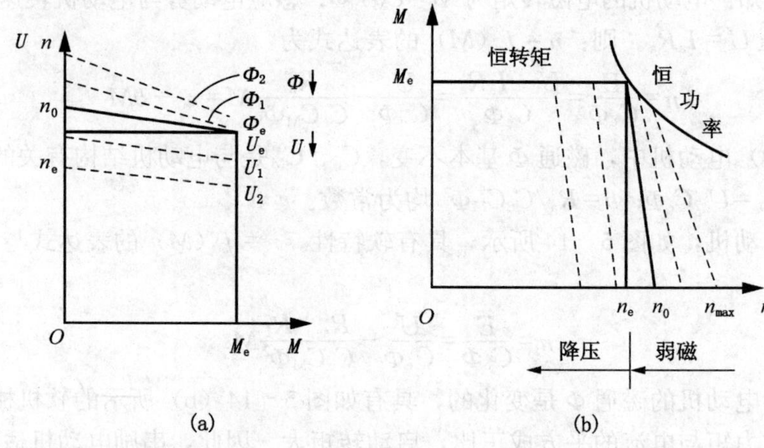

图 5-15 他励电动机的人为特性

(a) 降压调速和弱磁调节特性；(b) 恒转矩和恒功率线

(a) 虚线 Φ_1、Φ_2 逐渐变软。磁通 Φ 越小，特性曲线升得越高，特性越软。此方法只能在额定转速以上调节。对一般的直流电动机，转速不宜超过额定转速的 120%。弱磁调速，经济方便，可实现无级平滑调节。

三、交流电动机的机械特性

1. 交流电动机固有机械特性

同步电动机具有特硬特性，如图 5-16 曲线 1 所示，异步电动机具有硬特性如图 5-16 中曲线 2 所示。负载转矩 $M \leqslant M_e$ 时，转速略有下降，$n_e=(0.94-0.98)\ n_1$；$M>M_e$ 时，转速下降较多；$M>M_{max}$ 时，电机停转。

交流电动机的固有机械特性是硬特性，不能满足钻机工作机对调速的要求。

同步电动机转子的转速 $n=n_1=60f/P$，只取决于交流电频率 f 和磁极对数 P，不随负载转矩的改变而改变。同步电动机的启动性能很差，但具有较高的功率因数和效率，可用于不经常启动、不需要调速的中等功率和大功率的电力驱动，如驱动大型压气机、水泵、输油泵等。在 AC—AC 电驱动钻机中曾用于驱动钻井泵。

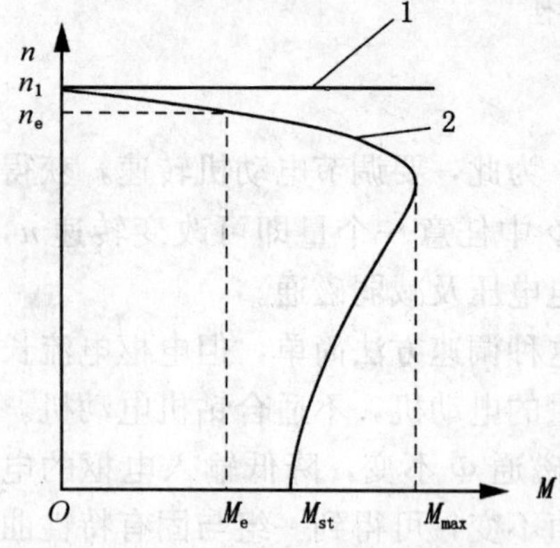

图 5-16 交流电动机机械特性

1— 同步电动机机械特性；2—异步电动机机械特性；n—旋转磁场转速；n_e—额定转速；M_e—额定电磁转矩；M_{max}—最大转矩；M_{st}—启动转矩（$n=0$）

异步电动机过载能力较大，一般过载系数 $K=M_{max}/M_e=1.6\sim2.8$，在 AC—AC 电驱动钻机中，常用绕线式异步电动机驱动绞车和转盘，但需要设立较多机械挡，进行有级调速。采用转子中串进允许长期电流通过的电阻，可调低速度，但功率损耗大，不经济。鼠笼式电动机不宜经常启动及降速，只用于驱动钻井泵及中小功率的辅助设备，如压气机、离心泵等。

2. 交流电动机变频调速的机械特性

应用 AC 变频技术，通过变频器向交流电动机提供频率可调的交流电源，改变电源频率 f，可得到如图 5-17 所示的人为机械特性，变频调速机械特性，精确控制调节交流电动机的转速，能满足钻井装备工作机对调速性能的要求。

四、可控硅直流电驱动（AC—SCR—DC）

1. SCR 电驱动

典型电驱动钻机的动力与传动系统示意图如图 5－18所示。数台柴油机交流发电动机组所发的交流电并网输出到同一汇流母线上（或由工业电网供电），经可控硅装置整流后，驱动直流电动机，带动绞车、转盘、钻井泵，此种电驱动型式称为 AC—SCR—DC 或简称 SCR 电驱动。

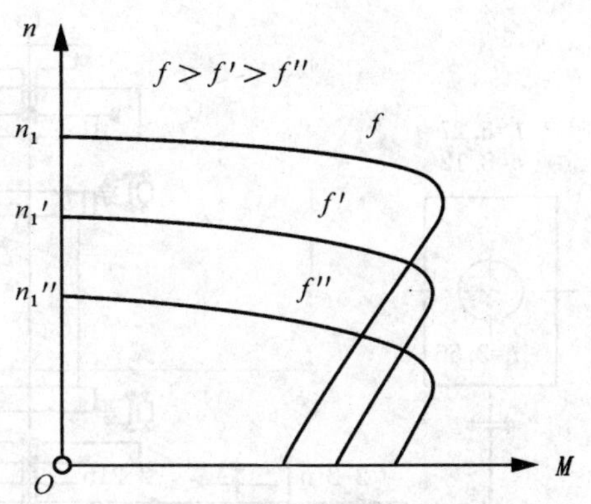

图 5－17　变频调速的人为机械特性

2. SCR 电驱动的特点

（1）直流电动机具有人为机械特性（软特性）。调速范围宽，R 一般为 2.5～5。超载能力强，超载系数 K 一般为 1.6～2.5。因具有无级调速的钻井特性，可提高钻井效率。

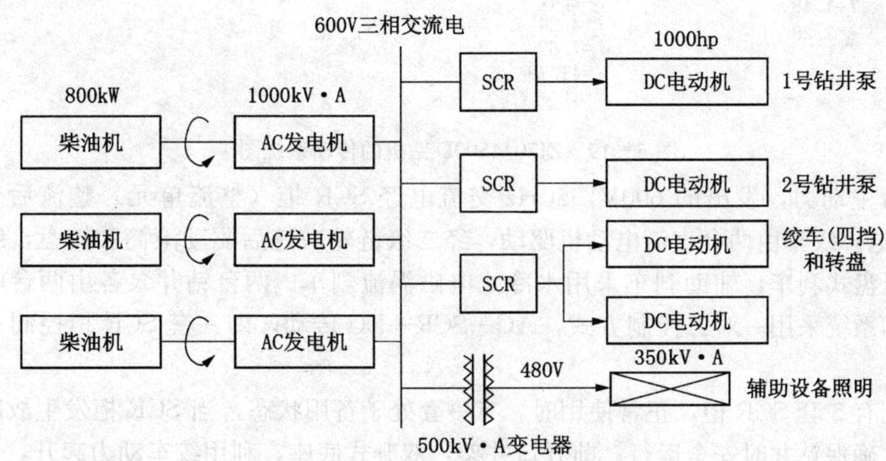

图 5－18　SCR 电驱动钻机的动力与传动系统示意图

（2）简化了机械传动系统，提高了传动效率，从动力机轴到绞车输入轴的传动效率可达 86%，比机械驱动高 10%左右。

（3）柴油机交流发电机组中的柴油机始终处于最佳运转工况（额定转速、载荷自动均衡分配），比机械驱动可节省燃料 20%左右，提高了柴油机使用寿命，大修周期延长 80%左右。

（4）并联驱动，动力可互济，动力分配更灵活合理。

（5）便于钻机的平面和立体布置，且维护费用仅为机械驱动的 30%左右，自动化程度较高，使用更安全可靠。

3. AC—SCR—DC 电动钻机

下面以宝鸡石油机械厂 2000 年生产的 ZJ70/4500D 钻机为例，介绍 AC—SCR—DC 电动钻机的传动方案与结构特点。

如图 5－19 所示为 ZJ70/4500D 钻机的传动系统图。该钻机采用 4 台 CAT3512 柴油发

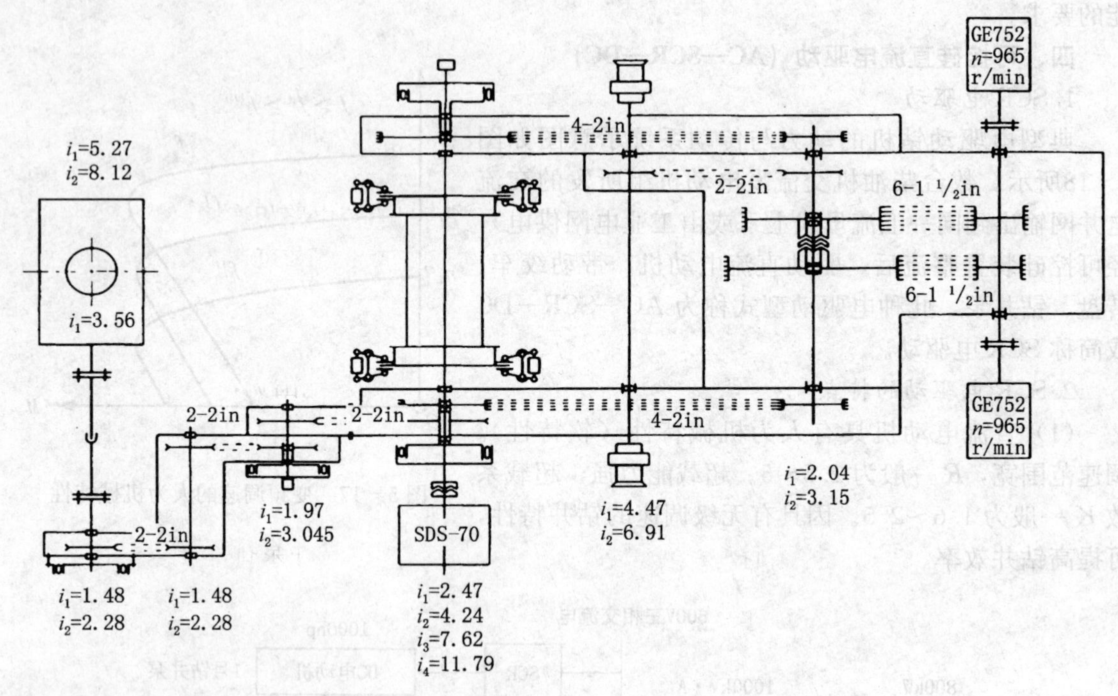

图 5-19　ZJ70/4500D 钻机的传动系统图

电机组作为主动力，发出的 600V，50Hz 交流电经 SCR 柜（整流单元）整流后变为 0～750V 直流电。绞车由两台直流电动机驱动，经二级链轮减速后驱动滚筒和转盘，绞车主刹车采用液压盘式刹车，辅助刹车采用水冷式电磁涡流刹车。两台钻井泵各由两台电动机驱动。电传动系统采用一对二控制方式，AC—SCR—DC 传动，即一套 SCR 柜控制 2 台直流电动机。

钻机配有 5 套 SCR 柜，正常使用时，有一套处于备用状态，当 SCR 柜发生故障时，可及时切换，确保钻井时安全运行。前开口井架，双升式底座，利用绞车动力起升，井架和所有台面设备均为低位安装，整体起升。

五、交流变频电驱动（AC—VFD—AC）

AC—AC 是钻机最早采用的驱动方式。由于交流电动机具有硬特性，不能满足钻机工作机对调速的要求，随着 DC—DC 和 SCR 驱动型式的发展，使 AC—AC 驱动型式失去了竞争力。

随着电力电子技术的发展，交流变频调速已发展成为一门成熟的技术，使交流电动机的调速控制性能达到直流电动机调速控制性能的水平。此外，与直流电动机相比，交流电动机具有没有整流子、炭刷等活动部件，防爆要求低、无须维护、安全可靠，单机容量大，体积小、质量轻、价格便宜等明显优点。因此，交流变频调速技术的发展，先进、成熟的交流变频器系列产品的问世和应用，使交流变频驱动钻机和顶驱钻井系统比 SCR 直流电驱动型式具有明显优势，必将成为电驱动钻机的发展方向。

1. 交流变频电驱动的基本工作原理

交流电动机的转速关系式为 $n=60f(1-S)P$，改变 P、S 或 f 都可以改变转速，但最好的调速方法是改变输入的电源频率 f。因此，需要一个输出频率 f 及电压均可调，并具有良好控制性能的变频电源。

随着电力电子技术的发展，采用可自关断的全控器件，应用脉宽调剂（PWM）技术及电动机矢量控制技术，研制出先进的交流变频器，形成了成熟的交流变频电驱动系统。

交流变频电驱动系统由交流电源、交流变频器和交流电动机组成。

对于石油钻机，交流电源主要是柴油交流发电机发出的交流电（380V～600V）。交流变频器的主回路由一个整流器和一个逆变器组成，两者通过直流电路相连接。整流器将输入的固定频率的交流电变为直流电，逆变器再将直流电变为频率和幅值可调的交流电供给交流电动机，从而可准确地调节电动机的转速和扭矩。

2. 交流变频电驱动的特点

(1) 交流变频电驱钻机的绞车、转盘可实现无级调速，调速范围宽，这样可省去绞车、转盘内变速系统，使绞车结构简化、质量减轻、体积缩小。

(2) 电动机短时间过载能力强（1～2 倍），提高了钻机提升和处理事故的能力。尤其是在带负载情况下，可平稳启动、制动和调速，具有软启动性能。

(3) 采用计算机自动控制技术，对现场情况进行监控。对钻井泵排量、冲数、转盘转速、扭矩等参数进行全数字显示，实现钻机的自动化、智能化。

(4) 与直流电驱动相比，交流电动机没有炭刷换向器，不需采用防暴型，维护费用低、使用安全可靠、易于操作管理，可实现电动机的免维护运行。

(5) 负载功率因数高，能耗低、传动效率高。

3. 交流变频电驱动钻机（AC—VFD—AC）

ZJ70/4500DB 系列钻机是目前国内最先进的 7000m 级深井交流变频单轴齿轮绞车钻机。它是一种以交流变频电动机和柴油机作为联合动力的新型复合驱动钻机，可满足深井石油及天然气井的勘探和开发需要。ZJ70/4500DB 钻机技术特点如下：

(1) 采用先进的全数字化交流变频控制技术，通过电传动系统 PLC 和触摸屏及气、电、液、钻井仪表参数的一体化设计，实现钻机智能化控制。

(2) 采用宽频大功率交流变频电机驱动，完全实现了绞车、转盘、钻井泵的全程调速。

(3) 钻机绞车为单轴齿轮传动，一挡无级调速，机械传动简单、可靠。主刹车采用液压盘式刹车，辅助刹车采用电机能耗制动，并能通过计算机定量控制制动扭矩。

(4) 绞车采用独立电动机自动送钻控制技术，实现自动送钻，对起下钻工况和钻井工况进行实时监控。

(5) 配有井口机械化工具，自动化程度高，减轻了司钻、钻工的劳动强度。

(6) 钻机传动有三种基本形式：绞车传动装置、转盘传动装置、机泵组传动装置。

(8) 井架及所有钻台设备均为低位安装，利用绞车动力整体起升井架。

如图 5－20 所示为 ZJ70/4500DB 交流变频钻机的传动系统图。该钻机采用 AC—VFD—AC 驱动方式，由 4 台 1310 kW 柴油发电机组作为主动力，50Hz，600V 交流电经 VFD 变频单元后，变为 0～140 Hz、0～600 V 的交流电，然后分别驱动绞车、转盘和钻井泵的交流变频电动机。绞车由 2 台电动机驱动，转盘由 1 台电动机驱动，3 台钻井泵各由 1 台电动机驱动。控制采用 1 对 1 方式，即 1 套 VFD 柜控制 1 台交流变频电动机。本钻机共配有 7 套 VFD 柜，其中一套用于自动送钻装置变频电动机控制。

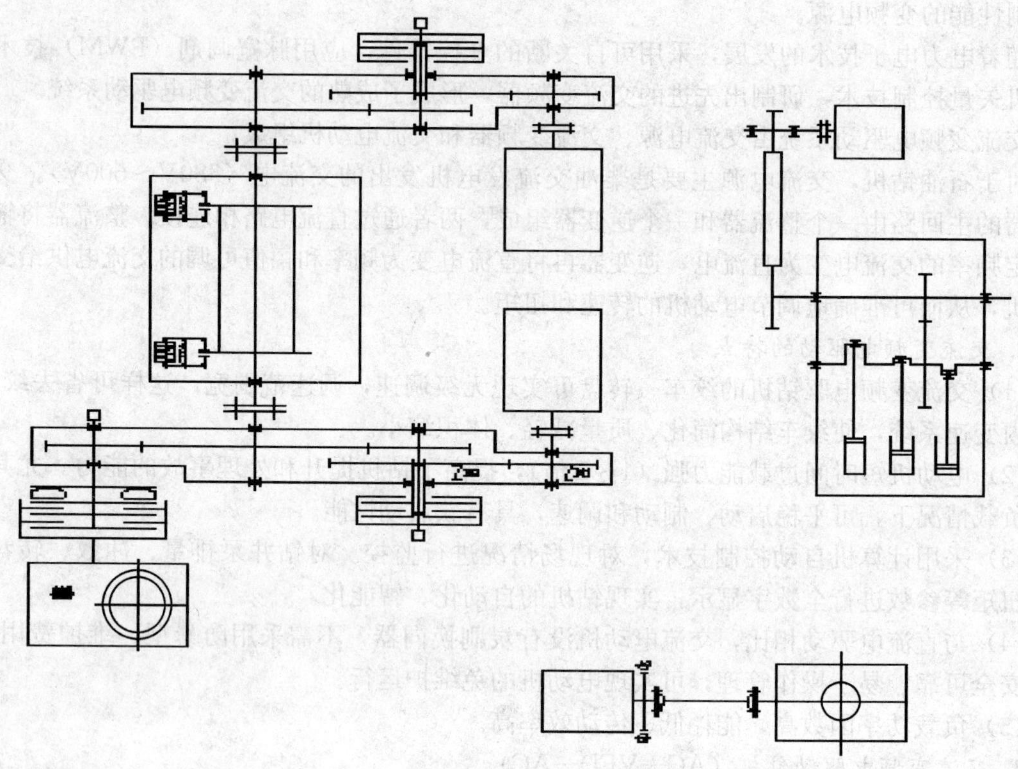

图 5－20　ZJ70/4500DB 钻机的传动系统图

第六章 钻机气控制系统

第一节 概 述

钻机是一套大型的联动机组。钻井时，必须严格地按照工艺要求对钻机的各个部件进行灵活、可靠的控制，以使钻机各机组协调地连续工作，准确完成钻井工艺过程。因而钻机的控制系统是整套钻机必不可少的组成部分，是钻机的中枢神经系统。

一、钻井工艺对控制系统的要求

（1）控制要迅速、柔和、准确及安全可靠；

（2）操作要灵活方便、省力，维修以及更换元件容易；

（3）操作协调，便于记忆。

二、钻机控制系统的作用

（1）对于整体起升的井架，如 A 形井架和前开口的 Π 形井架，在起升时缓冲的控制，放落时推开井架的控制。

（2）对动力机的启动、调速、并车、停车的控制。

（3）对钻井绞车、钻井泵、转盘等启动与停车的控制。

（4）对钻井绞车滚筒和转盘的转速及旋转方向的控制。

（5）对钻井绞车滚筒制动与放松的控制。

（6）对绞车猫头摘挂的控制。对动力大钳、动力卡瓦等起下钻操作机械的控制。

（7）对辅助装置，如空气压缩机、发电机以及钻井液搅拌器的控制。

三、钻机气控制系统的特点

石油钻机的控制方式是多种多样的，包括机械控制、气压控制、液压控制、电控制。

气压控制是目前石油钻机上广泛采用的一种控制方式。尤其在以柴油机作为动力的石油钻机上，几乎全部采用以气控制为主的控制方式。

气控制的特点如下：

（1）经济可靠。气控制系统的工作介质是空气，来源方便。使用后可直接排至大气中，即使泄漏也不会造成污染。

（2）空气的粘度小，管内流动压力损失小，适用于远距离输送和集中供气，系统简单。

（3）压缩空气在管路内流速快，可直接用气压信号实现系统的自动控制，完成各种复杂的动作。

（4）易于实现快速的直线往复运动、摆动和旋转运动，调速方便。与机械控制相比，气控制容易布局和操纵。

（5）元件结构简单，容易实现标准化、系列化，制造容易。

（6）对工作环境适应性好，在寒冷的条件下，仍能保证正常工作。特别是在易燃、易爆、多尘埃、强磁、潮湿和温度变化大等恶劣场合下，工作安全可靠。

（7）空气有可压缩性，因而在载荷变化时，传递运动不够平稳、均匀。

（8）工作压力不能太高，传动效率低，不易获得较大的力或力矩。

(9) 排气时噪声较大。

四、气动控制系统的组成

如图 6-1 所示，气动控制系统主要由四部分组成。

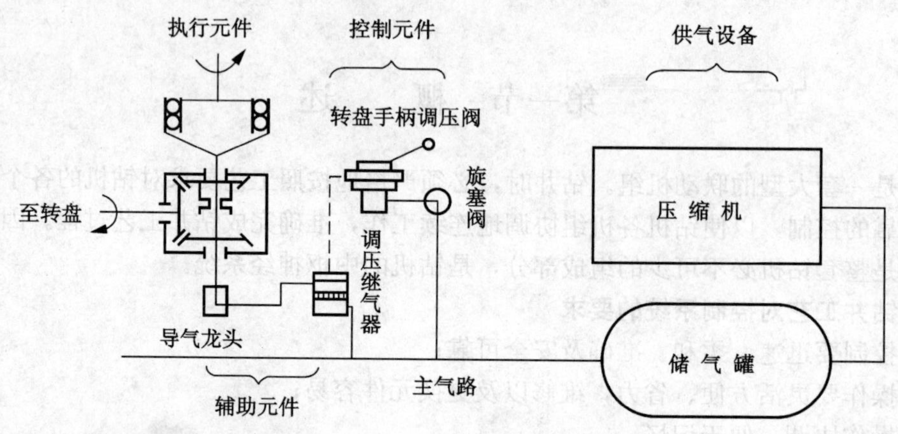

图 6-1　气控制系统组成示意图

(1) 供气设备：是获得压缩空气的装置。主体是空气压缩机（包括储气罐、空气净化装置）。它将原动机（电动机、内燃机等）的机械能转变为气体的压力能。

(2) 执行元件：是以压缩空气为工作介质产生机械运动，并将气体的压力能变为机械能的能量转换装置。执行元件包括气缸、摆动气缸、气马达以及气动摩擦离合器等。

(3) 控制元件：用来控制压缩空气的压力、流量和流动方向，以便使执行机构完成预定运动规律的元件。如各种压力控制阀、流量控制阀、方向控制阀等。

(4) 辅助元件：使压缩空气净化、消声及元件间连接等所需要的装置。如防凝器、低压警报器、旋转接头（导气龙头）和管件等。

第二节　供气设备

供气设备是气控系统的动力源，它提供清洁、干燥且具有一定压力和流量的压缩空气，以满足不同条件的使用场合对压缩空气质量的要求。供气设备一般包括产生压缩空气的气压发生装置（如空气压缩机）、储气罐和压缩空气的净化装置三部分。

一、空气压缩机

空气压缩机是将机械能转换为气体压力能的装置（简称空压机，俗称气泵）。它种类很多，按工作原理的不同分为容积式和速度式两大类。容积式压缩机是通过运动部件的位移，周期性地改变密封的工作容积来提高气体压力的，包括活塞式、膜片式和螺杆式等。速度式压缩机是通过改变气体的速度，提高气体动能，然后将动能转化为压力能，来提高气体压力，包括离心式、轴流式和混流式等。在气压传动中一般多采用容积式空气压缩机。

如图 6-2 所示为活塞式空气压缩机的工作原理图。曲柄 8 作回转运动，通过连杆 7 和活塞杆 4 带动气缸活塞 3 作往复直线运动。当活塞 3 向右运动时，气缸内工作室容积增大而形成局部真空，吸气阀 9 打开，外界空气在大气压力作用下由吸气阀 9 进入气缸腔内，此过程称为吸气过程；当活塞 3 向左运动时，吸气阀 9 关闭，随着活塞的左移，气缸工作室容积

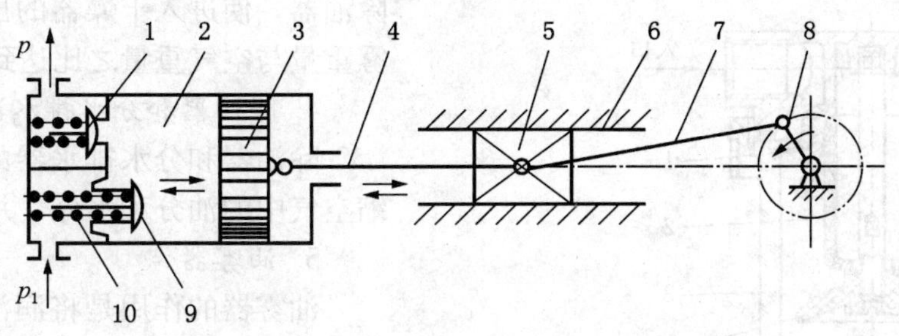

图 6-2　活塞式空气压缩机工作原理图

1—排气阀；2—气缸；3—活塞；4—活塞杆；5、6—十字头与滑道；7—连杆；8—曲柄；9—吸气阀；10—弹簧

减小，缸内空气受到压缩而使压力升高，在压力达到足够高时，排气阀 1 被打开，压缩空气进入排气管内，此过程为排气过程。图示为单缸活塞式空气压缩机，大多数空气压缩机是多缸多活塞式的组合。

二、空气净化装置

在气压传动中使用的低压空气压缩机多采用油润滑，由于它排出的压缩空气温度一般在 140～170℃之间，使空气中的水分和部分润滑油变成气态，再与吸入的灰尘混合，便形成了水汽、油汽和灰尘等的混合气体。如果将含有这些杂质的压缩空气直接输送给气动设备使用，就会给整个系统带来不良影响。因此，在气压传动系统中，设置除水、除油、除尘和干燥等气源净化装置对保证气动系统的正常工作是十分必要的。在某些特殊场合下，压缩空气还需经过多次净化后才能使用。常用净化装置有冷却器、空气过滤器、空气干燥器、除油器和分水排水器、油雾器。

1. 冷却器

冷却器的作用是将空气压缩机排出的气体由 140～170℃降至 40～50℃，使压缩空气中的油雾和水汽迅速达到饱和，大部分析出并凝结成水滴和油滴，以便经油水分离器排出。冷却器按冷却方式不同分水冷式和风冷式两种。为提高降温效果，安装时要注意冷却水和压缩空气的流动方向。另外，冷却器属于主管道净化装置，应符合压力容器安全规则的要求。

2. 空气过滤器

空气过滤器的作用是滤除压缩空气中所含的液态水滴、油滴、固体粉尘颗粒及其他杂质。过滤器一般由壳体和滤芯组成。按滤芯采用的材料不同可分纸质、织物、陶瓷、泡沫塑料和金属等形式。常用的是纸质式和金属式。

图 6-3（a）为空气过滤器结构原理图。空气进入过滤器后，由于旋风叶片 1 的导向作用而产生强烈的旋转，混在气流中的大颗粒杂质（如水滴、油滴）和粉尘颗粒在离心力作用下，被分离出来，沉到杯底，空气在通过滤芯 2 的过程中得到进一步净化。挡水板 4 可防止气流的漩涡卷起存水杯中的积水。图 6-3（b）为空气过滤器的图形符号。

过滤器使用中要定期清洗和更换滤芯，否则将增加过滤阻力，降低过滤效果，甚至堵塞。

3. 空气干燥器

空气干燥器的作用是降低空气的湿度，为系统提供所需要的干燥压缩空气。它有冷冻式、无热再生式和加热再生式等形式。如果使用的是有油压缩机，则要在干燥器入口处安装

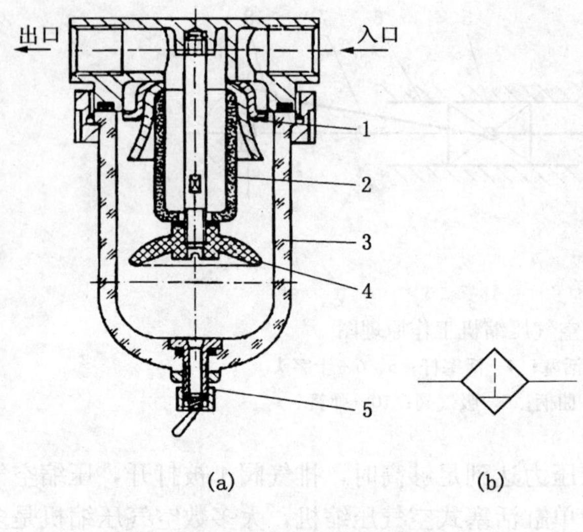

图 6-3　空气过滤器

(a) 结构原理图；(b) 图形符号

1—旋风叶片；2—滤芯；3—存水杯；

4—挡水板；5—排水阀

除油器，使进入干燥器的压缩空气中的油雾重量与空气重量之比达到规定要求。

4. 除油器和分水排水器

除油器和分水排水器的作用是滤除压缩空气中的油分和水分，并及时排出。

5. 油雾器

油雾器的作用是将润滑油雾化后喷入压缩空气管道的空气流中，随空气进入系统中润滑相对运动零件的表面。它有油雾型和微雾型两种。图 6-4（a）为油雾型固定节流式油雾器结构图。喷嘴杆上的孔 2 面对气流，孔 3 背对气流。有气流输入时，截止阀 10 上下有压力差，被打开。油杯中的润滑油经吸油管 11，视油帽 8 上的节流阀 7 滴到喷嘴杆中，被气流从孔 3 引射出去，成为油雾，从输出口输出。图 6-4（b）为油雾器的图形符号。

在气源压力大于 0.1MPa 时，油雾器允许在不关闭气路的情况下加油。供油量随气流大小而变化。油杯和视油帽采用透明材料制成，便于观察。油雾器要有良好的密封性、耐压性和滴油量调节性能。使用时，应合理地调节起雾流量等参数，以达到最佳润滑效果。

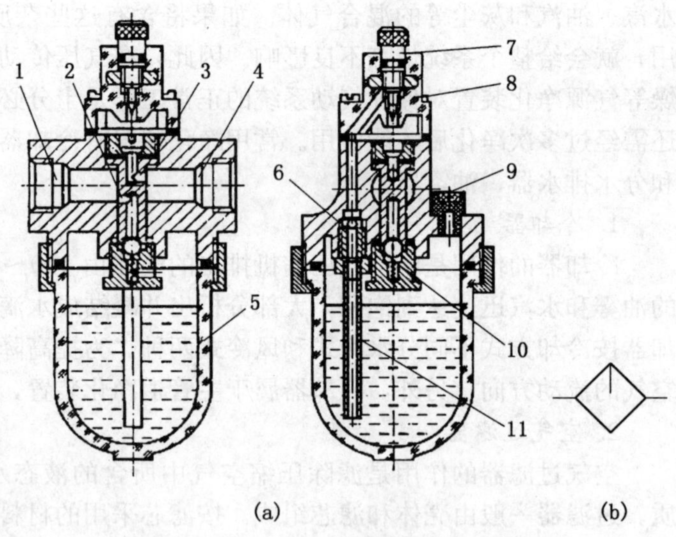

图 6-4　油雾器

(a) 结构原理图；(b) 图形符号

1—气流入口；2、3—小孔；4—出口；5—储油杯；6—单向阀；

7—节流阀；8—视油帽；9—旋塞；10—截止阀；11—吸油管

三、储气罐

储气罐的作用是储存空压机排出的压缩空气，减小压力波动；调节压缩机的输出气量与用户耗气量之间的不平衡状况，保证连续、稳定的流量输出；进一步沉淀分离压缩空气中的水分、油分和其他杂质颗粒。储气罐一般采用焊接结构，其形式有立式和卧式两种，立式结构应用较为普遍。使用时，储气罐应附有安全阀、压力表和排污阀等附件。此外，储气罐还必须符合锅炉及压力容器安全规则的要求，如使用前应按标准进行水压试验等。

第三节 执行元件

执行元件的作用是将压缩空气的压力能转换为机械能，驱动工作部件工作。本节主要介绍钻机种常用的气缸、气动马达和气动摩擦离合器。

一、气缸

气缸是输出往复直线运动或摆动运动的执行元件，在气动系统中应用广、品种多。按作用方式分，有单作用式和双作用式；按结构形式分，有活塞式、柱塞式、叶片式、薄膜式；按功能分，有普通气缸和特殊气缸（如冲击式、回转式和气—液阻尼式）。

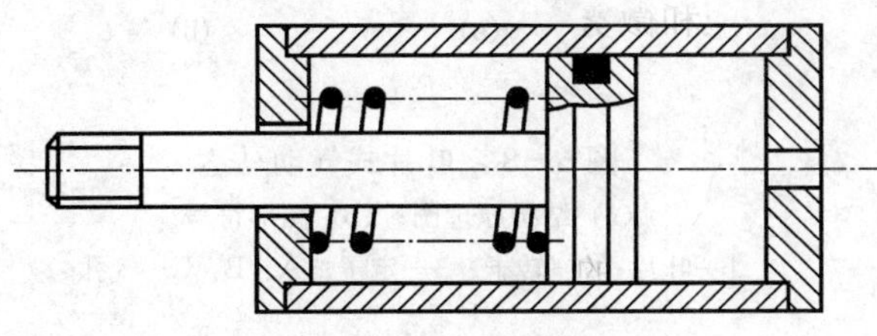

图 6－5 单作用式气缸

1. 单作用式气缸

如图 6－5 所示为单作用式气缸的结构原理图。所谓单作用式气缸是指压缩空气仅在气缸的一端进气并推动活塞（或柱塞）运动，而活塞或柱塞的返回要借助于其他外力，如弹簧力、重力等。单作用式气缸多用于短行程及对活塞杆推力、运动速度要求不高的场合。

2. 薄膜式气缸

如图 6－6 所示为薄膜式气缸的结构原理图。薄膜式气缸是一种利用压缩空气，通过膜片的变形来推动活塞杆做直线运动的气缸。它由缸体、膜片、膜盘和活塞杆等主要零件组成。薄膜式气缸的膜片可以做成盘形膜片和平膜片两种形式。膜片材料为夹织物橡胶、钢片或磷青铜片。常用厚度为 5～6mm 的夹织物橡胶，金属膜片只用于行程较小的薄膜式气缸中。

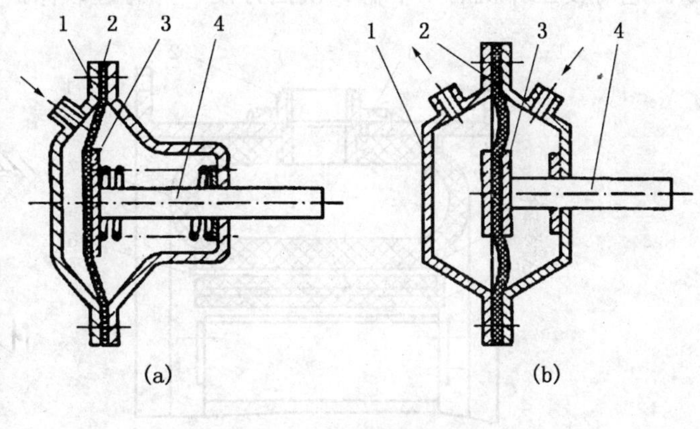

图 6－6 薄膜式气缸

(a) 单作用式；(b) 双作用式

1—缸体；2—膜片；3—膜盘；4—活塞杆

3. 回转式气缸

如图 6－7 所示为回转式气缸的工作原理图。回转式气缸由导气头体、缸体、活塞、活塞杆等组成。这种气缸的缸体连同缸盖及导气芯 6 可被携带回转，活塞 4 及活塞杆 1 只能作往复直线运动，导气头体外接管路，固定不动。

二、气动马达

气动马达是输出旋转运动机械能的执行元件。它有多种类型，按工作原理可分为容积式和涡轮式，容积式较常用。按结构可分为齿轮式、叶片式、活塞式、螺杆式和膜片式。

如图 6－8 (a) 所示为叶片式气动马达的工作原理。压缩空气由 A 孔输入，小部分经定子两端密封盖的槽进入叶片 1 底部（图中未表示），将叶片推出，使叶片贴紧在定子内壁上；大部分压缩空气进入相应的密封空间而作用在两个叶片上，由于两叶片长度不等，就产生了转矩差，使叶片和转子按逆时针方向旋转；做功后的气体由定子上的 C 孔和 B 孔排出，若改变压缩空气的输入方向（即压缩空气由B孔进入，A孔和C孔排出），则可改变转子的转向。

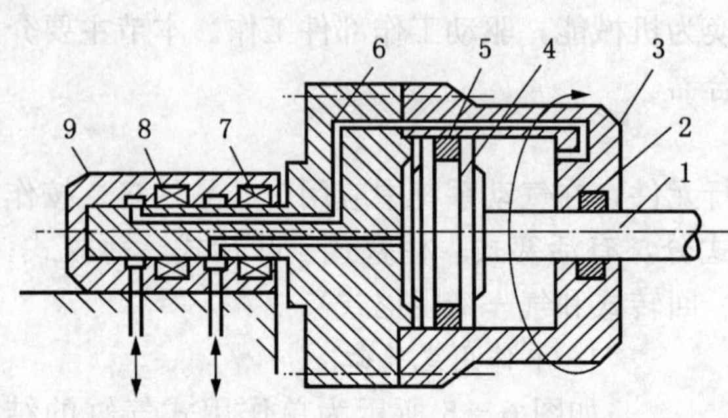

图6-7　回转式气缸

1—活塞杆；2、5—密封装置；3—缸体；4—活塞；6—缸盖及导气芯；7、8—轴承；9—导气头体

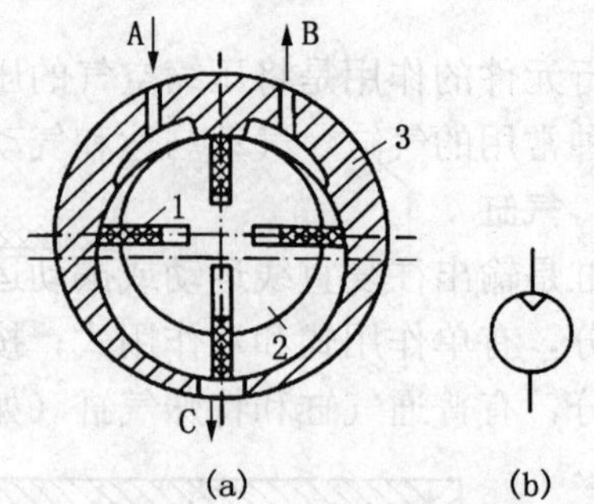

图6-8　叶片式气动马达

(a) 结构原理图；(b) 图形符号

1—叶片；2—转子；3—定子；A、B、C—气孔

三、气动摩擦离合器

气动摩擦离合器在挂合时用于传递转矩，摘开时可使主动件与被动件分离，动力被切断。它可使工作机启动平稳，换挡方便，并有过载保护作用。结构如图6-9所示。

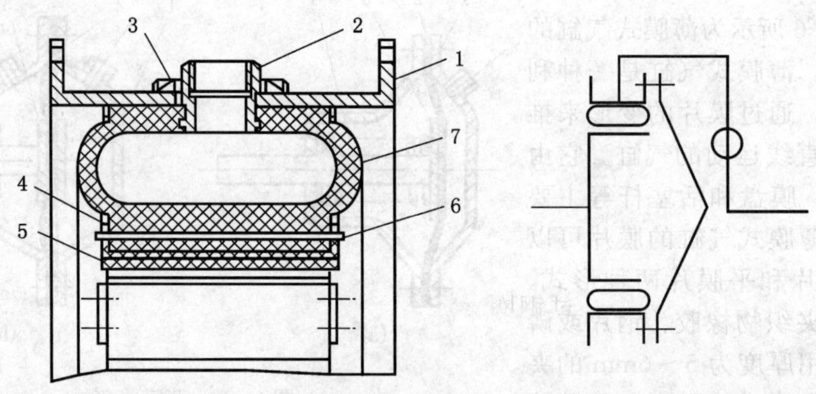

图6-9　气动摩擦离合器（气胎离合器）

1—钢轮缘；2—管接头；3—螺母；4—金属衬瓦；5—摩擦片；6—圆柱销；7—气胎

气胎离合器是柔性离合器，气胎是一个椭圆形断面的环形多层夹布橡胶胎。由于它要传递大的转矩，橡胶胎用热压硫化法在压膜内压制，它的所有构件包括钢轮缘、管接头与气胎都牢固地硫化成一体，成为一个整体结构。金属衬瓦通过圆柱销固定在气胎的内表面上，圆柱销成对地用铁丝缠在一起。

当气胎充气后，气胎沿直径方向向内膨胀，于是摩擦片抱紧摩擦轮。

气胎离合器的规格有多种，其表示法以500×125气胎离合器为例，500表示气胎摩擦片内圆名义直径为500mm，125则表示摩擦片的名义宽度为125mm。双500×125则表示此离合器有两个气胎，称为双气胎离合器。

1. 通风型气胎离合器

钻机用通风型气胎离合器是在一般气胎离合器的基础上发展起来的。其隔热和通风散热性能好，气胎本身在工作时不承受扭矩。特点是：挂合平稳、摘开迅速、摩擦片厚、寿命长、易损件少、更换易损件方便、经济性好。其局部剖视如图 6－10 所示。

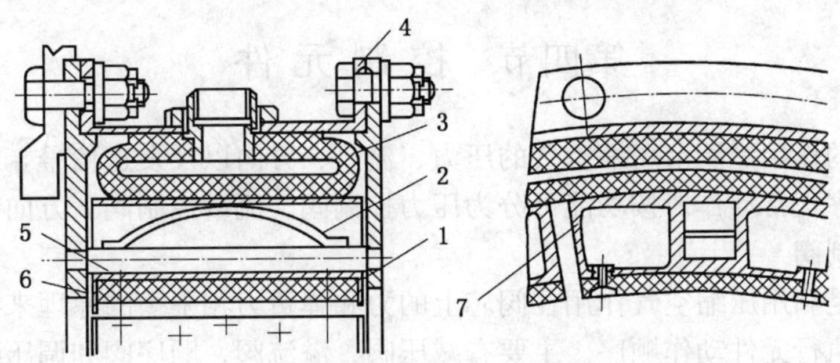

图 6－10　通风型气胎离合器

1—摩擦片；2—板簧；3—气胎；4—钢圈；5—承扭杆；6—挡板；7—扇形体

通常，造成气胎离合器损坏的原因是工作过程中，离合器摩擦片的打滑及半打滑而产生大量的热，使得气胎被烧坏，橡胶老化而损坏。

通风型气胎离合器的主要特点是：在产生热量的工作面（摩擦轮和摩擦片接触表面），即在每一块摩擦片 1 上面都装有一套散热装置。这套装置主要包括扇形体 7、承扭杆 5、板簧 2 和挡板 6 几个部分。扇形体是一个关键的零件，它是一个扇形轻合金铸件，气胎 3 靠它与摩擦片分隔开，摩擦片直接固定在它的下面，而板簧以一定的预压紧力压在承扭杆的上面，并一同装在扇形体中间的导向槽中。承扭杆是一根截面呈长方形的杆，它伸出扇形体外的两端做成圆柱销的形状，并插入挡板相应的销孔中，挡板则用螺钉固定在离合器的钢圈 4 上。

挂合离合器时，气胎在充气后不断沿直径方向膨胀，推动扇形体，板簧在扇形体内被进一步压缩，而扇形体沿其本身的导向槽相对于固定在挡板上的承扭杆向轴心移动，使摩擦片逐渐抱紧摩擦轮。这样，离合器主动部分所接受的旋转运动和扭矩就直接通过钢圈、挡板、承扭杆经扇形体、摩擦片传到摩擦轮上而不经过气胎。摘开通风型离合器时，随着气胎的放气过程，摩擦片在离心力、气胎的弹性和板簧的弹力作用下，摩擦片迅速脱离摩擦轮，减少了打滑时间，从而减少了摩擦热。

2. 气动盘式摩擦离合器

如图 6－11 所示，气动盘式摩擦离合器具有耗气量小、传递转矩大的特点，在国外钻机应用较多。主动链轮旋转后，带动连接盘和内齿圈旋转，摩擦盘通过外齿和内齿圈相啮合，这时被动轴不旋转，它们之间由轴承分开。当压缩空气经过导气龙头、快速放气阀，进入胶皮隔膜左端时，胶皮膜向右膨胀推动齿盘与摩擦盘压紧，齿盘被带动旋转，而齿盘通过内齿

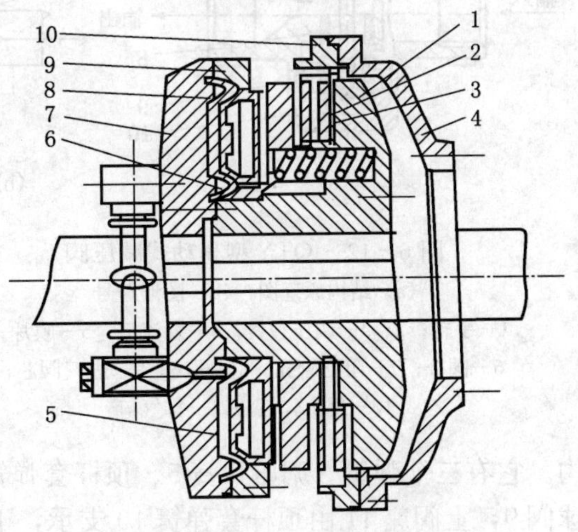

图 6－11　气动盘式摩擦离合器

1—主动盘；2—摩擦盘；3—齿盘；4—连接盘；5—胶皮隔膜；6—中间压圈；7—隔膜固定盘；8—推盘；9—外压圈；10—内齿圈

与被动盘上的外齿相啮合，被动轴被带动旋转。胶皮隔膜左端的压缩空气放空后，胶皮隔膜复原，摩擦盘与齿盘在弹簧作用下复位，则主动链轮与被动轴之间的动力又被切断。

第四节　控 制 元 件

气控制元件的作用是调节压缩空气的压力、流量、方向以及发送信号，以保证气动执行元件按规定的程序正常动作。按功能可分为压力控制阀、流量控制阀、方向控制阀。

一、压力控制阀

压力控制阀是利用压缩空气作用在阀芯上的力和弹簧力相平衡的原理来控制压缩空气的压力，进而控制执行元件动作顺序。主要有减压阀、溢流阀、顺序阀和调压继气器。

1. 减压阀

减压阀的作用是将出口压力调节在比进口压力低的调定值上，并能使输出压力保持稳定，又称为调压阀。减压阀分为直动式和先导式两种。主要用于要求平稳启动和有选择压力的控制气路上，如转盘启动、绞车高低速启动、柴油机油门等控制。如将它和手柄、凸轮、手轮、踏板等配合使用，便可构成各种不同的调压阀，如手轮调压阀、脚踏调压阀等。

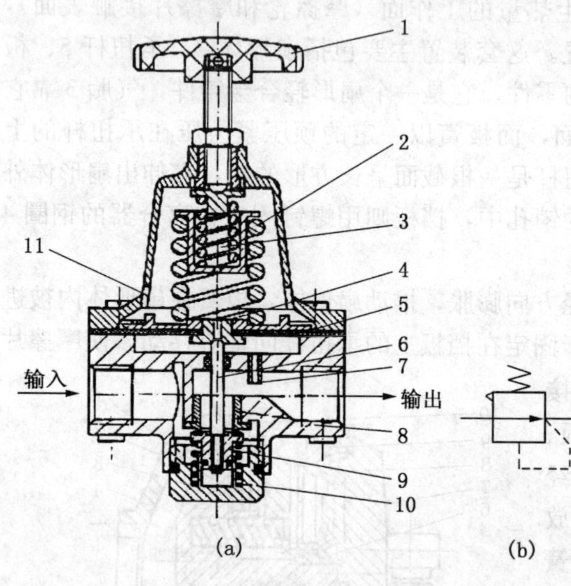

图 6-12　QTY 型直动式减压阀

(a) 结构原理图；(b) 图形符号

1—手轮；2、3—调压弹簧；4—溢流口；5—膜片；6—阀杆；7—阻尼管孔；8—阀座；9—进气阀芯；10—复位弹簧；11—排气口

如图 6-12 (a) 所示为常用的 QTY 型减压阀（直动式）结构原理图。当顺时针方向调整手轮 1 时，调压弹簧 2 和 3 推动膜片 5 和进气阀芯 9 向下移动，使阀口开启，气流通过阀口后压力降低。与此同时，有一部分气流由阻尼管孔 7 进入膜片室，在膜片下面产生一个向上的推力与弹簧力平衡，减压阀便有了稳定的输出压力。当输入压力升高时，输出压力也随之升高，使膜片下面的压力也升高，将膜片向上推，阀芯便在复位弹簧 10 的作用下向上移动，从而使阀口开度减小，节流作用增强，使输出压力降低到调定值为止。反之，若因输入压力下降，而引起输出压力下降，通过自动调节，最终也能使输出压力回升到调定压力，以维持压力稳定。调节手轮 1 即可改变调定压力的大小。图 6-12 (b) 为减压阀的图形符号。

如图 6-13 所示为手柄调压阀的结构。它有三个弹簧（调压弹簧 5、顶杆套弹簧 10 和阀弹簧 13），两个可移动的阀座和一个双球阀 9，上阀座 11 由顶杆套弹簧 10 支承，下阀座 6 由调压弹簧 5 支承，调压阀有三个气室：气源气室 A、进排气气室 B 和调压气室 C，D 为 B、C 两室间通道。

调压阀的工作原理如图 6-14 所示。

空位时，上球座于上阀座上，隔断 A、B 室，下球离开下阀座，B、C 室通大气。

进气时，操纵机构下压顶柱 15，使上阀座 11 下行，下球首先座于下阀座 6 上，切断 B

室放气通道。进一步下压顶柱 15，上阀座再下行，则上球离开上阀座，压缩空气便由 A 室进入 B 室，并流向用气装置。如图 6－14（b）所示。

调压时，进气气流也经 D 孔充满 C 室。若作用于下阀座活塞上的气体总压力大于调压弹簧力，则下阀座继续下移，使调压弹簧 5 受压缩，直至下移到某一位置时，两力处于平衡为止。

当下阀座下移时，上球与上阀座的间隙逐渐变小，最后完全封闭，此时下球仍座在下阀座上，故 B、C 室和用气装置构成封闭系统，既不进气，也不放气，而具有某一恒定的压力值。对应操纵机构每一下压位置，上阀座即有一相应的下移行程，B 气室也相应地有一工作气压。顶柱 15 越向下压，工作气压便越大。故操作者通过控制操作机构的操作位置便可使用气装置获得所需要的气压值。

调整调压螺钉 24 的位置，可确定下阀座 6 的下移行程 A。当下阀座下移而碰到螺钉 24 时，调压阀便不能再进一步调节气压了，而以某一调定的压力供气。如图 6－14（c）所示。

排气时，松开操纵机构，上阀座 11 在顶杆套弹簧 10 的作用下复位。双球阀关闭 B 室进气通路，同时打开 B 室放气通路，使 B 室通大气。如图 6－14（a）所示。

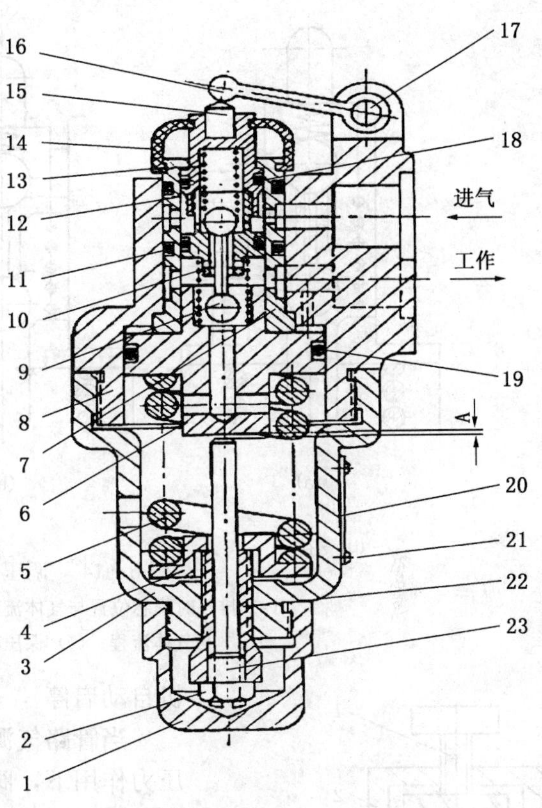

图 6－13　手柄调压阀

1—护帽；2—六角螺帽；3—盖；4—弹簧座；5—调压弹簧；6—下阀座；7—铜套；8—主体；9—阀；10—顶杆套弹簧；11—上阀座；12—导套；13—阀弹簧；14—防尘罩；15—顶柱；16—顶舌；17—开口销；18、19—O 型圈；20—铭牌；21—半圆头螺钉；22—调节螺钉套；23—调节螺钉

2. 溢流阀

溢流阀的作用是当系统中的压力超过调定值时，使部分压缩空气从排气口溢出，并在溢流过程中保持系统中的压力基本稳定，从而起过载保护作用（又称为安全阀）。溢流阀也分为直动式和先导式两种。按其结构可分为活塞式、膜片式和球阀式等。

如图 6－15 所示为直动式溢流阀结构原理图。当输入压力超过调定值时，阀芯 3 便在下腔气压力作用下克服上面的弹簧力抬起，阀口开启，使部分气体排出，压力降低，从而起到过载保护作用。调节弹簧的预紧力可改变调定压力的大小。

3. 顺序阀

顺序阀是依靠气路中压力的作用来控制执行机构按顺序动作的压力阀。如图 6－16 所示，它依靠弹簧的预压缩量来控制其开启压力。压力达到某一值时，顶开弹簧，于是 P 到 A 才有输出，否则 A 无输出。

如图 6－17 所示为石油钻机气动系统中用的顺序阀（压力调节阀），它与二位三通气控阀（两用继气器）配合使用，用以控制钻机上空气压缩机离合器的摘挂，从而实现空气压缩

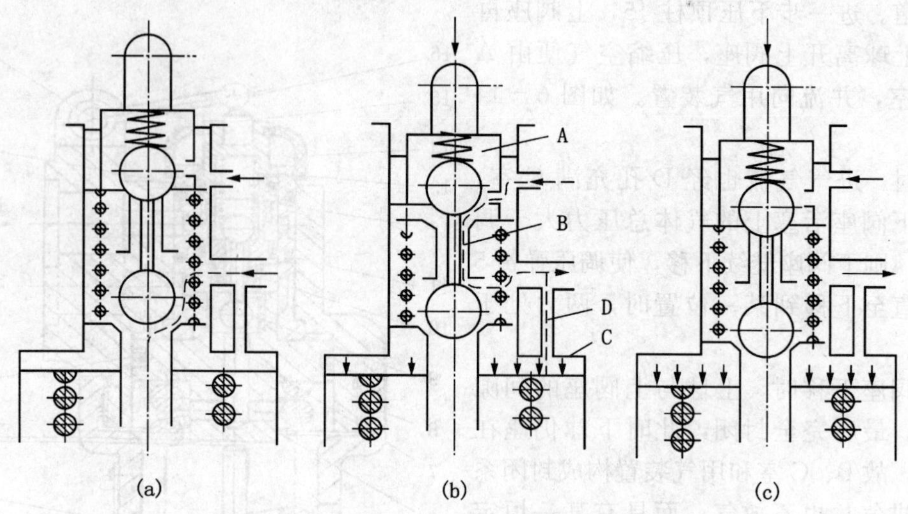

图 6-14　调压阀的工作原理图

(a) 排气时阀芯位置与气体流程；(b) 调压进气时阀芯位置与气体流程；(c) 保压时阀芯位置与气体流程

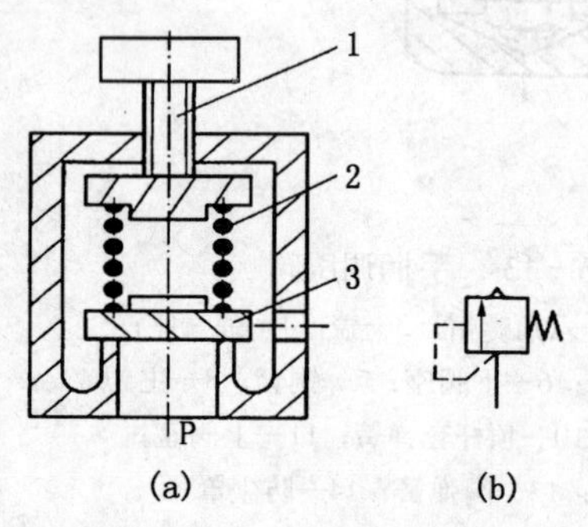

图 6-15　直动式溢流阀

(a) 结构原理图；(b) 图形符号

1—调节杆；2—弹簧；3—阀芯

机自动启停。

当管路气源中的压缩空气达到最大允许压力时，在空气压力作用下，阀芯离开阀座，并封死丝套 4 的通道，则压缩空气经出口流到控制压风机工作状态的二位三通气控阀（常开继气器）的控制气室，使常开阀关闭，切断压风机气胎离合器的气源，摘开压风机，压风机停止工作，如图 6-18 (b) 所示。

当气源管路内气压降到最低允许压力时，在弹簧作用下，阀芯坐到阀座上，气源压缩空气停止流入顺序阀，而出气口与丝套通道接通，即放气通路打开，使常开气控阀无控制气而处于常开状态，气源（即主气路）经二位三通阀向气胎离合器供气，挂合离合器，压风机工作，如图 6-18 (a) 所示。

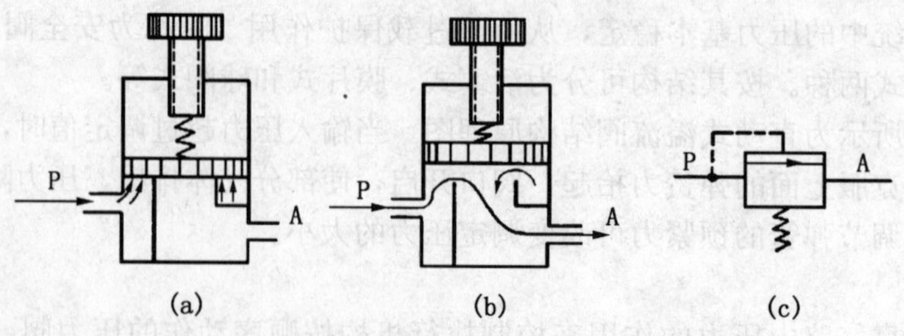

图 6-16　顺序阀的工作原理示意图

(a) 关闭状态；(b) 开启状态；(c) 图形符号

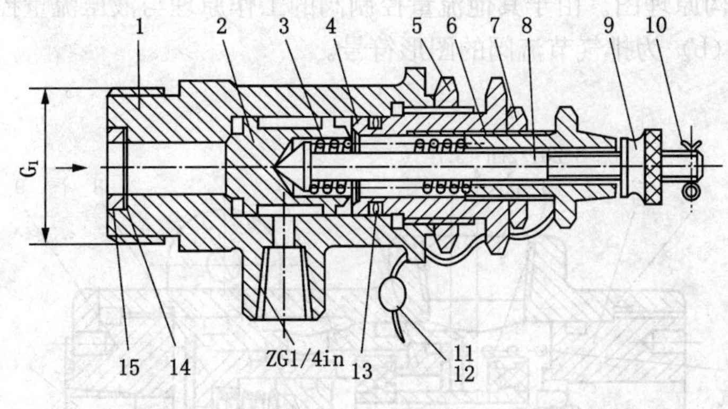

图 6-17　顺序阀

1—主体；2—阀；3—弹簧；4—丝套；5—并帽；6—调节套；7—螺母；8—顶杆；9—螺帽；10—开启销；11—铅封；12—铁丝；13—O 型圈；14—滤网；15—压环

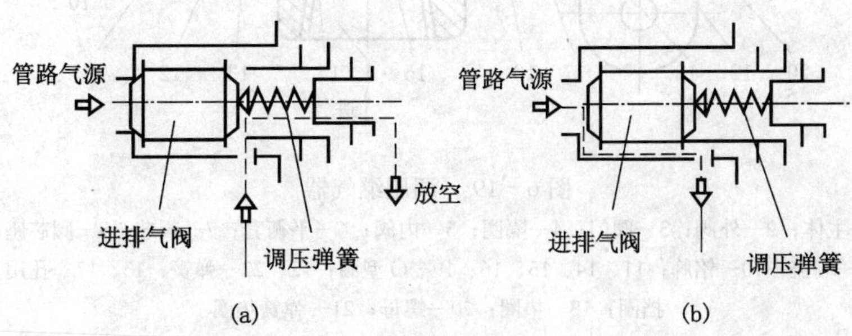

图 6-18　顺序阀工作原理

(a) 空压机工作时阀位置；(b) 空压机停车时阀位置

当管路气源压力逐渐升高而使阀芯打开后，由于阀芯的作用面在打开时比关闭时大，因而阀芯底面上的作用力大于弹簧的作用力，要使阀芯关闭，须待作用在阀芯底面的管路气源压力逐渐减小，直到低于弹簧压力时才能实现。上述过程决定了该阀的压力调节范围，调节范围一般在（2～3）$\times 10^5$ Pa。

4. 调压继气器

调压继气器的控制气是由调压阀供给压力可变的压缩空气，来自主气路的定压压缩空气通过调压继气器后，可以输出相应的压力可变的压缩空气至执行机构元件。

调压继气器的结构如图 6-19 所示。它有供气孔 I、送气孔 E、控制气孔 C 和排气孔 A。

当控制气自控制气孔 C 作用在阀芯表面时，推动阀门向左移动封死排气孔 A。同时，阀芯座在控制气的作用下带动平衡套继续向左移动，使内阀脱离阀门的右阀门，于是，主气路的压缩空气则由供气孔 I 经此间隙而流向送气孔 E，送往执行机构。当执行机构中的压力上升到某一定值时，平衡套则处于平衡状态。

若控制压力下降，则平衡套向右移动，带动内阀右移，进而又带动阀门右移，打开排气孔 A，E、A 连通，排出一部分工作气，达到在压力较低时的新的平衡，排气孔又关闭。

二、流量控制阀

流量控制阀的作用是通过改变阀的通气面积来调节压缩空气的流量，控制执行元件运动速度。它主要包括节流阀、单向节流阀、排气节流阀和行程节流阀。如图 6-20（a）所示为排气节流阀的结构原理图。由于其他流量控制阀的工作原理与液压流量控制阀相似，故不再重复。图6-20（b）为排气节流阀的图形符号。

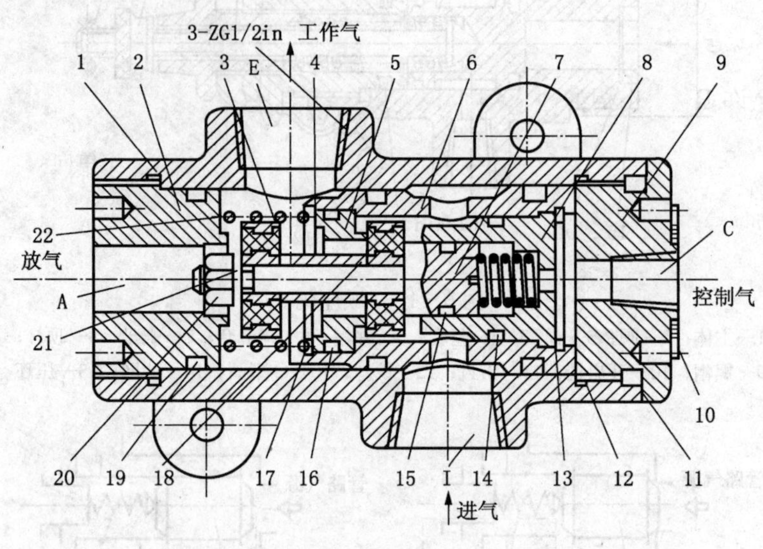

图6-19　调压继气器

1—主体；2—外阀；3—阀门；4—隔圈；5—内阀；6—平衡套；7—阀芯；8—阀芯座；9—端盖；10—铭牌；11、14、15、16、19—O型圈；12、22—弹簧；13、17—孔用挡圈；18—垫圈；20—螺母；21—弹簧垫圈

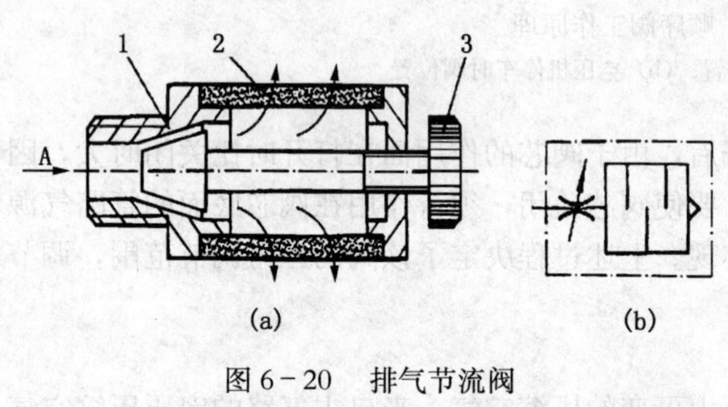

图6-20　排气节流阀

（a）结构原理图；（b）图形符号

1—节流口；2—消声套；3—手轮

排气节流阀的节流原理和节流阀一样，也是靠调节流通面积来调节流量的。由于节流口后有消声器件，所以它必须安装在执行元件排气口处。调节排入大气中的流量，这样排气节流阀不仅能调节执行元件的运动速度，还可以起降低排气噪声的作用。从图6-20（a）可以看出，气流从A口进入阀内，由节流口1节流后经由消声材料制成的消声套排出。调节手轮3，即可调节通过的流量。

三、方向控制阀

方向控制阀的作用是控制压缩空气的流动方向和气流的通断。方向控制阀种类很多，也有与液压方向阀相似的多种分类方法，故不再重复。

1. 单向阀

单向阀的作用是只允许气流向一个方向流动。它包括单向阀、梭阀和快速排气阀等。

1）单向阀

如图6-21（a）所示为单向阀结构原理图，当气流由P口进入时，气压力克服弹簧力和阀芯与阀体之间的摩擦力，使阀芯左移，阀口打开，气流正向通过。为保证气流稳定流动，P腔与A腔应保持一定压力差，使阀芯保持开启状态。当气流反向进入A腔时，阀口关闭，气流反向不通。如图 6－21（b）所示为单向阀的图形符号。

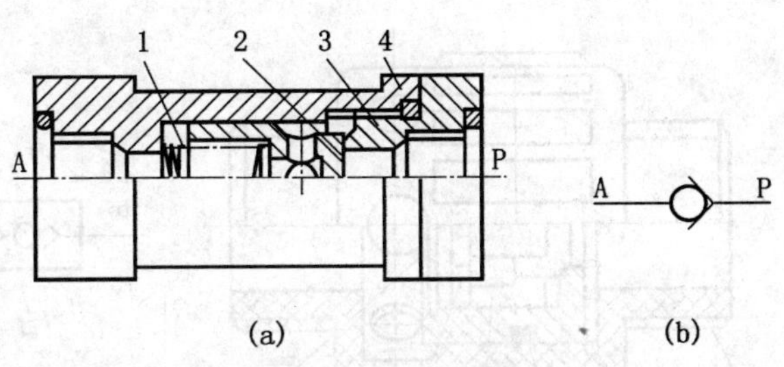

图 6－21　单向阀

（a）结构原理图；（b）图形符号

1—弹簧；2—阀芯；3—阀座；4—阀体

2）梭阀

如图 6－22（a）所示为梭阀结构图。当需要两个输入口 P_1 和 P_2 均能与输出口 A 相通，而又不允许 P_1 与 P_2 相通时，就可以采用梭阀。当气流由 P_1 进入时，阀芯右移，使 P_1 与 A 相通，气流由 A 流出。与此同时，阀芯将 P_2 通路关闭。反之，P_2 与 A 相通，P_1 通路关闭。若 P_1 和 P_2 同时进气，哪端压力高，A 就与哪端相通，另一端自动关闭。图 6－22（b）为梭阀的图形符号。

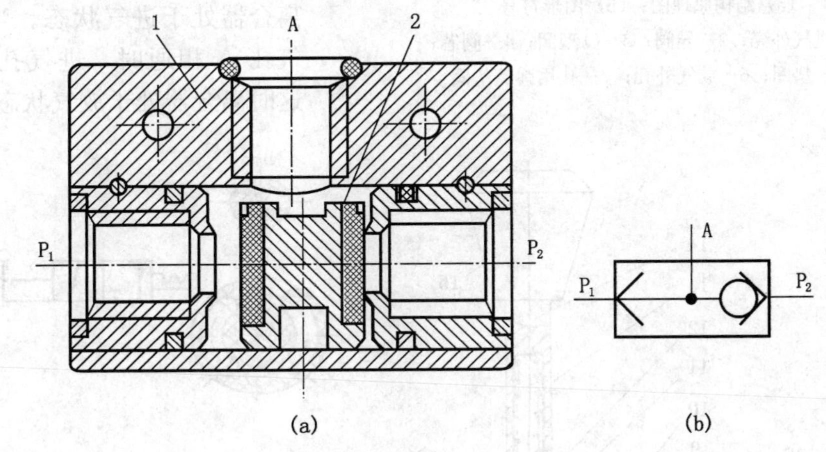

图 6－22　梭阀

（a）结构原理图；（b）图形符号

1—阀体；2—阀芯

3）快速排气阀

快速排气阀主要用于迅速排放出气胎、气盘、气缸等执行元件内的压缩空气，提高传动系统的启、停灵敏度，延长摩擦零件的寿命。

如图 6－23（a）所示为快速排气阀结构图。该阀是利用导阀与阀芯在进、放压缩空气的作用下进行工作。

快速排气阀在工作（进气）时，导阀和阀芯由压缩空气推向放气外壳一端，导阀与外壳贴合密封，将进气与放气通道截断，使压缩空气进入执行元件。排气时（即进气中断），在执行元件内压缩空气的作用下，导阀与阀芯被推向进气外壳一端，此时导阀与阀芯将进气通路堵死，放气通路被打开，执行元件内的压缩空气迅速排入大气中。快速排气阀安装在靠近气胎离合器的位置，可以减少离合器的打滑时间。

2. 换向阀

换向阀的作用是通过改变气流通道，改变气流方向，以改变执行元件运动方向。

1）二位三通转阀（二通气开关）

二位三通转阀用于控制离合器的进气或放气，从而决定了执行机构的工作与否。

二位三通转阀的结构如图 6－24 所示，它由主体、滑阀、盖、转轴、手柄等主要零件组成。在主体上有通进气管线的孔 I，有与执行机构管线相连的孔 E，还有与大气相通的孔 A。盖与本体用圆柱头螺钉连接。盖内装有转轴、滑阀、弹簧等零件，转轴的四方端头与手柄套相配合。当手柄转动时，转轴也转动，转轴带动滑阀转动；当手柄处于不同位置时，滑阀也有不同位置，因而可以得到不同工作状态。当进气孔 I 和 E 孔相通时，通大气孔 A 被堵住，这时所控制的离合器处于进气状态。当 E 孔和大气孔 A 相通时，进气孔 I 被堵住，这时离合器处于放气状态。

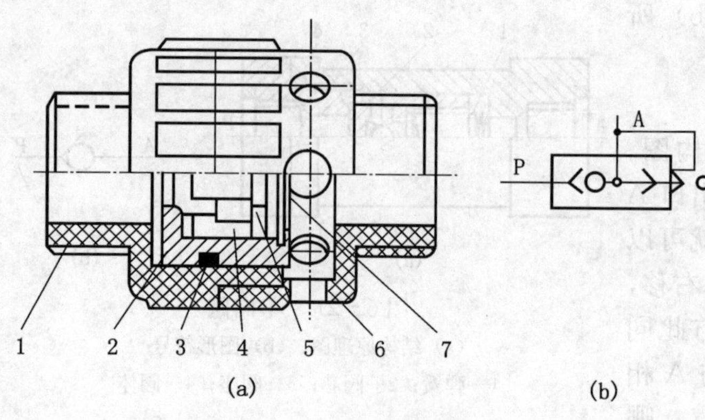

图 6-23 快速排气阀

(a) 结构原理图；(b) 图形符号

1—进气外壳；2—导阀；3—O 型圈；4—阀芯；5—垫圈；6—放气外壳；7—孔用弹簧垫圈

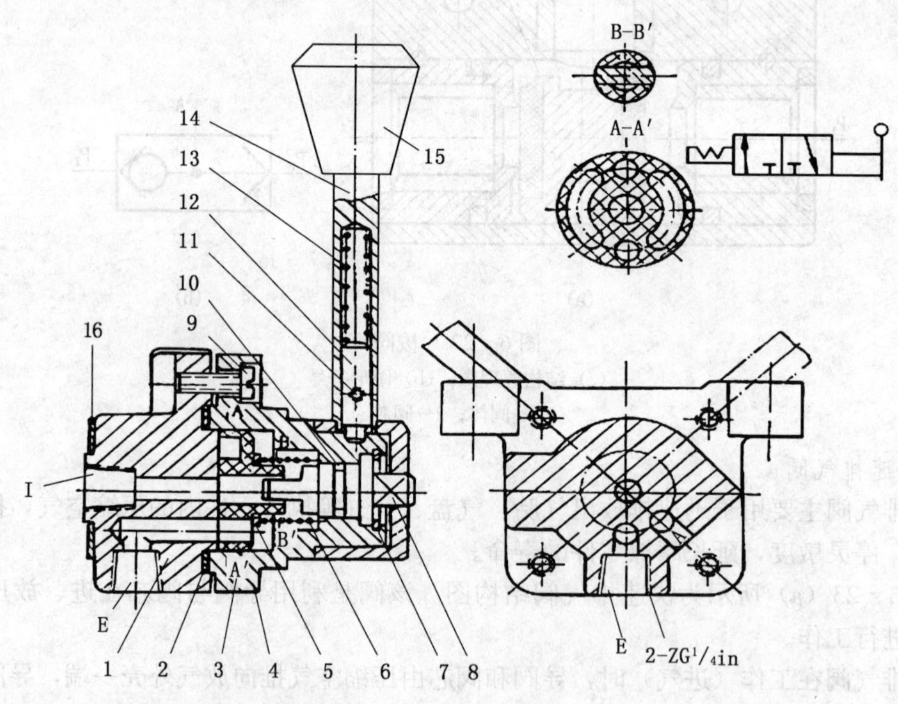

图 6-24 二位三通转阀

1—主体；2—密封圈；3—滑阀；4—盖；5—弹簧垫；6—弹簧；7—孔用弹簧挡圈 ϕ22；8—转轴；9—圆柱头螺钉；10—O 型圈 $\phi16\times2$；11—圆柱头螺钉；12—定位销；13—弹簧；14—手柄套；15—手柄；16—铭牌

2）三位五通转阀（三通气开关）

三通气开关是控制两个相互有连锁关系的气动离合器的，也就是说这两个气动离合器不允许同时进气。三通气开关的结构、原理和二通气开关基本相同，如图 6-25 所示。所不同的是在主体上它有两个通大气孔 A_1 和 A_2，两个执行机构的送气孔 E_1 和 E_2。利用手柄操作位置的不同，可以得到三个不同的工作状态：一是 I 进气，E_1 通气，E_2 与大气孔 A_2 相通；

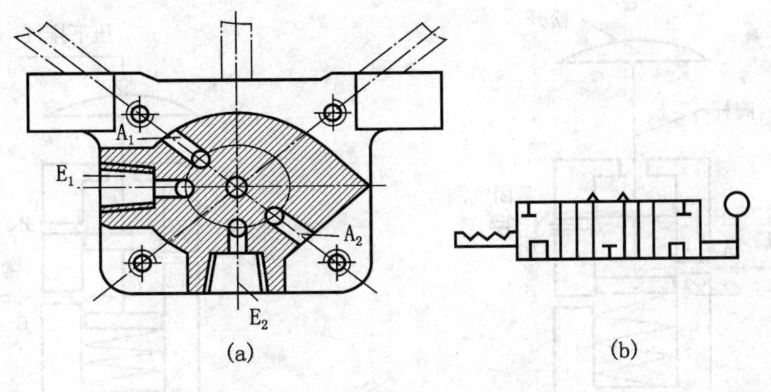

图 6-25　三位五通转阀（三通气开关）

(a) 结构原理图（其余部分同图 6-24）；(b) 图形符号

二是 I 进气，E_2 通气，E_1 与大气孔 A_1 相通；三是 I 孔被堵住，E_1 与 A_1 相通，E_2 与 A_2 相通，均处于放气状态。

3）二位三通按钮阀

按钮阀的作用是只要按下按钮，就可从气路中分配压缩空气至需要供气处，或者将某控制元件的压缩空气放入大气，它用于防碰天车气路和刹车气缸放气。其结构如图 6-26 所示。它由弹簧，可上、下活动的阀杆以及三个通气孔 A、B 和 C 组成。

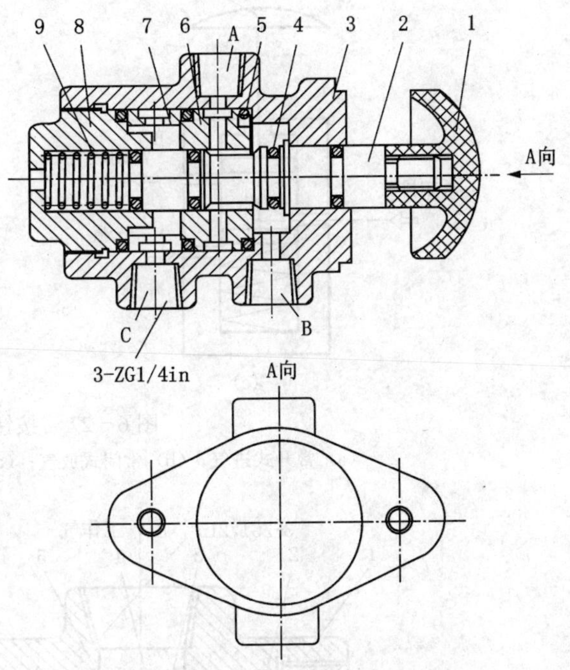

图 6-26　按钮阀

1—按钮；2—阀杆；3—主体；4、5—O 型圈；6—衬套；7—衬垫；8—并帽；9—弹簧

它有常开和常闭两种接法，其工作情况如图 6-27 所示。

4）气动二位三通阀（两用继气器）

气动二位三通阀结构如图 6-28 所示，它由控制气室、常闭气室、常开气室和一个活动阀门构成。它主要靠控制室的进放气推动活塞，开启和关闭阀门来完成气胎离合器大气量气缸的进放气。两用继气器的作用原理，按气路管线连接方法的不同，分为常闭使用法和常开使用法两种。

常闭使用法的工作原理如图 6-29 所示。如图 6-29（a）所示为常闭使用法进气时阀门的工作位置；如图 6-29（b）所示为常闭使用法放气时阀门的工作位置。

当常闭使用时，孔 I 接通供气干线，孔 II 接通大气。当控制气进入继气器室后，推动阀芯压缩弹簧产生移动，使阀门和外阀密封；而内阀和阀门脱开，造成孔 I 和孔 E 相通，于是干线气进入执行机构。当控制气放空后，则在弹簧的作用下阀门又恢复到原来的位置，执行机构的压缩空气由孔 Ⅱ 又放入大气。

常开使用法的工作原理如图 6-30 所示。如图 6-30（a）所示为进气时阀门的工作位

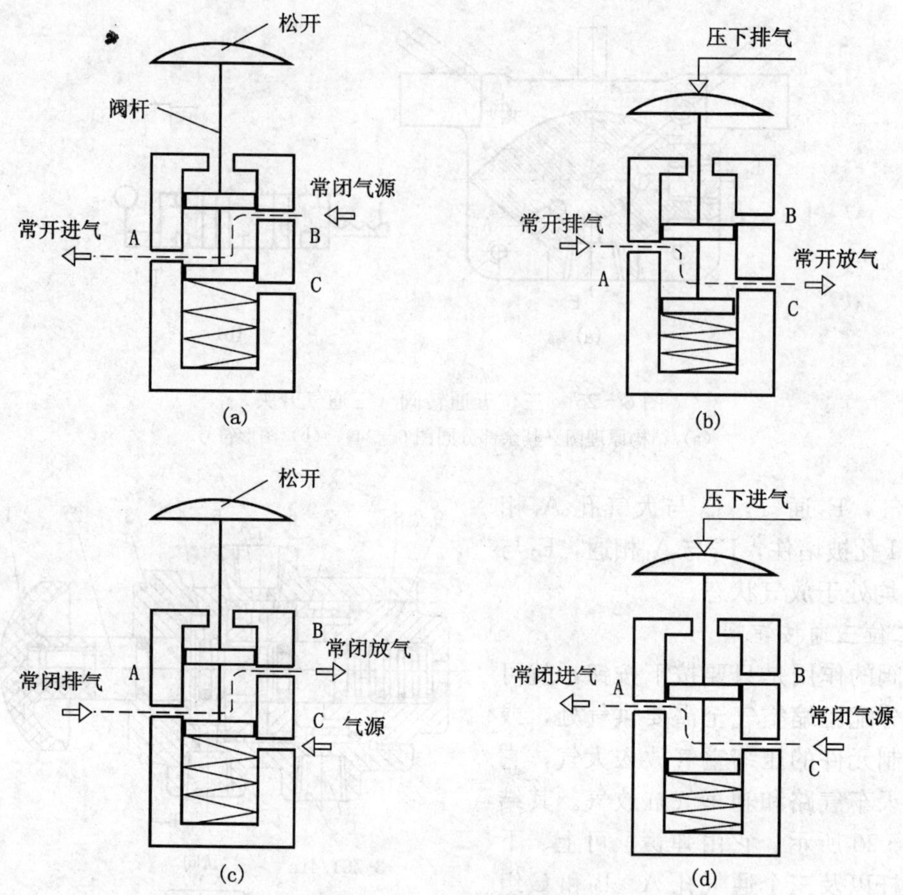

图 6-27　按钮阀原理图

(a) 常开式进气；(b) 常闭式放气；(c) 常闭式放气；(d) 常闭式进气

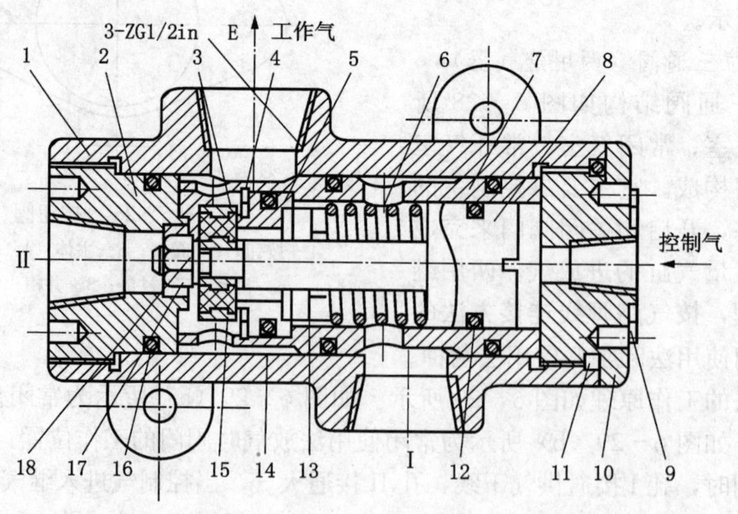

图 6-28　气动二位三通阀（两用继气器）

1—主体；2—外阀；3—阀门；4—孔用挡圈；5—内阀；6—弹簧；7—内套；8—阀芯；9—铭牌；10—端盖；11、12、14、16—O 型圈；13—导套；15—垫圈；17—螺母；18—弹簧垫圈

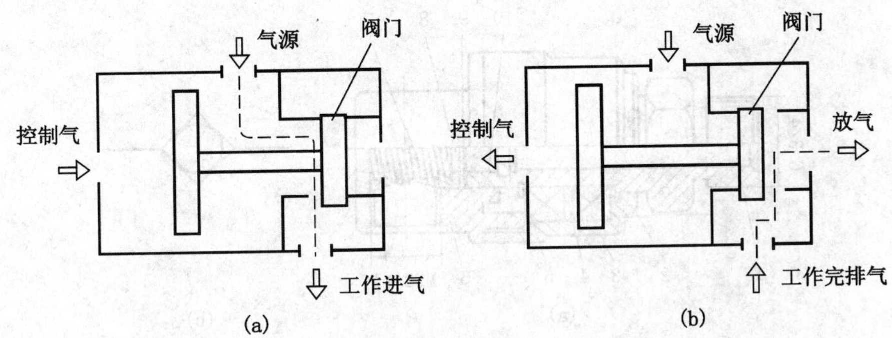

图 6－29　常闭使用法

(a) 进气时阀门工作位置；(b) 放气时阀门工作位置

置；如图 6－30（b）所示为放气时阀门的工作位置。

常开使用时是将常闭使用时的两通道反接，即原孔Ⅰ与孔Ⅱ对换，而将孔Ⅱ接通供气干线，孔Ⅰ接通大气。当无控制气时，在弹簧的作用下，阀门与内阀密封，干线气进入执行机构；当控制气作用以后，阀门和外阀密封，执行机构中的压缩空气经由孔Ⅰ放入大气。它和压力调节阀组成自动压风机的自动控制系统。

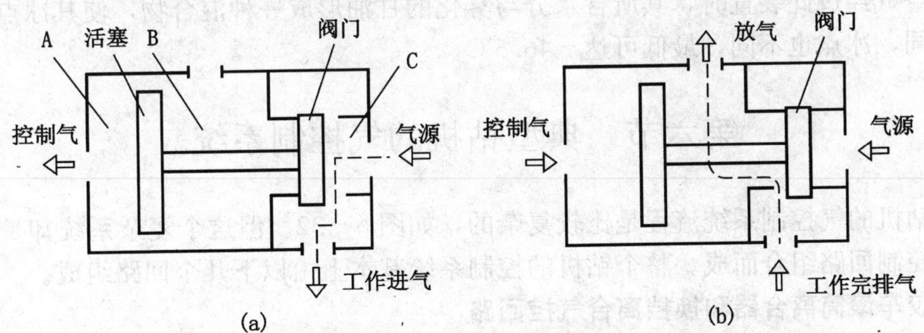

图 6－30　常开使用法

(a) 进气时阀门工作位置；(b) 放气时阀门工作位置

第五节　辅助元件

一、单向导气龙头

单向导气龙头用于连接不转动的供气管线和装有气动摩擦离合器的转动轴头，从而将压缩空气导入气动摩擦离合器。其结构如图 6－31（a）所示。

单向导气龙头主要由转动部分——冲管、静止部分——外壳和端面密封部分构成。冲管与转动的轴头相连接并随之转动，密封盖在弹簧力的作用下与冲管端面贴合，形成一个相对运动的密封通道。

压缩空气通过导气龙头盖上的孔进入轴中，流经冲管和轴内部通道到达离合器。密封圈、O 型圈和压圈用以保证旋转部分和不旋转部分之间的密封。

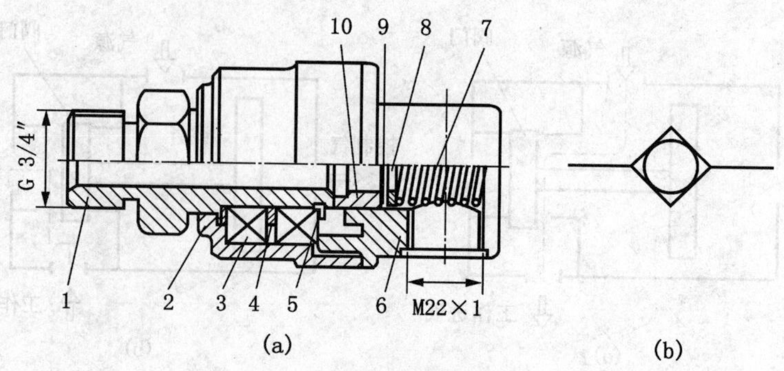

图 6-31 单向导气龙头
(a) 结构原理图；(b) 图形符号
1—冲管；2—主体；3—轴承；4—隔圈；5—轴用弹簧挡圈；
6—盖；7—弹簧；8—压圈；9—O 型圈；10—密封圈

二、酒精防凝器

此装置用于将酒精蒸汽混入压缩空气的水分中，而合成一种混合物，从而使其冰点显著降低，最低可达-68℃，不同比例的乙二醇—水的冰点是不同的，可适用于低温地区。

三、甘油防凝器

压缩空气经过此装置时，其所含水分与雾化的甘油形成一种混合物，使其冰点降低。混合比例不同，冰点也不同，最低可达-46.5℃。

第六节 典型钻机的气控制系统

石油钻机的气控制系统流程是比较复杂的，如图 6-32。但这个复杂系统却是由一些简单的基本控制回路组合而成。整个钻机的控制系统基本上由以下几个回路组成。

一、绞车滚筒离合器和换挡离合气控回路

如图 6-33 所示，石油钻机系统的气源是由二位三通气控阀 9 供给。

当防碰天车起作用时，由防碰天车来的压缩空气使控制阀 9 处于断气位置，整个系统断气，总离合器，滚筒离合器等摘开，起到安全保护作用。

正常情况下，压缩空气经二位三通气控阀 9，分为三路：一路去换挡控制系统；一路经三位四通转阀 7 控制总离合器，换挡离合器，惯性刹车离合器等；一路经二位三通旋塞阀 10、手柄调压（减压）阀 1、调压继动阀等控制滚筒离合器。

三位四通转阀 7 处于中位时，总离合器、换挡离合器、惯性刹车离合器等均为放气，处于摘开状态，阀 7 处于左位时，二位三通气控阀 8 有控制气，处于右位，换挡离合器进气挂合，同时阀 7 向二位三通转阀 6 供气，阀 6 处于左位不通，使二位三通气控阀 5 断气，总离合器摘开。当阀 6 处于右位，向阀 5 提供控制气，使阀 5 处于右位、向总离合器供气，总离合器挂合；阀 7 处于右位时，至总离合器的气路断气，总离合器摘开。同时阀 7 向惯性刹车离合器供气，起到刹车的作用。

二、转盘和钻井泵气控回路

转盘和钻井泵的气控回路比较简单，如图 6-34 和图 6-35 所示。

如图 6-34 所示为转盘的气控回路，当二位三通转阀 3 处于左位时，调压继动阀无控制

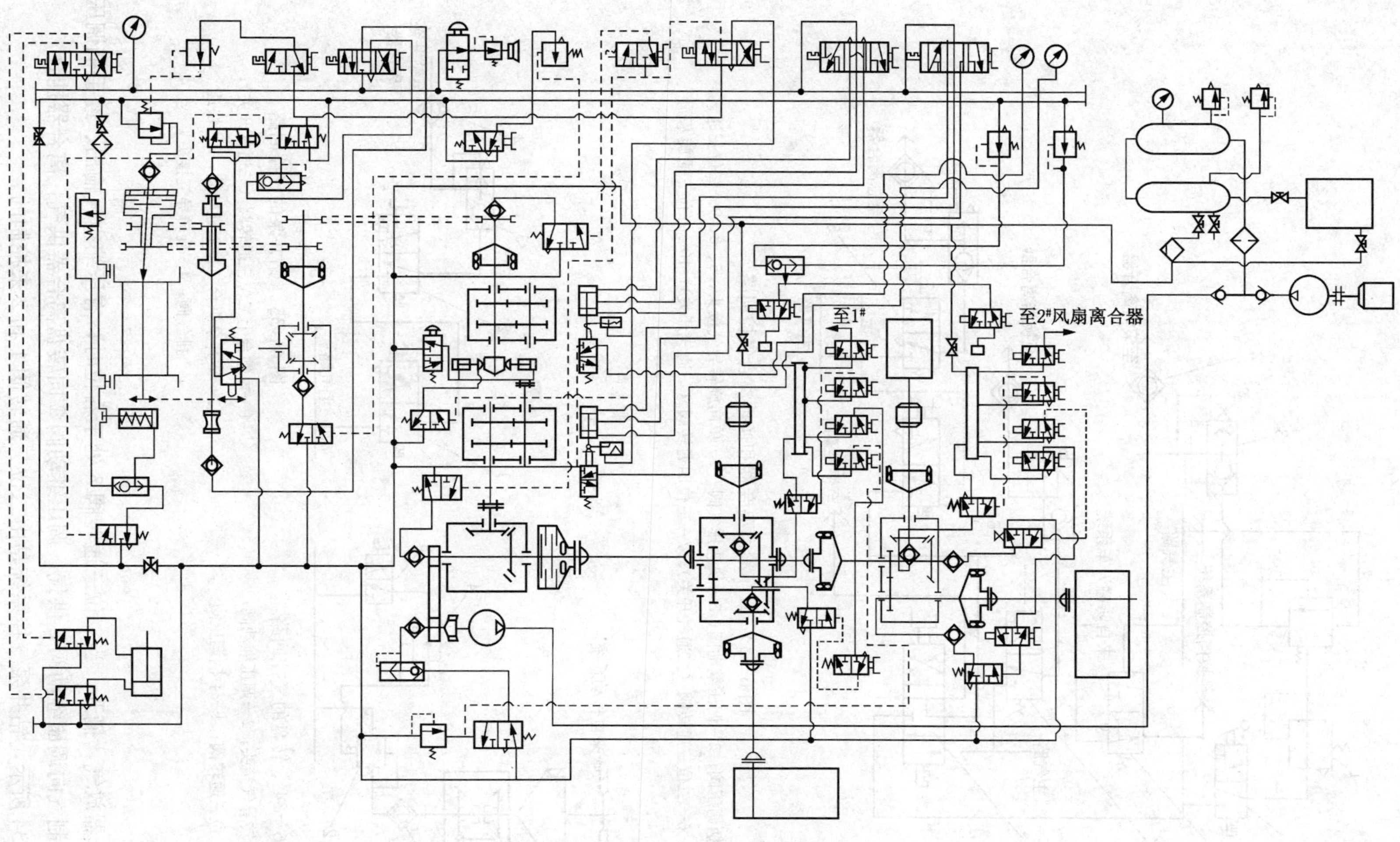

图 6-32　石油钻机气控制系统流程图

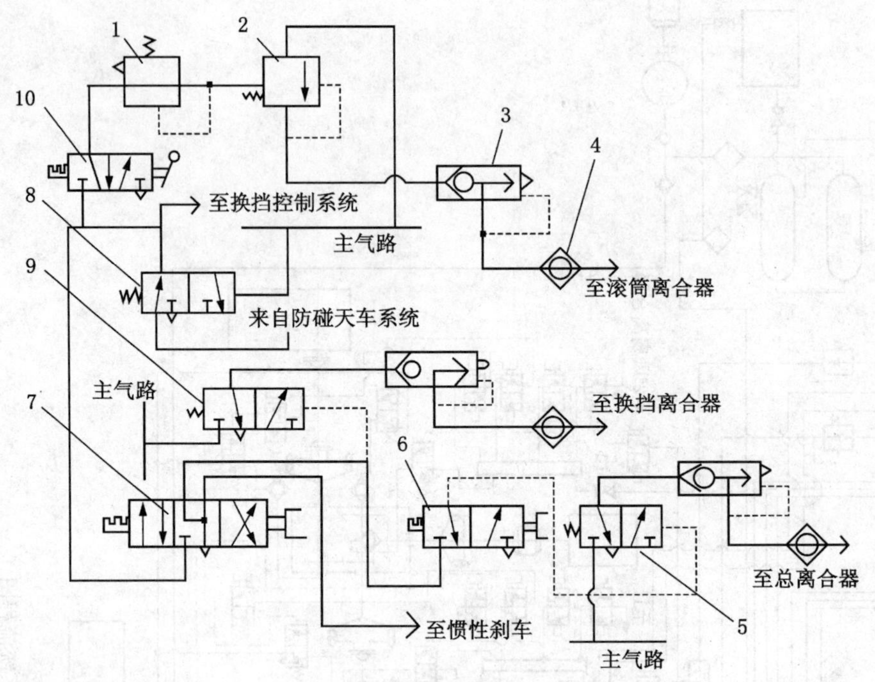

图 6－33　绞车滚筒离合器和换挡离合气控回路

1—手柄调压阀；2—调压继动阀；3—快速排气阀；4—单向旋转导气接头；5、8、9—二位三通气控阀；6—二位三通转阀（二通气开关）；7—三位四通转阀（三通气开关）；10—二位三通旋塞阀

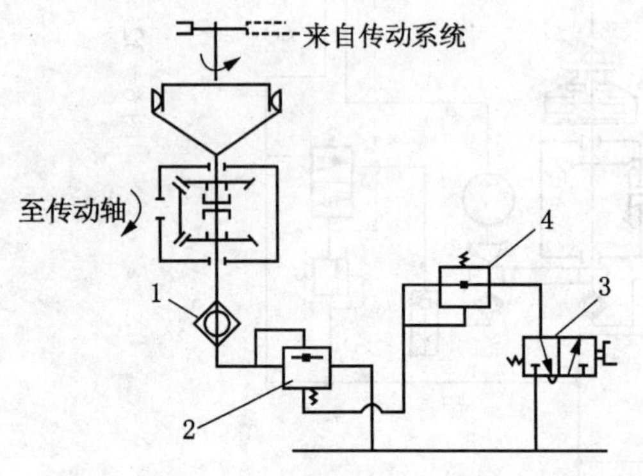

图 6－34　转盘的气控回路

1—旋转导气接头；2—调压继动阀；3—二位三通转阀；4—手柄调压阀

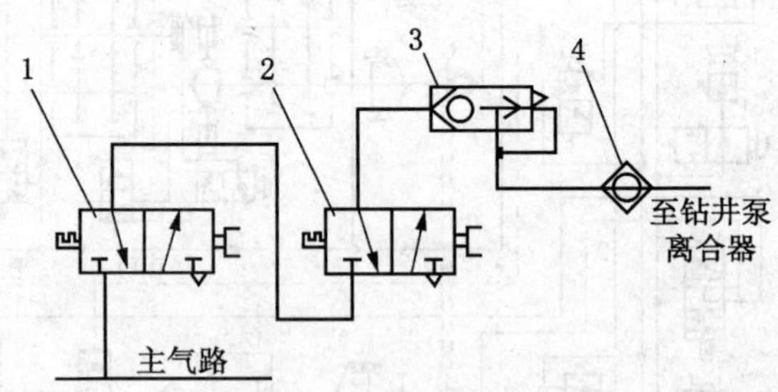

图 6－35　钻井泵的气控回路

1—司钻台上二位三通转阀（二通气开关）；2—钻井泵纵台二位三通转阀；3—快速排气阀；4—旋转导气接头

气，转盘离合器放气，摘开。当二位三通转阀 3 处于右位时，有压缩空气输出、经手柄调压阀 4，作为控制气向调压继动阀 2 供气，调压继动阀 2 向转盘离合器供气，离合器挂合。

如图 6－34 所示，钻井泵气控系统是由二位三通转阀 1 和 2 来控制的。

三、防碰天车气控回路

防碰天车气控回路如图 6－36 所示。在游动系统提升过程中，如果因为机械或人为的原因超过预先调节好的高度时，由于防碰天车链传动装置的作用，使二位三通机控阀（顶杆阀）12 开启，主气路的压缩空气经机控阀 12，再经二位三通手动阀（按钮阀）8 后，气流分为两路：一路控制二位三通气控阀（常闭）1 开启，使主气路中的压缩空气，经梭阀 2 进入刹车气缸 3，刹住旋转的滚筒；另一路进入二位三通气控阀 9（常开），切断由主气路来的气。因此，一方面使手柄调压阀 10 无输出，调压继动阀 11 无控制气输入而放空，摘开滚筒离合器 3；另一方面，为了确保安全可靠，由二位三通气控阀 9 供气的三位四通阀和二位三通转阀也无压缩空气输出，因此二阀控制的总离合器也就摘开。

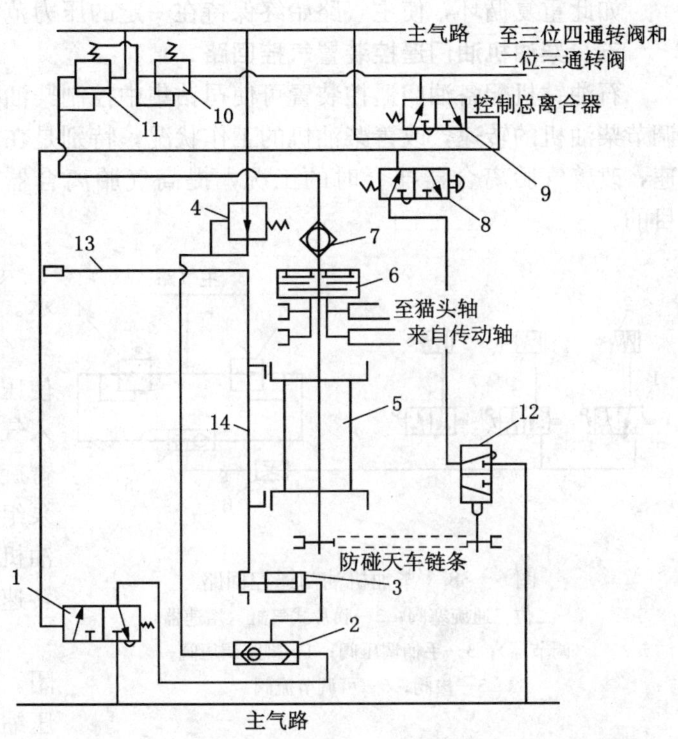

图 6－36　防碰天车气控回路

1—二位三通气控阀（常闭继气器）；2—梭阀（换向阀）；3—刹车气缸；4—手柄调压阀（司钻阀）；5—滚筒；6—滚筒离合器；7—单向导气旋转接头；8—二位三通手动阀（按钮阀）（常开）；9—常开二位三通气控阀；10—手柄调压阀；11—调压继动阀（调压继气器）；12—二位三通机控阀（顶杆阀）；13—刹把；14—刹车气缸

总之，当防碰天车装置的顶杆阀起作用后，同时有三方面的情况发生，即由于刹车气缸动作而刹车，摘开滚筒离合器和总离合器。

待处理完后，按下按钮阀 2（即梭阀，或称为换向阀），使刹车气缸放气，下放游动系统，恢复正常工作。

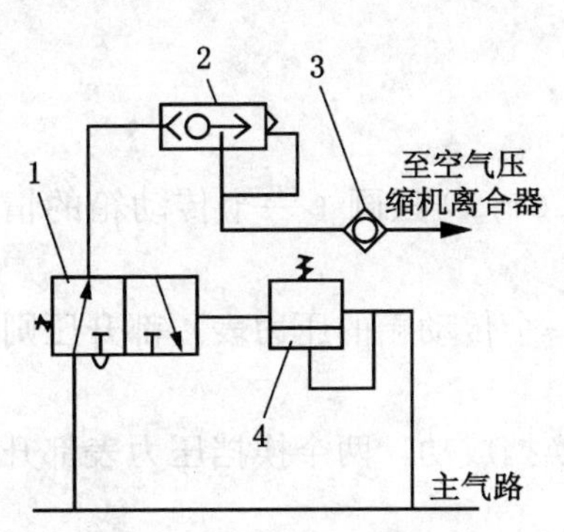

图 6－37　空气压缩机自动控制回路

1—二位三通气控阀；2—快速排气阀；3—单向旋转导气接头；4—顺序阀

四、空气压缩机自动控制回路

前面提到石油钻机气控制系统中有一台自动压风机，实际是一台普通的空气压缩机配上气控系统，实现自动停或开。其控制回路如图 6－37 所示。

当主气路（储气罐）的压力达到工作所需要的压力时（如 8×10^5 Pa），气体压力克服顺序阀的弹簧力将阀芯顶开，同时将螺丝套的放气孔关闭，顺序阀有气输到二位三通气控阀（常开继气器），在控制气作用下，阀 1 换向，处于右位，关闭主气路与空气压缩机离合器的通道，该离合器放气，空气压缩机停车。当主气路压力降到某一值时（如 6.5×10^5 Pa），顺序阀的阀芯在弹簧作用下复位，关闭阀 4 的通路、阀 1 因无控制气而开启，阀 1 向空气压缩机离合器供气，离合器挂合，空气压缩机工作。同时阀 4 丝套放空口打开，阀 1 控制余气由阀 4 的丝套放空口放空。

如此重复循环，使主气路始终保持在一定的压力范围，如（6.5～8）$\times 10^5$Pa。

五、柴油机油门遥控装置气控回路

石油钻机配备油门遥控装置可使司钻集中控制柴油机油门，根据钻井作业的需要，及时调节柴油机的转速，改善柴油机的工作状况，特别是在起、下钻作业中及时调节柴油机的转速，改善气胎离合器挂合时的工况，提高气胎离合器的寿命，同时可以达到节约柴油的目的。

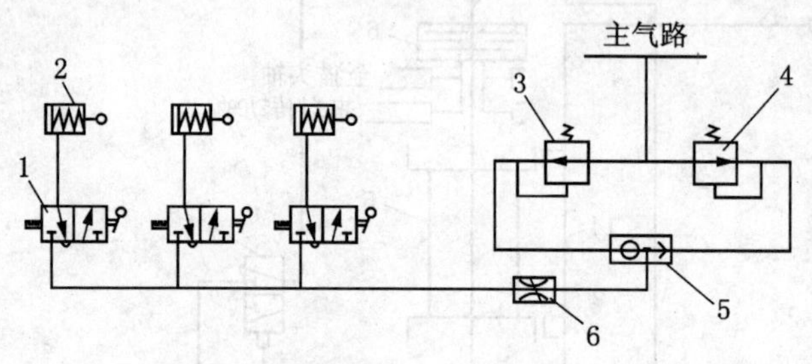

图6－38　柴油机油门遥控回路

1—二位三通旋塞阀；2—膜片式气缸（增速器，调节器）；3—手柄调压阀；4—脚踏调压阀；5—梭阀；6—可调节流阀

柴油机油门遥控回路如图6－38所示。

在正常钻进时，开启手柄调压阀，使压缩空气经梭阀、节流阀、旋塞阀进入气缸，使气缸的活塞杆伸出，推动摇臂旋转，又通过连杆机构带动柴油机油泵组的摇臂旋转，使油门加大，提高柴油机转速，并稳定在预先已调好的某一转速下运转。

在起、下钻作业时，首先把阀3关闭。利用脚踏调压阀4，当阀4开启时，压缩空气经阀5，阀6及阀1缓慢进入气缸中，活塞伸出，使油门加大，柴油机转速升高。当松开阀4时，控制气断开，活塞杆恢复原位，柴油机转速由高速降到低速运转。

在上述进气过程中，二位三通旋塞阀应处于开启位置。该阀可设置在柴油机房，控制柴油机的转速（在阀3或阀4开启状态下）。

六、气控换挡回路

为了操作方便，钻机换挡可采用气控换挡，在起、下钻井作业和钻进作业时，由司钻根据需要和钻机的能力进行气控换挡。如图6－39所示为ZJ130－3钻机气控换挡回路。

气换挡操作程序如下：

（1）摘开总离合器（TQL—2×700）；

（2）摘开挂挡离合器（TQL—2×600）；

（3）挂合惯性刹车（TQL—500）；

（4）利用三位五通转阀，使三位气缸处于所需挡位（图6－39只画了一个传动箱的情况）；

（5）摘开惯性刹车，若换挡压力表（图6－39只画出了一个传动箱的压力表）都升压则换挡成功，若两个或一个不升压，则表示换挡未成功；

（6）换挡未成功时，按下按钮阀，微摆机构动作，可使换挡成功，两个换挡压力表都升压。微摆机构由微摆气缸与惯性刹车组成；

（7）挂合换挡离合器与总离合器。

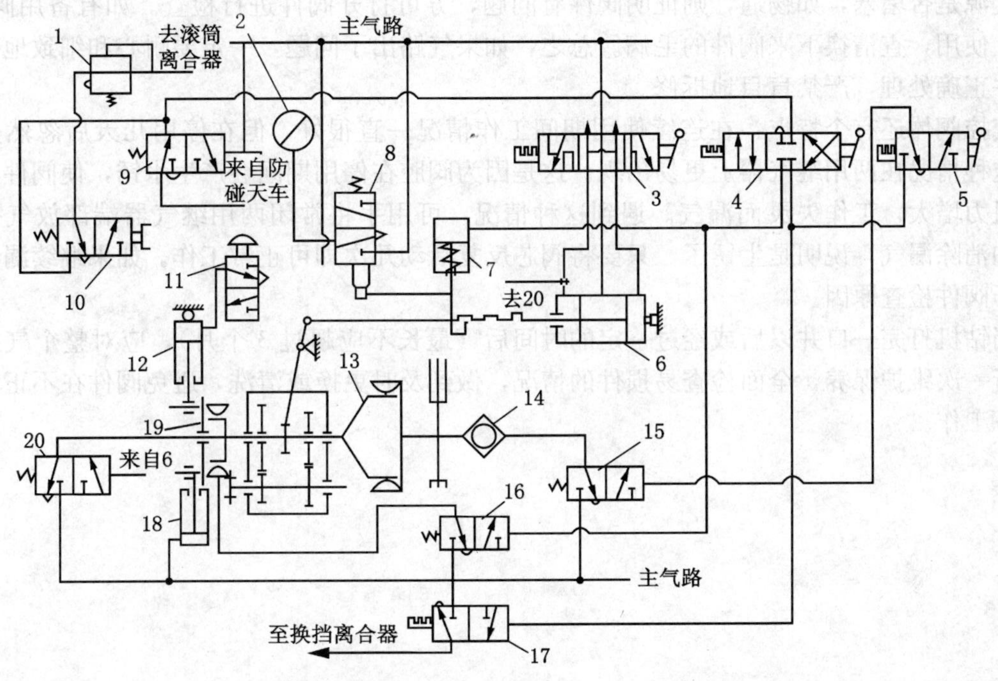

图 6-39　ZJ130-3气控换挡回路

1—手柄调压阀；2—换挡压力表；3—三位五通转阀；4—三位四通转阀；5—二位三通转阀；6—三位气缸；7—锁紧气缸；8—二位三通机控阀；9、15、16、17、20—二位三通气控阀；10—二位三通旋塞阀；11—二位三通按钮阀；12、18—微摆气缸；13—总离合器；14—单向旋转导气接头；19—惯性刹车

第七节　钻机气控制系统的维护保养

气控制系统的故障会给生产带来严重影响。因此维护、保养好钻机的气控制系统是很重要的，通常必须注意以下几方面：

（1）防止压缩空气的漏失。气控制系统的正常工作，必须保证供给一定数量和一定压力的压缩空气，否则会出现动作失误或出力不足等事故。因此，要减少漏气，就必须注意各气控元件以及管线接头等的密封。在动力机停止运转时，不允许有空气的漏失声。停车后，挂合全部离合器，管线压力的下降应在允许范围内，对于 ZJ130-3 钻机来说，在压缩空气压力不低于 9 个大气压时，历时 30min 降压不超过 1 个大气压。

（2）注意管道的清洁。如果有污物、杂质进入气管就会使阀件失灵。钻机移运时，拆开的管路接头必须保护好，金属管线的敞口均需用软木塞堵死。管线安装前应用压缩空气清扫管道，然后再接，绝不可大意。

（3）当发现气控阀件工作失灵时，不要不加分析地就随便拆开阀件，因为气控阀件的失灵原因很多，有时并不是阀件本身有毛病，而是由于气路管线堵塞或空气压力太小（气源压力低，管线漏气严重）等原因引起。所以，必须分段检查，方法是：先由控制阀、控制管线，至遥控阀件，分段打开气接头，检查通气情况。如控制气路畅通，再检查工作气路是否畅通，方法是：先将阀的出气口管线脱开，检查通气情况，如不畅通，还得检查阀的进气管线的气源是否堵塞，如畅通，则证明阀件有问题，方可打开阀件进行检查。如有备用阀件，先换上使用，查清换下来阀件的毛病。总之，如果气路出了问题，一定要耐心和细致地查明原因并正确处理，严禁盲目地拆修。

气控阀体还有个特点：在连续使用期间工作情况一直很好，但在停用几天后忽然失灵了。这种情况在两用继气器上更易出现。这是因为阀腔在停用期间会产生水锈，使阀件活动部位阻力增大，工作失灵而漏气。遇到这种情况，可用手将常闭两用继气器端部放气孔堵死，如消除漏气，说明是生锈了。只要将阀芯反复活动几次即可正常工作。如果继续漏气则须打开阀件检查原因。

当钻机打完一口井以后或经过一定的时间后（最长不应超过 3 个月），应对整个气控系统进行一次维护保养，全面检查易损件的情况，做到及时更换或清洗，避免阀件在不正常的状态下工作。

第七章　海洋石油钻井设备

海洋覆盖了地球约71%的表面积，蕴藏着丰富的石油资源。据预测，海洋石油资源占全球石油总资源的三分之一到二分之一。我国拥有丰富的海洋资源，油气资源沉积盆地约 $70\times10^4km^2$，石油资源量估计为 240×10^8t 左右，天然气资源量估计为 $14\times10^{12}m^3$，虽然我国的海洋石油工业在20世纪60年代才起步，但发展迅速。

与陆上石油钻井相比，由于地理位置和环境条件的不同，海洋石油钻井有很多特殊性。本章主要叙述海洋钻井设备的特点、海洋钻井水下装置与升沉补偿等问题。

第一节　海洋石油钻井平台

在海上钻井时，不能直接将钻机安装在海里，需要有一个海上基地，以便安装钻机的各个系统、配备相应器材、提供物资存放和人员作业及生活的场所，这个海上基地就叫做海洋石油钻井平台。

一、海洋石油钻井平台的组成

1. 动力设备

海洋钻井用动力设备主要包括：

(1) 钻井用动力设备。如柴油机、直流发电机、直流电动机等。

(2) 船用航行动力设备。如浮动钻井船用的柴油机等，一般称为轮机。

(3) 浮船定位用动力设备。如动力定位钻井平台定位螺旋桨用的柴油机等。

(4) 桩脚升降用动力设备。如自升式钻井平台升降船体时所用的电动机等。

(5) 其他辅助工作动力设备。如锚泊、照明、起重等用的电动机、发电机等。

2. 钻井设备

海洋钻井用绞车、转盘、钻井泵、井架等与陆上钻机基本相同，此外，特殊设备主要有：

(1) 升沉补偿装置。它用来解决平台随波浪升沉运动的钻压补偿问题。

(2) 钻井水下设备。用以隔绝海水，并造成自平台到海底井口装置间的通道。对于采用水下井口的钻井平台或钻井船，均需配备一套钻井水下设备。

(3) 钻杆排放装置。在钻井平台和钻井船上多采用卧式钻杆排放装置，主要包括立根移送机构、钻杆排放架和控制台。

3. 固井设备

为了进行固井作业，需要配备一套完善的固井设备。成套固井设备包括：柴油动力机组、注水泥机组、控制及计量设备、气动下灰装置、水泥搅拌设备和供水设备。

4. 试油设备

为了独立地在海上进行试油，钻井平台上需配备有成套的试油设备。主要包括：分离器、加热装置、试油罐、燃烧器和测量仪表等。

5. 起重与锚泊设备

（1）起重设备。主要有甲板上的起重机以及管类器材储存场和其他辅助工作用的起重机。

（2）锚泊设备。钻井平台或钻井船工作时需要抛锚定位，故应加设锚泊设备。主要有大抓力锚、锚架、绞车、链条、锚缆绳、绞盘或缆桩等。

6. 平台与船体结构

主要有固定平台的桩柱、桁架结构；移动平台的船体、甲板桩脚、沉垫浮箱、支柱桁架；浮式钻井船的船体、甲板等。

7. 其他设备

如潜水作业用设备，直升机等运输设备，救生艇等安全、防火设备，还有吸取海水、供应淡水、海水淡化装置等其他生活辅助设备。

二、海洋石油钻井设备的特殊问题

1. 船体定位问题

当使用钻井船、半潜式钻井平台等时，由于船体或平台处于漂浮状态，受波浪的影响，摆动很大。因此，应采取措施保持这些设备对井口的定位。目前主要有锚泊定位和动力定位。

2. 升沉运动补偿问题

钻井平台在海浪作用下，除发生前后左右的摇摆外，还将产生上、下升沉运动。平台随波浪周期性地上、下升沉将引起整个钻柱周期性地上、下运动，因此必须解决升沉运动的补偿问题。

3. 装设水下设备问题

浮动钻井船或钻井平台和海底有一定的距离，而井位在海底，这就需要海底井位与水上甲板间装设一套隔绝海水、适应摇摆、控制井口的装置，这套装置称为水下设备。

4. 防腐问题

海洋钻井设备有些部位处于海水中，因此必须对设备进行防腐处理。

三、海洋钻井平台的分类

按移动性来分，海洋钻井平台可以分为固定式和移动式两大类。

1. 固定式钻井平台

在海上安装定位后不能移动的平台称为固定式钻井平台。它包括：钢制导管架固定平台、钢和混凝土混合建造的混合式平台两种，两者的结构基本一致。

2. 移动式钻井平台

完成钻井作业后可以移走的平台称为移动式钻井平台。它包括：坐底式钻井平台、自升式钻井平台、半潜式钻井平台、步行式钻井平台、气垫式钻井平台和浮式钻井船等。

四、海洋钻井平台的结构及特点

1. 固定式钻井平台

固定式钻井平台是从海底架起的一个高出水面的构筑物，上面铺设平台，用以放置钻井机械设备。由于在固定式平台上钻完井后，无法将平台搬运走，所以如钻井后发现有工业油气流，则可将钻井平台上的钻井设备拆掉，安装上采油设备，作为采油平台使用。

目前比较典型的固定式钻井平台是钢制的独立导管架固定平台，如图 7－1 所示。

（1）导管架固定平台的结构组成。导管架固定平台主要由导管架、桩柱和顶部设施组成。导管架是平台的支撑部分，它是整个平台的关键组件。导管架是用钢管焊接而成的空间

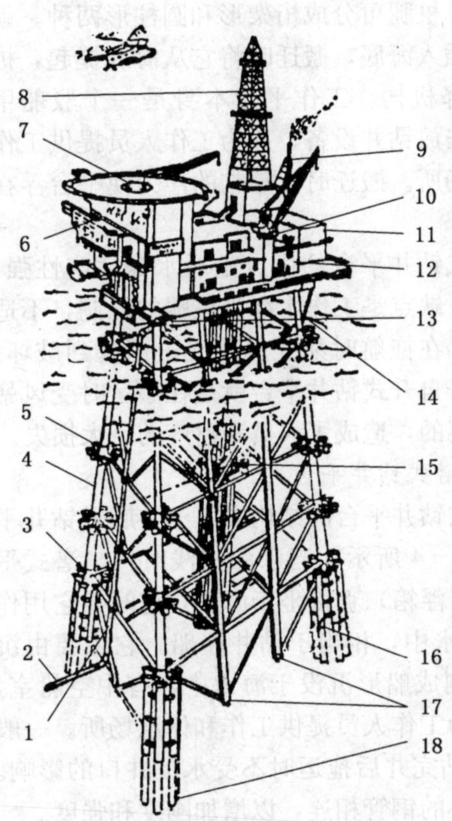

图 7－1　导管架固定平台

1—立管；2—海底管线；3—瓶形桩腿；4—导管架；5—桩柱导管；6—生活模块；7—直升机甲板；8—井架；9—火炬；10—起重机；11—钻井模块；12—采油模块；13—救生艇；14—支撑框架；15—钻井导管的导套；16—桩柱套筒；17—水下承辊；18—桩柱

钢架结构。导管架高度大于钻井水域的海水深度。桩柱的作用是将导管架与海底固定在一起。它实际上是空心的钢圆柱。导管架放在海底后，将桩柱从桩柱导套与桩柱套筒中打入海底，入土的深度取决于海底的地质条件和海洋环境条件，有的深度达百米以上。打完桩后，在桩柱套筒和桩柱之间的环形空间灌上水泥，这样，平台和海底就固定在一起了。顶部设施简称为甲板，它主要由甲板构架、甲板模块组成。其作用是安放钻井模块、采油模块和生活模块等。

导管架是在工厂建造好后，用船运到打井地点，再用浮吊吊起，放入海中，在现场安装的。导管架安装好后，再安装平台甲板模块。

（2）导管架平台的特点。由于导管架平台与海底固定在一起，其优点是：稳定性好、海面气象条件对钻井作业影响小。缺点是：不能移运、造价高，适用于水深有限的情况下，其成本将随水深而急剧增加。

2. 移动式钻井平台

1）坐底式钻井平台

坐底式钻井平台如图 7－2 所示，它是一种具有沉垫（浮箱）的移动平台，上部工作平台靠管柱支撑在沉垫（浮箱）上，总高度大于水深，它由沉垫、工作平台、中间支撑三部分组成。沉垫又称为浮箱，其中装有充水和排水的水泵，利用充水排气和排水充气的沉浮原理控制工作台的沉降和上升。钻井时沉垫中注入海水，平台下降，沉垫坐到海底。完井后，沉垫排水充气，平台升起以便拖航。工作平台用于安放钻井机械等设备。其横截面形状有正方形、长方形、三角形等形式，一边开口以便于完井后移运，另一边安置吊梯或起重机，以便从辅助船上搬运器材。中间支撑一般采用金属桁架结构，它的高度随水深而定，大致在 20～30m。若在 4 个角柱处增添大直径的钢瓶或浮箱，则适用水深可略增，稳定性可提高，升降速度也可加快。

坐底式钻井平台的优点是钻井时固定牢靠、完井后搬运灵活。缺点是工作平台高度恒定不能调节；工作平台面积不能过大，否则不易拖运；工作水深较浅，一般为 20～30m。

2）自升式钻井平台

自升式钻井平台是一种具有自行升降桩腿，并靠桩腿插入海底而稳定地坐于海底的平台，其结构如图 7－3 所示，主要由桩腿和工作平台两

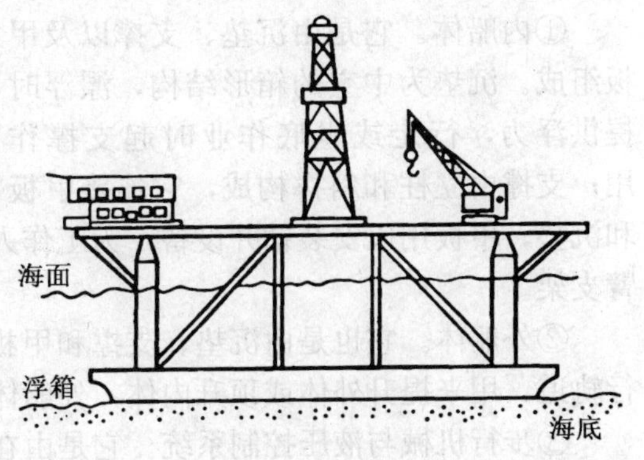

图 7－2　坐底式钻井平台

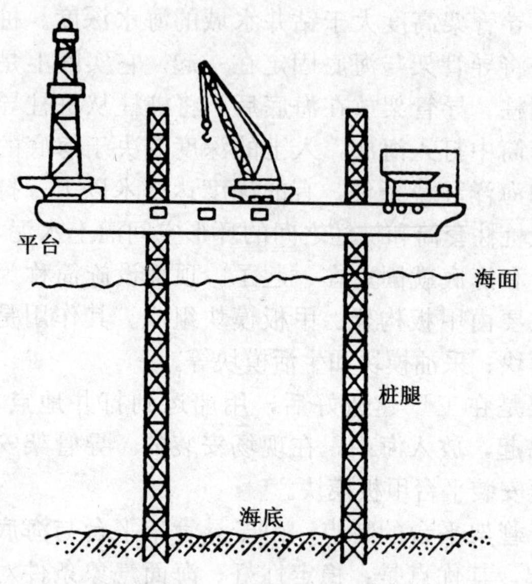

图 7－3　自升式钻井平台

部分组成：桩腿可分成桁架形和圆柱形两种。就位工作时插入海底，搬迁时将它从海底提起，桩腿上有升降机构。工作平台本身是一个驳船甲板，用以安放钻井设备，并为工作人员提供工作和休息的场所。搬迁时，靠它的浮力使平台浮在水面上。

自升式钻井平台的优点是对水深适应性强、稳定性好，缺点是工作水深受桩腿的限制，不适合于深水，在拖航时易受风暴袭击而受到破坏。如渤海 2 号自升式钻井平台就是在搬运时受风暴袭击而翻沉的，造成了人员和财产的巨大损失。

3）半潜式钻井平台

半潜式钻井平台的结构类似于坐底式钻井平台，如图 7－4 所示。当水深较浅时，半潜式平台的沉垫（浮箱）直接坐于海底，这时将它用作坐底式钻井平台。当工作水深较大时，平台漂浮于海水中，相当于钻井浮船。它主要由沉垫、工作平台和支柱三部分组成。沉垫又称为浮箱，制成船形沉没于海水中，有中空舱室，内有进水和排水水泵。工作平台用以安装钻井设备并为工作人员提供工作和休息场所。一般是用钢材或混凝土制造，开有缺口或做成 V 形，以便钻完井后拖运时不受水下井口的影响。支柱用以连接平台和沉垫，用钢管制成，支柱间用较小的钢管相连，以增加刚度和强度。

半潜式钻井平台的优点是稳定性较好、移运灵活、适用水深较深，缺点是造价较高。

4）步行式钻井平台

步行式钻井平台如图 7－5 所示，是我国自行设计、世界上独一无二的钻井平台。它既可以在“极浅海”或“潮间带”行走，又能在深水中拖航，属两栖钻井平台。步行时步长为 12m，是专为我国极浅海和滩海地区的石油勘探而设计的。

（1）结构组成。步行式平台主要由以下几个部分组成：

①内船体。它是由沉垫、支撑以及甲板组成。沉垫为中空的箱形结构，漂浮时提供浮力，行走或坐底作业时起支撑作用；支撑由立柱和斜撑构成，它连接甲板和沉垫；甲板用以安装钻井设备，为工作人员提供工作和生活场所。内船体有 4 个强大的悬臂支架。

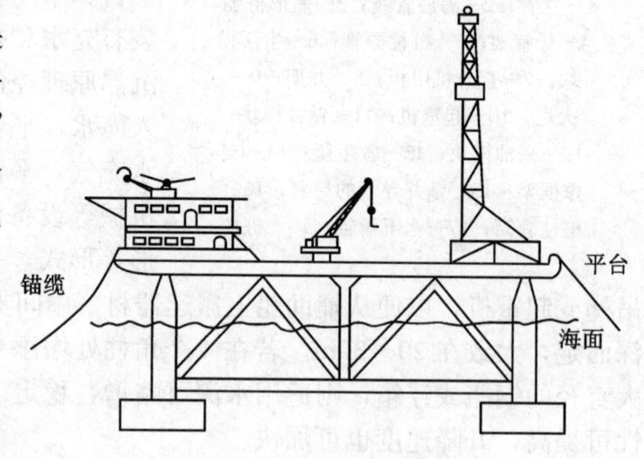

图 7－4　半潜式钻井平台

②外船体。它也是由沉垫、支撑和甲板组成。不同的是其甲板上有 4 条长为 15m 的步行轨道，用来提升外体或顶升内体，外船体包围着内船体。

③步行机械与液压控制系统。它是由在内外体结合部的 4 个大型顶升油缸、外体甲板上的两个特长型牵引油缸以及运行车轮组与运行轨道组成。

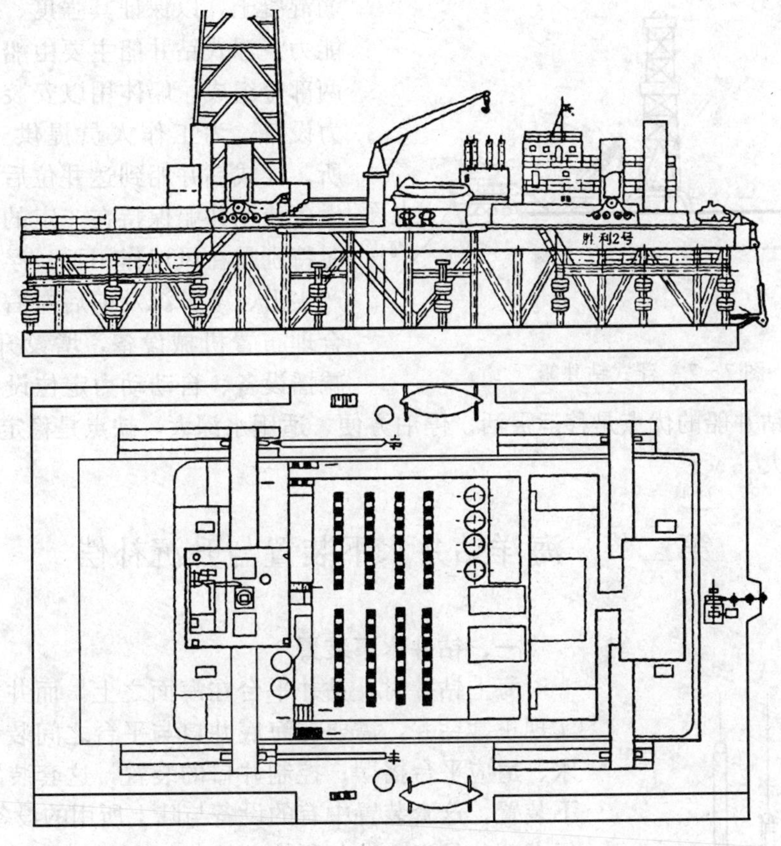

图 7-5 步行式钻井平台

(2) 步行工作原理。如图 7-6 所示，外船体坐于海底，支撑整个平台，4 个顶升油缸将内船体顶起，由两个牵引油缸拉着内船体沿着外船体上的轨道运行一个步长。接着，内船体坐于海底，4 个顶升油缸将外船体顶起，由两个牵引油缸拉着外船体沿着内船体的轨道运行 1 个步长。如此循环往复，实现步行。

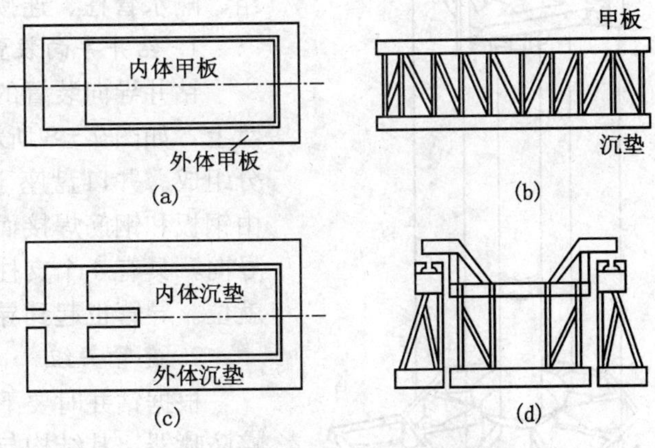

图 7-6 步行式平台结构图

(a) 甲板平面；(b) 侧视图；(c) 沉垫平面；(d) 横剖面图

(3) 特点。适用于水深为 0～6. 8 m 的浅水及潮间带，运移性能好，既能自行又能拖行；步行速度较慢（50～60m/h）；使用受作业区地质条件的限制，作业区的海底应为泥砂质软土，坡度小于 1/2000；结构较复杂。

5) 浮式钻井船

浮式钻井船如图 7-7 所示，它可利用改装的普通轮船或专门设计的船体作为工作平台，船体主要用钢材制成，也有用钢筋混凝土制成的。后者节约金属且耐腐蚀，但要用预应力钢

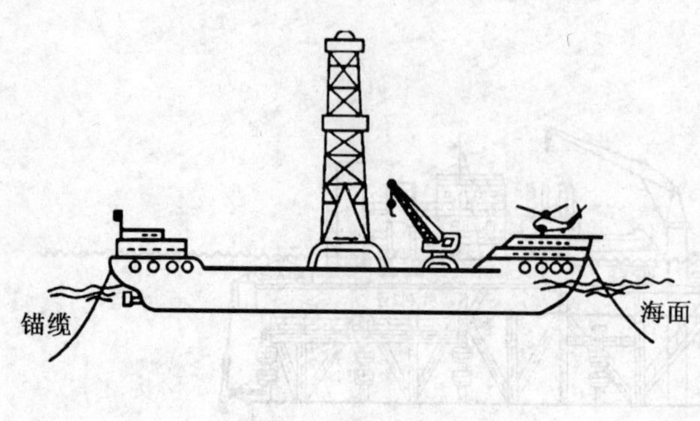

图 7－7　浮式钻井船

筋混凝土，以保证其强度、抗冲击及抗震能力。浮式钻井船主要由船体和定位设备两部分组成。船体用以安装钻井和航行动力设备，为工作人员提供工作和生活场所。浮式钻井船到达井位后要定位，定位设备使钻井船保持在一定的位置内。钻井时特别是在风浪作用下，浮式钻井船船身产生上、下升沉及前后左右摆动，因此要合理布置机械设备，增设升沉补偿装置、减摇设备、自动动力定位设备等来保持船体定位。浮式钻井船的优点是移运灵活、停泊方便、适用水深大，缺点是稳定性差、受海上气象条件影响大。

第二节　海洋钻井水下装置与升沉补偿

一、钻井水下装置

海上钻井时，钻井平台在海面之上，而井口在海底，为实现正常钻井，需要在海底井口与平台之间装设一套隔绝海水、适应平台摇摆、控制井口的装置，这套装置就是钻井水下装置。这套装置中有的设备与陆上所用的设备相同或类似，但大部分是海上钻井所特有的。

钻井水下装置包括：钻井导向装置、套管头组、防喷器组、隔水管柱、连接装置等。

1. 钻井导向装置

钻井导向装置的作用是引导水下井口设备坐于海底井口盘上，如图 7－8 所示。它主要由井口盘、导向架和导管 3 部分组成。井口盘座于海底，用来确定井位并固定水下井口，由钢板和钢筋焊接而成，中间灌注混凝土。导向架的作用是导向，具有 4 个支柱，支柱上拴有导向绳，以引导防喷器组就位。导管也起到导向作用。

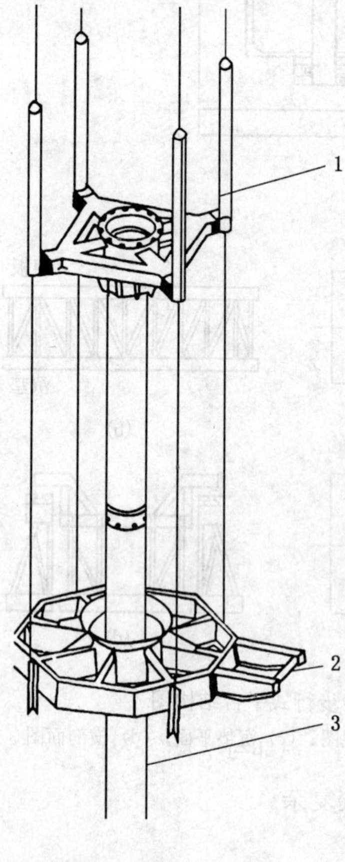

图 7－8　钻井导向装置

1—导向架；2—井口盘；3—导管

2. 套管头组

根据钻井时要下套管的层数，一层套一层，以悬持套管，接防喷器，其结构与陆用的相同。

3. 防喷器组

海上钻井防喷器可以装在水下，也可以装在平台上。由于海上特有的环境，对防喷器的使用可靠性要求更高，防腐蚀性能要求也更高。

4. 隔水管柱

隔水管柱的作用是隔开海水。并从其内引入钻具，导出钻井液。实际上它是从平台到海底输送钻井液并作为钻柱导向装置的一根管件，如图7－9所示。

在固定式、坐底式和自升式等平台上钻井时，隔水管从平台甲板下到井口；在半潜式平台、浮式钻井船上进行钻井作业时，除了正常的隔水管之外，还需要其他的一些设备，以适应平台的升沉运动。这时隔水管柱不再是一根单纯的管件，而是具有很多复杂部件的系统。就像套管柱一样，它也是由一段一段的隔水管节通过接箍连接而成的。

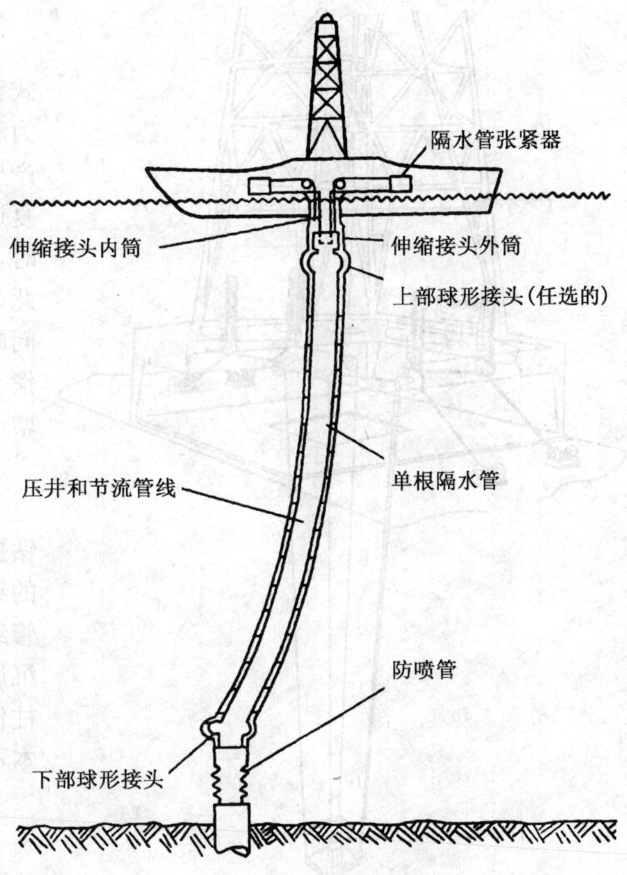

图7－9 隔水管柱系统

隔水管柱主要由以下几部分组成：

（1）隔水管接箍。隔水管接箍的作用是连接各隔水管节，它有多种式样，如卡箍式接箍、领眼由壬式接箍、径向驱动榫—槽式接箍和领眼螺栓式接箍等。

（2）隔水管节。隔水管节实际上是一段管件，每节的长度根据钻井平台的几何尺寸确定，一般为15.24m（50ft），也有22.84m（75ft）的隔水管节。

（3）挠性接头。挠性接头在隔水管的下部，允许隔水管在任意方向转动7°～12°，以使隔水管柱适应浮式钻井平台的摇摆、平移等运动。主要有压力平衡式、多球式和万能式3种。

（4）伸缩隔水管。伸缩隔水管的作用是补偿平台的升沉运动，使隔水管柱不至于因平台的上下运动而断裂，它一般装在隔水管的上部，由内管和外管组成，两管可以相对地上、下运动。

（5）张紧器。当钻井平台的工作水深超过31m时，为了防止隔水管柱在轴向压力作用下被压弯而受破坏，应使用张紧器张紧隔水管柱，使其承受拉力。目前使用的张紧器主要有导向索张紧器和隔水管张紧器两种，两者的布置分别如图7－10和图7－11所示。张紧器的工作原理是利用气液储能器的液压推动活塞，随着平台的升沉而放长或收短钢丝绳，以保持导向绳及隔水管的张力恒定。使用张紧器后，隔水管所受的张力变化可以控制在5%以内。

5. 连接装置

连接装置的作用是保证井口装置外罩与防喷器之间以及防喷器顶部与下部的水下隔水管柱之间形成主压力密封。常用的连接器为液压卡块式，如图7－12所示。它由上、下接头、卡块、液缸等组成。上、下接头靠卡块卡紧而连接在一起。卡块由两部分组成，互成锥面接触。卡块的一部分叫做卡块动作环，与液压缸活塞杆相连，活塞杆的伸缩带动动作环上行或下行，使卡块的另一部分压紧或松脱。遇到危险情况，油压卸载、卡块松脱，上接头与下接头呈30°或更大角度而脱开，使钻井平台迅速离开井位，以避免造成重大损失。

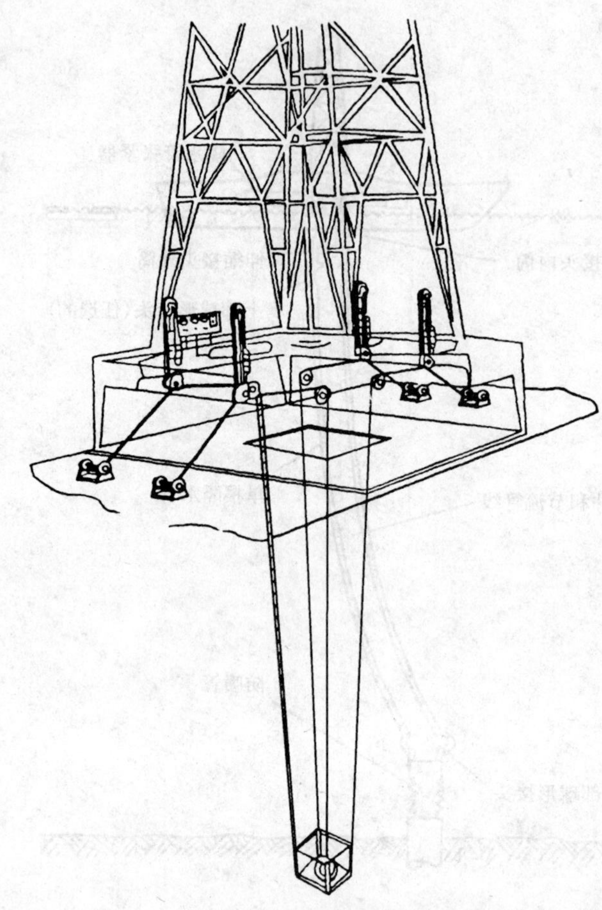

图7-10 导向索张紧器布置图

二、升沉补偿

水深较深时，海上钻井一般采用半潜式钻井平台或浮式钻井船。在风力、海浪力和海流力等海洋环境载荷的作用下，会产生升沉运动，从而使钻杆柱也作上下往复运动，造成钻压不稳，影响钻进，严重时，会使钻头脱离井底，无法钻进。因此，必须采取措施来解决钻柱的上下运动问题。解决方法就是对升沉运动进行补偿。主要方法是在钻柱中增设伸缩钻杆和增设升沉补偿装置两种。

1. 增设伸缩钻杆

为了使钻柱不受平台起伏的影响，在钻挺的上部增设一根伸缩钻杆。伸缩钻杆的结构与伸缩隔水管类似，也是由内、外管组成，沿轴向可相对运动。当平台作升沉运动时，伸缩钻杆的内管随其以上的钻柱作轴向运动，而外管及其以下的钻柱基本不动，这样就保持了钻压的稳定。

1）伸缩钻杆的类型

目前使用的伸缩钻杆有全平衡式和部分平衡式两种。全平衡式伸缩钻杆结构如图7-13所示。

伸缩钻杆工作时，在内管和下工具接头间的环形截面上，作用着钻柱内的高压钻井液，因而产生张开力。同时，从井筒中返回的钻井液作用在伸缩钻杆的防磨环的短节上，也产生张开力，因而会使钻压随钻井液压力而变化。在伸缩钻杆的中间有一个密封的平衡压力缸，它和流经伸缩钻杆内孔的高压钻井液相通，并使高压钻井液在平衡缸中产生的轴向力和张开力平衡，所以叫做全平衡式。

部分平衡式伸缩钻杆没有平衡压力缸，只是靠尽量减小内管心轴尾端的壁厚来减小它与工具接头间的环形面积，实现部分地减小钻井液所产生的张力。

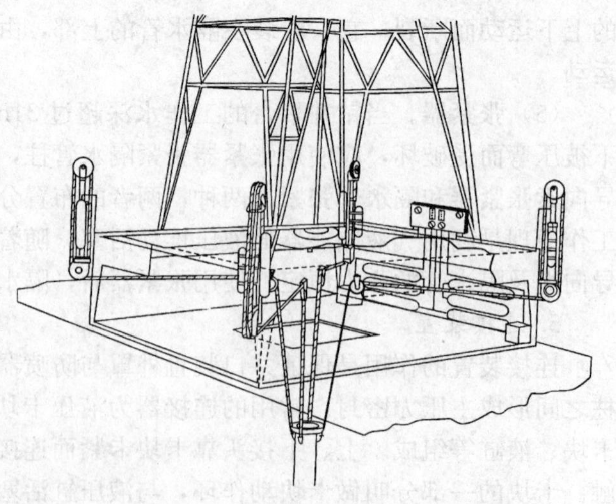

图7-11 隔水管张紧器布置图

2）使用伸缩钻杆存在的问题

虽然伸缩钻杆结构简单，使用方便，但使用它也存在着如下问题：

（1）钻压不能调节。使用伸缩钻杆

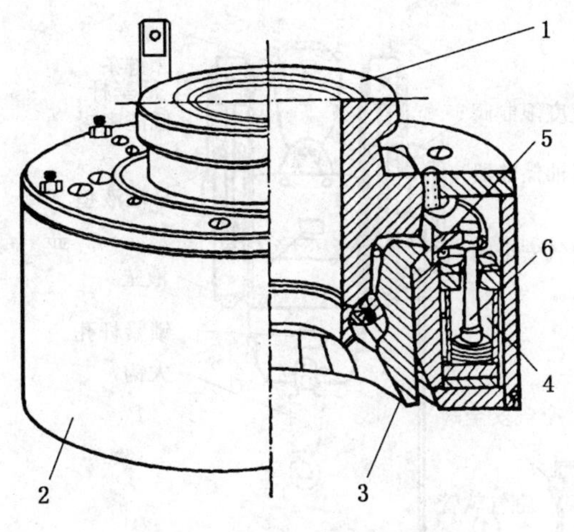

图 7－12　液压卡块式连接器

1—上接头；2—下接头；3—卡块；4—液缸；5—卡块动作环；6—活塞杆

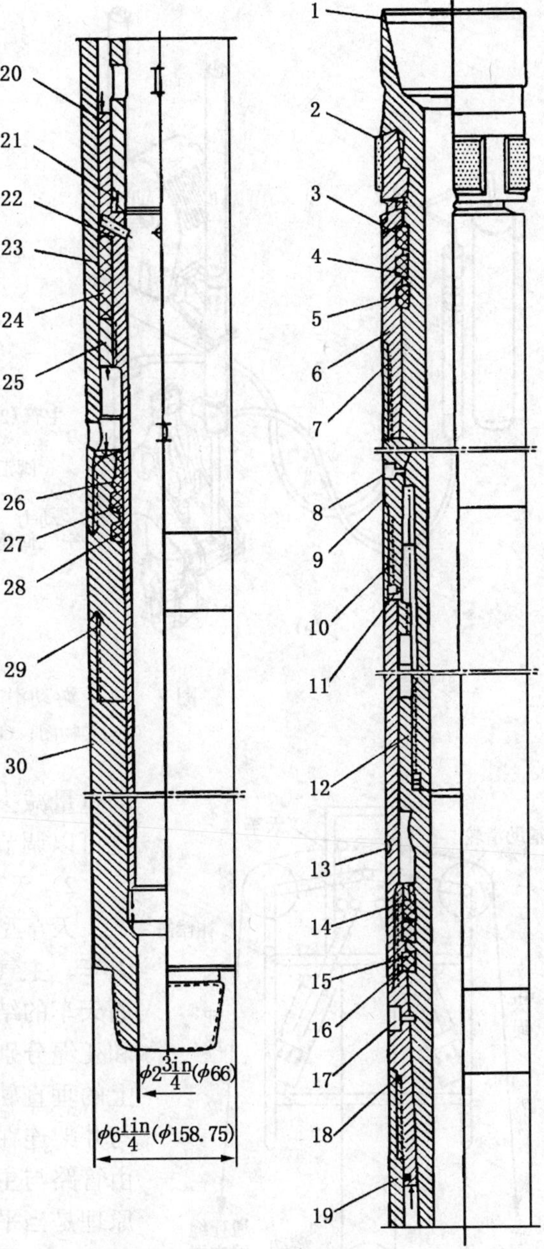

图 7－13　全平衡式伸缩钻杆结构图

1—心轴；2—防磨环；3、14、22、26—隔离环；4、15、23、27—挡圈；5、16、24、28—主密封；6—短节；7、21—O 型圈；8、13—油堵；9—传递套筒；10—套筒；11—传扭销；12—内冲管；17—丝堵；18—平衡缸接头；19—平衡缸；20—内轴；25—密封锁紧螺母；29—下接头；30—下工具接头

后，钻压由伸缩钻杆以下的钻柱重量决定，不能根据地下岩层情况调节钻压。

（2）对伸缩钻杆的要求高。伸缩钻杆的内外管既作相对的轴向运动，又作旋转运动；既要承受高压钻井液的载荷，又要传递钻柱的扭矩，内外管之间还要充分密封。

（3）不利于特殊作业。关闭防喷器后，由于伸缩钻杆随平台作上下往复运动，钻杆与防喷器芯子反复磨擦，很容易磨坏防喷器芯子。

2. 增设升沉补偿装置

为了补偿平台的升沉运动，在钻机中增设一套钻柱升沉补偿装置，使钻柱不随平台做上下运动。升沉补偿装置主要有游动滑车型和天车型两种。

1）游动滑车型升沉补偿装置

如图 7－14 所示，游动滑车装在游车和大钩之间。它主要由液缸、上下框架、储能器和锁紧装置组成。两个液缸用上框架与游车相连。液缸中的活塞通过活塞杆与固定在大钩上的下框架相连，大钩载荷由活塞下面的液压力来承受。储能器与液缸相通。锁紧装置将上下框架锁成一体，从而使游动滑车与大钩连在一起。工作原理是当平台作升沉运动时，液缸与上框架随平台作上下运动，而下框架、活塞、大钩及钻柱基本上不动，从而补偿了工作平台的升沉运动。由于钻压等于钻柱

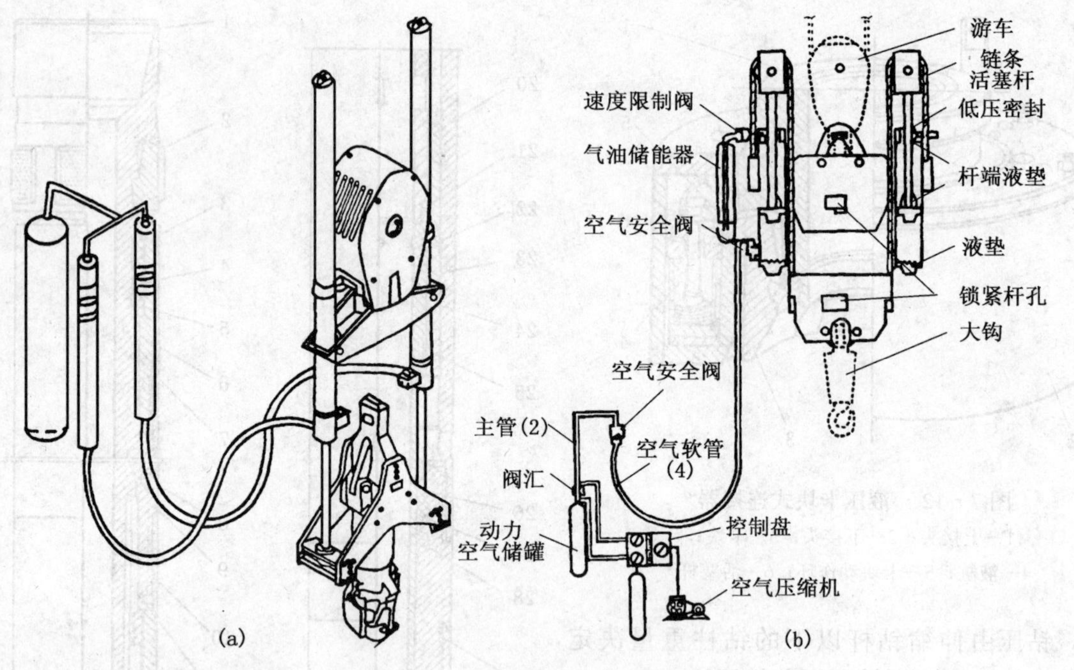

图 7－14　游动滑车型升沉补偿装置

(a) 实物图；(b) 结构示意图

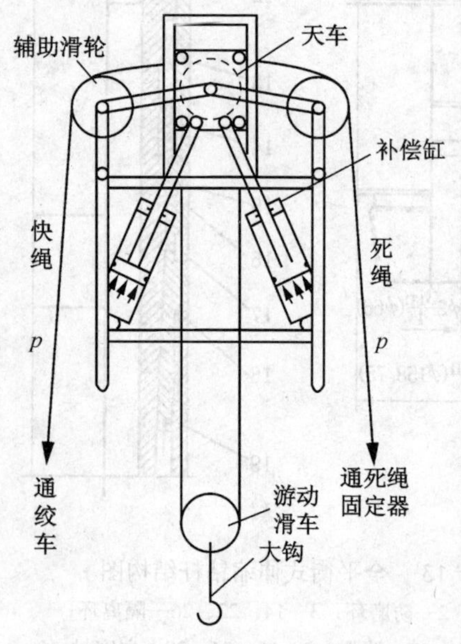

图 7－15　天车型升沉补偿装置

的重量减去液缸中的液压力，只要调节液缸中的液压力就可以调节钻压。

2) 天车型升沉补偿装置

天车型升沉补偿装置如图 7－15 所示。主要由浮动天车、主气缸、液缸和储能器组成。浮动天车除具有普通天车的结构外，还有两个辅助滑轮和 4 个滚轮。快绳和死绳分别通过辅助滑轮引出。天车通过滚轮可在井架上的垂直轨道上上下移动。主气缸用以支承浮动天车，与井架连在一起。液缸起缓冲作用。储能器装在井架上，由管路与主气缸相连，用以调节主气缸中的气压。工作原理是当平台作升沉运动时，井架沿轨道上下运动，主气缸中的气体压缩或膨胀，而天车与大钩基本上保持不动，这样就补偿了工作平台的升沉运动。钻压的调节与游动滑车型升沉补偿装置相似。

第八章　液压传动系统

第一节　概　　述

以液体作为工作介质来进行动力和能量传递的传动方式称为液体传动。液体传动按其工作原理的不同，又可分为容积式液体传动和动力式液体传动两大类，两者的根本区别在于：前者是依靠液体的压力能来进行工作的，而后者是依靠液体的动力能来进行工作的。通常人们把前者称为液压传动，后者称为液力传动。

一、液压传动的工作原理

图8－1是机床工作台的液压系统原理图（结构式）。它由油箱1、过滤器2、液压泵3、溢流阀4、开停阀5、节流阀6、换向阀7、液压缸8以及连接这些元件的油管、接头等组成。

其工作原理是：电动机驱动液压泵从油箱中吸油，将油液加压后输入管路。油液经开停阀、节流阀、换向阀进入液压缸左腔，推动活塞而使工作台向右移动。这时液压缸右腔的油液经换向阀和回油管①流回油箱。如将换向阀7的手柄转换为图8－1（b）所示的状态，液压缸8活塞杆带动工作反行。

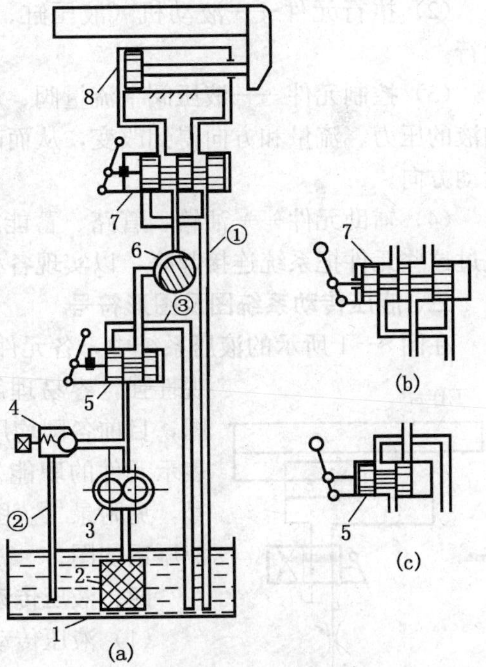

工作台的移动速度是通过节流阀6来调节的。当节流阀6的阀口开大时，单位时间内进入液压缸的油量增多，工作台的移动速度就增大；反之，当节流阀口关小时，单位时间内进入液压缸的油量减少，则工作台的移动速度减小。由此可见，速度是由单位时间内进入液压缸的油量即流量决定的。

为了克服移动工作台时受到的各种阻力，液压缸必须产生一个足够大的推力，这个推力是由液压缸中的油液压力产生的。要克服的阻力越大，缸中的油液压力越高；阻力越小，压力就越低。这种现象说明了液压传动的一个基本原理——压力取决于负载。

(a)　(b)　(c)

图8－1　机床工作台液压系统

(a) 机床工作台液压系统示意图；(b) 换向阀部分示意图；(c) 开停阀部分示意图

1—油箱；2—过滤器；3—液压泵；4—溢流阀；5—开停阀；6—节流阀；7—换向阀；8—液压缸；①，②，③—回油管

溢流阀的作用是调节与稳定系统的最大工作压力并溢出多余的油液。当工作台工作进给时，液压缸活塞（工作台）需要克服大的负载和慢速运动。进入到液压缸的压力油必须有足够的稳定压力才能推动活塞带动工作台运动。调节溢流阀的弹簧力，使之与液压缸最大负载力相平衡，当系统压力升高到稍大于溢流阀的弹簧力时，溢流阀便打开，将定量泵输出的部分油液经回油管②溢回油箱。这时系统压力不再升高，工作台保持稳定的低速运动（工作进

给）。当工作台快速退回时，因负载小、油液压力低，溢流阀打不开，泵的流量全部进入液压缸，工作台则实现了快速运动。

如果将开停阀手柄转换成图 8－1（c）所示的状态，压力管中的油液经开停阀和回油管③排回油箱，这时工作台停止运动。

从上面这个例子中可以看到：液压泵首先将电动机（或其他原动机）的机械能转换为液体的压力能，然后通过液压缸（或液压马达）将液体的压力能再转换为机械能，以推动负载运动。液压传动系统的工作过程就是机械能—液压能—机械能的能量转换过程。

二、液压传动系统的组成

由上述例子可以看出液压传动系统的基本组成为：

（1）动力元件——液压泵。把动力机（电动机或其他原动机）所输出的机械能转换为液压能，给系统提供压力油液。

（2）执行元件——液动机（液压缸、液压马达）。把液压能转换成机械能，带动负载运行。

（3）控制元件——液压阀（流量阀、压力阀、方向阀等）。通过它们的控制或调节，使油液的压力、流量和方向得到改变，从而改变执行元件的力（或力矩）、速度（或转速）及运动方向。

（4）辅助元件——油箱、管路、蓄能器、滤油器、管接头、压力表、流量表、开关等。通过这些元件把系统连接起来，以实现各种工作循环。

三、液压传动系统图及图形符号

在图 8－1 所示的液压系统中，各元件是以结构符号表示的，称为结构式原理图。它直观性强，容易理解，但图形复杂，绘制困难。为了简化液压系统图，目前各国均用元件的图形符号来绘制液压系统图。这些符号只表示元件的职能及连接通路，不表示其结构。液压系统的图形符号，见附录二。图 8－2 是用液压元件图形符号绘制的机床工作台液压系统图。

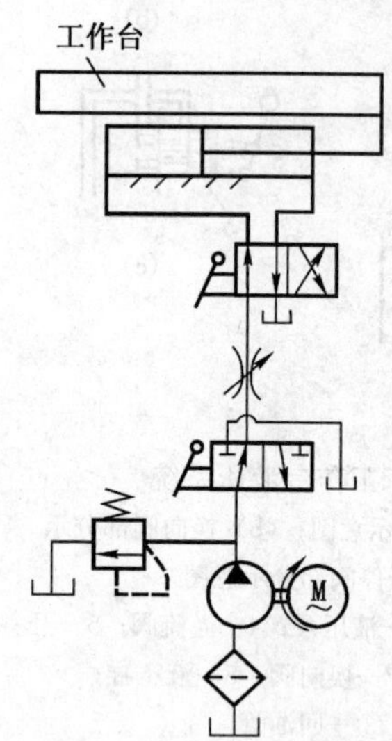

图 8－2　机床工作台液压系统的图形符号图

四、液压传动的工作特征

（1）液压传动以静压传递原理进行工作。

液体占有一定体积，而没有固定的形状，所以这种传动必须在密闭的容器（液压泵、液压缸、管路）内进行，如图 8－1 所示。由于连接液压泵和液压缸的管线比较短，管内的流速不大（一般低于 5m/s），从液压泵到液压缸的压力降很小，因此这个装置可看作充满液体的密闭的连通器，当一处受到压力时，这个压力将通过液体传到各个连通容器内，并且其压力处处相等。液压传动系统就是利用这种静压传递原理来进行工作的。

（2）液压传动系统中，工作压力的大小取决于负载。

液体中的静压力，主要是由液体自重和液体表面受外力作用而产生的。这里所指的压力实际上是指单位面积上所受的压力，即压力强度，其单位为 Pa。在液压系统中由于由液体自重所产生的压力不大，可以忽略不计。因此液体的压力主要由外力而引起的。外力 F 通过液压缸的活塞作用在液压缸内的液体表面上，使缸内液体表面受到挤压产生压力 p，即：

$$p = \frac{F}{A} \tag{8-1}$$

式中　A——液压缸活塞面积，m^2；

F——外载荷，N。

由（8-1）式可知，当负载 F 为零时，系统压力为零；负载 F 增加时，压力也随之增高。即液压传动系统中，工作压力的大小取决于负载。也就是说，液压传动是用压力来满足外力要求的，这是液压传动系统的重要特征之一。

（3）液压传动系统中，执行元件运动速度的大小取决于进入执行元件液体的流量。

如图 8-1 所示，进入液压缸液体的流量为：

$$Q = Av$$

$$v = \frac{Q}{A} \tag{8-2}$$

式中　A——液压缸活塞面积，m^2；

v——液压缸活塞运动速度，m/s。

这说明当活塞面积一定时，液压缸活塞运动的速度仅取决于进入液压缸的流量，而与负载 F（或压力 p）无关。也就是说液压传动系统是用流量来满足对速度的要求的。这是液压传动的又一个重要特征。

（4）液压传动系统中，液体流动时要克服阻力。

在液压传动中，油液在缸内及管道中是流动的。因此除了静压力外还要考虑油液经过管道时由阻力而产生的压力损失。如图 8-1 中，当液压缸活塞以一定的速度运动时，由于管道的阻力，液压泵的压力 p_1 应大于液压缸中的压力 p_2。

$$p_1 = p_2 + \sum \Delta p$$

而

$$\sum \Delta p = R_f Q^{\alpha} \tag{8-3}$$

式中　$\sum \Delta p$——管路中的压力损失，包括沿程阻力损失和局部阻力损失两种；

R_f——液阻系数，与管路液体流动状态和流道形状有关；

α——系数，与管路液体流动状态有关，沿程阻力 $\alpha = 1 \sim 2$；局部阻力 $\alpha = 2$。

上述关系与电路中的欧姆定律 $U = RI$ 完全相似；油路中的压力损失 Δp、流量 Q、液阻系数 R_f 分别与电路中的电压 U、电流 I 和电阻 R 相对应。当液阻串联时，流量相同，压力损失相加；当液阻并联时，压力损失相同，流量按液阻分配，其总流量等于通过各液阻的流量之和。

从广义上讲，管路中的液阻也是一种负载，这样“系统中压力取决于负载”这一概念在液体流动时也适用。当负载串联时，压力 p 取决于外载 F 和管道的阻力之和；当负载并联时，则压力取决于最小的负载。

（5）液压传动系统中，功率的大小取决于压力和流量的乘积。

功率等于力乘以速度，故液压缸的输出功率为：

$$N = Fv$$

而

$$F = pA$$

则

$$N = pAv$$

由于

$$Av = Q$$

故

$$N = pQ \tag{8-4}$$

（8－4）式表明液压系统的功率等于系统压力 p 和流量 Q 的乘积。

五、液压传动的优缺点

1. 液压传动的优点

液压传动与机械传动、电传动和气压传动等相比较，具有以下优点：

（1）在功率相同的情况下，液压传动装置的体积小、质量轻、结构紧凑，如液压马达的质量只有同功率电动机质量的10%～20%。高压时，更容易获得很大的力或力矩。

（2）液压系统执行机构的运动比较平稳，能在低速下稳定运动。当负载变化时，其运动速度也较稳定。同时，因其惯性小，反应快，易于实现快速启动、制动和频繁地换向；在往复回转运动时换向可达500次/min，往复直线运动时换向可达1000次/min。

（3）液压传动可在大范围内实现无级调速，调速比一般可达100以上，最大可达2 000以上，并且可在液压装置运行的过程中进行调速。

（4）液压传动容易实现自动化，因为它可对液体的压力、流量和流动方向进行控制或调节，操纵方便。当液压控制和电、气控制结合使用时，能实现较复杂的顺序动作和远程控制。

（5）液压装置易于实现过载保护且液压件能自动润滑，因此使用寿命较长。

（6）由于液压元件已实现了标准化、系列化和通用化，所以液压系统的设计、制造和使用都比较方便。

2. 液压传动的缺点

（1）液压传动不能保证严格的传动比，这是由液压油的可压缩性和泄漏等因素所造成的。

（2）液压传动在工作过程中常有较多的能量损失（摩擦损失、泄漏损失等）。

（3）液压传动对油温的变化比较敏感，它的工作稳定性容易受到温度变化的影响，因此不宜在温度变化很大的环境中工作。

（4）为了减少泄漏，液压元件在制造精度上的要求比较高，因此其造价较高，且对油液的污染比较敏感。

（5）液压传动出现故障的原因较复杂，而且查找困难。

六、液压油的主要性能及选用

1. 液压油的主要性能

1）密度

单位体积液体的质量称为液体的密度，用 ρ 表示。

$$\rho=\frac{m}{V} \tag{8-5}$$

式中 m——体积为 V 的液体的质量，kg；

V——液体的体积，m^3。

液体的密度随温度的升高而下降，随压力的增加而增大。对于液压传动中常用的液压油（矿物油）来说，在正常的温度和压力范围内，密度变化很小，可视为常数。在计算时，通常取15℃时的液压油密度（$\rho=900kg/m^3$）。

2）压缩性

液体受压力作用而发生体积减小、密度增加的特性称为液体的压缩性。压缩性的大小用体积压缩系数 k 来表示，其定义为：液体在单位压力变化下，体积相对变化量，即：

$$k = -\frac{1}{\Delta p}\left(\frac{\Delta V}{V}\right) \tag{8-6}$$

式中　V——压力变化前液体的体积；

ΔV——压力变化 Δp 时液体体积的变化量；

Δp——液体压力的变化量。

由于压力增大时液体的体积减小，因此（8－6）式的右边须加一负号，使 k 为正值。常用液压油的体积压缩系数 $k=(5\sim7)\times10^{-10}\,\mathrm{m^2/N}$。

液体的体积压缩系数 k 的倒数称为体积模量，用 K 来表示，即：

$$K = \frac{1}{k} = -\frac{V\Delta p}{\Delta V} \tag{8-7}$$

在实际应用中，常用 K 值说明液体抵抗压缩能力的大小，它表示产生单位体积相对变化量所需的压力增量。

液压油的体积模量为 $K=(1.4\sim2)\times10^{9}\,\mathrm{N/m^2}$，其数值很大，故对于一般液压系统，可认为油液是不可压缩的。只有在研究液压系统的动态特性和高压情况下，才考虑油液的可压缩性。但是，若液压油中混入空气，其压缩性将显著增加，并将严重影响液压系统的工作性能，故在液压系统中应尽量减少油液中的空气含量。在实际液压系统的液压油中，难免会混有空气，通常对矿物油型液压油取 $K=(0.7\sim1.4)\times10^{9}\,\mathrm{N/m^2}$。

3）粘性

（1）粘性的意义。

液体在外力作用下而流动时，分子间的内聚力阻碍分子间的相对运动而产生内摩擦力的性质称为粘性。粘性是液体的重要物理性质，也是选择液压油的主要依据。

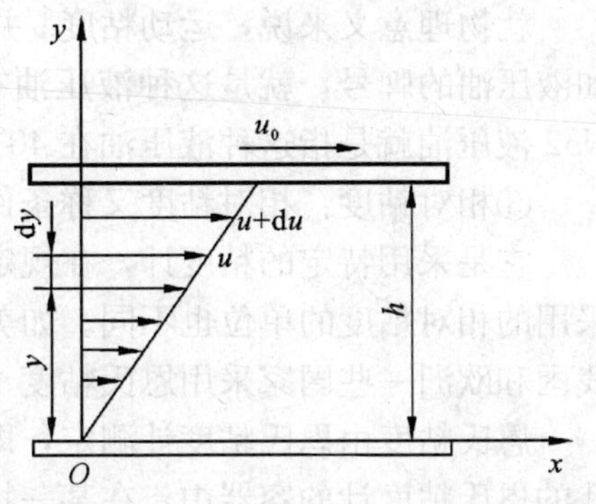

图 8－3　液体粘性示意图

液体流动时，由于它和固体壁面间的附着力以及它的粘性，会使其内各液层间的速度大小不等。设在两个平行平板之间充满液体，两平行平板间的距离为 h，如图 8－3 所示。当上平板以速度 u_0 相对于静止的下平板向右移动时，紧贴于上平板极薄的一层液体，在附着力的作用下，随着上平板一起以 u_0 的速度向右运动；紧贴于下平板极薄的一层液体和下平板一起保持不动；而中间各层液体则从上到下按递减的速度向右运动。这是因为相邻两薄层液体间存在内摩擦力，该力对上层液体起阻滞作用，而对下层液体起拖曳作用。当两平板间的距离较小时，各液层的速度按线性规律分布。

实际测定表明：液体流动时，相邻液层间的内摩擦力 F 与液层间的接触面积 A 和液层间相对运动的速度 $\mathrm{d}u$ 成正比，而与液层间的距离 $\mathrm{d}y$ 成反比，即：

$$F = \mu A\frac{\mathrm{d}u}{\mathrm{d}y} \tag{8-8}$$

若用单位面积上的摩擦力 τ（切应力）来表示，则上式可以改写成：

$$\tau = \frac{F}{A} = \mu\frac{\mathrm{d}u}{\mathrm{d}y} \tag{8-9}$$

式中　μ——比例系数，称为动力粘度；

du/dy——速度梯度，即相对运动速度对液层距离的变化率。

式（8－9）称为牛顿液体内摩擦定律。

由式（8－9）可知，在静止液体中，因速度梯度 $du/dy=0$，故内摩擦力为零，因此液体在静止下是不呈现粘性的。

（2）液体的粘度。

液体粘性的大小用粘度表示。常用的粘度有三种，即动力粘度、运动粘度和相对粘度。

①动力粘度 μ：动力粘度也称为绝对粘度，它是表征液体粘性的内摩擦系数，由式（8－9）可得：

$$\mu=\frac{\tau}{du/dy} \tag{8-10}$$

液体动力粘度的物理意义是：当速度梯度等于 1 时，流动液体液层间单位面积上的内摩擦力，即为动力粘度。

动力粘度 μ 的法定计量单位为 $N\cdot s/m^2$ 或用 $Pa\cdot s$ 表示。

②运动粘度 ν：动力粘度 μ 与液体密度 ρ 的比值称为运动粘度，用 ν 来表示，即：

$$\nu=\frac{\mu}{\rho} \tag{8-11}$$

运动粘度 ν 没有明确的物理意义。因为在其单位中只有长度和时间的量纲，所以称为运动粘度，它在液压分析计算中是一个经常遇到的物理量。

运动粘度 ν 的法定计量单位为 m^2/s。

就物理意义来说，运动粘度 ν 并不是一个粘度的量，但工程中常用它来表示液体粘度。如液压油的牌号，就是这种液压油在 40℃时的运动粘度 ν（mm^2/s）的平均值。例如 Y4—N32 液压油就是指这种液压油在 40℃时的运动粘度 ν 的平均值为 32 mm^2/s。

③相对粘度：相对粘度又称条件粘度。

它是采用特定的粘度计，在规定的条件下测出的液体粘度。根据测量条件的不同，各国采用的相对粘度的单位也不同。如美国采用国际赛氏秒（*SSU*），英国采用商用雷氏秒（$''R$），我国和欧洲一些国家采用恩氏粘度（$^\circ E$）。

恩氏粘度由恩氏粘度计测定，即：把 200cm^3 的被测液体装入底部有直径为 2.8 mm 小孔的恩氏粘度计的容器中，在某一特定温度 T（℃）时，测定全部液体在自重作用下流过小孔所需的时间 t_1 与同体积的蒸馏水在 20℃时流过同一小孔所需的时间 t_2（$t_2=50\sim52$ s）之比值，便是该液体在 T（℃）时的恩氏粘度。恩氏粘度用符号 $^\circ E_T$ 表示。

$$^\circ E_T=\frac{t_1}{t_2} \tag{8-12}$$

恩氏粘度和运动粘度之间可用下面的经验公式换算：

$$\nu=\left(7.31^\circ E-\frac{6.31}{^\circ E}\right)\times10^{-6} \tag{8-13}$$

2. 对液压油的要求和选用

1）要求

液压油既是液压传动的工作介质，又是各种液压元件的润滑剂，因此液压油的性能会直接影响液压系统的性能，如工作可靠性、灵敏性、稳定性、系统效率和零件寿命等。选用液压油时应满足下列要求：

（1）粘温性好。在使用温度范围内，粘度随温度的变化越小越好。

(2) 润滑性能好。在规定的范围内有足够的油膜强度，以免产生干摩擦。

(3) 化学稳定性好。在贮存和工作过程中不易氧化变质，以防胶质沉淀物影响系统正常工作；防止油液变酸，腐蚀金属表面。

(4) 质地纯净，抗泡沫性好。油液中含有机械杂质易堵塞油路，含有易挥发性物质，则会使油液中产生气泡，影响运动平稳性。

(5) 闪点要高，凝固点要低。油液用于高温场合时，为了防火安全，要求闪点高；在温度低的环境下工作时，要求凝固点低。一般液压系统中所用的液压油的闪点约为 130～150℃，凝固点约为 -10～-15℃。

2) 种类及其选用

液压油的种类很多，主要可分为三大类：矿物油型、合成型和乳化型。液压油的主要种类及性质见表 8-1。

表 8—1　液压油的主要种类及其性质

种类 / 性能	可燃性液压油			抗燃性液压油			
	矿物油型			合成型		乳化型	
	通用液压油	抗磨液压油	低温液压油	磷酸脂液	水—乙二醇液	油包水液	水包油液
密度，$kg\cdot m^{-3}$	850～900			1 100～1 500	1 040～1 100	920～940	1 000
粘度	小—大	小—大	小—大	小—大	小—大	小	小
粘度指数 VI 不小于	90	95	130	130～180	140～170	130～150	极高
润滑性	优	优	优	优	良	良	可
防锈蚀性	优	优	优	良	良	良	可
闪点,℃，不低于	170～200	170	150～170	难燃	难燃	难燃	不燃
凝点,℃，不高于	-10	-25	-35～-45	-20～-50	-50	-25	-5

正确选用液压油，是保证液压设备高效率正常运转的前提。目前，90%以上的液压系统采用矿物油型液压油为工作介质，选用时，普通液压油优先考虑，有特殊要求时，则选用抗磨、低温或高粘度指数的液压油，如没有普通液压油，则可用汽轮机油或机械油代用；合成型液压油价格贵，只有在某些特殊设备中，例如在对抗燃性要求高并且使用压力高、温度变化范围大等情况下采用；在工作压力不高时，高水基乳化液也是一种良好的抗燃液。在选用液压油时，合适的粘度有时更为重要。粘度的高低将影响运动部件的润滑、缝隙的泄漏以及流动时的压力损失、系统的发热等。一般根据粘度选择液压油的原则是：运动速度高或配合间隙小时，宜采用粘度较低的液压油以减少摩擦损失；工作压力高或温度高时，宜采用粘度较高的液压油以减少泄漏。实际上，系统中使用的液压泵对液压油粘度的选用往往起决定性作用，可根据表 8-2 的推荐值来选用油液粘度。

表 8—2　液压泵采用油液的粘度表

液压泵类型		环境温度 5～40℃ $\nu\times10^{-6}/(m^2\cdot s^{-1})$ (40℃)	环境温度 40～80℃ $\nu\times10^{-6}/(m^2\cdot s^{-1})$ (40℃)
叶片泵	$p<7$ MPa	30～50	40～75
	$p\geqslant7$ MPa	50～70	55～90

续表

液压泵类型	环境温度 5～40℃ $\nu \times 10^{-6}$/（$m^2 \cdot s^{-1}$）（40℃）	环境温度 40～80℃ $\nu \times 10^{-6}$/（$m^2 \cdot s^{-1}$）（40℃）
齿轮泵	30～70	95～165
轴向柱塞泵	40～75	70～150
径向柱塞泵	30～80	65～240

第二节　液压泵和液压马达

在液压系统中，液压泵和液压马达都是能量转换元件，液压泵是把原动机输入的机械能转换为液体能的机器，是系统的动力元件；而液压马达是把液压系统的压力能重新转换为机械能带动负载运行的机器，是执行元件。液压泵和液压马达就其结构来讲基本相同，就其原理来讲互为逆装置，因此本节把液压泵和液压马达放在一起讨论。

一、液压泵的基本工作原理

液压泵是依靠密封容积变化来进行工作的，故一般称为容积式液压泵。如图 8－4 所示，柱塞 5 装在缸体 4 中形成一个密封容积，柱塞在弹簧 2 的作用下始终压紧在偏心轮 6 上。原动机驱动偏心轮 6 旋转，柱塞在缸体中作往复运动，使密封容积的大小发生周期性的交替变化。当柱塞向下移动时，密封容积由小变大形成真空，油箱中的油液在大气压力的作用下经吸油管顶开单向阀 1 进入油腔 a 而实现吸油；反之，柱塞向上移动时，密封容积由大变小，a 腔中吸满的油液将顶开单向阀 3 流入系统而实现压油。这样液压泵就将原动机输入的机械能转换为液体的压力能，原动机驱动偏心轮不断旋转，液压泵就不断地吸油和压油。

显然，组成容积式液压泵的三个条件为：

(1) 必须具有密封容积 V。

(2) V 能由小变大（吸油过程），由大变小（排油过程）。

(3) 吸油口与排油口不能相通（靠配流机构分开）。

液压泵按其结构形式不同，分为齿轮泵、叶片泵、柱塞泵；按输出流量能否变化，可分为定量泵和变量泵。

在液压系统中，各种液压泵虽然组成密封容积的零件构造不尽相同，配流机构也有多种形式，但它们都满足上述三个条件，故都属于容积式液压泵。

液压泵的图形符号见附录二。

二、液压泵的主要性能参数

1）压力

(1) 额定压力 p_r：液压泵在正常工作条件下，按试验标准规定连续运转的最高工作压力。

(2) 工作压力 p：液压泵实际工作时的输出压力称为工作压力。工作压力的大小取决于外负载和排油管路上的压力损失，其值应小于或等于额定压力。

(3) 最高允许压力 p_{max}：在超过额定压力的条件下，根据试验标准规定，允许液压泵短时运行的最高压力值，称为液压泵的最高允许压力。

2）流量

(1) 每转流量（也称排量）q：液压泵主轴旋转一周所排出液体的体积。如图 8-4 所示，设柱塞截面积为 A，行程为 L，则排量 $q=AL$。排量可以调节的液压泵称为变量泵，排量不可以调节的液压泵则称为定量泵。

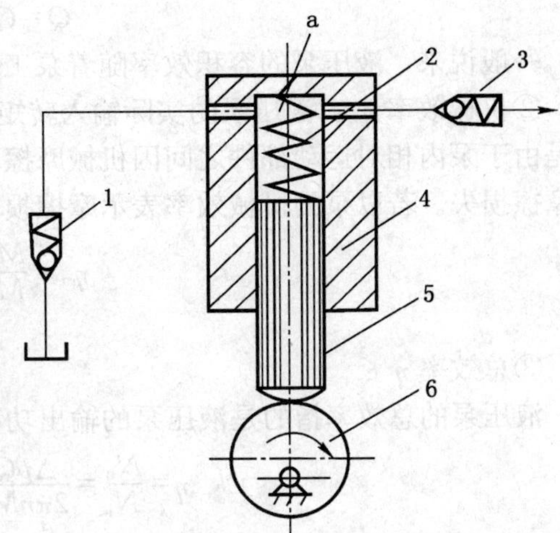

图 8-4　液压泵工作原理图

1—单向阀；2—弹簧；3—单向阀；4—缸体；5—柱塞；6—偏心轮；a—油腔

(2) 理论流量 Q_t：理论流量是指不考虑泄漏等因素的影响，液压泵在单位时间内所排出的液体体积。图 8-4 所示的柱塞泵，如果液压泵的排量为 q，其主轴转速为 n，则该液压泵的理论流量 Q_t 为：

$$Q_t = q \cdot n \tag{8-14}$$

式中　Q_t——液压泵的理论流量，m^3/s；

q——液压泵的排量，m^3/r；

n——主轴转速，r/s。

(3) 实际流量 Q：液压泵实际输出的流量。它等于理论流量 Q_t 减去泄漏流量 ΔQ，即：

$$Q = Q_t - \Delta Q \tag{8-15}$$

(4) 额定流量 Q_r：液压泵在正常工作条件下，按试验标准规定（在额定压力和额定转速下）必须保证的流量。

3）功率和效率

(1) 输入功率 N_i：液压泵的输入功率是指作用在液压泵主轴上的机械功率。当输入转矩为 M_i、角速度为 ω，则：

$$N_i = M_i\omega = 2\pi M_i n \tag{8-16}$$

式中　ω——角速度，1/s；

n——主轴转速，r/s；

M_i——输入转矩，N·m；

N_i——输入功率，W。

(2) 输出功率 N_o：液压泵的输出功率是指液压泵在工作过程中的实际吸、压油口间的压差 Δp 和输出流量 Q 的乘积，即：

$$N_o = \Delta p Q \tag{8-17}$$

式中　Δp——液压压泵吸、压油口之间的压力差，Pa；

Q——液压泵的输出流量，m^3/s；

N_o——液压泵的输出功率，W。

(3) 液压泵的效率：

① 容积效率 η_v：液压泵工作过程中，由于泄漏等因素的影响，实际流量 Q 总是小于理论流量 Q_t，即：$Q=Q_t-\Delta Q$，若以泵的容积效率表示其流量损失，则：

$$\eta_v = \frac{Q}{Q_t} = \frac{Q-\Delta Q}{Q_t} = 1 - \frac{\Delta Q}{Q} \tag{8-18}$$

因此，液压泵的实际输出流量 Q 为：

$$Q = Q_t \eta_v = nq\eta_v \tag{8-19}$$

一般说来，液压泵的容积效率随着泵工作压力的增大而减小。

②机械效率 η_m：液压泵的实际输入转矩 M_i 总是大于理论上所需要的转矩 M_t，其主要原因是由于泵内相对运动部件之间因机械摩擦而引起的摩擦转矩损失以及由液体的粘性而引起的摩擦损失。若以泵的机械效率表示摩擦损失，则：

$$\eta_m = \frac{M_t}{M_i} = \frac{1}{1 + \dfrac{\Delta M}{M_t}} \tag{8-20}$$

③总效率 η

液压泵的总效率指的是液压泵的输出功率与输入功率之比，即：

$$\eta = \frac{N_o}{N_i} = \frac{\Delta p Q}{2\pi n M_i} = \frac{\Delta p Q_t \eta_v}{\dfrac{2\pi n M_t}{\eta_m}} = \eta_v \eta_m \tag{8-21}$$

式中，$\Delta p Q_t = M_t \omega = 2\pi n M_t$（液压泵的理论功率）。

三、齿轮泵

齿轮泵是液压系统中广泛采用的一种液压泵，按啮合方式的不同，分为外啮合、内啮合两种结构形式，外啮合齿轮泵的应用较为广泛。

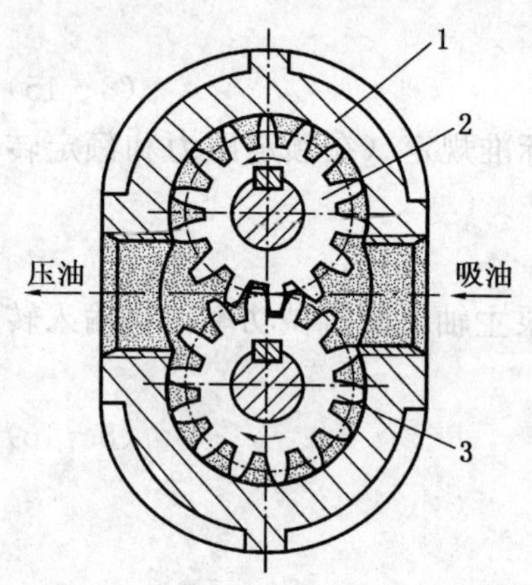

图 8－5　外啮合齿轮泵的工作原理

1—壳体；2—主动齿轮；3—从动齿轮

1. 齿轮泵的工作原理

图 8－5 为外啮合齿轮泵的工作原理图，齿轮泵的主要部件是装在壳体内的一对齿轮。齿轮两侧有端盖（图中未画出）、壳体、端盖和各个齿谷组成了许多密封工作腔。当齿轮按图示方向旋转时，右侧吸油腔由于相互啮合的轮齿逐渐脱开，密封工作容积逐渐增大，形成部分真空，因此油箱中的油液在外界大气压力的作用下，经吸油管进入吸油腔，将齿谷充满，并随着齿轮旋转，把油液带到左侧压油腔内。在压油腔，由于轮齿在这里逐渐进入啮合，密封工作腔容积不断减小，油液便被挤出，进入管路。在齿轮泵的工作过程中，只要两齿轮的旋转方向不变，其吸、排油腔的位置也就确定不变。啮合线把高、低压两腔分隔开来，起配油作用，因此齿轮泵不需设置专门的配流机构，这是与其他类型容积式液压泵的不同之处。

2. 齿轮泵的每转流量（排量）

齿轮泵的每转流量（排量），可看作两个齿轮的齿谷容积之和。对于标准圆柱齿轮来说，齿谷容积等于轮齿体积，那么齿轮泵的排量就等于一个齿轮的齿谷和轮齿体积的总和。若齿轮齿数为 z、模数为 m、节圆直径为 D（$D = mz$）、有效齿高 $h = 2m$、齿宽为 B 时，泵的每转流量（排量）为 $q = \pi DhB = 2\pi z m^2 B$。

实际上，齿谷容积比轮齿体积稍大一些，故一般乘以 1.06 的修正系数，则排量变为：

$$q = 1.06\,(2\pi z m^2 B) = 6.66 z m^2 B \tag{8-22}$$

以上计算的是齿轮泵的平均流量，实际上随着啮合点位置的不断改变，吸排油腔的每一瞬时的容积变化率是不均匀的，因此，齿轮泵的流量是脉动的，流量的脉动引起压力脉动，随之产生振动与噪声。所以精度要求高的场合不宜采用齿轮泵供油。

齿轮泵和其他类型泵相比，其优点是结构简单紧凑、工作可靠、制造容易、价格低廉、自吸性能好、维护容易以及对工作介质污染不敏感等。其缺点是流量和压力脉动大，噪声也较大。此外，容积效率低、径向不平衡力大，限制了其工作压力的提高。

四、叶片泵

叶片泵的结构较齿轮泵复杂，但其工作压力较高，且流量脉动小，工作平稳，噪声较小，寿命较长。所以它被广泛应用于机械制造中的专用机床、自动线等中低压液压系统，但其结构复杂，吸油特性不太好，对油液的污染也比较敏感。

根据各密封工作容积在转子旋转 1 周吸、排油液次数不同，叶片泵分为两类，即 1 周 1 次吸、排油液的单作用叶片泵和两次吸、排油液的双作用叶片泵。单作用叶片泵多用于变量泵，工作压力最大为 7.0 MPa，结构经改进的高压叶片泵，最大工作压力可达 16.0～21.0 MPa。

1. 单作用叶片泵

1）单作用叶片泵的工作原理

单作用叶片泵的工作原理如图 8－6 所示，单作用叶片泵由转子 1、定子 2、叶片 3 和端盖等组成。定子具有圆柱形内表面，定子和转子间的偏心距为 e，叶片装在转子槽中，并可在槽内滑动，当转子回转时，由于离心力的作用，使叶片伸出紧靠在定子内壁上，这样在定子、转子、叶片和两侧配油盘间就形成若干个密封的工作空间，当转子按图示的方向回转时，在图的右部，叶片逐渐伸出，叶片间的工作空间逐渐增大，从吸油口吸油，这是吸油腔。在图的左部，叶片被定子内壁逐渐压进槽内，工作空间逐渐缩小，将油液从压油口压出，这就是压油腔。在吸油腔和压油腔之间，有一段封油区，把吸油腔和压油腔隔开，这种叶片泵转子每转一周，每个工作空间完成一次吸油和压油，因此称为单作用叶片泵。转子不停地旋转，泵就不断地吸油和排油。

2）单作用叶片泵的每转流量（排量）

单作用叶片泵的每转流量（排量）q 为：

$$q = 4\pi ReB = 2\pi DeB \tag{8-23}$$

式中 D——定子直径，m；

e——偏心距，m；

B——定子宽度，m。

单作用叶片泵的流量是脉动的，理论分析表明，泵内叶片数越多，流量脉动率越小。此外，奇数叶片的脉动率比偶数叶片的脉动率小，所以单作用叶片泵的叶片数均为奇数，一般为 13 片或 15 片。

2. 双作用叶片泵

1）双作用叶片泵的工作原理

双作用叶片泵的工作原理如图 8－7 所示，它是由定子 1、转子 2、叶片 3 和配油盘（图中未画出）等组成。转子和定子中心重合，定子内表面是由两段长半径圆弧、两段短半径圆弧和 4 段过渡曲线所组成的近似椭圆面。当转子转动时，叶片在离心力和（建压后）根部压力油的作用下，压向定子内表面，叶片、定子内表面，转子外表面和两侧配油盘间就形成若干个密封空间，当转子按图示方向旋转时，处在小圆弧上的密封空间经过渡曲线而运动到大圆弧的过程中，叶片外伸，密封空间的容积增大，吸入油液；再从大圆弧经过渡曲线运动到小圆弧的过程中，叶片被定子内壁逐渐压进槽内，密封空间容积变小，将油液从压油口压出。因而，转子每转1周，每个工作空间要完成两次吸油和压油，因此称之为双作用叶片泵。这种叶片泵由于有两个吸油腔和两个压油腔，并且各自的中心夹角是对称的，作用在转子上的油液压力相互平衡，因此双作用叶片泵又称为卸荷式叶片泵，为了使径向力完全平衡，密封空间数（即叶片数）应当是双数。

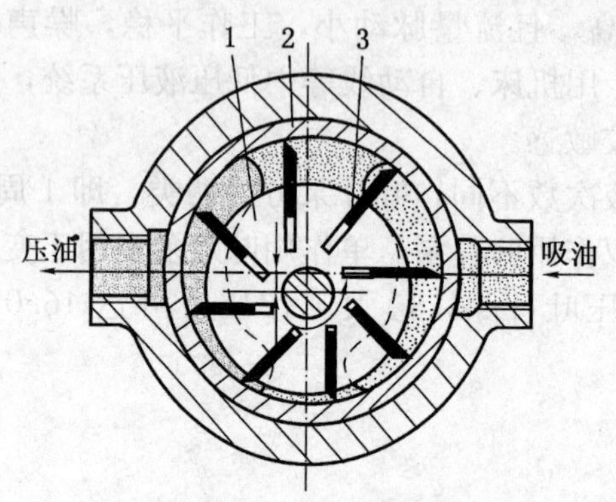

图8-6　单作用叶片泵工作原理
1—转子；2—定子；3—叶片

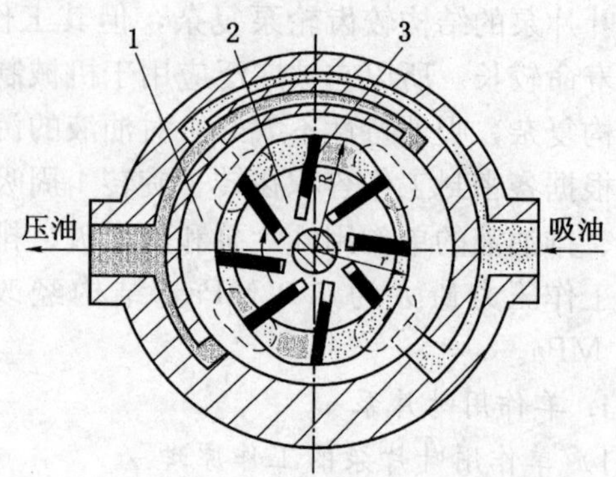

图8-7　双作用叶片泵工作原理
1—定子；2—转子；3—叶片

2）双作用叶片泵的每转流量（排量）q

双作用叶片泵的每转流量（排量）可按下式计算，即：

$$q = 2\pi\ (R^2 - r^2)\ B \tag{8-24}$$

式中　R——定子长半径，m；

r——定子短半径，m；

B——定子宽度，m。

双作用叶片泵的优点是：

(1) 流量均匀，压力脉动很小，故运转平稳，噪声也比较小。

(2) 由于叶片泵中有较大的密封工作腔，尤其是双作用式叶片泵，每转中每个密封工作腔各吸、排油两次，使流量增大，故结构紧凑，体积小。

(3) 密封可靠，压力较高，一般多为中压泵。

双作用叶片泵也存在下列缺点：

(1) 制造要求高，加工较困难。泵的定子曲线必须使用专门设备才能加工出来。

(2) 对油液污染敏感，容易损坏。由于叶片与叶片槽的配合间隙极小，故油液稍受污染便会将叶片卡死。叶片本身很薄，卡死后极易折断。这使得叶片泵的适应性大大降低。

(3) 吸油能力较差。由于双作用叶片泵密封腔体积变化小，造成吸油能力较低。

双作用叶片泵广泛应用于各种中、低压液压系统，完成中等负荷的工作，如金属切削机床、锻压机械及辅助设备等的液压系统。

五、柱塞泵

柱塞泵是靠柱塞在缸体中做往复运动造成密封容积的变化来实现吸油与压油的。与齿轮泵和叶片泵相比，这种泵有许多优点：

第一，构成密封容积的零件为圆柱形的柱塞和缸孔，加工方便，可得到较高的配合精度，密封性能好，在高压下工作仍有较高的容积效率。

第二，只需改变柱塞的工作行程就能改变流量。

第三，柱塞泵主要零件均受压应力，材料强度性能可得以充分利用。由于柱塞泵压力高、结构紧凑、效率高、流量调节方便，故在高压、大流量、大功率的系统中和流量需要调节的场合，如龙门刨床、液压机、工程机械、矿山冶金机械、石油机械和船舶上得到广泛的应用。

柱塞泵按柱塞的排列方式不同，可分为径向柱塞泵和轴向柱塞泵两大类。

1. 径向柱塞泵

1）径向柱塞泵的工作原理

径向柱塞泵的工作原理如图 8－8 所示，柱塞 1 径向排列安装在缸体（转子）2 中，缸体由原动机带动连同柱塞 1 一起旋转，柱塞 1 在离心力的作用下抵紧定子 4 内壁，当转子按图示方向回转时，由于定子和转子之间有偏心距 e，柱塞绕经上半周时向外伸出，柱塞底部的容积逐渐增大，形成部分真空，因此经过衬套 3（衬套 3 是压紧在转子内，并和转子一起回转）上的油孔可从配油轴 5 的吸油口 b 吸油；当柱塞转到下半周时，定子内壁将柱塞向里推，柱塞底部的容积逐渐减小，向配油轴的压油口 c 压油，当转子回转一周时，每个柱塞底部的密封容积完成一次吸压油，转子连续运转，即完成吸压油工作。配油轴固定不动，油液从配油轴上半部的两个孔 a 流入，从下半部两个孔 d 压出，为了进行配油，配油轴在和衬套 3 接触的一段加工出上下两个缺口，形成吸油口 b 和压油口 c，留下的部分形成封油区，封油区的宽度应能封住衬套上的吸压油孔，以防吸油口和压油口相连通，但尺寸也不能过大，以免产生困油现象。

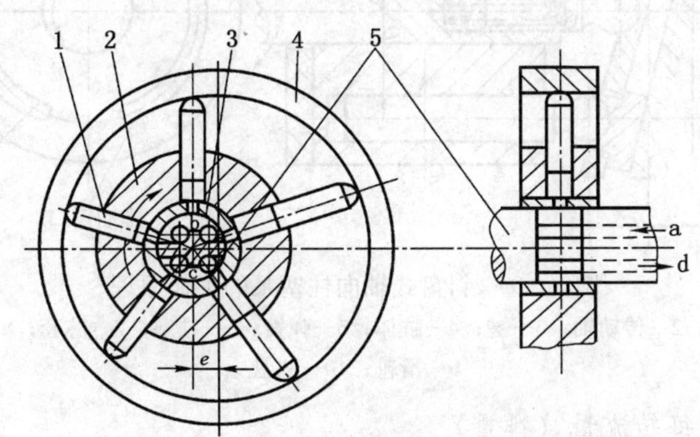

图 8－8　径向柱塞泵的工作原理

1—柱塞；2—缸体；3—衬套；4—定子；5—配油轴

a—配油轴上孔；b—吸油口；c—压油口；d—配油轴下孔；e—偏心距

径向柱塞泵的流量因偏心距 e 的大小而不同，若偏心距 e 做成可调的（一般是使定子做水平移动以调节偏心量），就成为变量泵，如偏心距的方向改变后，进油口和压油口也随之互相变换，这就是双向变量泵。

由于径向柱塞泵径向尺寸大，转动贯量大，自吸能力差，且配油轴受到径向不平衡液压力的作用，易于磨损，从而限制了它的转速和压力的提高。因此，逐渐被轴向柱塞泵代替。

2）径向柱塞泵的每转流量（排量）

当转子和定子之间的偏心距为 e 时，柱塞在缸体孔中的行程为 $2e$，设柱塞个数为 z，直径为 d 时，泵的排量为：

$$q = \frac{\pi}{4}d^2 2ez = \frac{\pi}{2}d^2 ez \qquad (8-25)$$

由于径向柱塞泵中的柱塞在缸体中的移动速度是变化的，因此泵的输出流量是脉动的，当柱塞较多且为奇数时，流量脉动较小。

2. 轴向柱塞泵

1）轴向柱塞泵的工作原理

图 8-9 为斜盘式轴向柱塞泵的工作原理。图中，配油盘 1 上的两个弧形孔（见左视图）为吸、排油窗口，斜盘 10 与配油盘 1 均固定不动，弹簧 5 通过芯套 7 将回程盘 8 和滑靴 9 压紧在斜盘上。传动轴 2 通过键 3 带动缸体 4 和柱塞 6 旋转，斜盘与缸体轴线倾斜一角度 γ。由于斜盘的作用迫使柱塞在缸体孔中做往复运动，并通过配油盘的配油窗口进行吸油和压油。当柱塞从图示最下方的位置向上方转动时，被滑靴（其头部为球铰连接）从柱塞孔中拉出，使柱塞与柱塞孔组成的密封工作容积增大而产生真空，油液通过配油盘的吸油窗口被吸进柱塞孔内，从而完成吸油过程。当柱塞从图示最上方的位置向下方转动时，柱塞被斜盘的斜面通过滑靴压进柱塞孔内，使密封工作容积减小，油液受压，通过配油盘的排油窗口排出泵外，从而完成排油过程。缸体旋转 1 周，每个柱塞都完成 1 次吸油和排油。

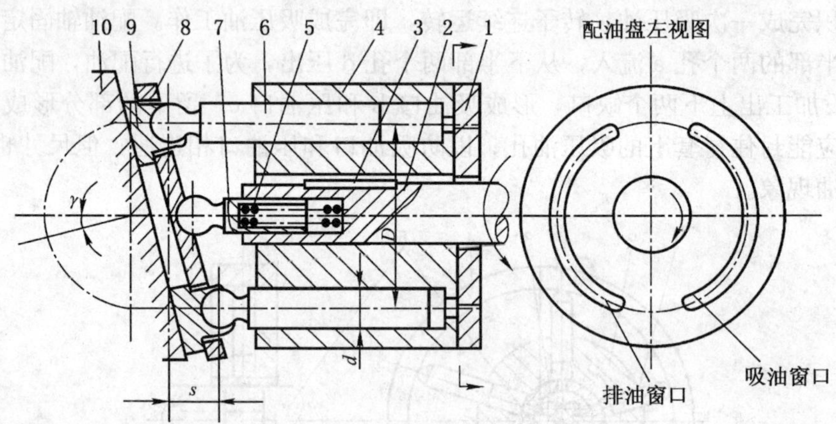

图 8-9　斜盘式轴向柱塞泵的工作原理

1—配油盘；2—传动轴；3—键；4—缸体；5—弹簧；6—柱塞；7—芯套；8—回程盘；9—滑靴；10—斜盘

2）轴向柱塞泵的每转流量（排量）

轴向柱塞泵的排量 q 为：

$$q = \frac{\pi}{4}d^2 hz = \frac{\pi}{4}d^2 zD\tan\gamma \tag{8-26}$$

式中 d——柱塞直径，m；

h——柱塞行程，m，$h = D\tan\gamma$；

D——柱塞分布圆直径，m；

z——柱塞数目，个；

γ——斜盘倾角，(°)。

六、液压马达

1. 液压马达的特点及分类

从能量转换的观点来看，液压泵与液压马达是可逆工作的液压元件，向任何一种液压泵输入工作液体，都可使其变成液压马达工况；反之，当液压马达的主轴由外力矩驱动旋转时，也可变为液压泵工况。因为它们具有同样的基本结构要素——密闭，而又可以周期变化的容积和相应的配油机构。

但是，由于液压马达和液压泵的工作条件不同，对它们的性能要求也不一样，所以同类型的液压马达和液压泵之间，仍存在许多差别。首先，液压马达应能够正、反转，因而要求其内部结构对称；液压马达的转速范围需要足够大，特别对它的最低稳定转速有一定的要求。因此，它通常都采用滚动轴承或静压滑动轴承。其次，液压马达由于在输入压力油条件下工作，因而不必具备自吸能力，但需要一定的初始密封性，才能提供必要的转矩。由于存在着这些差别，使得液压马达和液压泵虽然在结构上比较相似，但不宜可逆工作。

液压马达按其结构类型可分为齿轮式、叶片式、柱塞式和其他形式。按液压马达的额定转速可分为高速和低速两大类。额定转速高于 500 r/min 的属于高速液压马达，额定转速低于 500 r/min 的属于低速液压马达。高速液压马达的基本形式有齿轮式、螺杆式、叶片式和轴向柱塞式等。它们的主要特点是转速较高、转动惯量小、便于启动和制动、调节（调速及换向）灵敏度高。通常高速液压马达输出转矩不大（仅几十 N·m～几百 N·m），所以又称为高速小扭矩马达。低速液压马达的基本形式是径向柱塞式，此外，在轴向柱塞式、叶片式和齿轮式中也有低速的结构形式。低速液压马达的主要特点是排量大、体积大、转速低(有时可达每分钟几转甚至零点几转)。因此可直接与工作机构连接，不需要减速装置，使传动机构大为简化，通常低速液压马达输出转矩较大（可达几千 N·m～几万 N·m），所以又称为低速大转矩液压马达。

液压马达的图形符号见附录二。

2. 液压马达的工作原理

液压马达的结构与同类型的液压泵很相似，下面以叶片式和径向柱塞式液压马达为例对其工作原理作简单介绍。

1）叶片式液压马达

图 8-10 为叶片式液压马达工作原理图，当压力油通入压油腔后，叶片 1、3（或 5、7）一面作用是压力油，另一面为低压油。由于叶片 3、7 伸出的面积大于叶片 1、5 伸出的面积，因此作用于叶片 3、7 上的总液压力大于作用于叶片 1、5 上的总液压力，于是压力差使叶片带动转子作逆时针方向旋转。叶片 2、6 两面同时受压力油作用，受力平衡对转子不产生作用转矩。叶片式液压马达的输出转矩与液压马达的排量和液压马达进出油口之间的压力差有关，其转速由输入液压马达的流量大小来决定。

由于液压马达一般要求能正反转，所以叶片式液压马达的叶片既不前倾也不后倾，要径向放置。为了使叶片根部始终通有压力油，在回、压油腔通入叶片根部的通路上应设置单向阀。为了确保叶片式液压马达在压力油通入后能正常启动，必须使叶片顶部和定子内表面紧密接触，以保证良好的密封，因此在叶片根部应设置预紧弹簧。

叶片式液压马达体积小、转动惯量小、动作灵敏，可适用于换向频率较高的场合，但泄漏量较大，低速工作时不稳定。因此叶片式液压马达一般用于转速高、转矩小和动作要求灵敏的场合。

2）径向柱塞式液压马达

图 8-11 为径向柱塞式液压马达工作原理图，当压力油经固定的配油轴 4 的窗口进入柱塞 1 的底部时，柱塞向外伸出，紧紧顶住定子 2 的内壁，由于定子与缸体存在一偏心距 e，在柱塞与定子接触处，定子对柱塞的反作用力为 F_N。力 F_N 可分解为 F_F 和 F_T 两个分力。当作用在柱塞底部的油液压力为 p，柱塞直径为 d，力 F_F 和 F_N 之间的夹角为 φ 时，则：

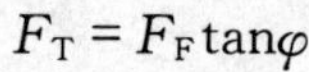

$$F_F = p\frac{\pi}{4}d^2 \qquad F_T = F_F\tan\varphi$$

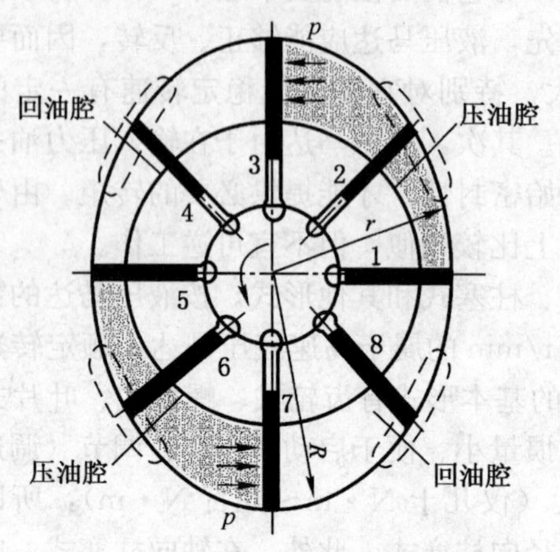

图 8－10　叶片式液压马达工作原理图

1～8—叶片；R—定子长半径；r—定子短半径；p—油液压力

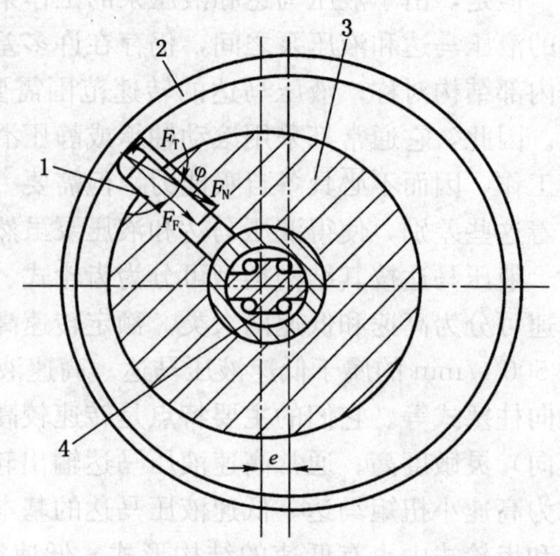

图 8－11　径向柱塞马达工作原理

1—柱塞；2—定子；3—缸体；4—配油轴

F_T对缸体产生一转矩，使缸体旋转。缸体通过传动轴向外输出转矩和转速。以上分析的是一个柱塞产生转矩的情况，由于在压油区作用有几个柱塞，在这些柱塞上所产生的转矩都使缸体旋转，并输出转矩。径向柱塞液压马达多用于低速、大转矩的情况。

3. 液压马达的基本参数

1）流量

（1）每转流量（也称排量）q：每转流量（也称排量）是指液压马达主轴旋转 1 周所通过的液体的体积。其计算方法和数学表达式与同种类型的液压泵相同。

（2）理论流量 Q_t：理论流量是指不考虑泄漏因素的影响，单位时间内通过液压马达的液体的体积。其计算方法和数学表达式与同种类型的液压泵相同。

（3）实际流量 Q：实际流量是指液压马达工作时实际输出的流量。它等于理论流量 Q_t 与泄漏流量 ΔQ 之和，即：

$$Q = Q_t + \Delta Q \tag{8-27}$$

2）转矩

当液压马达进、出油口压力差为 Δp，液压马达的理论流量为 Q_t，液压马达输出的理论转矩为 M_t，角速度为 ω，如果不计损失，液压泵输出的液压功率应当全部转化为液压马达输出的机械功率，即：

$$\Delta p Q_t = M_t \omega \tag{8-28}$$

又因为 $\omega = 2\pi n$，$Q_t = nq$，所以液压马达的理论转矩为：

$$M_t = \frac{\Delta p q}{2\pi} \tag{8-29}$$

3）液压马达的功率和效率

（1）功率：

①输入功率 N_i：

$$N_i = pQ \tag{8-30}$$

式中　p——液压马达的输入压力，Pa；

Q——液压马达的输入流量，m^3/s。

②输出功率 N_o：

$$N_o = 2\pi n M_o \tag{8-31}$$

式中　M_o——液压马达的输出转矩，N·m；

n——液压马达的转速，r/min。

（2）效率：

①容积效率 η_v：与液压泵相反，液压马达的实际流量 Q 大于其理论流量 Q_t，即 $Q=Q_t+\Delta Q$，故其容积效率 η_v 为：

$$\eta_v = \frac{Q_t}{Q} = 1 - \left(\frac{\Delta Q}{Q}\right) \tag{8-32}$$

②机械效率 η_m：与液压泵相反，液压马达的轴上转矩 M_o 小于理论转矩 M_t，即 $M_o=M_t-\Delta M$，故液压马达的机械效率 η_m 为：

$$\eta_m = \frac{M_o}{M_t} = 1 - \left(\frac{\Delta M}{M_t}\right) \tag{8-33}$$

③总效率 η 为：

$$\eta = \frac{N_o}{N_i} = \frac{2\pi n M_o}{pQ} \tag{8-34}$$

$$\eta = \eta_v \eta_m \tag{8-35}$$

4）液压马达的转速 n

液压马达的转速取决于供液的流量 Q 和液压马达本身的排量 q。由于液压马达内部有泄漏，并不是所有进入马达的液体都推动液压马达做功，一小部分液体因泄漏损失掉了，所以马达的实际转速要比理想情况低一些，即：

$$n = \frac{Q_t}{q} = \frac{Q}{q}\eta_v \tag{8-36}$$

第三节　液压缸

液压缸作为执行元件，是把液体的压力能转换为机械能的能量转换装置，主要用来驱动工作机构实现直线往复运动或摆动往复运动。液压缸结构简单，工作可靠，做直线往复运动时，可省去减速机构，且没有传动间隙，传动平稳，反应快。因此，在液压系统中被广泛应用。

液压缸按其结构特点可分为活塞缸、柱塞缸、摆动缸三大类；按作用方式可分为双作用式和单作用式两种。对于双作用式液压缸，两个方向的运动转换由压力油控制实现；单作用式液压缸则只能使活塞（或柱塞）单方向运动，其反向运动必须依靠外力来实现。下面介绍几种石油矿厂机械中常用的液压缸。

一、活塞式液压缸

活塞式液压缸可分为双出杆液压缸和单出杆液压缸两种。

1. 双出杆液压缸

双出杆活塞式液压缸，在缸的两端都有活塞杆伸出，如图8－12所示。它主要由活塞杆

1、压盖 2、缸盖 3、缸体 4、活塞 5、密封圈 6 等组成。缸体固定在床身上，活塞杆和支架连在一起，这样活塞杆只受拉力，因而可做得较细。缸体 4 与缸盖 3 采用法兰连接，活塞 5 与活塞杆 1 采用锥销连接。活塞与缸体之间采用间隙密封，这种密封内泄量较大，但对压力较低、运动速度较快的设备还是适用的。活塞杆与缸体端盖处采用 V 型密封圈密封，这种密封圈密封性较好，但摩擦力较大，其压紧力可由压盖 2 调整。

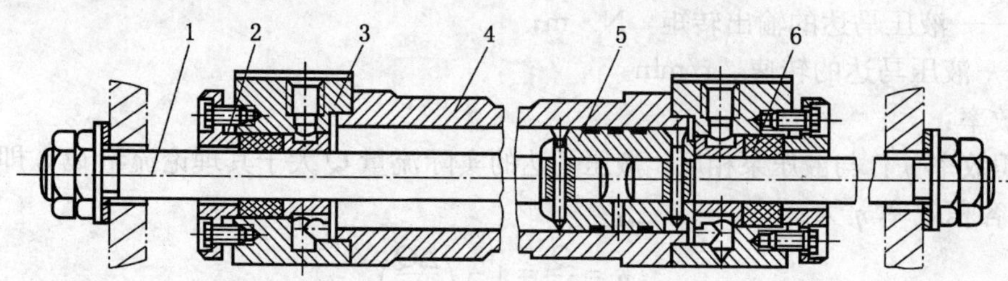

图 8－12　双出杆活塞式液压缸

1—活塞杆；2—压盖；3—缸盖；4—缸体；5—活塞；6—密封圈

对于双出杆液压缸，通常是两个活塞杆相同，活塞两端的有效面积相同。如果供油压力和流量不变，则活塞往复运动时两个方向的作用力 F_1 和 F_2 相等，速度 v_1 和 v_2 相等，其值为：

$$F_1 = F_2 = (p_1 - p_2)A = (p_1 - p_2)\frac{\pi}{4}(D^2 - d^2) \tag{8-37}$$

$$v_1 = v_2 = \frac{Q}{\frac{\pi}{4}(D^2 - d^2)} \tag{8-38}$$

式中　F_1、F_2——活塞上的作用力，N；

p_1、p_2——液压缸进、出口压力差，Pa；

v_1、v_2——活塞的运动速度，m/s；

A——活塞有效面积，m^2；

D——活塞直径，m；

d——活塞杆直径，m；

Q——进入液压缸的流量，m^3/s。

若将缸体固定在床身上，活塞杆和工作台相连，缸的左腔进油，则推动活塞向右运动；反之，缸的右腔进油，推动活塞向左运动。当活塞的有效行程为 l 时，其运动范围为活塞有效行程的 3 倍即 $3l$，见图 8－13（a）。这种连接占地较大，一般用于中、小型设备。若将活塞杆固定在床身上，缸体与工作台相连时，其运动范围为液压缸有效行程的 2 倍即 $2l$，见图 8－13（b）。这种连接占地小，常用于大、中型设备。

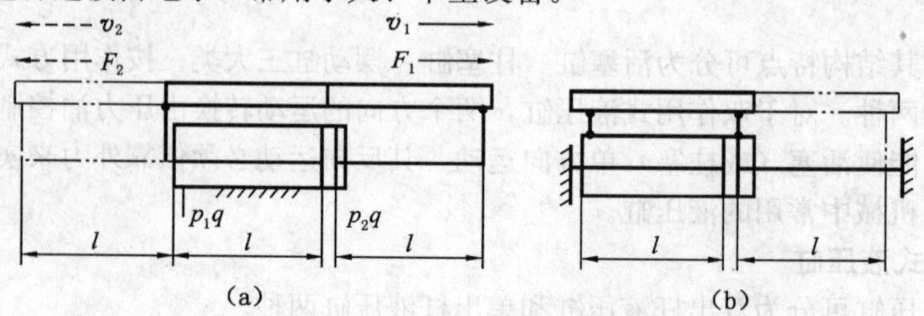

图 8－13　双出杆液压缸运动范围

(a) 缸体固定；(b) 活塞杆固定

2. 单出杆液压缸

单出杆液压缸仅在液压缸的一侧有活塞杆，图 8－14 所示为工程机械设备常用的一种单出杆液压缸。主要由缸底 1、活塞 2、O 型密封圈 3、Y 型密封圈 4、缸体 5、活塞杆 6、导向套 7 等组成。两端进、出油口都可以进、排油，实现双向的往复运动，同双出杆液压缸一样又称为双作用式液压缸。

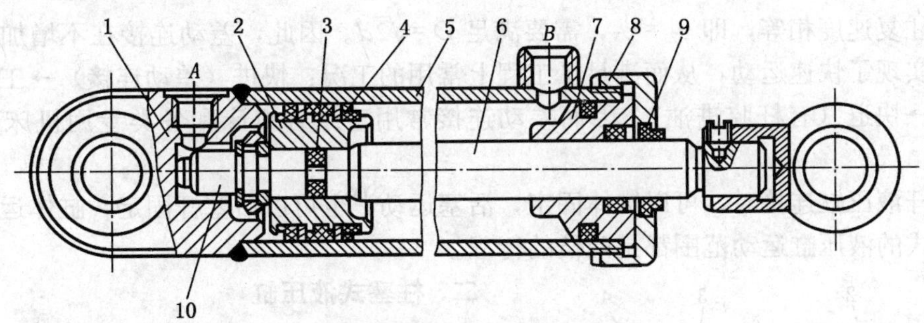

图 8－14 单出杆液压缸结构

1—缸底；2—活塞；3—O 型密封圈；4—Y 型密封圈；5—缸体；6—活塞杆；7—导向套

活塞与缸体的密封采用 Y 型密封圈密封，活塞的内孔与活塞杆之间采用 O 型密封圈密封。导向套起导向、定心作用，活塞上套有一个用聚四氟乙烯制成的支承环，缸盖上设有防尘圈 9，活塞杆左端设有缓冲柱塞 10。

由于液压缸两腔的有效面积不等，因此它在两个方向输出的推力 F_1、F_2，速度 v_1、v_2 也不等，其值为

$$F_1 = p_1A_1 - p_2A_2 = \frac{\pi}{4}D^2p_1 - \frac{\pi}{4}(D^2-d^2)p_2 = \frac{\pi}{4}[(p_1-p_2)D^2 + p_2d^2] \tag{8-39}$$

$$F_2 = p_1A_2 - p_2A_1 = \frac{\pi}{4}(D^2-d^2)p_1 - \frac{\pi}{4}D^2p_2 = \frac{\pi}{4}[(p_1-p_2)D^2 - p_1d^2] \tag{8-40}$$

$$v_1 = \frac{Q}{A_1} = \frac{Q}{\frac{\pi D^2}{4}} \tag{8-41}$$

$$v_2 = \frac{Q}{A_2} = \frac{Q}{\frac{\pi(D^2-d^2)}{4}} \tag{8-42}$$

式中 v_1、v_2——活塞往复运动的速度，m/s；

F_1、F_2——活塞输出的推力，N；

A_1、A_2——无杆腔、有杆腔的面积，m^2；

D——活塞直径（缸体内径），m；

d——活塞杆直径，m。

当单出杆液压缸两腔互通，都通入压力油时，两腔压力相等，由于无杆腔面积大于有杆腔面积，活塞向无杆腔运动，并使有杆腔的油流入无杆腔，这种连接称为差动连接。差动连接时，活塞杆运动速度为 v_3，输出推力为 F_3，与非差动连接液压油进入无杆腔时的速度 v_1 和推力 F_1 相比，速度变快，推力变小，此时有杆腔流出的流量 $Q_3 = v_3A_2$，流入无杆腔的流量为：

$$Q_1 = Q + Q_3 = v_3A_1$$

则
$$v_3=\frac{Q}{A_1-A_2}=\frac{Q}{\frac{\pi}{4}d^2} \tag{8-43}$$

$$F_3=P\frac{\pi}{4}d^2 \tag{8-44}$$

由式（8-43）和式（8-44）可见，差动连接时，相当于活塞杆面积在起作用。欲使差动液压缸往复速度相等，即 $v_2=v_3$，需要满足 $D=\sqrt{2}d$。因此，差动连接在不增加泵的流量的前提下实现了快速运动，从而满足了工程上常用的工况：快进（差动连接）→工进（无杆腔进油）→快退（有杆腔进油），因而差动连接常用于组合机床和各类专用机床的液压系统中。

单出杆液压缸连接时，可以缸体固定，活塞运动；也可以活塞杆固定，缸体运动。这两种连接方式的液压缸运动范围都是两倍的行程。

二、柱塞式液压缸

由于活塞式液压缸内壁精度要求很高，当缸体较长时，孔的精加工较困难，故改用柱塞缸。因柱塞缸内壁不与柱塞接触，缸体内壁可以粗加工或不加工，只要求柱塞精加工即可。如图 8-15 所示，柱塞缸由缸体 1、柱塞 2、导向套 3、弹簧卡圈 4 等组成。柱塞缸是单作用缸，只能实现一个方向的运动，回程要靠外力（如弹簧力、重力）推回或成对使用。

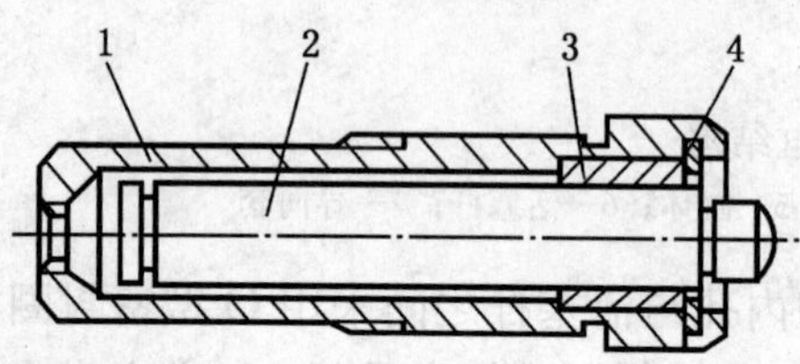

图 8-15　柱塞式液压缸

1—缸体；2—柱塞；3—导向套；4—弹簧卡圈

柱塞输出的力和速度分别为：

$$F=pA=p\frac{\pi}{4}d^2 \tag{8-45}$$

$$v=\frac{Q}{A}=\frac{Q}{\frac{\pi}{4}d^2} \tag{8-46}$$

式中　A——柱塞截面积，m^2；

d——柱塞直径，m。

三、摆动式液压缸

摆动式液压缸是既输出转矩又实现往复摆动的执行元件，也称为摆动液压马达，分为单叶片式和双叶片式两种。图 8-16 所示为单叶片式摆动缸，它主要由定子块、缸体、转子、叶片、左右支承盘等部件组成。定子块 1 固定在缸体 2 上，叶片 6 和转子 5 连接为一体，当油口 a、b 交替通压力油时，叶片便带动转子做往复摆动。

单叶片摆动缸输出转矩和角速度 ω 为：

$$M=\frac{B\left(D^2-d^2\right)}{8}\left(p_1-p_2\right)\eta_m \tag{8-47}$$

$$\omega=\frac{8Q}{B\left(D^2-d^2\right)}\eta_v \tag{8-48}$$

式中　B——叶片宽度，m；

D——缸体内径，m；

d——摆动轴直径，m。

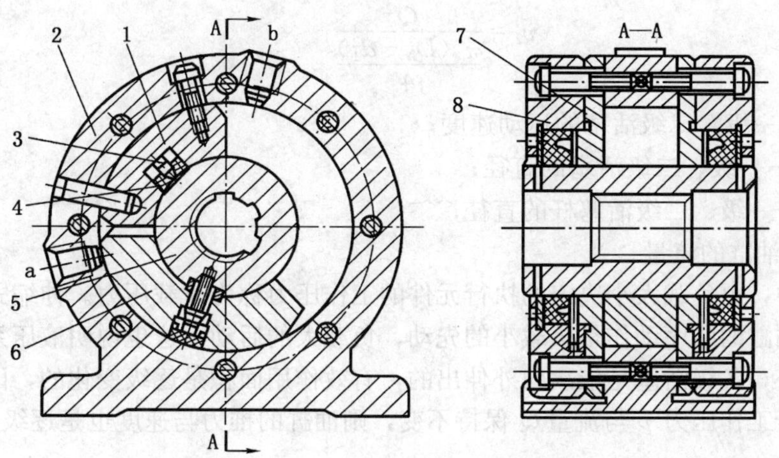

图 8-16　单叶片摆动缸结构

1—定子块；2—缸体；3—弹簧片；4—密封条；5—转子；6—叶片；7—支承盘；8—盖板

四、双作用多级伸缩式油缸

多级伸缩式油缸又称为套筒伸缩油缸，它的特点是缩回时尺寸小，而伸长时行程大。在一般油缸无法满足长行程负载要求时，可用伸缩式油缸，如起重机的吊臂等。

图 8-17 是双作用多级伸缩式油缸，它由套筒式活塞杆 1 和 2、缸体 3、缸盖 4、密封圈 5、6 等组成。当油缸的 A 腔通入压力油时，活塞杆 1、2 同时向外伸出，到端点位置时，活塞杆 1 才开始从活塞杆 2 中伸出。相反，当活塞杆上 B 孔与压力油路接通时，压力油由 a 经油孔 C_1 进入 b 腔，推动活塞杆 1 先缩回，当活塞杆 1 缩回到底端后，压力油便可经孔 C_2 进入 c 腔，推动活塞杆 2 连同 1 一起缩回。

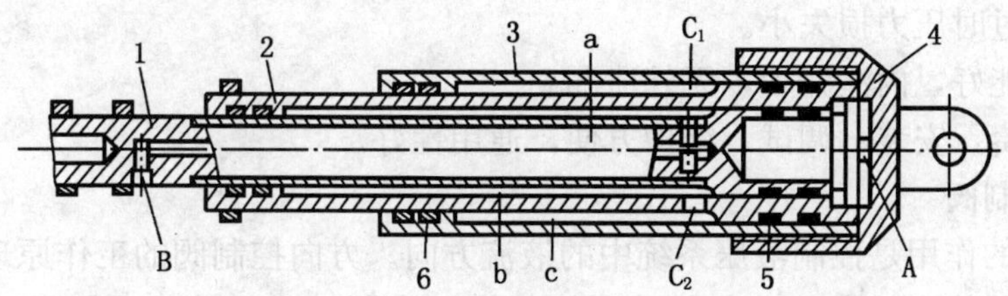

图 8-17　多级伸缩式油缸原理图

1、2—活塞杆；3—油缸体；4—缸盖；5、6—密封圈

伸出时运动速度为：

$$v_1 = \frac{Q}{\frac{\pi D_1^2}{4}} \tag{8-49}$$

$$v_2 = \frac{Q}{\frac{\pi D_2^2}{4}} \tag{8-50}$$

缩回时运动速度为：

$$v_1 = \frac{Q}{\frac{\pi\ (D_1^2 - d_1^2)}{4}} \tag{8-51}$$

$$v_2 = \frac{Q}{\frac{\pi (D_2^2 - d_1^2)}{4}} \tag{8-52}$$

式中 v_1、v_2——一级、二级活塞的运动速度；

D_1、D_2——一级、二级活塞的直径；

d_1、d_2——一级、二级活塞杆的直径；

Q——进入油缸的流量。

在液压传动中，由负载大小决定的执行元件的工作压力称为负载压力。伸缩式油缸的工作过程说明多级油缸的顺序动作是负载小的先动，负载大的后动。这也说明液压系统压力是取决于负载。另外，各级活塞是依次向外伸出的，有效作用面积是逐级变化的，因此，在油缸工作过程中，若工作压力 p 与流量 Q 保持不变，则油缸的推力与速度也是逐级变化的。

第四节 液压控制阀

在液压系统中，液压控制阀用来控制油液的压力、流量和流动方向，从而控制液压执行元件的启动、停止、运动方向、速度、作用力等，以满足液压设备对各工况的要求。

液压控制阀的种类繁多，功能各异，是组成液压系统的重要元件。按用途可分为：方向控制阀、压力控制阀、流量控制阀。这三类阀可以相互组合，成为组合阀，以减少管路连接，使结构紧凑，如单向顺序阀等。按操纵方式可分为：手动式、机动式、电动式、液动式和电液动式等。按安装连接方式可分为：管式（螺纹式）连接阀、板式连接阀、叠加式连接阀和插装式连接阀。

液压传动系统对液压控制阀的基本要求是：

（1）动作灵敏，工作可靠，工作时冲击和振动小，使用寿命长。

（2）油液通过时压力损失小。

（3）密封性能好，内泄漏少，无外泄漏。

（4）结构紧凑，安装、调试、维护方便，通用性好。

一、方向控制阀

方向控制阀的作用是控制液压系统中的液流方向。方向控制阀的工作原理是利用阀芯和阀体间相对位置的改变，实现油路与油路间的接通或断开，以满足系统对油路提出的各种要求。

方向控制阀分为单向阀和换向阀两类。

1. 单向阀

1）普通单向阀

普通单向阀（简称单向阀）的作用是只允许液流沿一个方向通过，而反向流动截止。要求其正向液流通过时压力损失小，反向截止时密封性能好。

如图 8－18 所示，单向阀由阀体、阀芯和弹簧等组成。当压力油从 P_1 口进入单向阀时，油压克服弹簧力的作用推动阀芯右移，使油路接通，油液经阀口、阀芯上的径向孔 a 和轴向孔 b，从 P_2 口流出；当压力油从 P_2 口流入时，油压以及弹簧力将阀芯压紧在阀体 1 上，关闭 P_2 和 P_1 的通道，使油液不能通过。在这里，弹簧主要是用来克服阀芯的摩擦阻力和惯性力，所以单向阀的弹簧刚度很较小，一般单向阀的开启压力在 0.03～0.05 MPa 左右。

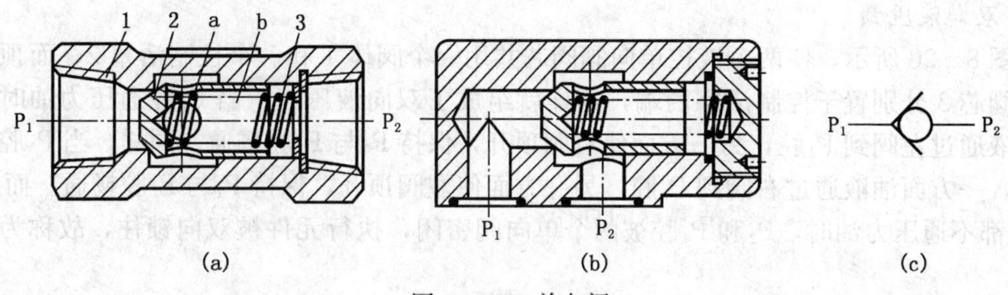

图 8－18　单向阀

(a) 管式连接单向阀；(b) 板式连接单向阀；(c) 图形符号

1—阀体；2—阀芯；3—弹簧

单向阀常被安装在泵的出口，既可防止系统的压力冲击影响泵的正常工作，又可防止当泵不工作时油液倒流；单向阀还被用来分隔油路以防止干扰。

当更换为硬弹簧，使单向阀的开启压力达到 0.3～0.6 MPa 时，单向阀可作为背压阀使用。

2）液控单向阀

如图 8－19 所示，液控单向阀比普通单向阀多一控制油口 K，当控制口不通压力油而通油箱时，液控单向阀的作用与普通单向阀一样。当控制油口通压力油时，液压力作用在控制活塞的下端，推动控制活塞克服阀芯上端的弹簧力顶开单向阀阀芯，使阀口开启，油口 P_1 和 P_2 接通，这时，正反向的液流可自由通过。

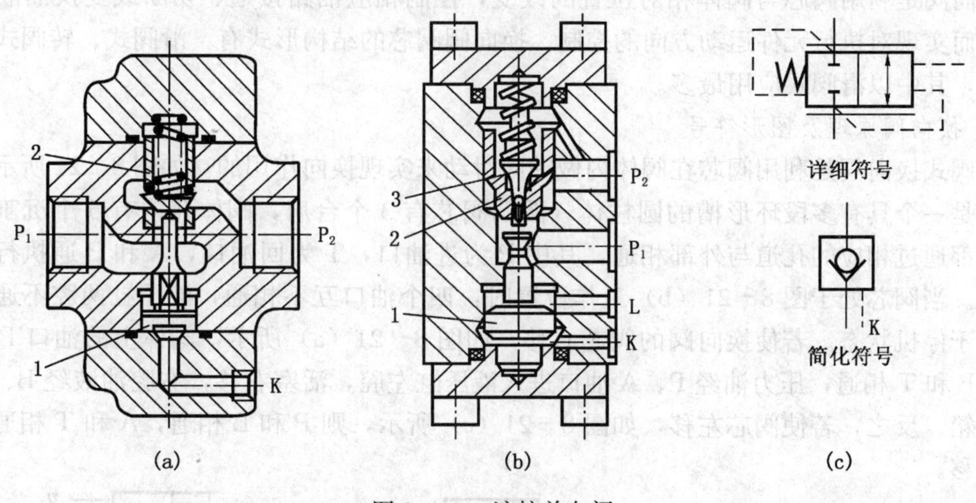

图 8－19　液控单向阀

(a) 筒式；(b) 复式；(c) 图形符号

1—控制活塞；2—单向阀阀芯；3—卸载阀小阀芯

图 8－19（b）为带有卸荷阀阀芯的液控单向阀。在阀芯内装了直径较小的卸荷阀阀芯 3。因卸荷阀阀芯承压面积小，不需多大推力便可将它先行顶开，P_1 和 P_2 两腔可通过卸荷阀阀芯圆杆上的小缺口相互沟通，使 P_2 腔逐渐卸压，直至阀芯两端油压平衡，控制活塞便可较容易地将单向阀阀芯顶开。该阀常用于 P_2 腔压力很高的场合。

液控单向阀既可以对反向液流起截止作用，而且密封性好，又可以在一定条件下允许正反向液流自由通过，因此常用于液压系统的保压、锁紧和平衡回路。

3）双向液压锁

如图 8－20 所示，使两个液控单向阀阀芯共用一个阀体 1 和一个控制活塞 2，而顶杆及卸荷阀阀芯 3 分别置于控制活塞两端，这样就组成了双向液压锁。当 P_1腔通压力油时，一方面油液通过左阀到 P_2腔，另一方面使右阀顶开，保持 P_4与 P_3腔畅通。同样，当 P_3腔通压力油时，一方面油液通过右阀到 P_4腔，另一方面使左阀顶开，保持 P_2与 P_1腔畅通。而当 P_1和 P_3腔都不通压力油时，P_2和 P_4腔被两个单向阀密闭，执行元件被双向锁住，故称为双向液压锁。

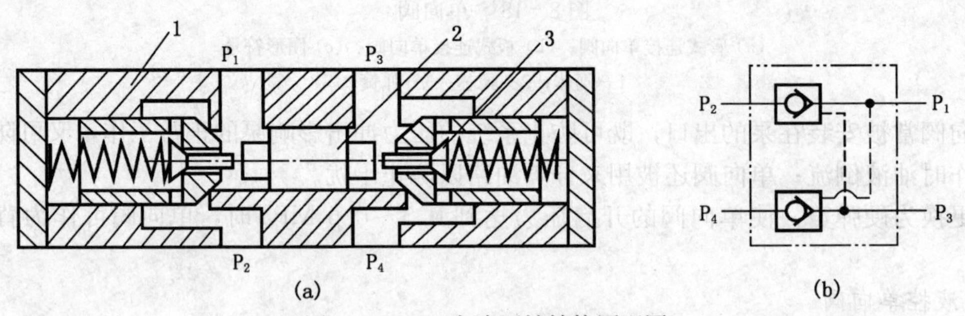

图 8－20　双向液压锁结构原理图

（a）结构原理图；（b）图形符号

1—阀体；2—控制活塞；3—顶杆及卸荷阀阀芯

2. 换向阀

换向阀是利用阀芯与阀体相对位置的改变，控制相应油路接通、切断或变换油液的方向，从而实现对执行元件运动方向的控制。换向阀阀芯的结构形式有：滑阀式、转阀式和锥阀式等，其中以滑阀式应用最多。

1）换向阀原理及图形符号

滑阀式换向阀是利用阀芯在阀体内做轴向滑动来实现换向作用的。如图 8－21 所示，滑阀阀芯是一个具有多段环形槽的圆柱体（图示阀芯有 3 个台肩，阀体孔内有 5 个沉割槽）。每条槽都通过相应的孔道与外部相通，其中 P 为进油口，T 为回油口，A 和 B 通执行元件的两腔。当阀芯处于图 8－21（b）工作位置时，四个油口互不相通，液压缸两腔不通压力油，处于停机状态。若使换向阀的阀芯右移，如图 8－21（a）所示，阀体上的油口 P 和 A 相通，B 和 T 相通，压力油经 P、A 油口进入液压缸左腔，活塞右移，右腔油液经 B、T 油口回油箱。反之，若使阀芯左移，如图 8－21（c）所示，则 P 和 B 相通，A 和 T 相通，活塞便左移。

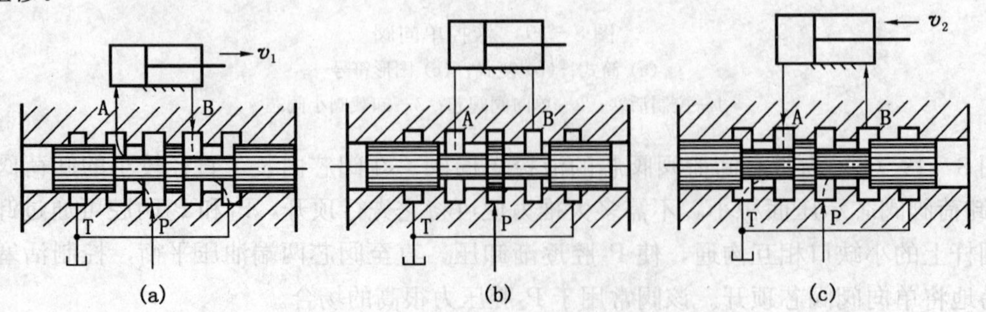

图 8－21　滑阀式换向阀的换向原理

（a）阀芯右移；（b）阀芯居中；（c）阀芯左移

换向阀按阀芯换位的控制方式可分为：手动、机动、电动、液动和电液动阀；按阀芯在阀体内的工作位置数和换向阀所控制的油口通路数可分为：二位二通、二位三通、二位四通、二位五通、三位四通、三位五通阀（表 8－3）。不同的位数和通路数是由阀体上的沉割槽和阀芯上台肩的不同组合形成的。将五通阀的两个回油口 T_1 和 T_2 沟通成一个油口 T，便成四通阀。

表 8－3 列出了几种常用的滑阀式换向阀的结构原理图以及与之相对应的图形符号。

表 8—3　常用换向阀的结构原理和图形符号

位和通	结构原理图	图形符号
二位二通	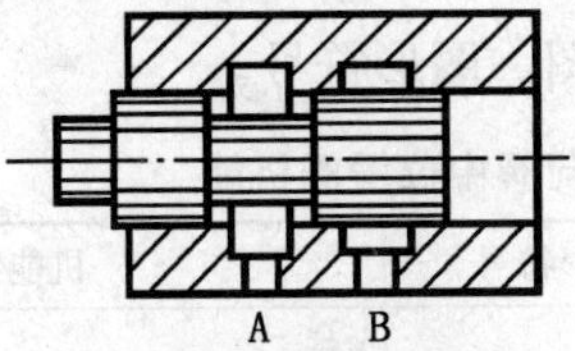 A B	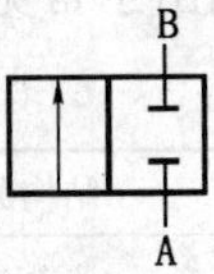 B A
二位三通	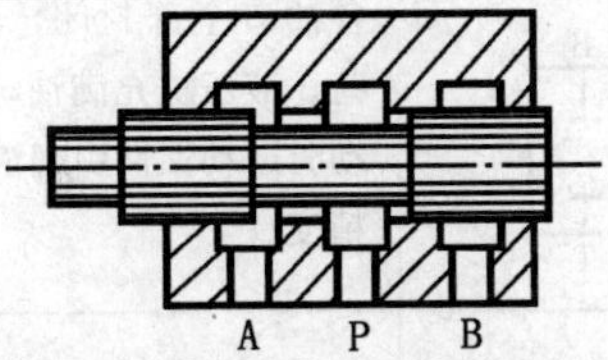 A P B	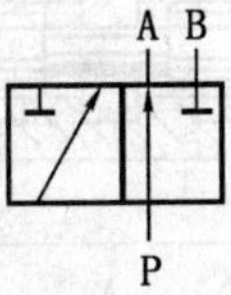 A B P
二位四通	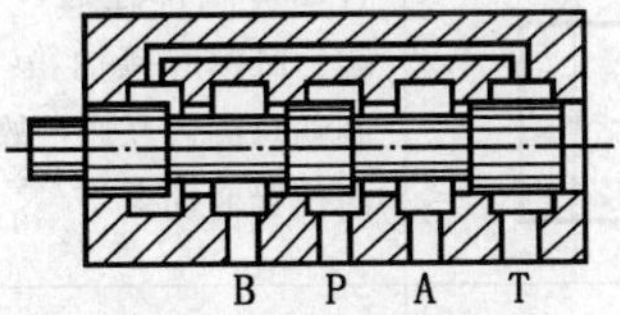 B P A T	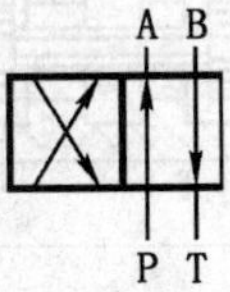 A B P T
二位五通	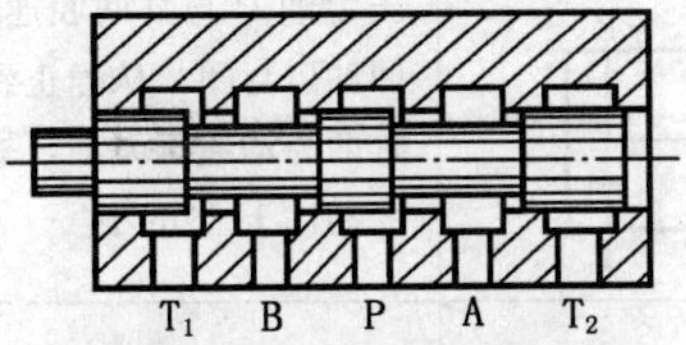 T_1 B P A T_2	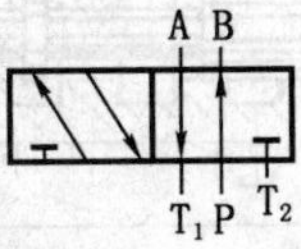 A B T_1 P T_2
三位四通	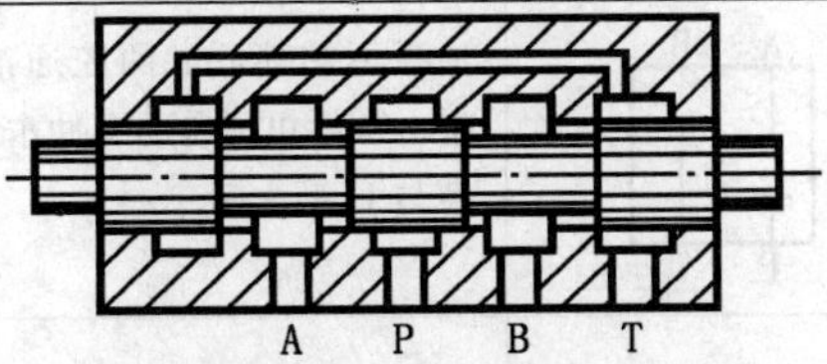 A P B T	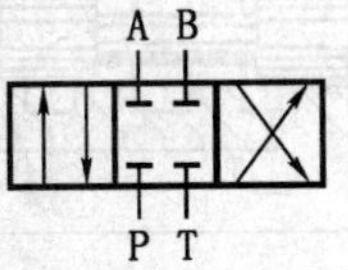 A B P T
三位五通	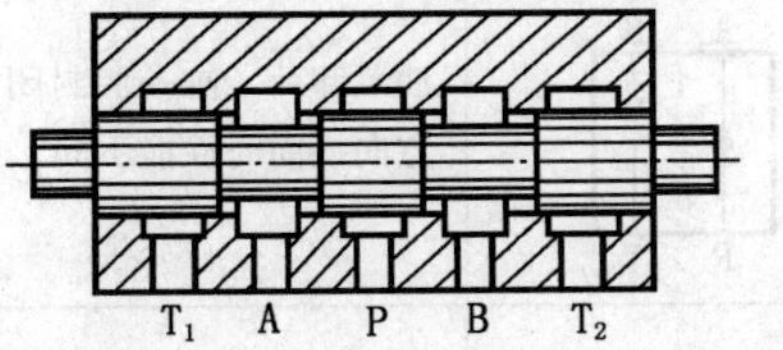 T_1 A P B T_2	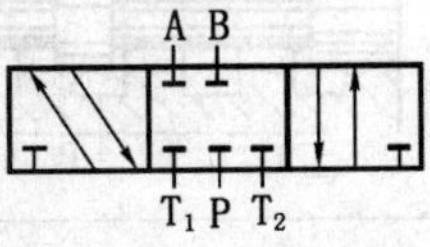 A B T_1 P T_2

现对换向阀的图形符号做以下说明：

(1) 用方格数表示阀的工作位置数，三格表示三个工作位置，即“三位”。

(2) 在一个方格内，箭头或堵塞符号“⊥”与方格的相交点数为油口通路数。箭头表示两油口相通，并不表示实际流向；“⊥”表示该油口不通流。

(3) 一个方框的上边和下边与外部连接的接口数就表示“几通”。

(4) P表示进油口，T表示通油箱的回油口，A和B表示连接其他两个工作油路的油口。

(5) 控制方式和复位弹簧的符号画在方格的两侧。

(6) 三位阀的中位、二位阀靠有弹簧的那一位为常态位。在液压系统图中，换向阀的符号与油路的连接应画在常态位上。

2) 三位换向阀的中位机能

三位阀常态位时各油口的连通方式称为中位机能。不同机能的阀、阀体通用，仅阀芯台肩结构、尺寸及内部通孔情况有区别。

表8-4列出了常见的中位机能的结构原理图、图形符号。

表8—4　三位四通换向阀中位滑阀机能

机能代号	结构原理图	中位图形符号	机能特点和作用
O	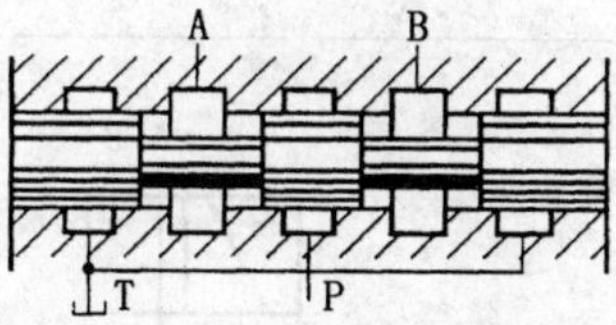 A B T P	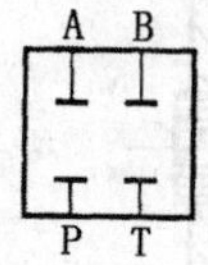 A B P T	各油口全部封闭，缸两腔封闭，系统不卸荷。液压缸充满油，从静止到启动平衡；制动时运动惯性引起液压冲击较大；换向位置精度高
H	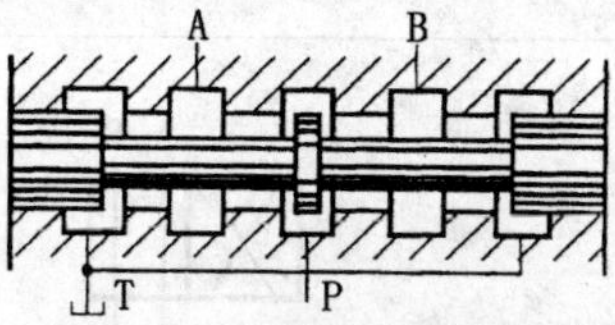 A B T P	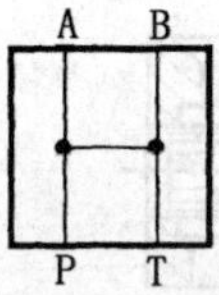 A B P T	各油口全部连通，系统卸荷，缸成浮动状态。缸两腔接油箱，从静止到启动有冲击；制动时油口互通，故制动较O型平衡；但换向位置变动大
P	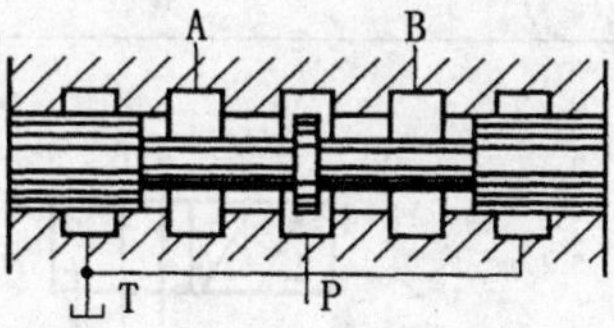 A B T P	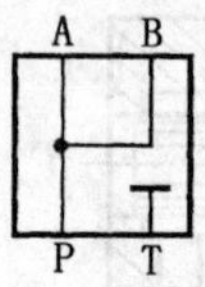 A B P T	压力油P与缸两腔连通，可形成差动回路，回油口封闭。从静止到启动较平稳；制动时缸两腔均通压力油，故制动平稳；换向位置变动比H型的小
Y	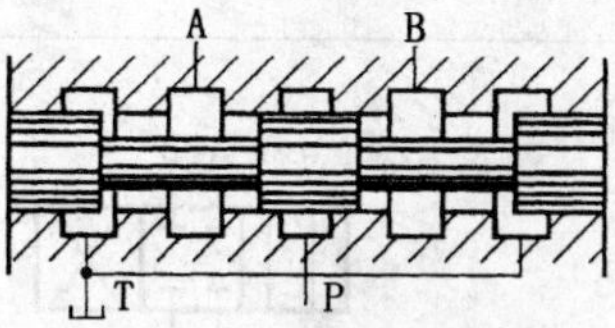 A B T P	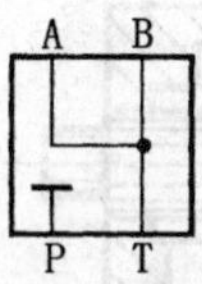 A B P T	油泵不卸荷，缸两腔通油箱，缸成浮动状态。从静止到启动有冲击，制动性能介于O型与H型之间
K	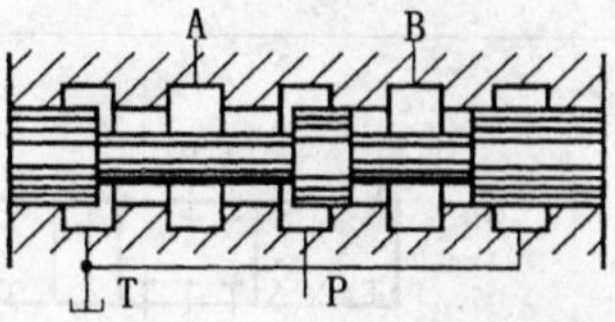 A B T P	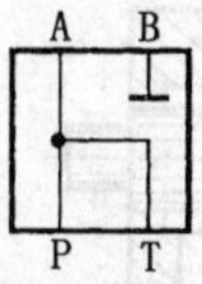 A B P T	油泵卸荷，缸一腔封闭，一腔接油箱。两个方向换向时性能不同
M	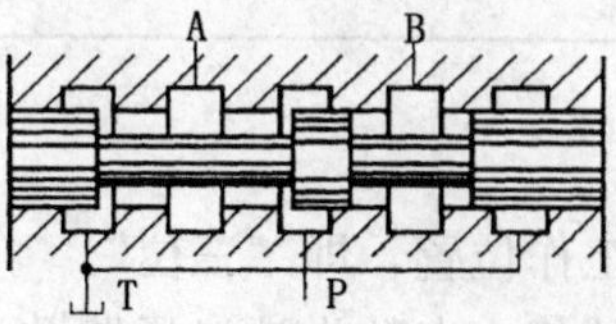 A B T P	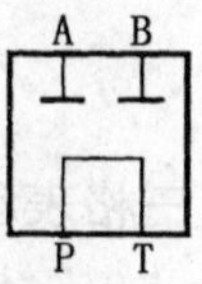 A B P T	油泵卸荷，缸两腔封闭。从静止到启动较平稳；制动性能与O型相同；可用于油泵卸荷，液压缸锁紧的液压回路中

续表

机能代号	结构原理图	中位图形符号	机能特点和作用
X	A B T P	A B P T	各油口半开启接通，P 口保持一定的压力；换向性能介于 O 型和 H 型之间

3）几种常用的换向阀

（1）手动换向阀：手动换向阀是由操作者直接控制的换向阀。

如图 8－22 所示，松开手柄，在弹簧的作用下，阀芯处于中位，油口 P、A、B、T 全部封闭（图示位置）；推动手柄向右，阀芯移至左位，油口 P 和 A 相通，B 口与 T 口经阀芯内的轴向孔相通；推动手柄向左，阀芯移至右位，P 口与 B 口，A 口与 T 口相通，从而实现换向。

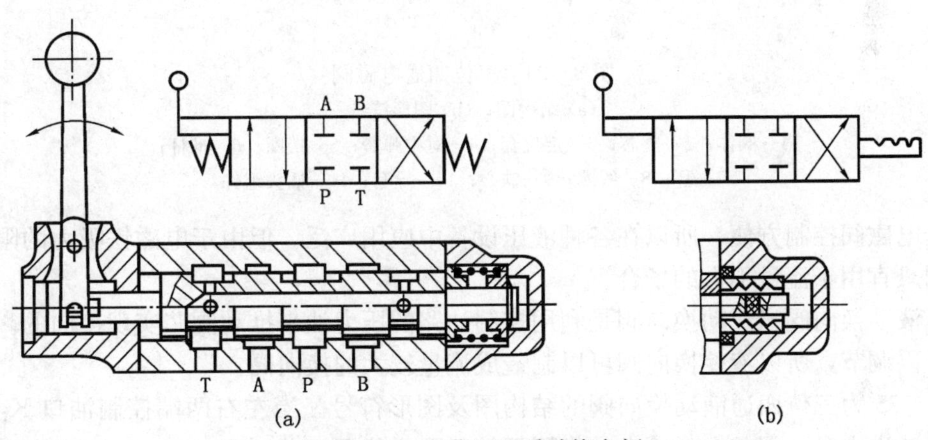

图 8－22　三位四通手动换向阀

（a）弹簧定位式；（b）钢球定位式

图 8－22（b）为钢球定位式三位四通换向阀定位部分结构原理图。其定位缺口数由阀的工作位置数决定。由于定位机构的作用，当松开手柄后，阀仍保持在所需的工作位置上，它应用于机床、液压机、船舶等需保持工作状态时间较长的情况。

（2）机动换向阀：机动换向阀是由行程挡块（或凸轮）推动阀芯实现换向。

如图 8－23 所示，在常态位，P 口与 A 口相通；当行程挡块 5 压下机动换向阀滚轮 4 时，阀芯动作，P 口与 B 口相通。图中阀芯 2 上的轴向孔是泄油通道。机动换向阀通常是弹簧复位式的二位阀。其结构简单，动作可靠，换向位置精度高，改变挡块斜面角度或凸轮外形，可使阀芯获得合适的换向速度，减小换向冲击。

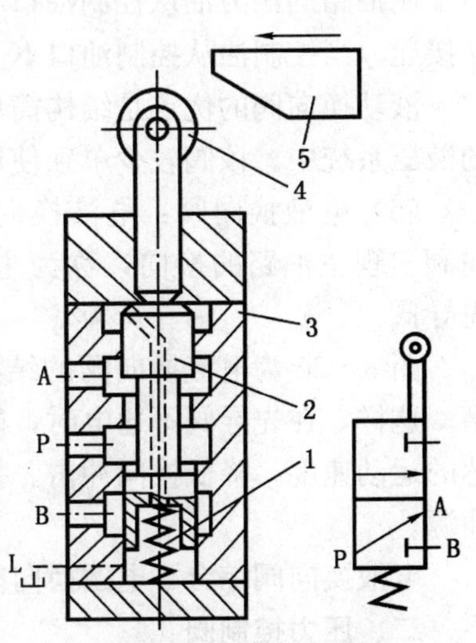

图 8－23　机动换向阀

1—弹簧；2—阀芯；3—阀体；4—滚轮；5—行程挡块

（3）电磁换向阀：电磁换向阀也称为电磁阀，通电后电磁铁产生的电磁力推动阀芯动作，从而控制液流方向。

现以三位四通电磁阀为例介绍电磁换向阀的结构原理。图 8-24 为三位四通电磁换向阀的结构图和图形符号图。当电磁铁未通电时，阀芯 2 在左右两个对中弹簧 4 的作用下位于中位，油口 P、A、B、T 均不相通；左边电磁铁通电，铁心 9 通过推杆将阀芯推至右端，则 P 与 A 相通，B 与 T 相通；同理，当右侧电磁铁通电时，P 口与 B 口相通，A 口与 T 口相通。因此，通过控制左右电磁铁的通电和断电，就可以控制液流的方向，实现执行元件的换向。

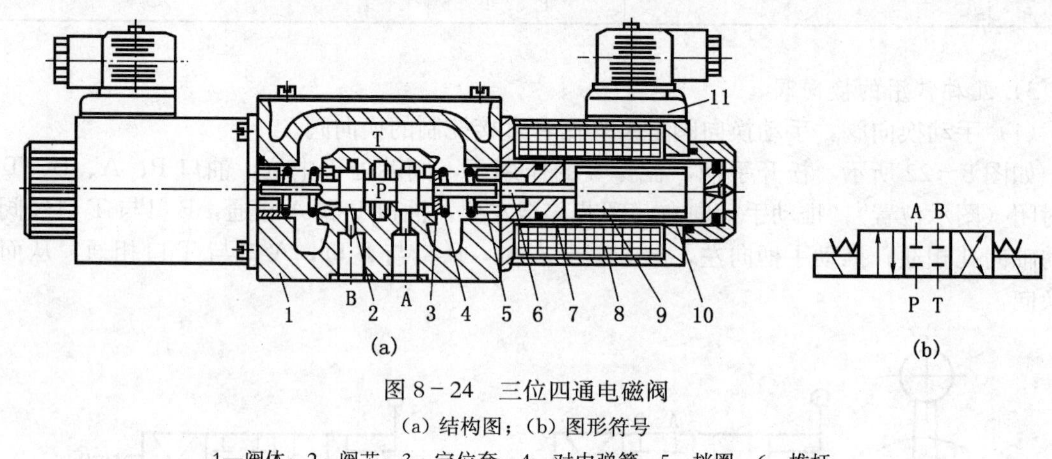

图 8-24　三位四通电磁阀

(a) 结构图；(b) 图形符号

1—阀体；2—阀芯；3—定位套；4—对中弹簧；5—挡圈；6—推杆；7—环；8—线圈；9—铁心；10—导套；11—插头组件

由于电磁阀控制方便，所以在各种液压设备中应用广泛。但由于电磁铁吸力的限制，所以电磁阀只宜用于流量不大的场合。

(4) 液动换向阀：液动换向阀是利用控制油路的压力油来推动阀芯实现换向的。由于控制压力可以调节，所以液控换向阀可以制造成流量较大的换向阀。

图 8-25 为三位四通液动换向阀的结构图及图形符号。当左右两端控制油口 K_1、K_2 都没有压力油进入时，阀芯在弹簧力的作用下处于图示位置，此时 P、A、B、T 口互不相通。当控制油路的压力油从控制油口 K_1 进入时，阀芯在油压的作用下右移，P 与 A 接通，B 与 T 接通。当控制油从控制油口 K_2 进入时，阀芯左移，P 与 B 接通，A 与 T 接通。

液动换向阀的优点是结构简单，动作可靠、平稳，由于液压驱动力大，故可用于流量大的液压系统中。该阀较少单独使用，常与电磁换向阀联合使用。

(5) 电液换向阀：电液换向阀由电磁换向阀和液动换向阀组合而成。其中，液动换向阀实现主油路的换向，称为主阀；电磁换向阀改变液动换向阀控制油路的方向，称为先导阀。

图 8-26 为电液换向阀的结构图、图形符号和简化图形符号。先导阀的中位机能为 Y 型。这样，在先导阀不通电时，能使主阀可靠地停在中位。阀体内的节流阀可以调节主阀阀芯的运动速度，降低换向冲击。控制油路可以和主油路来自同一液压泵，也可以另用独立的油源。

电液换向阀综合了电磁换向阀和液动换向阀的优点，具有控制方便、流量大的特点。

二、压力控制阀

在液压系统中，控制液体压力的阀统称为压力控制阀。其共同特点是：利用作用于阀芯上的液体压力和弹簧力相平衡的原理进行工作。常用的压力控制阀有溢流阀、减压阀、顺序

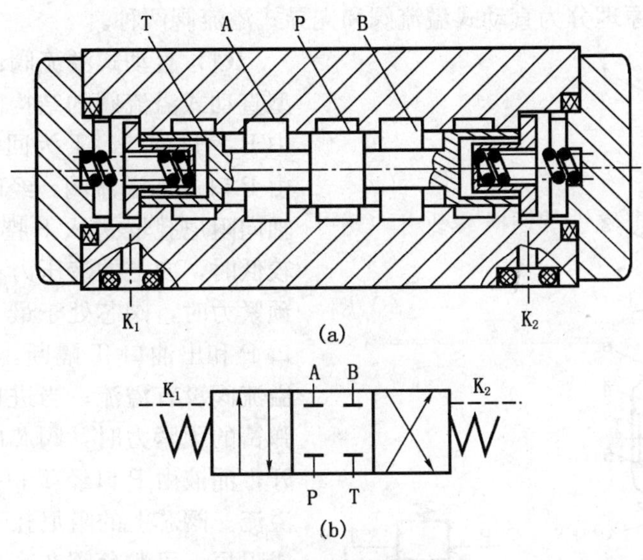

图 8-25　液动换向阀

(a) 结构图；(b) 图形符号

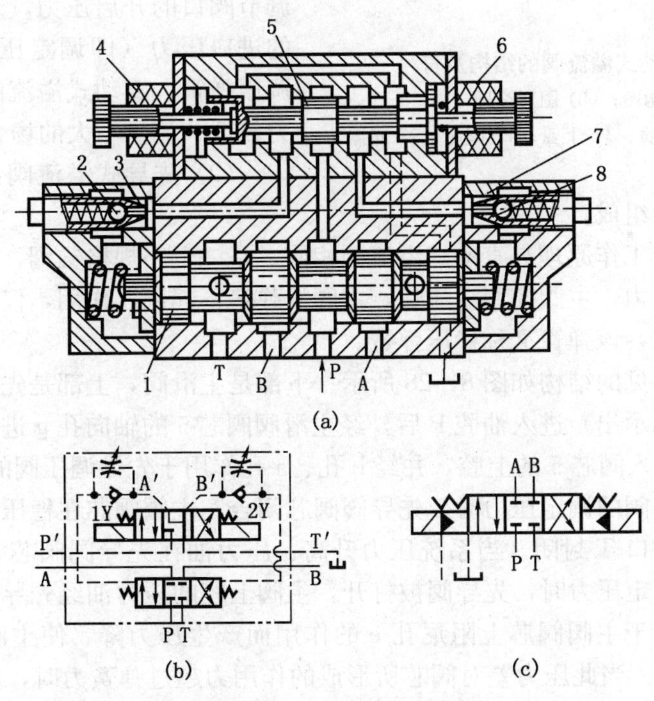

图 8-26　电液换向阀

(a) 结构图；(b) 图形符号；(c) 简化图形符号

1—液动阀芯；2—左单向阀；3—左节流阀；4—左电磁铁；

5—电磁阀芯；6—右电磁铁；7—右节流阀；8—右单向阀

阀和压力继电器等。

1. 溢流阀

1）溢流阀的结构和工作原理

溢流阀有多种用途，主要是在溢流的同时使液压泵的供油压力得到调整并保持基本恒定。溢流阀按其工作原理分为直动式溢流阀和先导式溢流阀两种。

(1) 直动式溢流阀：图 8－27 为滑阀型直动式溢流阀的结构图和图形符号。图中 P 为进油口，T 为回油口，被控压力油由 P 口进入溢流阀，经阀芯 4 的径向孔 f、轴向阻尼孔 g 进入下腔 c。当进油口压力较低时，向上的液压力不足以克服弹簧的预紧力时，阀芯处于最下端位置，将进油口 P 和出油口 T 隔断，阀处于关闭状态，溢流阀没有溢流；当进口压力升高，超过弹簧的预紧力时，阀芯向上移动，阀口打开，油液由 P 口经 T 口排回油箱，溢流阀溢流。阀芯上的阻尼孔 g 对阀芯的运动形成阻尼，可避免阀芯产生振动，提高阀工作的稳定性。调节弹簧的预压缩量，便可调节阀口的开启压力，从而调节了控制阀的进口压力（即调定压力）。此弹簧称为调压弹簧。直动式溢流阀只适用于系统压力较低、流量不大的场合。

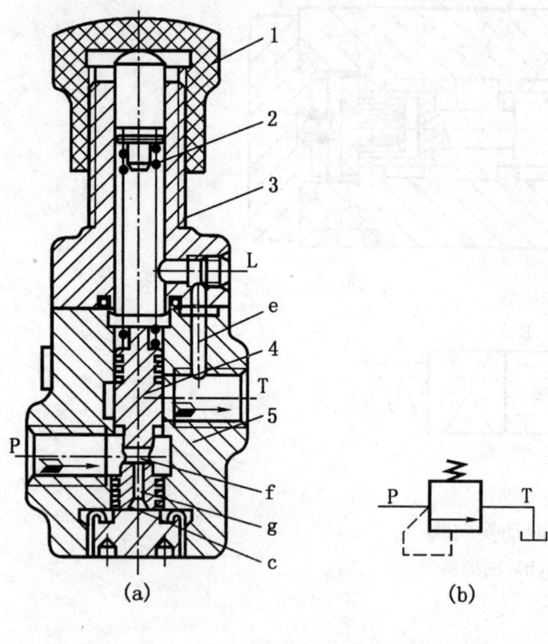

图 8－27　直动式溢流阀的结构及符号

(a) 结构图；(b) 图形符号

1—调节螺母；2—弹簧；3—上盖；4—阀芯；5—阀体

(2) 先导式溢流阀：先导式溢流阀由主阀和先导阀两部分组成。

先导阀的结构和工作原理与直动式溢流阀相同，是一个小规格锥阀，先导阀内的弹簧用来调定主阀的溢流压力。主阀控制溢流量，主阀的弹簧不起调压作用，仅是为了克服摩擦力使主阀阀芯及时复位，该弹簧又称稳压弹簧。

先导式溢流阀常见的结构如图 8－28 所示。下部是主滑阀，上部是先导调压阀，压力油通过进油口（图中未示出）进入油腔 P 后，经主滑阀阀芯 5 的轴向孔 g 进入油腔下端，同时油液又经阻尼孔 e 进入阀芯 5 的上腔，并经 b 孔、a 孔作用于先导调压阀的先导阀阀芯 3 上。当系统压力低于先导阀的调定压力时，先导阀阀芯闭合，主阀阀芯在稳压弹簧 4 作用下处于最下端位置，将回油口 T 封闭。当系统压力升高、压力油在先导阀阀芯 3 上的作用力大于先导阀调压弹簧的调定压力时，先导阀被打开，主阀上腔的压力油经先导阀开口、回油口 T 而流回油箱。这时由于主阀阀芯上阻尼孔 e 的作用而产生压力降，使主阀阀芯上部的油压 p_1 小于下部的油压 p。当此压力差对阀芯所形成的作用力超过弹簧力时，阀芯被抬起，进油腔 P 和回油腔 T 相通，实现溢流作用。调节螺母 1 可调节调压弹簧 2 的压紧力，从而调定液压系统的压力。

先导式溢流阀适用于中、高压系统。Y 型先导式溢流阀的最大调整压力为 6.3 MPa。若将控制口 K 接上调压阀，即可改变主阀阀芯上腔压力 p_1 的大小，从而实现远程调压；当 K 口与油箱接通时，可实现系统卸荷。

2) 溢流阀的应用

(1) 使系统压力保持恒定。

如图 8－29 (a) 所示，在采用定量泵节流调速的液压系统中，调节节流阀的开口大小

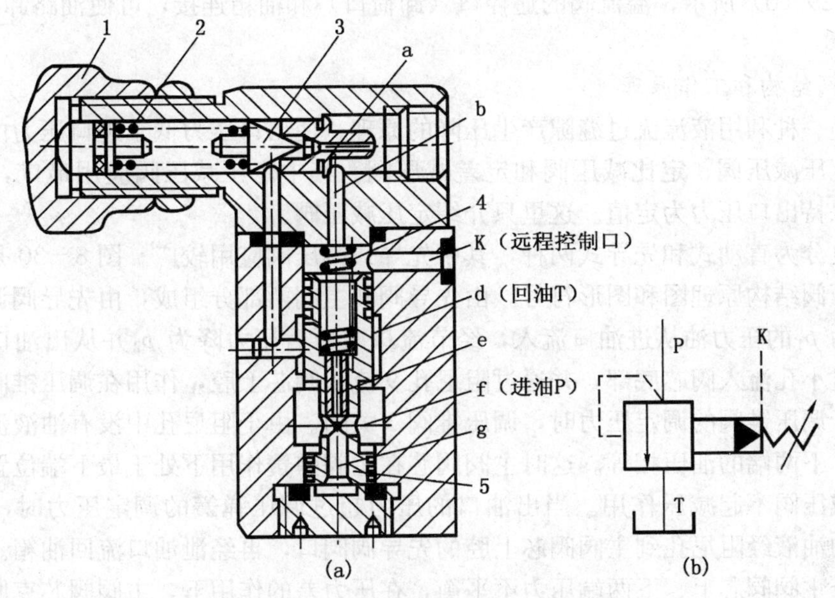

图 8－28　Y 型溢流阀结构及符号

(a) 结构图；(b) 图形符号

1—调节螺母；2—调压弹簧；3—先导阀阀芯；4—稳压弹簧；5—主阀阀芯

可调节进入执行元件的流量，而定量泵多余的油液则从溢流阀回油箱。在工作过程中阀是常开的，液压泵的工作压力取决于溢流阀的调整压力且基本保持恒定。

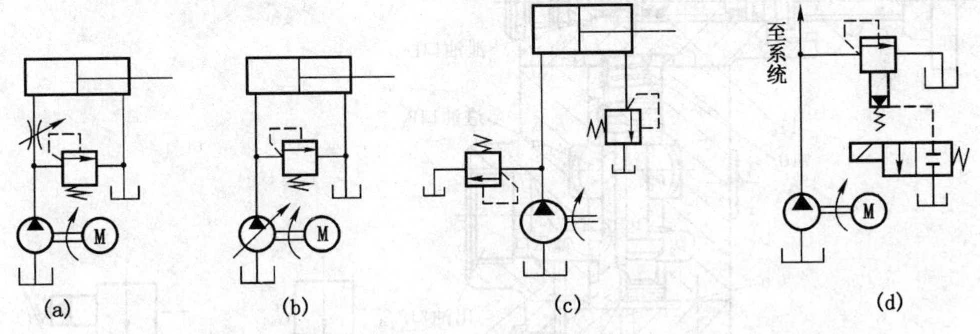

图 8－29　溢流阀的应用

(a) 起溢流定压作用；(b) 作安全阀用；(c) 作背压阀用；(d) 作卸荷阀用

(2) 防止系统过载。

图 8－29 (b) 所示为变量泵的液压系统，用溢流阀限制系统压力不超过最大允许值，以防止系统过载。在正常情况下，溢流阀关闭。当系统超载时，压力超过溢流阀的调定压力，溢流阀打开，压力油经溢流阀返回油箱。此处溢流阀称为安全阀。

(3) 作背压阀用。

如图 8－29 (c) 所示，把溢流阀串联在回油路上，可以产生背压，使运动部件运动平稳。此时宜选用直动式低压溢流阀。

(4) 作卸荷阀用。

如图 8－29（d）所示，溢流阀的遥控口（卸荷口）和油箱连接，可使油路卸荷。

2. 减压阀

1）减压阀结构和工作原理

减压阀是一种利用液流流过缝隙产生压降的原理，使出口压力低于进口压力的压力控制阀。它分为定压减压阀、定比减压阀和定差减压阀。其中定压减压阀应用最广，简称减压阀。它可以保持出口压力为定值。这里只介绍定压减压阀。

减压阀也分为直动式和先导式两种，其中先导式减压阀应用较广。图 8－30 是一种常用的先导式减压阀结构原理图和图形符号。由先导阀和主阀两部分组成，由先导阀调压，主阀减压。压力为 p_1 的压力油从进油口流入，经节流口减压后压力降为 p_2 并从出油口流出。出油口油液通过小孔流入阀芯底部，并通过阻尼孔 9 流入阀芯上腔，作用在调压锥阀 3 上。当出口压力小于调压锥阀的调定压力时，调压锥阀 3 关闭。由于阻尼孔中没有油液流动，所以主阀阀芯上、下两端的油压相等。这时主阀阀芯在主阀弹簧作用下处于最下端位置，减压口全部打开，减压阀不起减压作用。当出油口的压力超过调压弹簧的调定压力时，锥阀被打开，出油口的油液经阻尼孔到主阀阀芯上腔的先导阀阀口，再经泄油口流回油箱。因阻尼孔的降压作用，主阀阀芯上、下两端压力不平衡，在压力差的作用下，主阀阀芯克服上端弹簧力向上移动，主阀阀口减小，起减压作用。当出口压力 p_2 下降到调定值时，先导阀阀芯和主阀阀芯同时处于受力平衡状态，出口压力稳定不变，等于调定压力。调节调压弹簧的预紧力即可调节阀的出口压力。

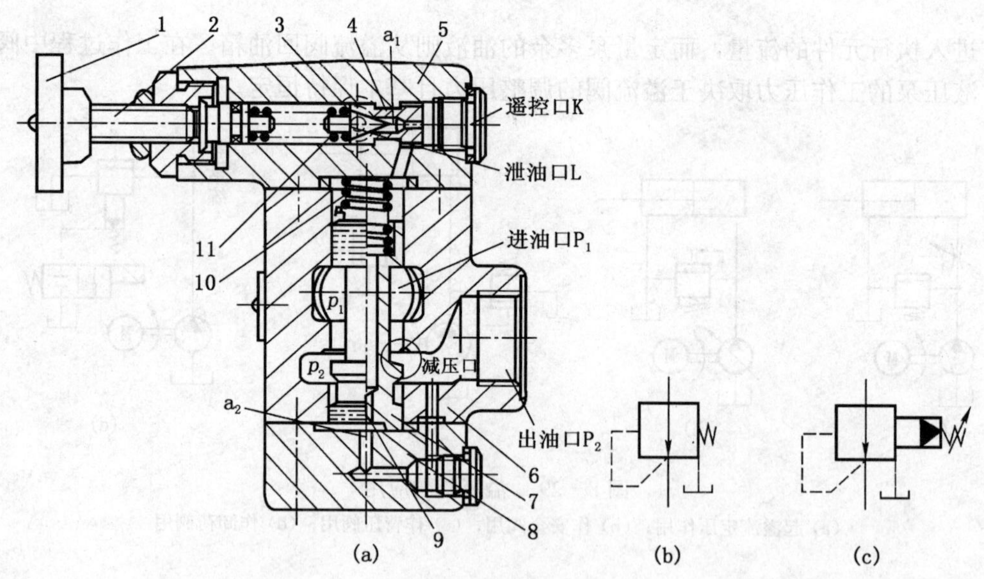

图 8－30　先导式减压阀

（a）结构图；（b）直动式图形符号；（c）先导式图形符号

1—调压手轮；2—调节螺钉；3—锥阀；4—锥阀座；5—阀盖；6—阀体；7—主阀阀芯；8—端盖；9—阻尼孔；10—主阀弹簧；11—调压弹簧

2）减压阀的应用

减压阀常用来降低系统某一支路的油液的压力，使该二次油路的压力稳定且低于系统的调定压力。如夹紧油路、润滑油路和控制油路。

图 8－31 是夹紧机构中常用的减压回路。回路中串联一个减压阀，使夹紧缸能获得较低而又稳定的夹紧力。减压阀的出口压力可以在自 0.5 MPa 至溢流阀的调定压力范围内调节，当系统压力有波动时，减压阀出口压力可稳定不变。

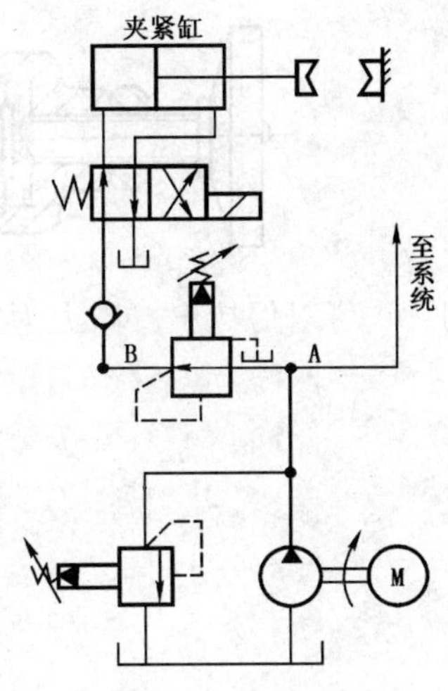

图 8－31　减压回路

减压阀也可在先导阀的遥控口接远程调压阀实现远程控制或多级调压。

3. 顺序阀

1）顺序阀的结构和工作原理

顺序阀是以压力作为控制信号，自动接通或切断某一油路的压力阀。由于它经常被用来控制执行元件动作的先后顺序，故称顺序阀。顺序阀有直动式和先导式两种。

图 8－32 和图 8－33 分别为直动式和先导式顺序阀的结构图及图形符号。顺序阀的结构及工作原理与溢流阀很相似，其主要差别在于溢流阀有自动恒压调节作用，其出油口接油箱，因此，其泄漏油内泄至出口；而顺序阀只有开启和关闭两种状态，当顺序阀进油口压力低于调压弹簧的调定压力时，阀口关闭。当进油口压力超过调压弹簧的调定压力时，进、出油口接通，出油口的压力油使其后面的执行元件动作，出口油路的压力由负载决定，因此它的泄油口需要单独通油箱（外泄）。调整弹簧的预压缩量，即能调节打开顺序阀所需的压力。

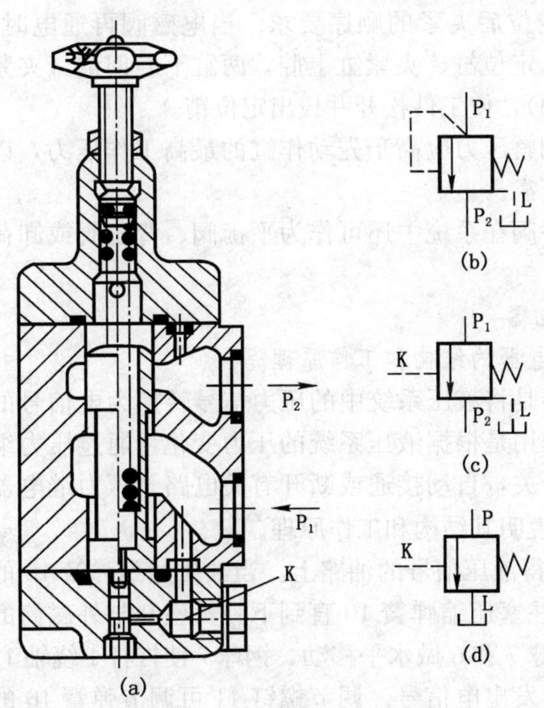

图 8－32　直动式顺序阀

(a) 直动式顺序阀结构原理图；(b) 直控顺序阀；(c) 液控顺序阀；(d) 卸荷阀

若将图 8－32 和图 8－33 所示顺序阀的下盖旋转 90°或 180°安装，去除外控口 K 的螺塞，并从外控口 K 引入压力油控制阀芯动作便成为液控顺序阀，其图形符号如图 8－32c 所示。该阀口的开启和闭合与阀的主油路进油口压力无关，而只取决于控制口 K 引入的控制压力。

若将上盖旋转 90°或 180°安装，使泄油口 L 与出油口 P_2 相通（阀体上开有沟通孔道，图中未示出），并将外泄口 L 堵死，便成为外控内泄式顺序阀。外控内泄式顺序阀只用于出口接油箱的场合，常用于泵的卸荷，故称卸荷阀，其图形符号如图 8－32（d）所示。

2）顺序阀的应用

顺序阀常用于实现多缸的顺序动作。图 8－34为机床夹具上用顺序阀实现工件先定位后夹紧的顺序动作回路。当电磁阀由通电状态断电时，压力油先进入定位缸 A 的下腔，缸上腔回油，活塞向上抬起，使定位销进入工件定位孔实现定位。这时由于压力低于顺序阀的调定压力，因而压力油不能进入夹紧

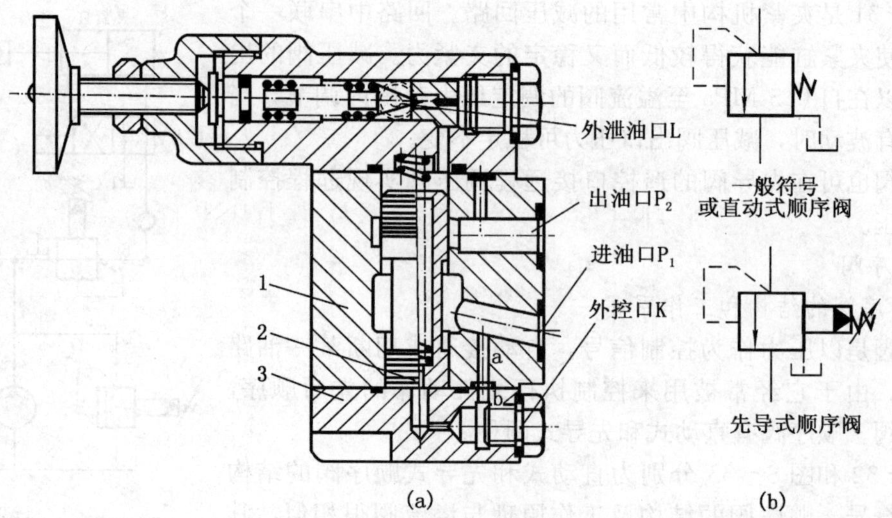

图 8－33　先导式顺序阀

(a) 结构图；(b) 图形符号

1—阀体；2—阻尼孔；3—阀盖

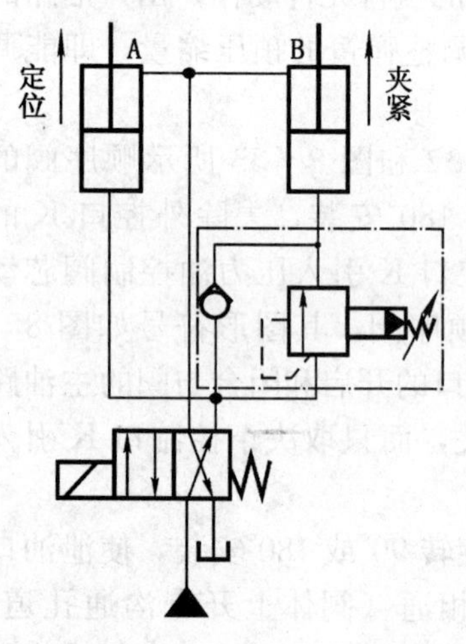

图 8－34　定位、夹紧顺序动作回路

缸 B 下腔，工件不能夹紧。当定位缸活塞停止运动，油路压力升高至顺序阀的调定压力时，顺序阀开启，压力油进入夹紧缸 B 下腔，缸上腔回油，夹紧缸活塞抬起，将工件夹紧。这样可实现先定位后夹紧的顺序要求。当电磁阀再通电时，压力油同时进入定位缸、夹紧缸上腔，两缸下腔回油（夹紧缸经单向阀回油），使工件松开并拔出定位销。

顺序阀的调整压力应高于先动作缸的最高工作压力，以保证动作顺序可靠。

此外，顺序阀在系统中还可作为平衡阀、背压阀或卸荷阀用。

4. 压力继电器

1) 压力继电器的结构和工作原理

压力继电器是将液压系统中的压力信号转换为电信号的转换装置。其作用是根据液压系统的压力变化，通过压力继电器内的微动开关，自动接通或断开有关电路。压力继电器的种类很多，下面以膜片式压力继电器为例，说明其结构和工作原理。

如图 8－35 所示，控制油口 K 接到需要取得液压信号的油路上。当油压达到弹簧 10 的调定值时，压力油通过薄膜 2 使柱塞 3 上升，柱塞压缩弹簧 10 直到下弹簧座 9 与外磁筒的台肩碰上为止。与此同时，柱塞的锥面推动钢球 7 和 6 做水平移动，钢球 7 使杠杆 1 绕轴 12 转动，杠杆的另一端压下微动开关 13 的触头，发出电信号。调节螺钉 11 可调节弹簧 10 的预紧力，即可调节发出电信号时的油压值。当油口 K 的油压降低到一定值时，弹簧 10 通过钢球 8 把柱塞压下，钢球 6 依靠弹簧 5 使柱塞定位，微动开关触头的弹力使杠杆和钢球 7 复位，电路断开。

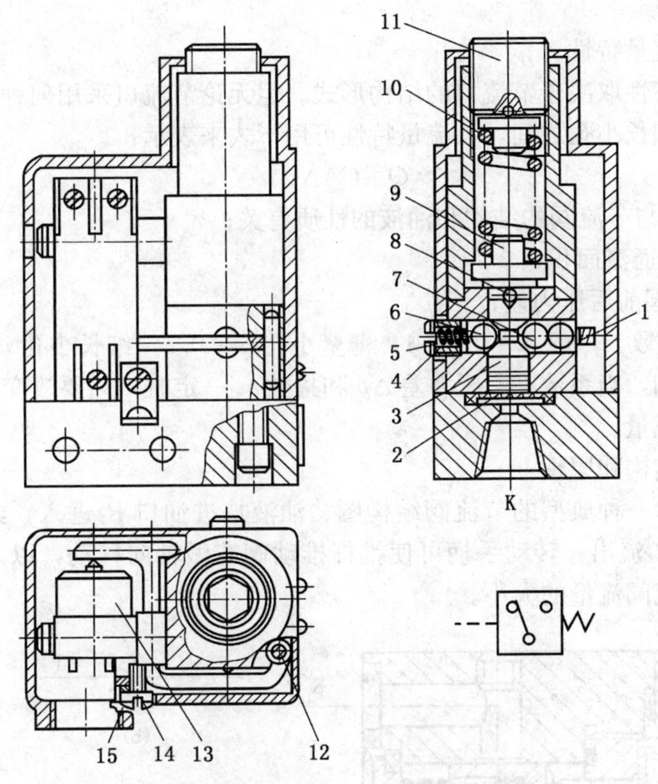

图 8-35　压力继电器

1—杠杆；2—薄膜；3—柱塞；4、11、14—螺钉；5、10—弹簧；6、7、8—钢球；9—下弹簧座；12—轴；13—微动开关；15—垫圈

2）压力继电器的应用

图 8-36 为夹紧机构液压缸的保压—卸荷回路，采用了压力继电器和蓄能器。当三位四通电磁换向阀左位工作时，液压泵向蓄能器和夹紧缸左腔供油，并推动活塞杆向右移动。在夹紧工件时系统压力升高，当压力达到压力继电器的开启压力时，表示工件已被夹牢，蓄能器已储备了足够的压力油。这时压力继电器发出电信号，使二位电磁换向阀通电，控制溢流阀使泵卸荷。此时单向阀关闭，液压缸若有泄漏，油压下降则可由蓄能器补油保压。当夹紧缸压力下降到压力继电器的闭合压力时，压力继电器自动复位，又使二位电磁阀断电，液压泵重新向夹紧缸和蓄能器供油。

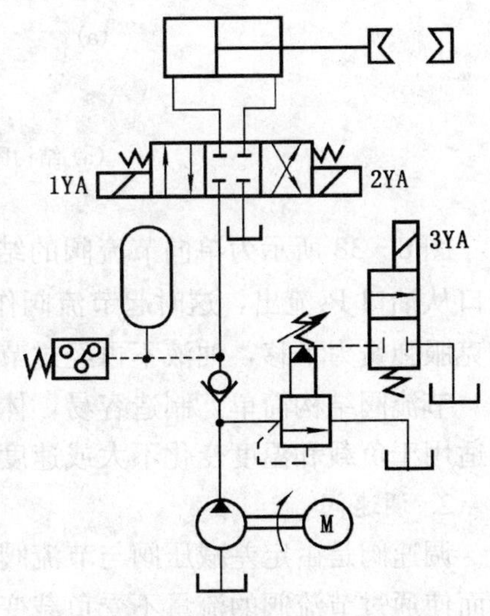

图 8-36　用压力继电器保压—卸荷的回路

三、流量控制阀

流量控制阀是靠改变控制口的大小来改变液阻，从而调节通过阀口的流量，达到改变执行元件运动速度的目的。流量控制阀主要有节流阀、调速阀、溢流节流阀和分流集流阀等多种类型。其中，节流阀是最基本的流量控制阀。

1. 节流阀

(1) 节流阀的流量特性

节流阀的流量特性取决于节流口的结构形式。但无论节流口采用何种形式，节流口都介于理想薄壁小孔和细长小孔之间，其流量特性可用下式来表示：

$$Q = CA\Delta p^{m} \tag{8-57}$$

式中 C——系数，与节流阀的结构和油液的性质有关；

A——节流阀通流面积；

Δp——节流阀前后压力差；

m——节流指数，一般 $m=0.5\sim1$，薄壁小孔 $m=0.5$，细长小孔 $m=1$。

由流量公式可知，当系数 C、压力差 Δp 和指数 m 一定时，只要改变节流口面积 A，就可调节通过阀口的流量。

(2) 节流阀的结构和原理

图 8-37 所示为一种典型的节流阀结构图。油液从进油口 P_1 进入，经阀芯上的三角槽节流口，从出油口 P_2 流出。转动手柄可使推杆推动阀芯做轴向移动，以改变节流口的通流面积，调节通过节流阀流量的大小。

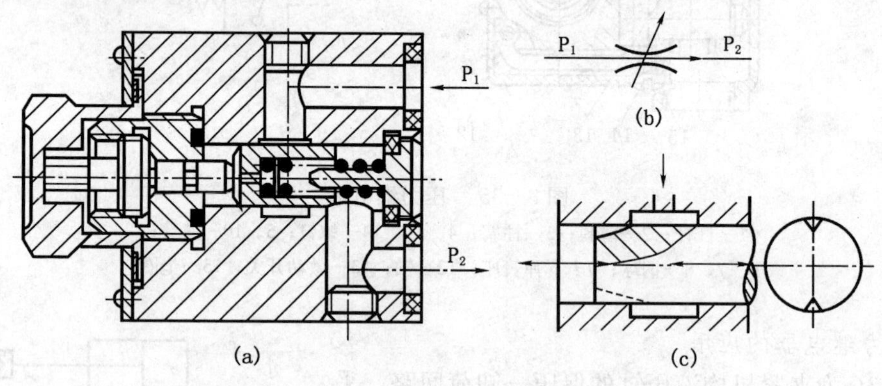

图 8-37 节流阀

(a) 结构图；(b) 图形符号；(c) 阀口结构图

图 8-38 所示为单向节流阀的结构图。当压力油从油口 P_1 进入，经阀芯上的三角槽节流口从油口 P_2 流出，这时起节流阀作用。当压力油从油口 P_2 进入时，在压力油的作用下阀芯克服弹簧力下移，油液不再经过节流口而直接从油口 P_1 流出，这时起单向阀作用。

节流阀结构简单，制造容易，体积小，但负载和温度的变化对流量的稳定性影响较大，只适用于负载和温度变化不大或速度稳定性要求较低的液压系统。

2. 调速阀

调速阀是由定差减压阀与节流阀串联而成。定差减压阀保持节流阀前、后压力差不变，从而使通过节流阀的流量不受负载变化的影响。

调速阀的工作原理如图 8-39 (a) 所示。调速阀的进口压力 p_1 由溢流阀调节，工作时基本保持恒定。压力油 p_1 进入调速阀后，先经过定差减压阀的阀口 x 后压力降为 p_2，然后经节流阀流出，其压力为 p_3。节流阀前点压力为 p_2 的油液经通道 e 和 f 进入定差减压阀的 c 腔和 d 腔；而节流阀后点压力为 p_3 的油液经通道 a 引入定差减压阀的 b 腔。

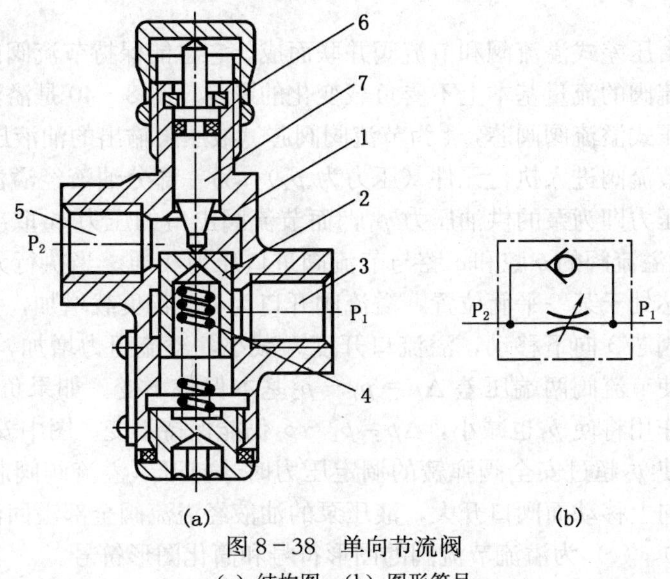

图 8-38　单向节流阀

(a) 结构图；(b) 图形符号

1—阀体；2—阀芯；3、5—油口；4—弹簧；6—螺母；7—顶杆

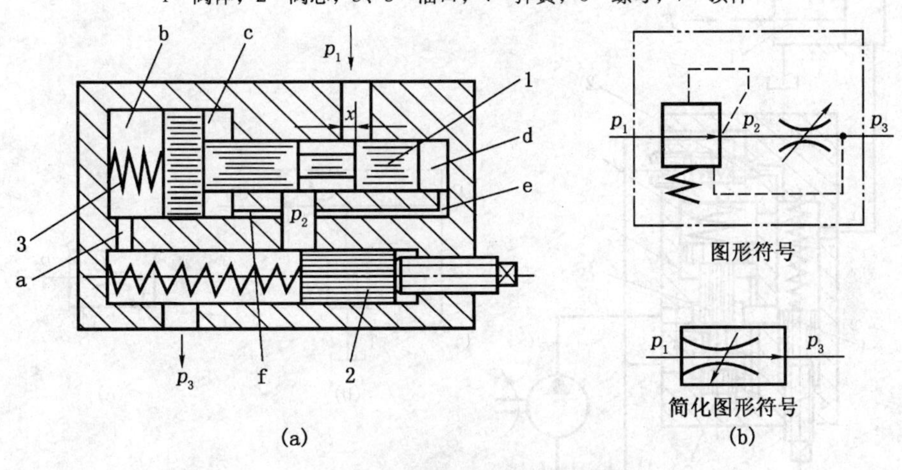

图 8-39　调速阀的工作原理图

(a) 结构原理图；(b) 图形符号

1—定差减压阀阀芯；2—节流阀阀芯；3—弹簧

当减压阀阀芯在弹簧力 F_s、液压力 p_2 和 p_3 在阀芯左右两端面上产生的推力的作用下处于某一平衡位置时（忽略摩擦力和液动力），其受力平衡方程为：

$$p_2A_1 + p_2A_2 = p_3A + F_s$$

式中，A_1、A_2、A 分别为 d 腔、c 腔和 b 腔阀芯的有效面积，且 $A = A_1 + A_2$，则：

$$p_2 - p_3 = \Delta p = F_s/A \tag{8-58}$$

因为弹簧刚度较低，且工作过程中减压阀阀芯位移较小，可认为弹簧力 F_s 基本保持不变，则节流阀两端压差基本不变，可保持通过节流阀的流量稳定。

若调速阀出口处的油压 p_3 由于负载变化而增加时，则作用在阀芯左端的力也随之增加，阀芯失去平衡而右移，于是开口 x 增大，液阻减小（即减压阀的减压作用减小），使 p_2 也随之增加，直到阀芯在新的位置上得到平衡为止。因此，当 p_3 增加时，p_2 也增加，其差值 $\Delta p = p_2 - p_3$ 基本保持不变。同理，当 p_3 减小时，p_2 也随之减小，$\Delta p = p_2 - p_3$ 仍保持不变。

3. 溢流节流阀

溢流节流阀是由压差式溢流阀和节流阀并联而成。它也能保持节流阀前、后压差基本不变，从而使通过节流阀的流量基本上不受负载变化的影响。图 8-40 是溢流节流阀的工作原理图，其中 3 为差压式溢流阀阀芯，4 为节流阀阀芯。液压泵输出的油液压力为 p_1，进入阀后，一部分油液经节流阀进入执行元件（压力为 p_2）；另一部分油液经溢流阀的溢流口回油箱。节流阀进口的压力即为泵的供油压力 p_1，而节流阀出口的压力 p_2 取决于负载，两端的压差 $\Delta p = p_1 - p_2$。溢流阀的 b 腔和 c 腔与节流阀进口压力相通。当执行元件在某一负载下工作时，溢流阀阀芯处于某一平衡位置，溢流阀开口为 h。若负载增加，p_2 增加，a 腔的压力也相应增加，则阀芯 3 向下移动，溢流口开度 h 减小，溢流阻力增加，泵的供油压力 p_1 也随着增大，从而使节流阀两端压差 $\Delta p = p_1 - p_2$ 基本保持不变。如果负载减小，p_2 减小，溢流阀的自动调节作用将使 p_1 也减小，$\Delta p = p_1 - p_2$ 仍能保持不变。图中安全阀 2 平时关闭，只有当负载增加到使 p_2 超过安全阀弹簧的调定压力时才打开，溢流阀阀芯上腔经安全阀通油箱，溢流阀阀芯向上移动而阀口开大，液压泵的油液经溢流阀全部溢回油箱，以防止系统过载。图 8-40（b）、（c）为溢流节流阀的图形符号和简化图形符号。

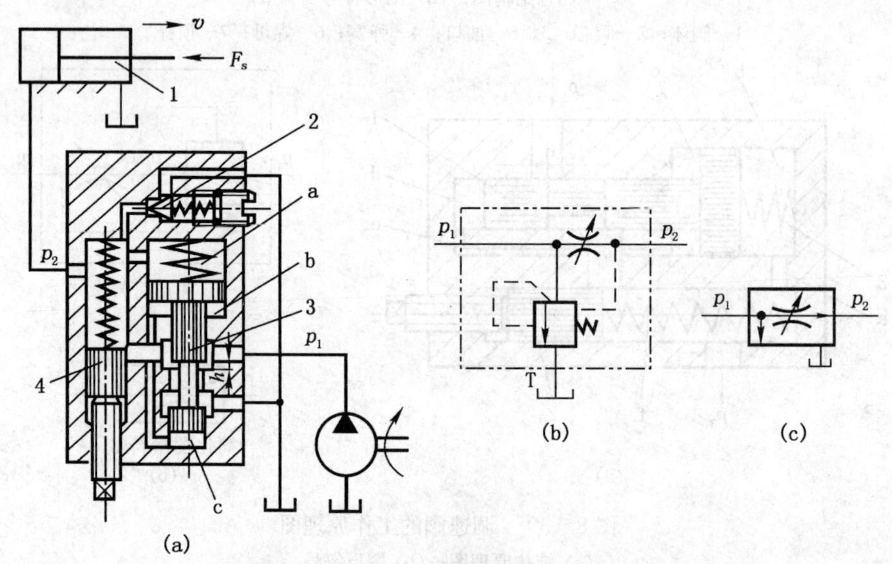

图 8-40　溢流节流阀原理

(a) 原理图；(b) 图形符号；(c) 简化图形符号

1—液压缸；2—安全阀；3—溢流阀阀芯；4—节流阀阀芯

4. 分流集流阀

分流集流阀是用来保证多个执行元件速度同步的流量控制阀，又称为同步阀。分流集流阀包括分流阀、集流阀和分流集流阀三种不同控制类型。下面简要介绍分流阀的工作原理。

分流阀安装在执行元件的进口，保证进入执行元件的流量相等。图 8-41 为分流阀的结构原理图。它由两个固定节流孔 1、2，阀体 5，阀芯 6 和两个对中弹簧 7 等部件组成。对中弹簧保证阀芯处于中间位置，两个可变节流口 3、4 的通流面积相等（液阻相等）。阀芯的中间台肩将阀分成完全对称的左、右两部分，位于左边的油室 a 通过阀芯上的轴向小孔与阀芯右端弹簧腔相通，位于右边的油室 b 通过阀芯上的另一轴向小孔与阀芯左端弹簧腔相通。液压泵来油经过液阻相等的固定节流孔 1 和 2 后，压力分别为 p_1 和 p_2，然后经可变节流口 3 和 4 分成两条并联支路Ⅰ和Ⅱ（压力分别为 p_3 和 p_4），通往两个几何尺寸完全相同的执行元件。当两个执行元件的负载相等时，两出口压力 $p_3 = p_4$，则两条支路的进、出口压力差相等，因此输出流量相等，两执行元件同步。

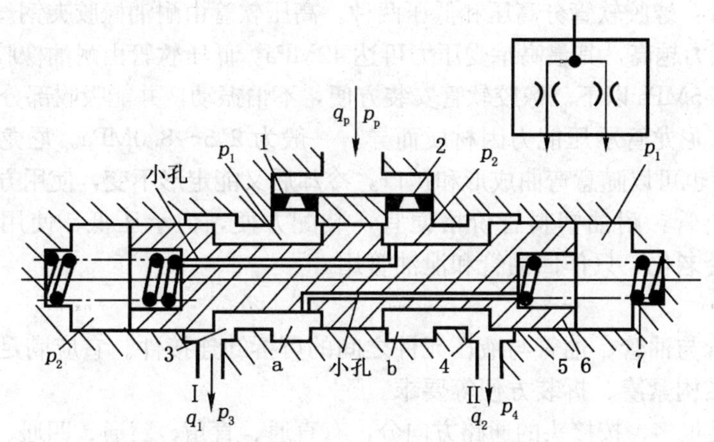

图 8－41　分流阀的结构原理图

1、2—固定节流孔；3、4—可变节流口；5—阀体；6—阀芯；7—对中弹簧

若执行元件的负载变化导致出口压力 p_3 增大，势必引起 p_1 增大，使输出流量 $q_1 < q_2$，导致执行元件的速度不同步。同时由于 $p_1 > p_2$，压力差使阀芯向左移动，可变节流口 3 的通流面积增大，液阻减小，于是 p_1 减小；可变节流口 4 的通流面积减小，液阻增大，于是 p_2 增大。直至 $p_1 = p_2$，阀芯受力重新平衡，阀芯稳定在新的位置。此时，两个可变节流口的通流面积不相等，两个可变节流口的液阻也不等，但恰好能保证两个固定节流口前后的压力差相等，保证两个出油口的流量相等，从而使两执行元件的速度恢复同步。

第五节　液压辅助装置

液压辅助装置包括：油箱、油管、滤油器、测量仪表、密封装置、蓄能器等，它们是液压系统的重要组成部分，这些辅助装置如果选择或使用不当，会直接影响系统的工作性能及使用寿命。因而必须给予足够的重视。

在设计液压系统时，油箱常需根据系统的要求自行设计，其他辅助装置已标准化、系列化，应合理选用。

一、油管及管接头

1. 油管

液压系统中油管种类很多，有钢管、紫铜管、橡胶软管、尼龙管、塑料管等，要根据系统的工作压力及其安装位置正确选用。

（1）钢管：钢管分为焊接钢管和无缝钢管。压力小于 2.5MPa 时，可用焊接钢管；压力大于 2.5 MPa 时，常用冷拔无缝钢管；要求防腐蚀、防锈的场合，可选用不锈钢管；超高压系统，可选用合金钢管。钢管承压高，刚性好，抗腐蚀，价格低廉。缺点是弯曲和装配均较困难，需要专门工具或设备。因此，常用于中、高压系统或低压系统中装配部位限制少的场合。

(2) 紫铜管：紫铜管可以承受6.5～10MPa的压力，它可以根据需要较容易地弯成任意形状，且不必用专门的工具。因而适用于小型中、低压设备的液压系统，特别是内部装配不方便处。其缺点是价格高，抗振能力较弱，且易使油液氧化。

(3) 橡胶软管：橡胶软管分高压和低压两种。高压软管由耐油橡胶夹钢丝编织网制成。层数越多，承受的压力越高，其最高承受压力可达42MPa。低压软管由耐油橡胶夹帆布制成，其承受压力一般在1.5MPa以下。橡胶软管安装方便，不怕振动，并能吸收部分液压冲击。

(4) 尼龙管：尼龙管承压能力因材质而异，一般为2.5～8.0MPa。尼龙管有软管和硬管两种，硬管加热后也可以随意弯曲成形和扩口，冷却后又能定形不变，使用方便，价格低廉。

(5) 耐油塑料管：耐油塑料管价格便宜，装配方便，但承压低，使用压力不超过0.5MPa，长期使用会老化，只作回油管和泄油管用。

2. 管接头

管接头是油管与油管、油管与液压元件之间的可拆卸连接件。它应满足连接牢固、密封可靠、液阻小、结构紧凑、拆装方便等要求。

管接头的种类很多，按接头的通路方向分，有直通、直角、三通、四通、铰接等形式。按其与油管的连接方式分，有管端扩口式、卡套式、焊接式、扣压式等。管接头与机体的连接常用圆锥螺纹和普通细牙螺纹。用圆锥螺纹连接时，应外加防漏填料；用普通细牙螺纹连接时，应采用组合密封垫（熟铝合金与耐油橡胶组合），且应在被连接件上加工出一个小平面。

二、滤油器

1. 滤油器的结构类型

滤油器主要有机械滤油器和磁性滤油器两大类。其中，机械式滤油器又分为网式、线隙式、纸芯式、烧结式等多种类型。以下简要介绍几种机械式滤油器。

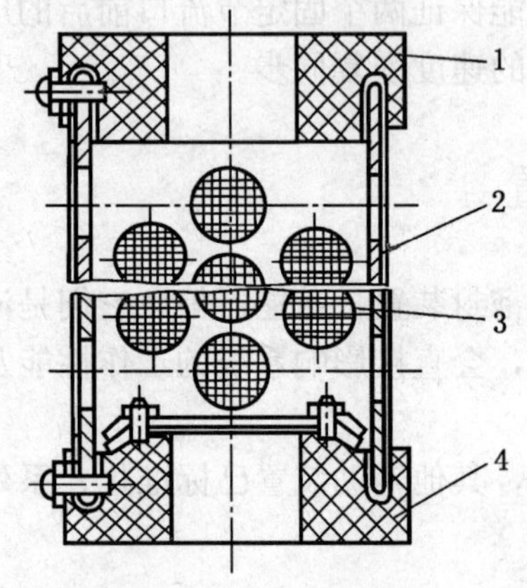

图8-42 网式滤油器

1、4—端盖；2—骨架；3—滤网

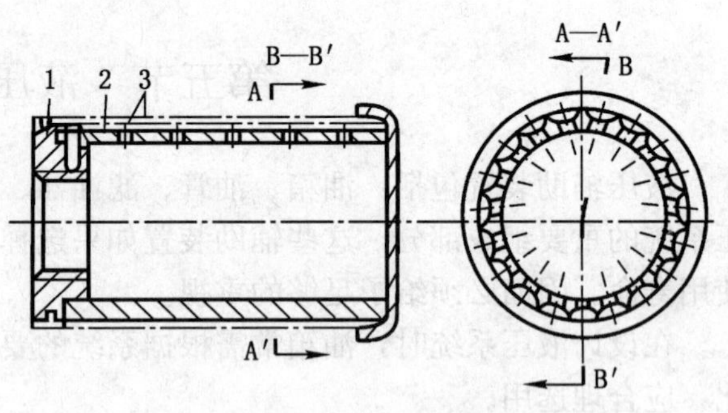

图8-43 线隙式滤油器

1—端盖；2—骨架；3—线圈

(1) 网式滤油器：如图8-42所示，网式滤油器由筒形骨架上包一层或两层铜丝网组成。其过滤精度与网孔大小及网的层数有关，过滤精度有80μm、100μm、180μm三个等级。其特点是结构简单，通油能力大，清洗方便，但过滤精度较低。

(2) 线隙式滤油器：图8-43所示为线隙式滤油器，滤芯由铜线或铝线绕成，依靠缝隙过滤。有吸油管用和压油管用两种，前者的过滤精度为0.05～0.1mm，后者的过滤精度为

0.03～0.08mm。其特点是结构简单，通油能力大，过滤精度比网式的高，但不易清洗，滤芯强度较低。

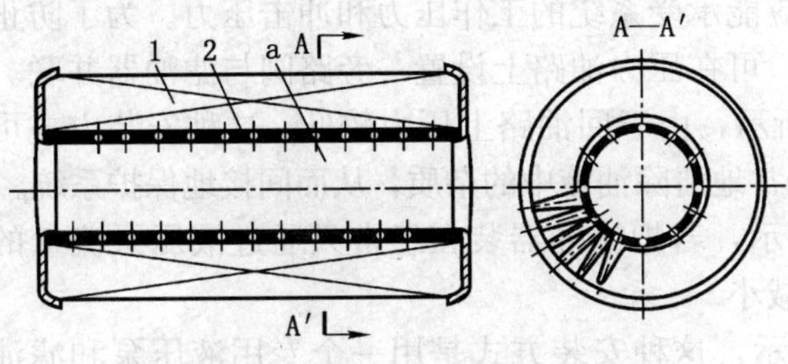

图 8-44 纸心式滤油器

1—滤纸；2—骨架

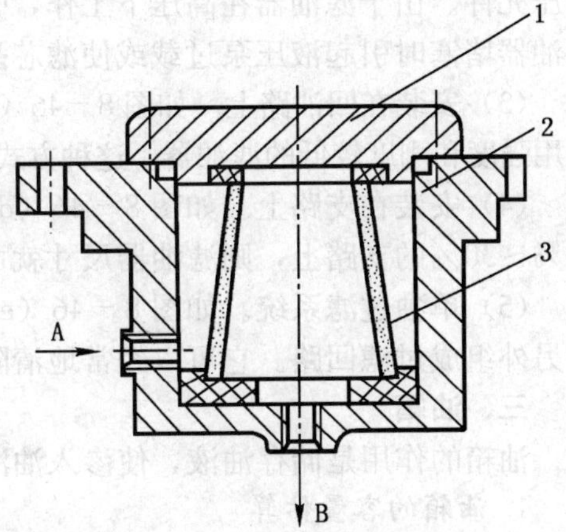

图 8-45 烧结式滤油器

1—端盖；2—壳体；3—滤芯

(3) 纸心式滤油器：图 8-44 所示为纸心式滤油器，滤芯由 0.35～0.7mm 厚的平纹或波纹酚醛树脂或木浆的微孔滤纸组成。滤纸制成折叠式，以增加过滤面积。滤纸用骨架支撑，以增大滤芯强度，其特点是过滤精度高（0.005～0.03mm）、压力损失小、质量轻、成本低，但不能清洗，需定期更换滤芯。

(4) 烧结式滤油器：如图 8-45 所示，滤芯由颗粒状金属（青铜、碳钢、镍铬钢等）烧结而成。通过颗粒间的微孔进行过滤。粉末粒度越细、间隙越小，过滤精度越高。其特点是过滤精度高，抗腐蚀，滤芯强度大，能在较高油温下工作，但易堵塞，难于清洗，颗粒易脱落。

2. 滤油器的选用与安装

滤油器在液压系统中的安装位置，通常有以下几种：

(1) 安装在液压泵的吸油路上。如图 8-46（a）所示，这种安装方式要求滤油器有较

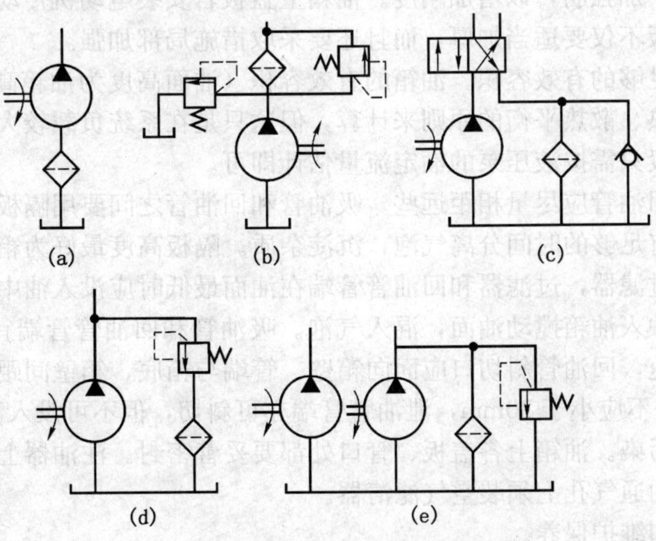

图 8-46 滤油器的安装位置

(a) 滤油器安装在吸油路上；(b) 滤油器安装在压油路上；(c) 滤油器安装在回油路上；(d) 滤油器安装在支路上；(e) 单独过滤系统

大的通油能力和较小的阻力，目的是滤去较大的杂质微粒以保护液压泵。

(2) 安装在压油路上。如图 8－46 (b) 所示，这种安装方式可以保护除泵以外的其他液压元件。由于滤油器在高压下工作，壳体应能承受系统的工作压力和冲击压力。为了防止滤油器堵塞时引起液压泵过载或使滤芯裂损，可在压力油路上设置一旁路阀与滤油器并联。

(3) 安装在回油路上。如图 8－46 (c) 所示，由于回油路上压力较低，这种安装方式可采用强度和刚度较低的滤油器。这种方式能经常地清除油液中的杂质，从而间接地保护系统。

(4) 安装在支路上。如图 8－46 (d) 所示，若把滤油器装在经常只通过液压泵流量的 20%～30%的支路上，则滤油器尺寸就可以减小。

(5) 单独过滤系统。如图 8－46 (e) 所示，这种安装方式是用一个专用液压泵和滤油器另外组成过滤回路。它可以经常地清除系统中的杂质，适用于大型机械的液压系统。

三、油箱

油箱的作用是储存油液，使渗入油液中的空气逸出，沉淀油液中的污物和散热。

1. 油箱的容量估算

合理地确定油箱容量是保证液压系统正常工作的重要条件。初步设计时，可用下述经验公式确定油箱的有效容积：

$$V = KQ \tag{8-59}$$

式中 V——油箱容积，L；

Q——液压泵的实际流量，L/min；

K——经验系数，min。

K 数值为：低压系统：$K = 2$～4 min；中压系统：$K = 5$～7 min；高压大功率系统：$K = 6$～12min。

2. 油箱结构设计应注意的问题

(1) 油箱应有足够的刚度和强度。油箱一般用 2.5～4mm 的钢板焊接而成，尺寸高大的油箱要加焊角板、加强肋，以增加刚度。油箱上盖板若安装电动机传动装置、液压泵和其他液压元件时，盖板不仅要适当加厚，而且还要采取措施局部加强。

(2) 油箱要有足够的有效容积。油箱的有效容积（油面高度为油箱高度 80%时的容积）应根据液压系统发热、散热平衡的原则来计算，但这只是在系统负载较大、长期连续工作时才有必要进行，一般只需按液压泵的额定流量估计即可。

(3) 吸油管和回油管应尽量相距远些。吸油管和回油管之间要用隔板隔开，以增加油液循环距离，使油液有足够的时间分离气泡，沉淀杂质。隔板高度最好为箱内油面高度的3/4。吸管入口处要装粗过滤器，过滤器和回油管管端在油面最低时应没入油中，防止吸油时吸入空气和回油时回油冲入油箱搅动油面，混入气泡。吸油管和回油管管端宜斜切 45°，以增大通流面积，降低流速，回油管斜切口应面向箱壁。管端与箱底、箱壁间距离均应大于管径的 3 倍，过滤器距箱底不应小于 20mm，泄油管管端亦可斜切，但不可没入油中。

(4) 防止油液污染。油箱上各盖板、管口处都要妥善密封。注油器上加过滤网。防止油箱出现负压而设置的通气孔上须装空气滤清器。

(5) 易于散热和维护保养。

四、蓄能器

1. 蓄能器的功用

蓄能器是用来储存和释放液体压力能的装置，其主要功用如下：

（1）作辅助动力源：当执行元件流量变化较大时，常采用蓄能器和一个流量较小的泵组成油源。当系统需要的流量不多时，蓄能器将液压泵多余的流量储存起来；当系统短时需要较大流量时，蓄能器将储存的压力油释放出来与泵一起向系统供油。另外，蓄能器可作应急液压源在突然停电或带泵电动机发生故障时使用。

（2）保压和补充泄漏：当液压系统需要长时间保压而液压泵卸荷时，可利用蓄能器释放所储存的压力油，补偿系统的泄漏，维持系统的压力。

（3）吸收压力冲击：由于液压阀突然关闭或换向，系统可能产生液压冲击，此时可在产生液压冲击源附近处安装蓄能器吸收这种冲击，使压力冲击峰值降低。

2. 蓄能器的结构类型

蓄能器的主要有重锤式、弹簧式和气体式三类。常用的是气体式，它是利用密封气体的压缩、膨胀来储存和释放能量的，所充气体一般采用惰性气体或氮气。气体式又分为气瓶式、活塞式和气囊式三种。下面主要介绍常用的活塞式和气囊式两种蓄能器。

1）活塞式蓄能器

图 8－47（a）为活塞式蓄能器。利用浮动活塞使气体与油液隔开，气体经充气阀进入上腔，下腔油口 a 充压力油。该蓄能器结构简单，安装维修方便，但活塞惯性和摩擦阻力会影响蓄能器动作的灵敏性，而且活塞不能完全防止气体渗入油液，故这种蓄能器适用于低压系统。

2）气囊式蓄能器

图 8－47（b）所示为气囊式蓄能器。壳体内有一个用耐油橡胶作原料与充气阀一起压

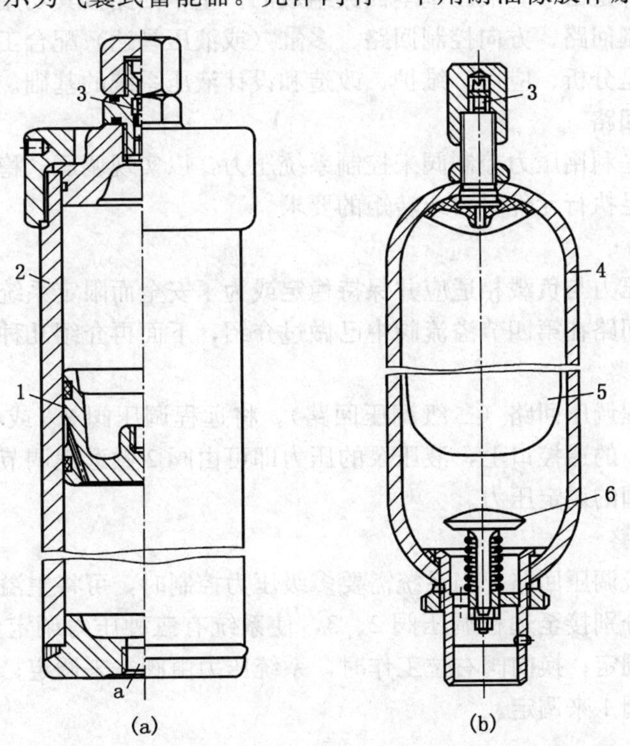

图 8－47　气体式蓄能器

（a）活塞式蓄能器；（b）气囊式蓄能器

1—活塞；2—缸筒；3—充气阀；4—壳体；5—气囊；6—限位阀

制而成的气囊。充气阀只在为气囊充气时才打开，平时关闭。壳体下部装有限位阀，在工作状态下，压力油经限位阀进、出。当油液排空时，限位阀可以防止气囊被挤出。这种蓄能器的特点是气囊惯性小、反应灵敏、结构尺寸小、质量轻、安装方便、维护容易，工作压力可达 32 MPa。

3. 蓄能器的使用和安装

蓄能器在液压回路中的安放位置，随其功用的不同而异。在安装蓄能器时应注意以下几点：

（1）气囊式蓄能器原则上应垂直安装（油口向下），只有在空间位置受到限制时才考虑倾斜或水平安装。

（2）吸收冲击压力和脉动压力的蓄能器应尽可能装在振源附近。

（3）装在管道上的蓄能器，要承受一个相当于其入口面积与油液压力乘积的力，因而必须用支持板或支持架固定。

（4）蓄能器与管道系统之间应安装截止阀，供充气、检修时使用。蓄能器与液压泵之间应安装单向阀，以防止停泵时压力油倒流。

第六节　液压基本回路

液压基本回路指的是由几种液压元件组成，用来完成某种特定功能的控制油路。液压系统不论如何复杂，都是由一些液压基本回路组成的。基本回路按其功用的不同，可分为速度控制回路、压力控制回路、方向控制回路、多缸（或液压马达）配合工作控制回路。熟悉和掌握这些基本回路是分析、应用、维护、改造和设计液压系统的基础。

一、压力控制回路

压力控制回路是利用压力控制阀来控制系统压力，以实现调压、稳压、减压、增压、卸荷等目的，从而满足执行元件对力或转矩的要求。

1. 调压回路

为了使系统的压力与负载相适应并保持稳定或为了安全而限定系统的最高压力，都要用到调压回路，这种回路在第四节溢流阀中已做过介绍，下面再介绍几种常用的调压回路。

1）远程调压回路

图 8－48 为远程调压回路（二级调压回路）。将远程调压阀 2（或小流量的溢流阀）接在先导式主溢流阀 1 的遥控口上，液压泵的压力即可由阀 2 做远程调节。远程调压阀的调节压力应低于主溢流阀的调定压力。

2）多级调压回路

图 8－49 为三级调压回路。当系统需要多级压力控制时，可将主溢流阀 1 的遥控口通过三位四通换向阀 4 分别接至远程调压阀 2、3，使系统有三种压力调定值：换向阀左位工作时，压力由阀 2 来调定；换向阀右位工作时，系统压力由阀 3 来调定；而中位时为系统的最高压力，由主溢流阀 1 来调定。

2. 减压回路

减压回路用来使某一支路上得到比主溢流阀的调定压力低且稳定的工作压力。图 8－50 为一种二级减压回路。图示位置，减压阀出口的压力由先导式减压阀 2 调定；当换向阀电磁铁通电时，减压阀 2 出口处的压力由阀 3 调定。

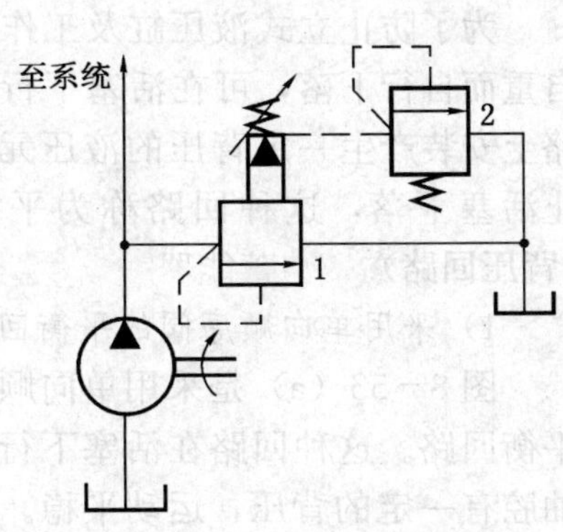

图 8－48　远程调压回路

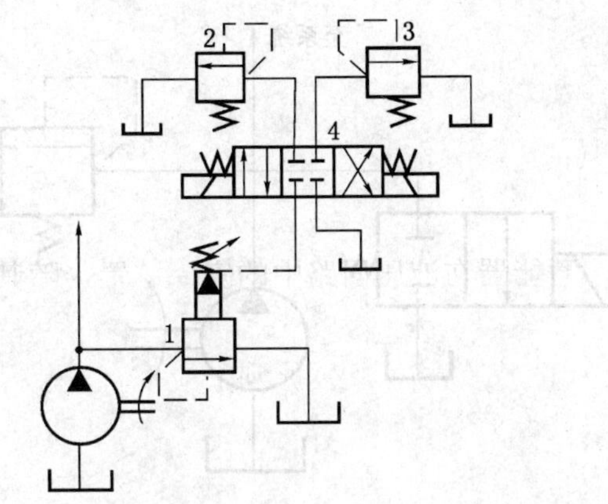

图 8－49　多级调压回路

3. 卸荷回路

卸荷回路是在执行元件短时间停止工作期间，使泵在很小的输出功率下运转的回路。卸荷有流量卸荷和压力卸荷两种方法。流量卸荷法用于变量泵，使泵仅为补偿泄漏而以最小流量运转。此方法简单，但泵处于高压状态，磨损较严重。压力卸荷法是将泵的出口接油箱，泵在接近零压下工作。

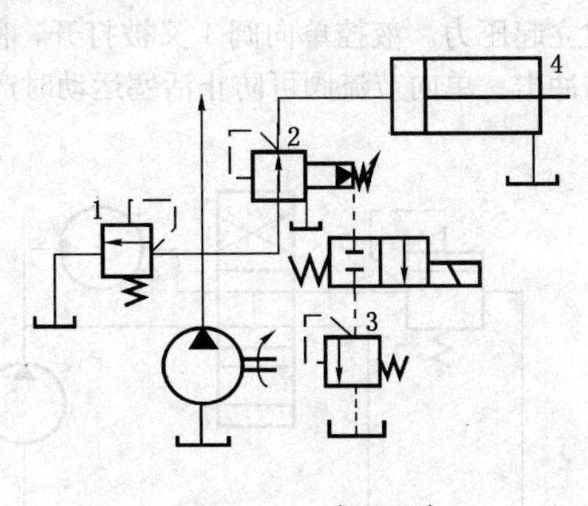

图 8－50　减压回路

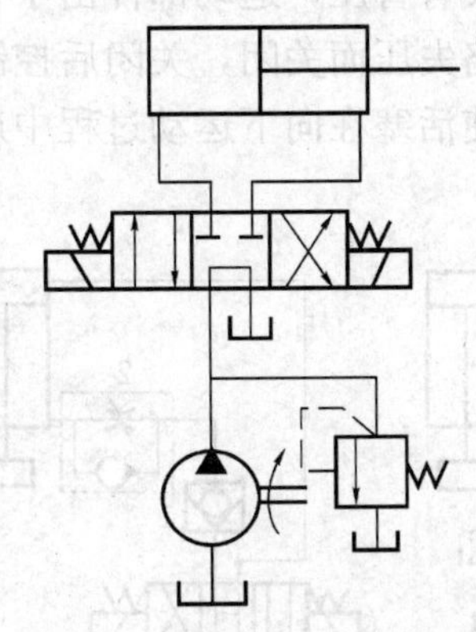
图 8－51　电磁换向阀中位卸荷回路

1）用换向阀中位机能的卸荷回路

当滑阀中位机能为 H、M 或 K 型的三位换向阀处于中位时，泵即卸荷，如图 8－51 所示。这种卸荷方法比较简单，但只适用于系统流量较小的场合，且换向阀切换时压力冲击较大。若将图中的换向阀改为装有换向时间调节器的电液换向阀，则可用于流量较大（$q>40$ L/min）的系统，卸荷效果较好。

2）用二位二通阀的卸荷回路

图 8－52 所示为采用二位二通电磁阀的卸荷回路。图中二位二通阀的流量规格必须与液压泵的流量相匹配。由于受电磁铁吸力的限制，仅适用于流量小于 40 L/min 的场合。

3）用溢流阀的卸荷回路

此回路在第四节已介绍过，不再重复。

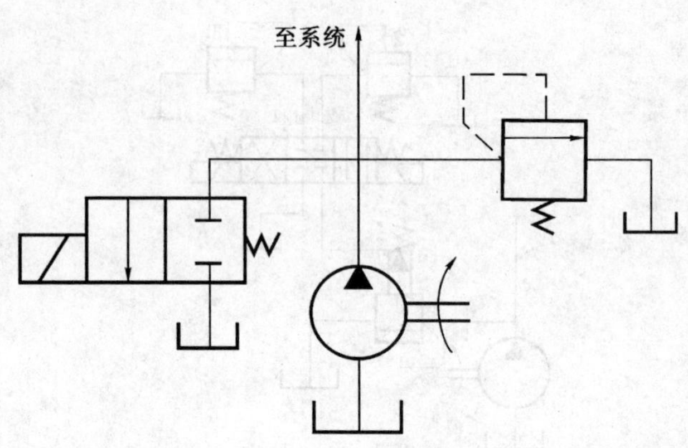

图 8－52　二位二通换向阀卸荷回路

4. 平衡回路

为了防止立式液压缸及工作部件因自重而自行下落，可在活塞下行的回油路上安装产生一定背压的液压元件，阻止活塞下落，这种回路称为平衡回路（背压回路）。

1）采用单向顺序阀的平衡回路

图 8－53（a）是采用单向顺序阀的平衡回路。这种回路在活塞下行时，回油腔有一定的背压，运动平稳。但滑阀结构的顺序阀和换向阀存在泄漏，活塞不可能长时间停在任意位置，故该回路适用于锁紧要求不高的场合。

2）采用液控单向阀的平衡回路

图 8－53（b）是采用液控单向阀的平衡回路。由于液控单向阀是锥面密封，泄漏极小，因此其闭锁性能好。回油路上串联单向节流阀 2，用于防止活塞下行时的冲击，也可控制流量，起到调速作用。若回油路上没有节流阀，活塞下行时液控单向阀 1 被进油路上的控制油打开，回油腔没有背压，运动部件由于自重而加速下降，造成液压缸上腔供油不足，液控单向阀因控制油路失压而关闭，关闭后控制油路又建立起压力。液控单向阀 1 又被打开，阀 1 时开、时闭，使活塞在向下运动过程中产生振动和冲击。单向节流阀可防止活塞运动时产生振动和冲击。

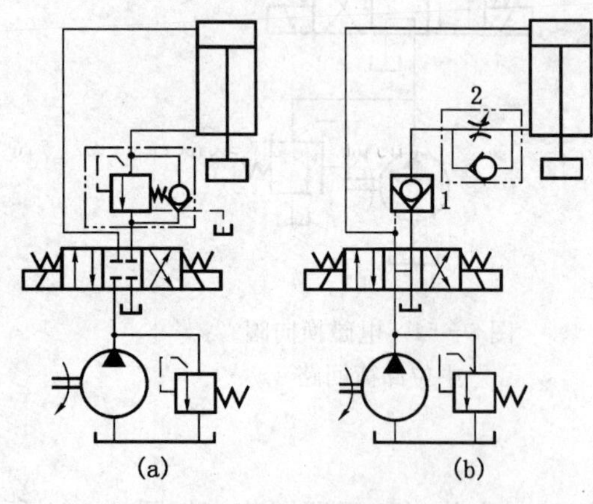

图 8－53　平衡回路

（a）采用单向顺序阀的平衡回路；
（b）采用液控单向阀的平衡回路

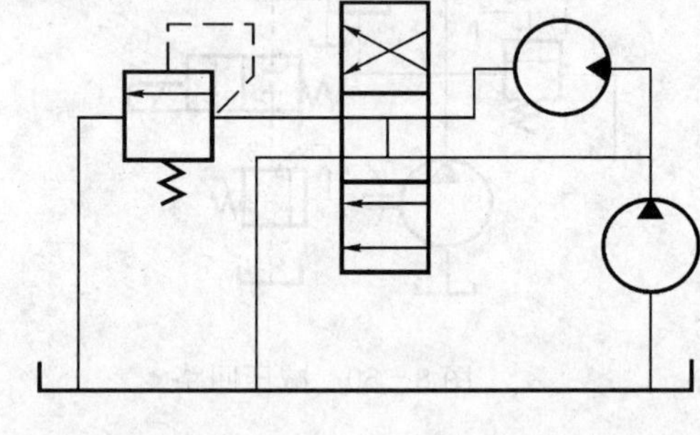

图 8－54　溢流阀刹车回路

3）溢流阀刹车回路

如图 8－54 所示，当换向阀上位工作时，油马达出油口通油箱，油马达正常运转；当换向阀下位工作时，泵卸荷，油马达由于惯性仍继续转动，但回油因溢流阀受阻，背压升高，油马达被迅速制动；当换向阀处于中位工作时，虽卸荷，但油马达因机械摩擦而缓慢停止。

5. 油马达回路

多数油马达回路与油缸回路是相同的，这里只讨论油马达特有的两种回路。

1）油马达串并联回路

在行走机械中，常直接用油马达来驱动车轮，这时可利用油马达串并联时的不同特性，来适应行走机械的不同工况。图 8－55 中，电磁阀 2 通电吸合，电磁阀 1 处于常态位时，两油马达并联。这时行走机械牵引力大，速度低。当电磁阀 1、2 都通电吸合时，两油马达串联。这时行走机械速度高，牵引力小。

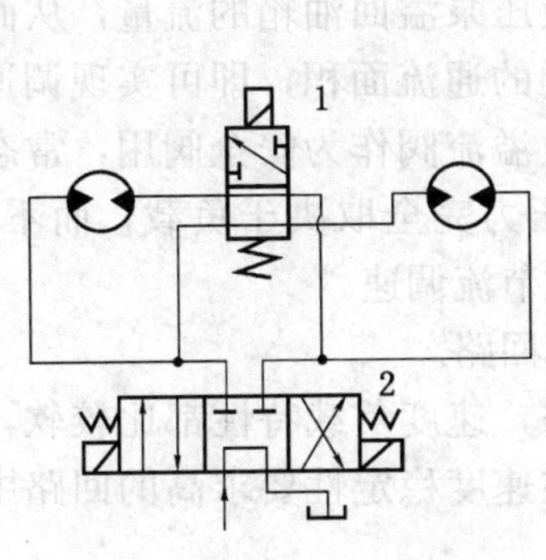

图 8－55　油马达串并联回路

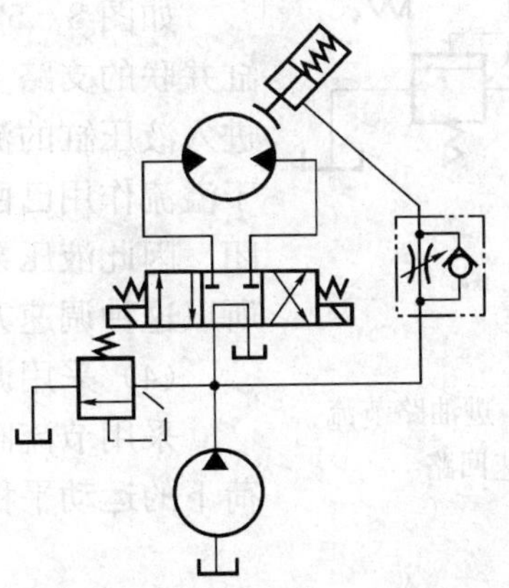

图 8－56　液压制动器制动回路

2）油马达制动回路

如图 8－56 所示，油马达上装有一个液压机械制动器，而其中制动块的伸缩由制动缸控制。当油马达正常旋转时，压力油进入制动缸，使制动块抬起。单向节流阀的作用是控制制动块的抬起时间，使松闸较慢。电磁阀处于中位，泵卸荷，液压马达制动。

二、调速回路

调速回路是用来调节执行元件工作行程速度的回路。不计泄漏，液压缸的运动速度为：$v=Q/A$，液马达的转速为：$n=Q/q$。显然，改变进入执行元件的流量 Q（或液压马达的排量 q），可以达到改变执行元件速度的目的。按照液压元件的组合方式不同，调速回路可分为：

（1）节流调速——采用定量泵供油，流量阀改变进入执行元件的流量来调节执行元件的速度；

（2）容积调速——采用变量泵或变量马达实现调速。

1．节流调速回路

节流调速回路元件结构简单、价格低廉，在轻载、低速、负载变化不大和对速度稳定性要求不高的小功率液压系统中应用较为广泛。

节流调速回路按其流量阀安放位置的不同，分进油路节流调速、回油路节流调速和旁油路节流调速三种形式。

（1）进油路节流调速回路。

如图 8－57 所示，节流阀串联在泵和执行元件之间，控制进入液压缸的流量，以达到调速的目的。定量泵多余的油液通过溢流阀流回油箱，泵的出口压力 p_b 为溢流阀的调整压力并基本保持定值。在这种调速回路中，节流阀和溢流阀联合使用才能起调速作用。

（2）回油路节流调速回路。

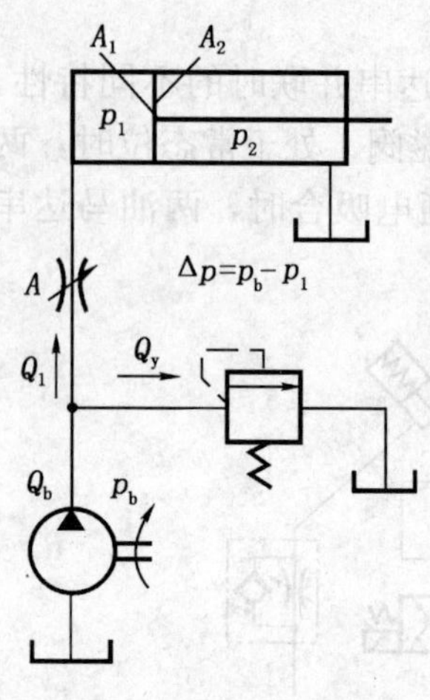

图 8－57　进油路节流调速回路

如图 8－58 所示，把节流阀串联在执行元件的回油路上，用节流阀调节液压缸的回油流量，也就控制了进入液压缸的流量。定量泵多余的油液经溢流阀流回油箱，泵的出口压力 p_b 为溢流阀的调定压力并基本稳定。

（3）旁油路节流调速回路。

如图 8－59 所示，这种节流调速回路是将节流阀装在与液压缸并联的支路上。节流阀调节液压泵溢回油箱的流量，从而控制进入液压缸的流量，调节节流阀的通流面积，即可实现调速。由于溢流作用已由节流阀承担，故溢流阀作为安全阀用，常态时关闭。因此液压泵工作过程中的压力完全取决于负载，而不恒定，所以这种调速方式又称为变压式节流调速。

（4）采用调速阀的节流调速回路。

采用节流阀的节流调速回路，速度负载特性都比较软，变载荷下的运动平稳性都比较差。在速度稳定性要求高的回路中可用

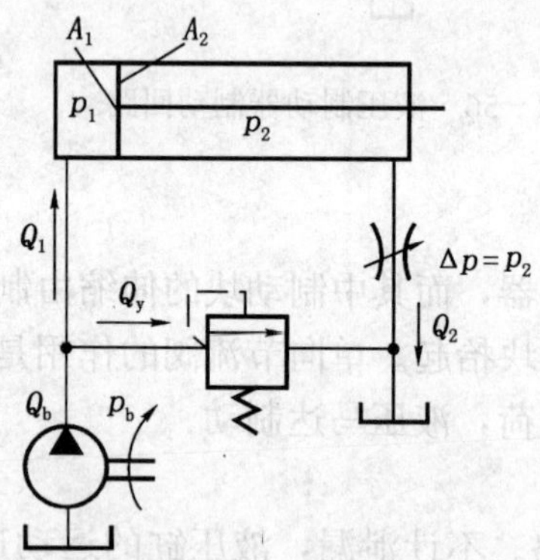

图 8－58　回油路节流调速回路

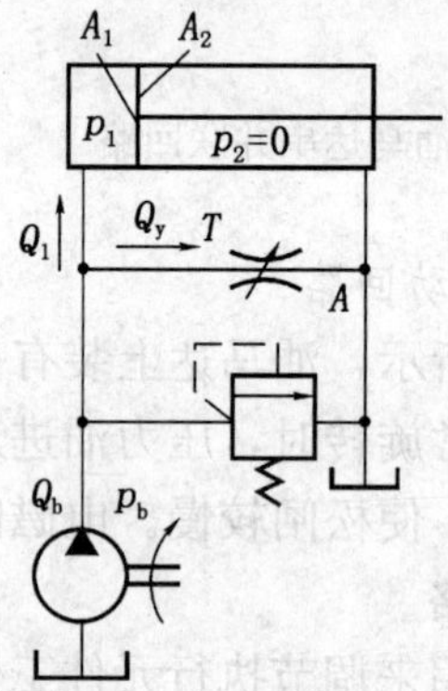

图 8－59　旁油路节流调速回路

调速阀来代替节流阀。由于调速阀本身能在负载变化的条件下保证节流阀进、出口压差基本不变，因而使用调速阀后，节流调速回路的速度负载特性得到改善。

节流调速回路的主要缺点是效率低、发热量大，故只适用于小功率液压系统中；在大功率的液压传动系统中一般采用变量泵或变量马达的容积调速回路。

2. 容积调速回路

容积调速回路，因无溢流损失和节流损失，故效率高，发热量小。容积调速回路分为开式回路和闭式回路两种。开式回路通过油箱进行油液循环，泵从油箱吸油，执行元件的回油仍返回油箱。优点是油液在油箱中便于沉淀杂质，析出气体，并可得到良好的冷却。主要缺点是空气易侵入油液，致使运动不平稳，并产生噪音。闭式油路无油箱，泵吸油口与执行元件回油口直接连接，油液在系统内封闭循环。这样，油气隔绝，结构紧凑，运动平稳，噪声小；缺点是散热条件差。

容积调速回路无溢流，这是构成闭式回路的必要条件。为了补偿泄漏以及由于执行元件进、回油腔面积不等所引起的流量之差，闭式回路需要设辅助补油泵，与之配套还设一溢流

阀和一小油箱。补油泵的流量一般为主泵流量的10％～15％，压力通常为0.3～1MPa左右。

根据液压泵和液压马达（或液压缸）的组合方式不同，容积调速回路可分为：变量泵—定量液压马达（或液压缸）容积调速回路；定量泵—变量液压马达容积调速回路；变量泵—变量液压马达容积调速回路。

(1) 变量泵—定量执行元件容积调速回路。

图8－60（a）为变量泵—液压缸组成的开式容积调速回路，图8－60（b）为变量泵—定量液压马达组成的闭式容积调速回路，泵1是辅助补油泵，其供油压力由溢流阀6调定。这两种调速回路都是采用改变泵流量来调速的。

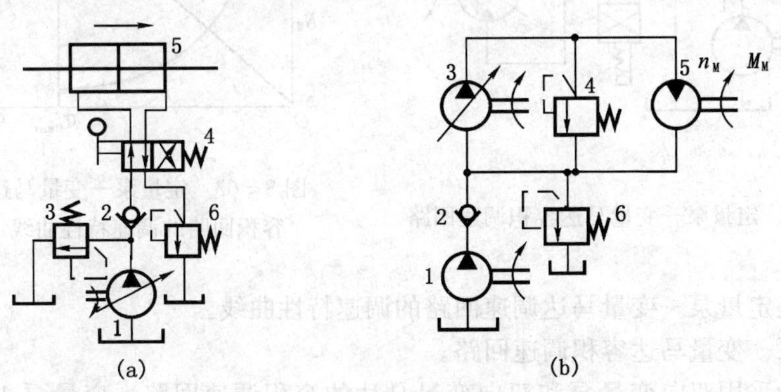

图8－60　变量泵—定量执行元件容积调速回路

(a) 变量泵—液压缸容积调速回路；(b) 变量泵—定量马达容积调速回路

回路特性如下：

① 调节变量泵的排量便可控制液压缸（或液压马达）的速度。由于变量泵能将流量调得很小，故可以获得较低的工作速度，因此调速范围较大。

② 变量泵出口压力由安全阀调定；液压马达的排量和液压缸有效工作面积均固定不变。若不计系统损失，由液压马达的转矩公式和液压缸的推力公式可知：马达（或液压缸）能输出的转矩（推力）不变，故这种调速属于恒转矩（恒推力）调速。

③ 若不计系统损失，液压马达（或液压缸）的输出功率等于液压泵的功率，因此回路的输出功率随液压马达的转速的变化呈线性变化。

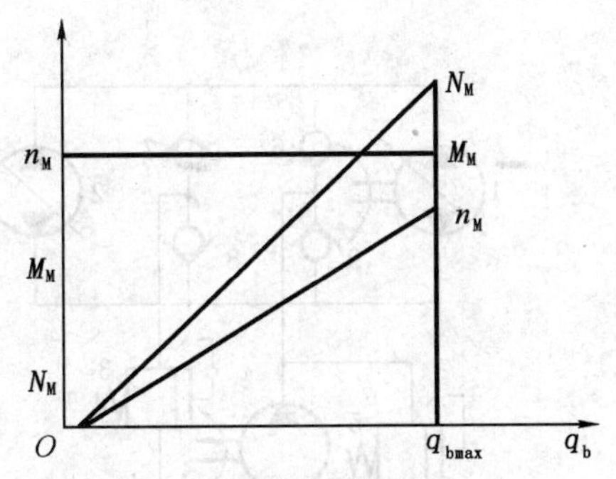

图8－61　变量泵—定量马达容积调速的回路特性曲线

图8－61为变量泵—定量马达调速回路的调速特性曲线。

(2) 定量泵—变量马达容积调速回路。

定量泵—变量马达调速回路如图8－62所示。定量泵的输出流量不变，调节变量马达的排量，便可改变其转速。图中液压马达的旋转方向是由换向阀3来改变的。

回路特性如下：

① 液压马达输出转速n与马达的每转流量q成反比，调节q即可调节马达的转速n。但q不能调得过小（这时输出转矩很小，不能带动负载），故限制了转速的提高。因此，这

种调速回路的调速范围较小。

② 定量泵输出流量是不变的，泵的供油压力由安全阀限定。若不计系统损失，则液马达输出的最大功率不变，故这种调速称为恒功率调速。

③ 减小变量马达的排量，马达的输出转矩将减小，故这种回路的输出转矩为变值。

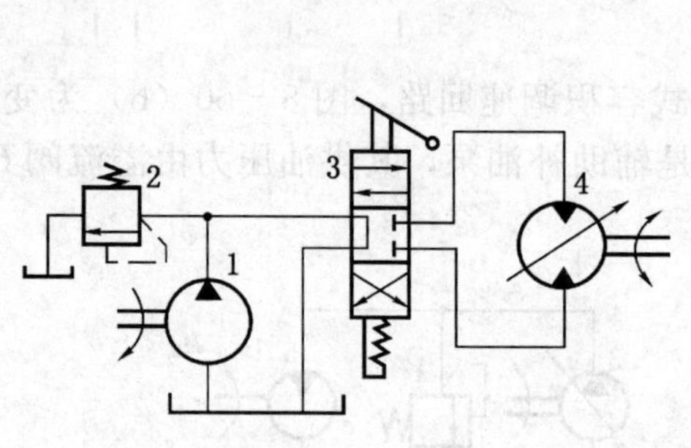

图 8－62　定量泵—变量马达容积调速回路

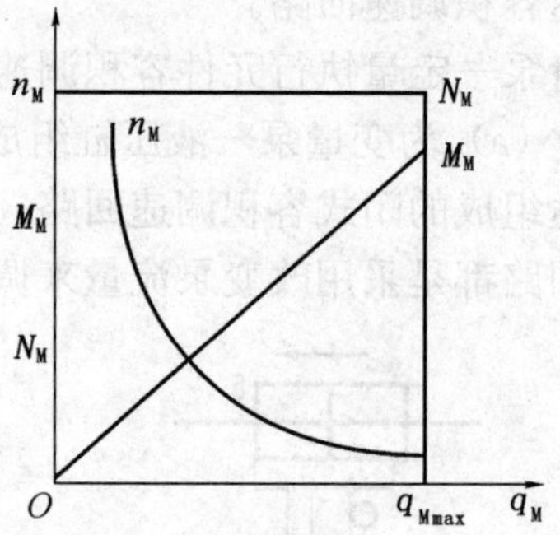

图 8－63　定量泵—变量马达容积回路的调速特性曲线

图 8－63 是定量泵—变量马达调速回路的调速特性曲线。

(3) 变量泵—变量马达容积调速回路。

图 8－64 为采用双向变量泵和双向变量马达的容积调速回路。变量泵 1 可正、反向供油，即马达正向或反向旋转。这种调速回路是上述两种调速回路的组合，由于泵和马达的排量均可改变，故扩大了调速范围，并扩大了马达转矩和功率输出的选择余地，其调速特性曲线如图 8－65 所示。

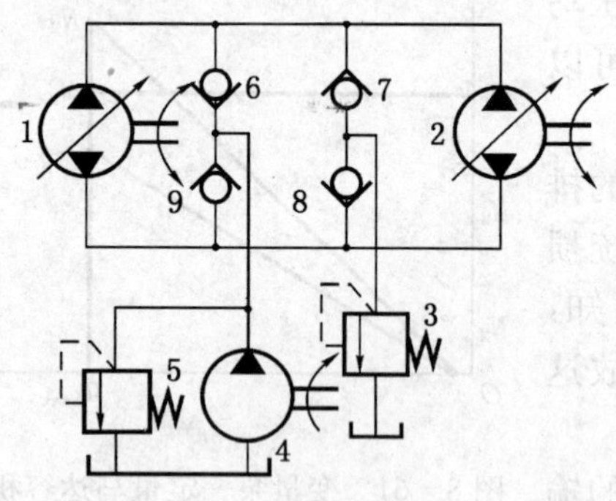

图 8－64　变量泵—变量马达容积调速回路

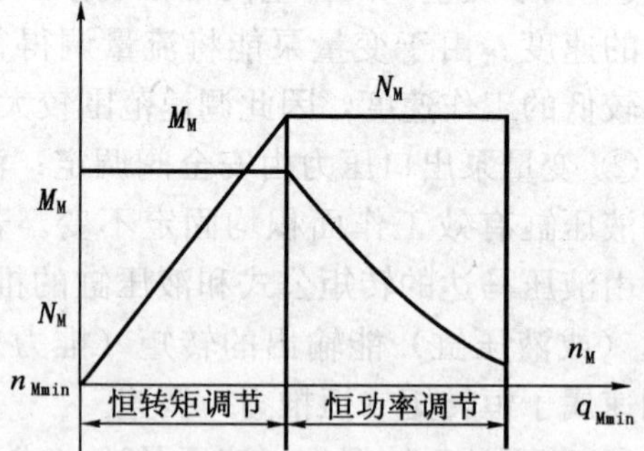

图 8－65　变量泵—变量马达容积回路的调速特性曲线

三、多缸配合工作回路

在液压系统中，由一个油源向多个液压缸供油时，可节省液压元件和电机，合理利用功率。但各执行元件间会因回路中的压力、流量的相互影响在动作上受到牵制。可通过压力、流量和行程控制来满足实现多个执行元件预定动作的要求。

1. 顺序动作回路

顺序动作回路用来使多个执行元件严格按照预定顺序依次动作。按控制方式的不同，可分为行程控制、压力控制和时间控制三种。

1）行程控制顺序动作回路

行程控制是利用执行元件到达一定位置时发出信号来控制执行元件的先后动作顺序。

（1）用行程开关控制的顺序回路。

如图 8-66 所示，按启动按钮，电磁铁 1Y 得电，缸 1 活塞先向右运动，当活塞杆上的挡块压下行程开关 2S 后，使 2Y 得电，缸 2 活塞才向右运动，直到压下 3S，使 1Y 失电，缸 1 活塞向左退回，然后压下行程开关 1S，使 2Y 失电，缸 2 活塞再退回。调整挡块位置可调整液压缸的行程，通过电控系统可任意地改变动作顺序，方便灵活，应用广泛。

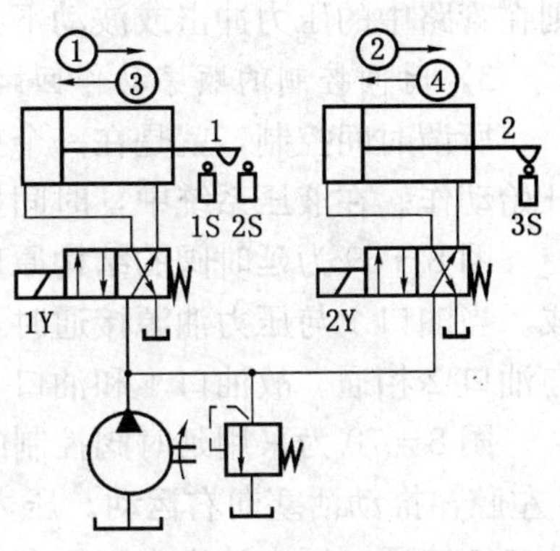

图 8-66 用行程开关控制的顺序回路

（2）用行程阀控制的顺序动作回路。

如图 8-67 所示，图示位置两液压缸活塞均退至左端点。电磁阀 3 左位接入回路后，缸 1 活塞先向右运动，当活塞杆挡块压下行程阀 4 后，缸 2 活塞才向右运动；电磁阀 3 右位接入回路，缸 1 活塞先退回，其挡块离开行程阀 4 后，缸 2 活塞才退回。这种回路动作可靠，但要改变动作顺序较困难。

2）压力控制顺序动作回路

压力控制是利用液压系统工作过程中的压力变化来使执行元件按顺序先后动作。

（1）用顺序阀控制的顺序动作回路。

此回路在第四节中已介绍，这里不再重述。

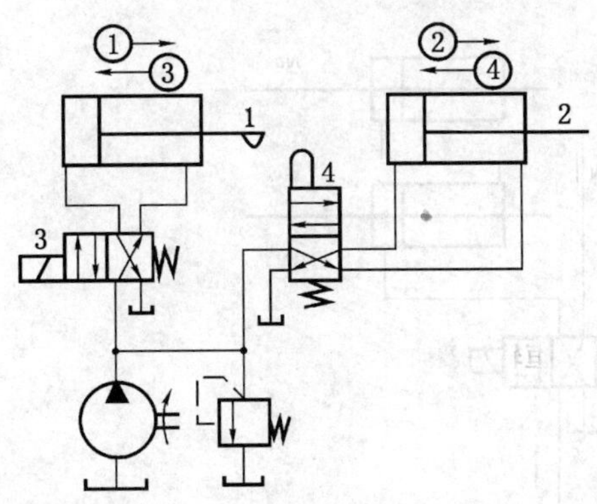

图 8-67 用行程阀控制的顺序回路

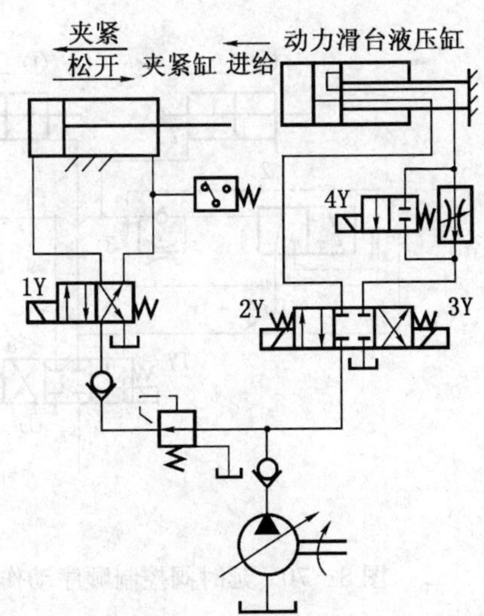

图 8-68 压力继电器控制的顺序动作回路

（2）压力继电器控制的顺序动作回路。

图 8-68 为机床夹紧、进给系统。其动作顺序是：先将工件夹紧，然后动力滑台进行切削加工。工作时，压力油经减压阀、单向阀、换向阀进入夹紧缸有杆腔，活塞向左运动，将工件夹紧。液压缸有杆腔的压力升高，当油压超过压力继电器的调定压力

时，压力继电器发出电信号，使电磁铁 2Y 通电，动力滑台液压缸向左完成进给动作。由于压力继电器的作用，使得夹紧与进给严格地按顺序进行。压力控制的顺序动作回路中，顺序阀或压力继电器的调定压力必须大于前一动作执行元件的最高工作压力的 10%～15%，否则在管路中的压力冲击或波动下会造成误动作，引起事故。

3）时间控制的顺序动作回路

所谓时间控制，就是在一个执行元件开始动作后，经过规定的时间，另一个执行元件才开始动作。在液压系统中，时间控制一般利用延时阀来实现。

图 8－69 为延时阀的结构原理和图形符号图。它由单向节流阀和二位三通液动换向阀组成。当油口 1 与压力油源接通时，阀芯向右运动，右端的油液经节流阀排出后，压力油才能与油口 2 相通。故油口 1 和油口 2 延时接通。

图 8－70 为采用延时阀控制的序动作回路。当电磁铁 1Y 通电后，压力油经阀 5 进入缸 6 左腔，推动活塞向右运动。压力油同时进入延时阀的油口 1，经延时阀延时后，油口 1 和油口 2 接通，压力油进入缸 7 左腔，推动活塞向右运动，使缸 6 和缸 7 按顺序动作。当 1Y 断电，2Y 通电时，压力油进入缸 6 和缸 7 的右腔，使两缸快速返回。

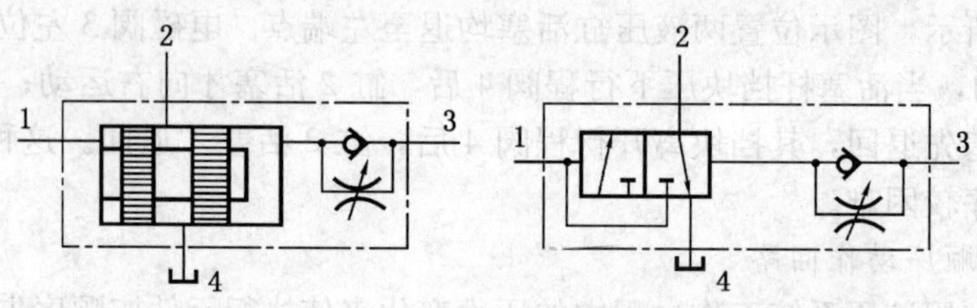

图 8－69　延时阀的结构原理和图形符号图

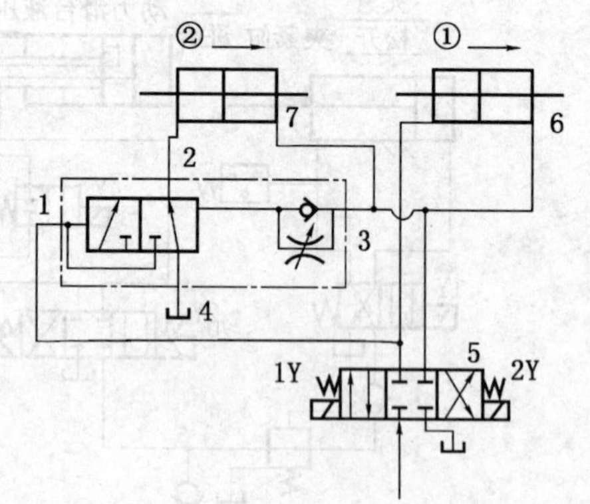

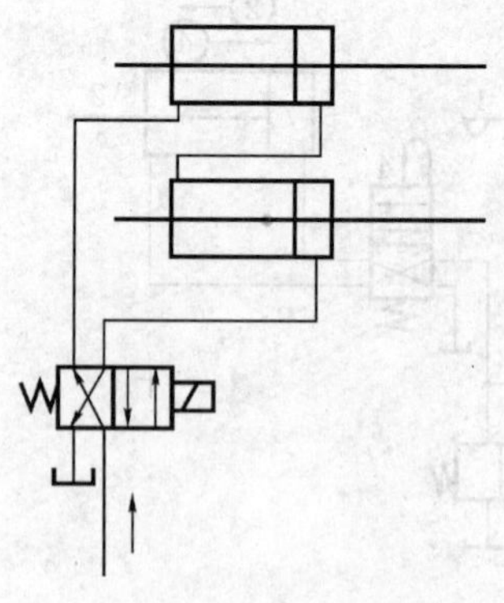

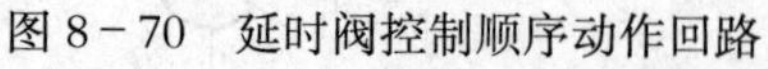

图 8－70　延时阀控制顺序动作回路

图 8－71　串联液压缸同步回路

2. 同步回路

使两个或两个以上液压缸在运动中保持相同位移或相同速度的回路，称为同步回路。

1）串联液压缸同步回路

把两个有效面积相等的液压缸串联起来，就能得到串联液压缸同步回路，如图 8－71 所示。这种回路结构简单，回路允许有较大偏载，且回路的效率较高。但是两个缸的制造误差会影响同步精度，多次行程后，位置误差还会累积起来，而且泵的供油压力为两缸负载压力之和。

2）采用流量阀的同步回路

如图 8－72 所示，两并联的液压缸，由两个调速阀分别调节两液压缸活塞运动速度。由于调速阀具有当负载变化时，仍能够保持流量稳定这一特点，所以，只要仔细调整两调速阀开口的大小，就能使两液压缸保持同步。这种回路结构简单，但调整比较麻烦，同步精度不高。

采用分流集流阀（同步阀）代替调速阀来控制进入或流出两液压缸的流量，可使两液压缸在承受不同负载时仍能实现速度同步。

采用流量阀的同步回路，调节方便，但效率低，压力损失大。

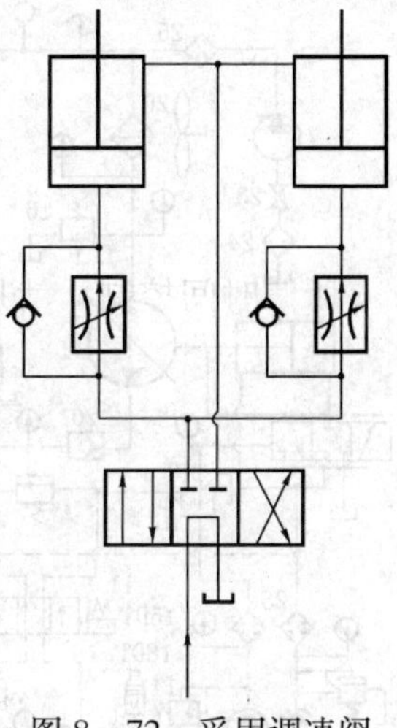

图 8－72　采用调速阀的同步回路

第七节　典型液压传动系统

为了使液压设备实现特定的运动循环或工作，将实现各种不同运动的执行元件及其液压回路拼集、汇合起来，用液压泵组集中供油，形成一个网络，就构成了液压传动系统，简称为液压系统。

设备的液压系统图是用规定的图形符号画出的液压系统原理图。这种图表明了组成液压系统的所有液压元件及它们之间相互连接的情况，还表明了各执行元件所实现的运动循环及循环的控制方式等，从而表明了整个液压系统的工作原理。

本节通过实例介绍了石油钻采设备中几种典型液压系统，使学生通过本节的学习熟悉几种典型设备液压系统的工作原理，加深对各种液压回路在液压系统中的功用及各类液压元件所能实现功能的理解，初步掌握分析较复杂液压系统的方法。从而为正确使用、调整、维护液压设备奠定必要的基础。

分析和阅读较复杂的液压系统图，大致可按以下步骤进行：

（1）了解设备的功用及对液压系统动作和性能的要求。

（2）初步分析液压系统图，并按执行元件数将其分解为若干个子系统。

（3）对每个子系统进行分析：分析组成子系统的基本回路及各液压元件的作用；按执行元件的工作循环分析实现每步动作的进油和回油路线。

（4）根据设备对液压系统中各子系统之间的顺序、同步、互锁、防干扰或联动等要求分析它们之间的联系，弄懂整个液压系统的工作原理。

（5）归纳出设备液压系统的特点和使设备正常工作的要领，加深对整个液压系统的理解。

一、50t 液压修井机的液压系统

图 8－73 为 50t 液压修井机的液压系统原理图。该系统为闭式系统，由五组液动机并联，采用恒功率容积调速回路。现将它的系统组成和原理分析如下。

（1）动力泵组：该系统由四个油泵组成泵组，其中主泵为 ZB740 变量轴向柱塞泵；补油泵为 CB－B25 型齿轮泵，供闭式系统补油用；两个 YB－6/25×63 型叶片泵，作为控制

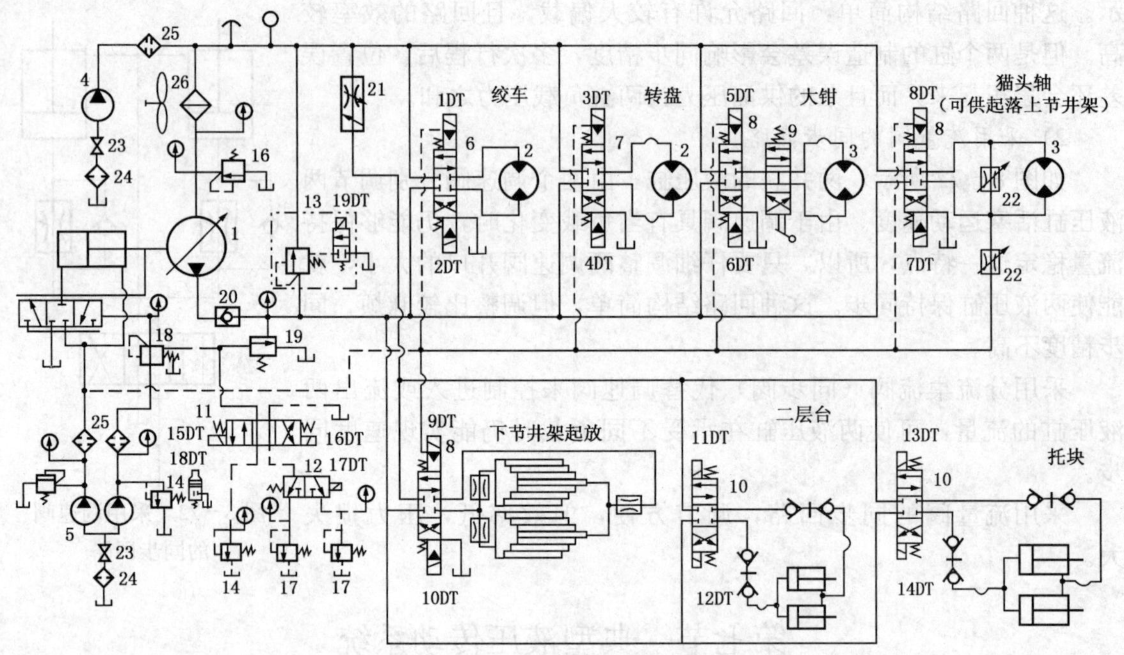

图 8－73　50t 液压修井机液压系统原理图

1—轴向柱塞泵；2，3—油马达；4—齿轮泵；5—双联叶片泵；6，7，8—电液换向阀；9—手动换向阀；10，11，12—电磁换向阀；13—电控卸荷溢流阀；14，15，16，17—溢流阀；18—减压阀；19—恒功率阀；20—单向阀；21—调速阀；22—节流阀；23—截止阀；24，25—滤清器；26—冷却器

系统用。四个油泵由柴油机通过分动箱带动。

（2）ZB740 变量轴向柱塞泵的恒功率调速系统。它是由 ZB740 变量轴向柱塞泵、恒功率阀和减压阀组成。一台叶片泵的控制压力油，输给 ZB740 变量轴向柱塞泵的行程调节器放大级，另一台叶片泵的控制压力油经减压阀输给行程调节器的初级，这条控制油路的压力由减压阀来调节，而减压阀则通过遥控孔由恒功率阀来调节，恒功率阀的控制压力则来自 ZB740 变量轴向柱塞泵的排出管路，当主系统的工作压力降低时，恒功率阀的节流口开大，减压阀的控制压力减低而使其开口也开大，于是行程调节器的行程加大使 ZB740 变量轴向柱塞泵的油缸摆角加大，即流量加大，使系统压力和流量的乘积保持为一常数。同样当系统压力升高时，泵的摆角减小，即泵的流量会自动减小。这样，就保证动力经常保持恒功率消耗。但液动机只有两台 ZM740 油马达需要恒功率调速，而其余则不需要，如起升井架液缸。为了同用一台 ZB740 变量轴向柱塞泵，在减压阀控制口的旁路上联接三位四通电磁阀 11，当此阀处于中位时，减压阀遥控口与油箱连通，可以在控制台上用手调节 ZB740 变量轴向柱塞泵的流量，以适应起升井架不同速度的要求。当换向阀居左位时，减压阀遥控口与溢流阀 14 连通，泵可以在调定压力下进行恒功率调节。

（3）工作系统：在 ZB740 变量轴向柱塞泵的排出管和回油管之间并联两台 ZM740 油马达，两台 ZM40 油马达，分别带动绞车、转盘、液动油管钳和猫头轴。此外还并联三对油缸，分别用于下节井架的起放、控制二层平台的翻转及操纵固定井架托块。其具体的操作过程如下：

① 下节井架的起立：柴油机转数调定为 1000r/min，各油泵输油。按电钮令 12DT 吸合，主泵为二层台油缸右腔充油，使它处于回缩位置，以防起立下节井架时二层台自动落

下。由电磁铁工作表看出（表 8－5 所示），由于电路上连锁，这时 16DT、17DT 吸合，控制油路中减压阀遥控口与溢流阀 17 的右阀相连，减压阀的出口压力由溢流阀 17 调定。按电钮使电磁铁 9DT 吸合，这时由表中看出 16DT、17DT 吸合而 12DT 放松，控制油初压力为 1. 2MPa，流量为 30 L/min，井架下节起立，过 90°后逐渐关小回油路上的调速阀，对准销孔关死调速阀，并使 9DT 放松，插销钉，固定下节井架，井架起立完毕。

表 8－5 电磁铁工作表

设备	状态	1DT	2DT	3DT	4DT	5DT	6DT	7DT	8DT	9DT	10DT	11DT	12DT	13DT	14DT	15DT	16DT	17DT	18DT	19DT
绞车	正	+	—	—	—	—	—	—	—	—	—	—	—	—	—	+	—	—	—	—
	反	—	+	—	—	—	—	—	—	—	—	—	—	—	—	+	—	—	—	—
转盘	正	—	—	+	—	—	—	—	—	—	—	—	—	—	—	+	—	—	—	—
	反	—	—	—	+	—	—	—	—	—	—	—	—	—	—	+	—	—	—	—
大钳	松	—	—	—	—	+	—	—	—	—	—	—	—	—	—	—	+	—	—	—
	紧	—	—	—	—	—	+	—	—	—	—	—	—	—	—	—	+	—	—	—
上节井架	升	—	—	—	—	—	—	+	—	—	—	—	—	—	—	—	+	—	—	—
	降	—	—	—	—	—	—	—	—	—	—	—	—	—	—	—	—	—	—	—
下节井架	起	—	—	—	—	—	—	—	—	+	—	—	—	—	—	—	+	+	—	—
	放	—	—	—	—	—	—	—	—	—	+	—	—	—	—	—	+	+	—	—
二层台	收	—	—	—	—	—	—	—	—	—	—	+	—	—	—	—	+	+	—	—
	放	—	—	—	—	—	—	—	—	—	—	—	+	—	—	—	+	+	—	—
托块	锁	—	—	—	—	—	—	—	—	—	—	—	—	+	—	—	+	+	—	—
	开	—	—	—	—	—	—	—	—	—	—	—	—	—	+	—	+	+	—	—

② 起升上节井架：令 7DT 吸合，关闭两个节流阀，猫头轴小滚筒旋转，起升上节井架，此时 16DT 吸合，控制油路压力由左面溢流阀 17 调定，其调定压力为 1. 8MPa，ZB740 变量轴向柱塞泵流量为 80L/min，起升到过了托块固定位置后，碰行程开关 7DT 放松，上节井架停止在某一位置，然后使 13DT 吸合，托块油缸伸出，使托块处于锁紧位置，后 13DT 放松，打开上节流阀，上节井架靠自重下降，油马达属制动工况，其速度大小由节流阀控制。打开下节流阀可向系统补油。上节井架坐到托块上，关死节流阀，上节井架起升完毕。

③ 放下二层台：使 11DT 吸合，二层台下放，转过一定角度后，使主油泵卸荷，关小调速阀，二层台靠自重下放，下放速度由调速阀控制。

④ 绞车工作：使 1DT 吸合，绞车正转。这时 15DT 吸合，控制油路压力由恒功率阀调定。

转盘和油管大钳的工作、二层台的收回、下放井架等操作过程可自己分析。

该系统除了油箱散热外，还装设了风冷却器，改善散热条件，防止油温过高。为了保持油液清洁，装设了细滤清器；为了保证液压系统正常工作，装设了各种压力表、温度计、放气阀等。

二、YQ_1－1000 液动大钳

YQ_1－1000 液动大钳是兰州石油机械研究所研究试制成功的，其液压传动方式见图 8－74 所示。主油泵采用的是 ZDB725 轴向柱塞泵，灌注的是齿轮泵，液马达采用的是 1JMD－

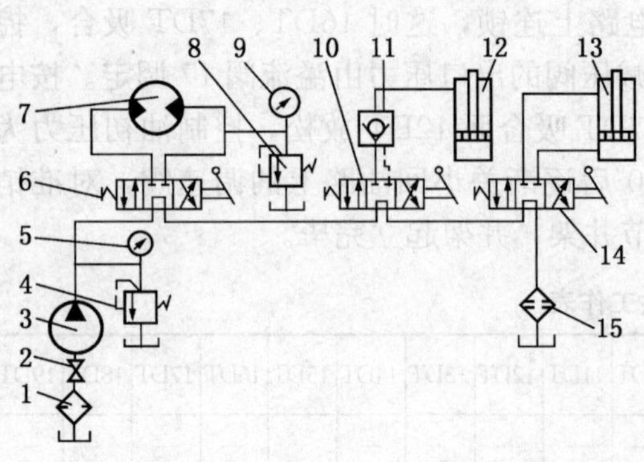

图 8－74　YQ_1－1000 液动大钳液压系统图

1—粗过滤器；2—闸阀；3—ZDB725 泵；4—溢流阀；5，9—抗震压力表；6—手动换向阀；7—1JMD－63 马达；8—溢流阀；10—手动换向阀；11—单向阀；12—提升液缸；13—崩扣液缸；14—手动换向阀；15—精滤器

63 大扭矩低速马达，换向阀采用的是电液换向阀，带 ZDB725 泵的是一台 75kW 的交流电动机，带灌注泵的是一台 4.7kW 的交流电动机，一般适用于有电网的地区。其控制方法为电液和气路的集中控制。

三、石油钻机液压系统

由于一般石油钻机都具有中等以上的功率，并且绞车、转盘负荷变化大，要求转速变化范围也大，因此主系统往往采用容积调速的闭式系统，其特点是效率高、调速范围大。虽然与阀控系统相比，响应速度较差，但对石油钻机来说却能满足要求。

图 8－75 所示为一种石油钻机的主液压系统。所谓主液压系统是指绞车、转盘的驱动系统，这是石油钻机中最主要的系统。这个容积调速闭式系统，动力源是由柴油机驱动的三台油泵。一台主油泵是变量轴向柱塞泵，负责向工作机构提供压力油。另两台泵（4 号泵和 5 号泵）是系统的辅泵。4 号泵是闭式系统的补油泵，5 号泵是主油泵变量控制机构的操纵泵，是给伺服变量机构的随动油缸提供能源的。这后两台泵一般采用小功率的齿轮泵或叶片泵。工作机构是三台低速大功率径向柱塞油马达。其中一台是转盘马达，两台是绞车马达。两台绞车马达中，通过液控二位四通阀 6 的控制，可以一台工作，一台浮动（如图示阀 6 的导通位置），如阀 6 移到左位导通情况，则二台油马达并联工作。

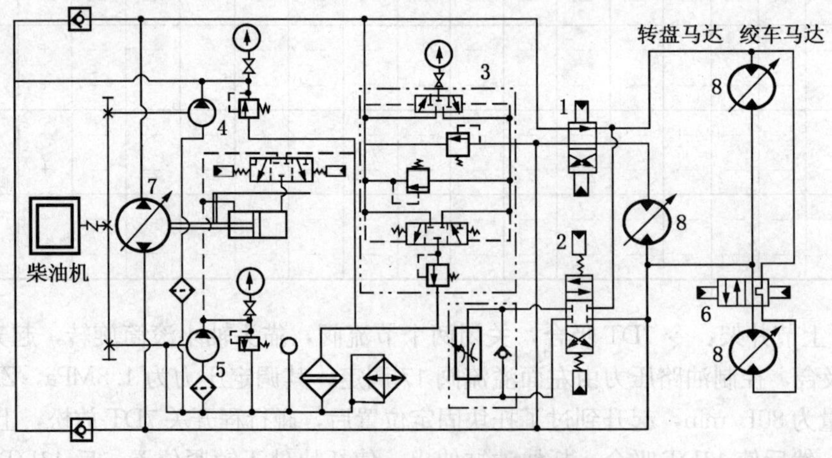

图 8－75　钻机主液压系统

1、6—二位四通阀；2—三位四通阀；3—组合压力控制阀；4—补油泵；5—操纵泵；7—主油泵；8—油马达

液控二位四通 1 是功率分配阀，当阀 1 于图示位置时，则绞车马达工作，转盘马达不动，如阀 1 移到下位导通位置，则转盘马达运转，绞车马达不动。

液控三位四通阀 2 是液阻并联阀。它可以根据需要，将由单向阀和可调节流阀组成的单向液阻器并联到绞车马达回路中去，当外载带动马达旋转时（如钻柱下放），液阻器可限制马达转速，亦即限制钻柱下放速度，起到限制刹车的作用。

图中双点划线框内部的3，是组合压力阀，由双向溢流安全阀和双向补油压力调节溢流阀组成。因为主油泵是双向变量泵。图示的两个三位三通液控阀，其实就是三通梭形阀。

对该系统所具有的工作性能可作如下分析：

(1) 起升钻柱。

主油泵上油口排油，阀1处于图8－75所示位置，绞车油马达驱动绞车正转，起升钻柱。钻柱轻时可用一台油马达工作，另一台浮动。钻柱重时，操纵阀6使两台绞车油马达并车。起升速度可通过操作台上一个手动组合气阀调节主油泵的油量来实现。很显然，如果主油泵采用恒功率控制，则绞车马达也是恒功率输出，也就是起升速度随负载增加而自动降低，维持起升恒功率。这时如调节油马达每转排量，则可实现低转数下的高扭矩，可在大范围内实现恒功率起升。起升钻柱时，转盘油马达进出口均为低压，转盘不转。一般情况下绞车不需反转，故起升时，主油泵只是正向排油。

(2) 下放钻柱。

下放钻柱是靠钻柱自重自行下落，带动绞车反转。此时主油泵排量调至零，下放速度视钻柱重量而定，重量轻时，使阀2处于上位，油马达进出油口经单向阀沟通，用绞车上的机械刹车控制速度和悬吊。重量大时，为防止下放速度过快，可使阀2处于下位，使油马达进出油口经单向节流液阻器，辅助机械刹车一起工作。

(3) 钻进工作。

钻进时要求转盘正转，绞车油马达浮动，靠钻柱重力用机械刹车控制钻压。此时阀1处于下位，主油泵上油口排油，转盘马达正转。而绞车马达进、出口都处于低压，处于浮动状态。这时如果使油泵或油马达中的任意一个实行定压控制，则转盘为恒扭矩输出，在此条件下，再改变另一个的每转排量（或流量），则可改变恒扭矩下的输出转数。（马达定压控制时，增加泵每转排量；则转数增加，泵定压控制时，增加马达每排量，则转数减少）

(4) 事故处理。

处理井内事故时，要求转盘、绞车均可正、反向低速运转，这可通过调节主油泵排量和排油方向来实现。

第九章　离　心　泵

离心泵是最典型的叶片式机械，在石油矿场上应用广泛，主要用于输送原油、向地层注水、井下采油以及作为往复泵的灌注泵和生活供水泵等。离心泵之所以应用广泛，是由于它具有体积小、质量小、流量大、使用安装简便等一系列优点。

第一节　概　　述

一、离心泵的工作原理

如图 9－1 所示是离心泵装置示意图。其基本部件是旋转的叶轮和固定的泵壳。叶轮与泵轴相连，叶轮上有若干弯曲的叶片。泵轴由外界的动力带动时，叶轮便在泵壳内旋转。液体由入口沿轴向垂直地进入叶轮中央，在叶片之间通过而进入泵壳，最后从泵的切线出口排出。

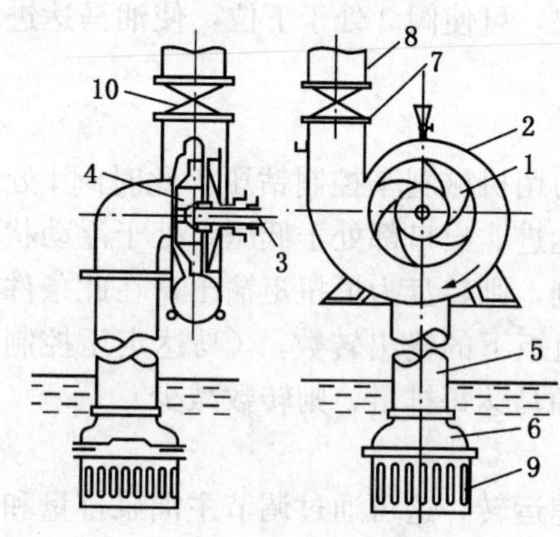

图 9－1　离心泵的装置示意图
1—叶轮；2—泵壳；3—泵轴；4—吸入口；5—吸入管；6—底阀；7—排出口；8—排出管；9—滤网；10—调节阀

离心泵的工作原理如下：开动前，泵中先灌满所输送的液体；开动后，叶轮旋转，产生离心力。液体从叶轮中心被抛向叶轮外周，动能增加，并以很高的速度流入泵壳，在壳内减速，使大部分的动能转换为压力能，然后从排出口排到排出管。

叶轮内的液体被抛出后，叶轮中心处形成真空。泵的吸入管路一端与叶轮中心处相通，另一端则浸没在被输送的液体内，在液面压力（常为大气压）与泵内压力（负压）的压差作用下，液体便经吸入管路进入泵内，填补了被排出液体的位置。只要叶轮不停地转动，离心泵便不断地吸入和排出液体。由此可见，离心泵之所以能输送液体，主要是依靠高速旋转的叶轮所产生的离心力，故名为离心泵。

离心泵开动时，如果泵内和吸入管路内没有充满液体，它便没有抽吸液体的能力，这是因为空气的密度比液体小得多，叶轮旋转所产生的离心力不足以产生吸上液体所需要的真空度。这种因泵壳内存在气体而导致吸不上液体的现象，称为气缚。为防止气缚现象的产生，离心泵启动前要用液体将泵内空间灌满，这一操作称为灌泵。为防止灌入泵壳内的液体因重力流入低位槽内，在泵吸入管路的入口处装有止逆阀（底阀）；如果泵的位置低于槽内液面，则启动时无需灌泵。

二、离心泵的基本结构

1. 叶轮与泵壳

离心泵最基本的部件是叶轮与泵壳，如图 9－2 所示。叶轮是离心泵的心脏部件。普通离心泵的叶轮如图 9－3 所示，它分为开式、半开式与闭式三种。

离心泵的叶轮没有前、后盖板，轮叶完全外露，称为开式，如图 9-3（a）所示；只有后盖板，称为半开式，如图 9-3（b）所示。它们用于输送浆料，黏性大或有固体颗粒悬浮物的液体时，不易堵塞，但液体在叶片间运动时易发生倒流，故效率也较低。有前、后盖板的叶轮称为闭式叶轮，如图 9-3（c）所示，2 至 6 片弯曲的叶片装在盖板内，构成与叶片数相等的液体通道。液体从叶轮中央进入后，经过这些通道流向叶轮的周边。有些叶轮的后盖板上钻有小孔，以把后盖板前后的空间连通起来，称为平衡孔。因为叶轮在工作时，离开叶轮周边的液体压力已增大，有一部分会渗到叶轮后侧，而叶轮前侧液体入口处为低压，因而产生了轴向推力，将叶轮推向泵入口一侧，引起叶轮与泵壳接触处的磨损，严重时还会发生振动。平衡孔能使一部分高压液体泄漏到低压区，减小了叶轮两侧的压力差，从而起到平衡轴向推力的作用，但也会降低泵的效率。

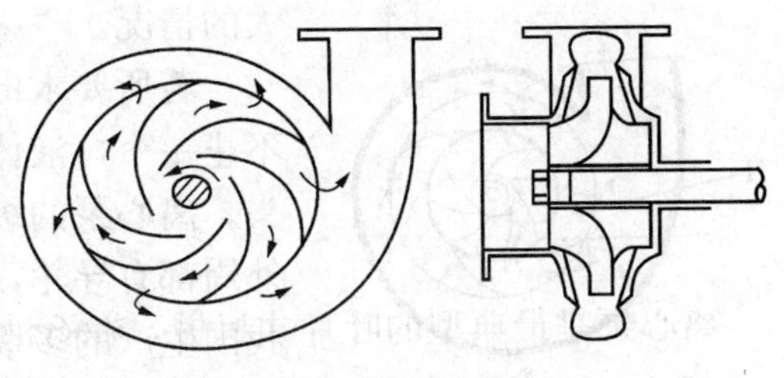

图 9-2　叶轮与泵壳

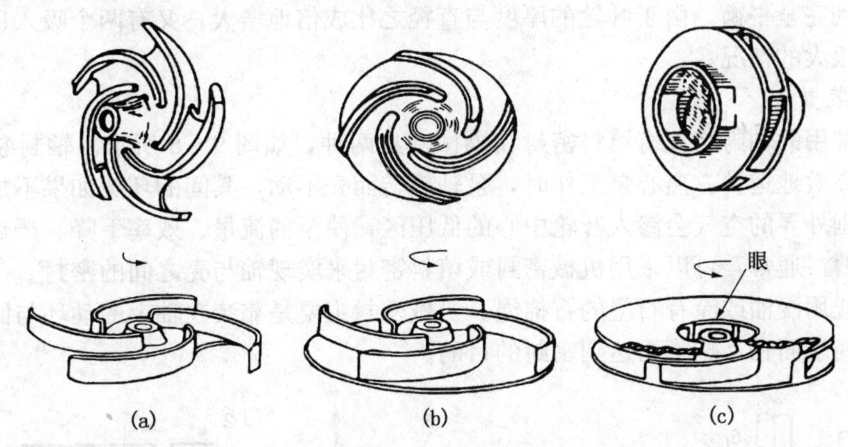

图 9-3　离心泵叶轮

（a）开式；（b）半开式；（c）闭式

泵壳就是泵体的外壳，它包围旋转的叶轮，并设有与叶轮垂直的液体入口和切线出口。泵壳在叶轮四周形成一个截面积逐步扩大的蜗牛壳形通道，故常称为蜗壳，如图 9-2 所示。叶轮在壳内旋转的方向是顺着蜗壳形通道逐渐扩大的方向（即按叶轮旋转的方向来说，叶片是向后弯的），越接近出口，壳内所接受的液体量越大，所以通道的截面积必须逐渐增大。更为重要的是，以高速从叶轮四周抛出的液体在通道内逐渐降低速度，使一大部分动能转变为静压能，既提高了流体的出口压力，又减少了液体因流速过大而引起的泵体内部的能量损耗。所以，泵壳既是泵的外壳，汇集液体，它本身又是一个能量转换装置。

有些泵壳内在叶轮外周还装一个固定的带叶片的环，称为导轮，如图 9-4 所示。导轮上的叶片（导叶）的弯曲方向与叶片上的弯曲方向相反，其弯曲角度正好与液体从叶轮流出的方向相适应，引导液体在泵壳的通道内平缓地改变流动方向，使能量损耗减小，由动压头转变为静压头的效率提高。

当离心泵只有一个吸入口和一个叶轮时，称为单级单吸离心泵，用于出口压力不需要很

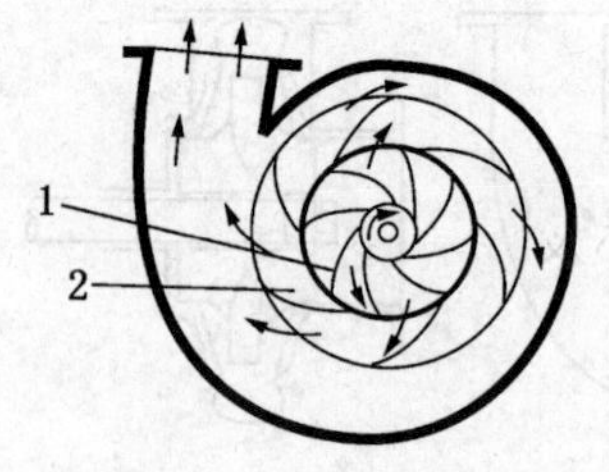

图 9-4　有导轮的离心泵

大的情况。

若所要求的压头高，可采用多级泵。多级泵轴上所装叶轮不止一个，液体从几个叶轮多次接受能量，故可达到较高的压头。离心泵的级数就是它的叶轮数。多级泵壳内，每个叶轮的外周都有导轮，以引导液体改变方向（单级泵一般不设导轮）。我国生产的多级泵一般为 2 级至 9 级，最多可达 12 级。

若输送的液体量大，则采用双吸泵。双吸泵的叶轮有两个吸入口，好像两个没有前盖板的叶轮背靠背地并在一起，其轴向推力可得到完全平衡。由于叶轮的厚度与直径之比成倍地增大，又有两个吸入口，故用于输送液体量很大的情况。

2. 轴封装置

离心泵常用的轴封装置有填料密封和机械密封两种，如图 9-5 所示。轴封装置保证离心泵正常、高效地运转。离心泵工作时，泵轴旋转而壳不动，其间的环隙如果不加以密封或密封不好，则外界的空气会渗入叶轮中心的低压区，使泵的流量、效率下降。严重时流量为零，产生气缚。通常，可以采用机械密封或填料密封来实现轴与壳之间的密封。

填料一般用浸油或涂有石墨的石棉绳。机械密封主要是靠装在轴上的动环与固定在泵壳上的静环之间端面相互贴紧而达到密封的目的。

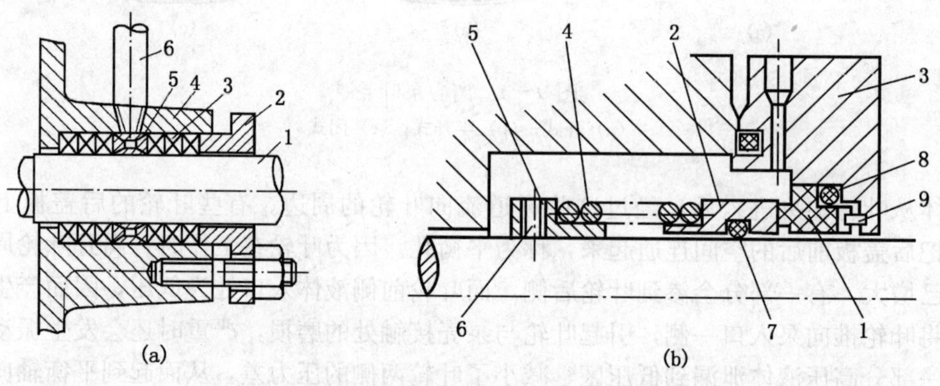

图 9-5　轴封装置

(a) 填料密封

1—轴；2—压盖；3—填料；4—填料箱；5—水封环；6—引水管

(b) 机械密封

1—静环；2—动环；3—压盖；4—弹簧；5—弹簧座；6—固定螺丝；7、8—密封圈；9—防转销

三、离心泵的基本类型

1. 离心泵的种类

离心泵的种类很多，主要有以下几种分类方法：

(1) 按轴的布置方式分类，主要有：卧式泵——泵轴为水平布置；立式泵——泵轴为垂直布置。

(2) 按吸入方式分类，主要有：单吸泵——叶轮从一个方向吸入液体；双吸泵——叶轮从两个方向吸入液体。

(3) 按叶轮级数分类，主要有：单级泵——泵轴上只安装一个叶轮；多级泵——泵轴上安装两个或两个以上的叶轮。

(4) 按泵体的形式分类，主要有：蜗壳泵——叶轮排出一侧具有蜗形室的壳体；透平泵——带导叶的多级泵。

另外，离心泵还可以按照其用途、叶片安装方式、压力大小及比转数的大小等进行分类。

2. 离心泵的名称代号

离心泵的型号代号通常有首、中、尾三部分。首部是数字，表示泵的主要尺寸规格，一般为泵的吸入口直径，单位为 mm 或 in；中部则是汉语拼音字母表示泵的型式或特征；尾部一般用数字表示泵的参数，老式泵大多是比转数 n_s除以 10 所得的值，新式泵则表示泵的单级扬程（m）和级数，有的还带有 A、B、C 等，表示泵中安装有切割过的叶轮等特殊含义。

对于具体的泵，往往根据其主要特点，按照汉语拼音字母等编制型号代号。国内离心泵的型号表示方法不完全统一，但都包括表示型式的字母及表示有关尺寸和参数的数字两部分。

第二节　离心泵的基本理论

离心泵的压头是表征离心泵做功能力的一个重要的性能参数，其值与泵的构造、尺寸、叶轮转速、所输送的液体流量等有关。离心泵的压头应当与完成一定输送任务的管路系统所要求提供的能量适应。下面通过理论分析推导出表示离心泵理论压头的离心泵基本方程，并阐述实际压头和理论压头的关系。

一、离心泵内液体的流动分析

离心泵工作时，液体一方面随叶轮作旋转运动，同时又经叶轮流道向外流动，因此，液体在叶轮内的流动状况十分复杂。

如图 9-6 所示，液体质点沿轴向以绝对速度 c_0进入叶轮，在叶片入口处转为径向运动，此时液体一方面以圆周速度 u_1随叶轮旋转，其运动方向与流体质点所在处的圆周切线方向一致，大小与所在处的半径及转速有关；另一方面以相对速度 ω_1在叶片间作相对于叶轮的运动，其运动方向是液体质点所在处的叶片切线方向，大小与液体流量及流动的形状有关。

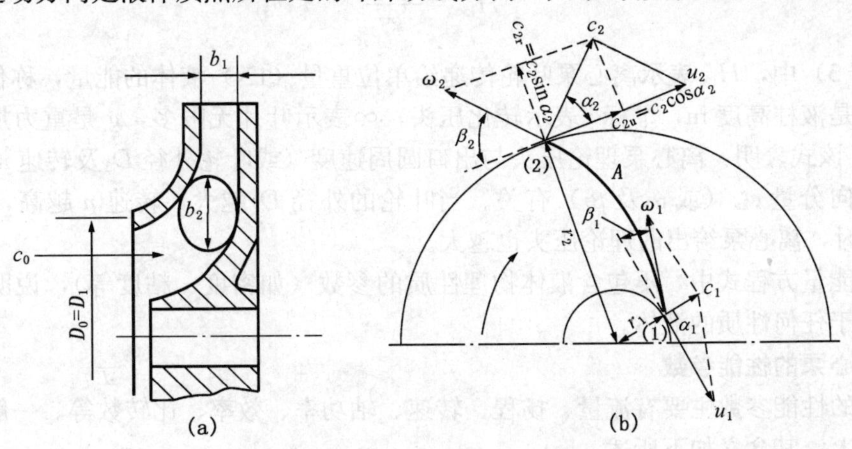

图 9-6　液体在叶轮中的流动

(a) 液体流动示意图；(b) 速度三角形

两者的合速度为绝对速度 c_1，此即为液体质点相对于固定泵壳的绝对运动速度。同样，在叶片出口处，圆周速度为 u_2，相对速度为 ω_2，两者的合速度即为液体在叶轮出口处的绝对速度 c_2。

由上述三个速度所组成的矢量图，称为速度三角形。如图 9-6（b）所示，α 表示绝对速度与圆周速度两矢量之间的夹角，β 表示相对速度与圆周速度反方向延长线的夹角，一般称为流动角。

二、离心泵的基本方程式

离心泵的基本方程式从理论上表达了泵的压头与其结构尺寸、转速及流量等因素之间的关系，是用于计算离心泵理论压头的基本公式。

离心泵的理论压头是指在理想情况下离心泵可能达到的最大压头。所谓理想情况指的是：

（1）叶轮为具有无限多叶片（叶片厚度为无限薄）的理论叶轮，因此，液体质点将完全沿着叶片表面而流动，无任何侧流现象；

（2）被输送的液体为理想液体，粘度为零，不可压缩，故无阻力损失。

以上述假设为前提，根据动量矩定理和能量平衡关系以及叶轮进、出口处液体运动速度的关系，可以得到无限叶片数叶轮传递给单位质量液体的能量 $H_{i\infty}$ 为：

$$H_{i\infty}=\frac{1}{g}(u_2c_2\cos\alpha_2-u_1c_1\cos\alpha_1) \tag{9-1}$$

此式称作离心泵的基本能量方程。由图 9-6 可知：$c_2\cos\alpha_2=c_{2u}$，$c_1\cos\alpha_1=c_{1u}$，上式可改写为：

$$H_{i\infty}=\frac{1}{g}(u_2c_{2u}-u_1c_{1u}) \tag{9-2}$$

在离心泵设计中，由于在一般离心泵中液体沿半径方向进入叶轮，即 $\alpha_1=\pi/2$，$\cos\alpha_1=0$。

则能量方程可简化为：

$$H_{i\infty}=\frac{u_2c_{2u}}{g} \tag{9-3}$$

式（9-3）中，$H_{i\infty}$ 表示离心泵叶轮传递给单位重量（1N）液体的能量，称作泵的理论压头，单位是液柱高度 m，下标 i 表示转化压头，∞表示叶片无限多，g 是重力加速度，单位为 m/s^2。该式表明：离心泵理论压头与出口圆周速度（或叶轮外径 D_2 及转速 n）、出口绝对速度的周向分量 c_{2u}（或 α_2 及 β_2）有关。当叶轮的外径 D_2 越大，转速 n 越高，以及 β_2 越大，α_2 越小时，离心泵给出的理论压头也越大。

在基本能量方程式中，不包含液体物理性质的参数（如密度、粘度等），说明基本能量方程式适用于任何性质的液体。

三、离心泵的性能参数

离心泵的性能参数主要有流量、扬程、转速、轴功率、效率、比转数等。一般标记在离心泵的铭牌上，其含义如下所述。

1. 流量 Q

离心泵的流量即为离心泵的输送液体能力，是指单位时间内泵所输送的液体体积。

泵的流量取决于泵的结构尺寸（主要为叶轮的直径与叶片的宽度）和转速等。操作时，泵实际所能输送的液体量还与管路阻力及所需压力有关。

2. *扬程* H

离心泵的扬程又称为泵的压头，它是指离心泵对单位重量（1N）的液体所提供的有效能量。前面推导了离心泵的理论压头 $H_{i\infty}$，此是在理想情况下离心泵所能提供的最大压头，而实际压头 H 小于理论压头 $H_{i\infty}$，两者的差称为压头损失（其实质为能量损失）。造成压头损失的原因有三方面：

（1）叶片间的环流（或称涡流）。

由于叶片数目并非无限多，流体沿着叶片间形成的流体通道往前流动时，因为不断接受离心力做功而静压力不断增大，在此情况下，流体的流动方向与压力增大的方向相反（这与流体在管道中流动的情况相反），在逆压力梯度作用下，液体不是全部严格顺叶片间的流体通道往前流动，有些流体会倒流回来一定距离，然后再往前流动，造成环流现象，导致能量损失，这种损失占总能量损失的主要部分，如图 9－7 所示。环流压头损失只与叶片数，流体粘度等有关，与流量几乎无关。在图 9－7 中表现为环流能量损失带宽度在不同流量下几乎相等。

（2）阻力损失。

对于实际流体，粘度不为零，因而流动过程中必有阻力存在，造成一部分压头损失。阻力损失随着流量的增大而增大，如图 9－7 所示。

（3）冲击损失。

液体以绝对速度 c_2 离开叶轮周边冲入蜗壳四周流动的液流中，其冲击作用产生涡流并造成压头损失，实际流量偏离设计流量越大，造成损失也越大。如图 9－7 所示，当流量在设计流量附近时，其冲击损失较小，流量大于和小于设计流量都使冲击损失增大。

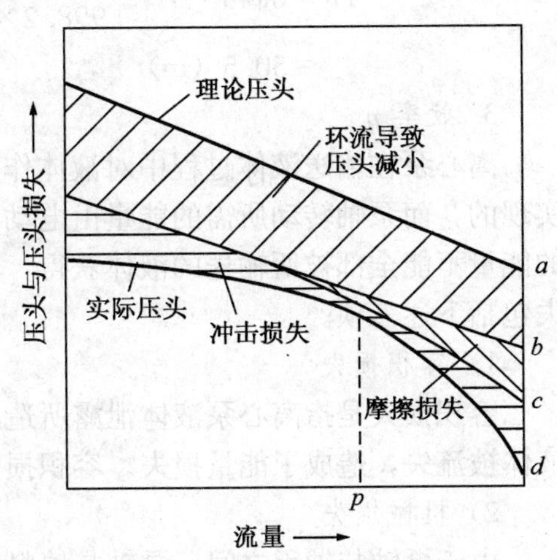

图 9－7　离心泵的理论压头与实际压头

泵的扬程大小取决于泵的结构（如叶轮直径的大小，叶片的弯曲情况等）、转速。目前对泵的压头尚不能从理论上作出精确的计算，一般用实验方法测定。

泵的扬程可用实验方法测定，即在泵进口处装一真空表，出口处装一压力表，若不计两表截面上的动能差（即 $\Delta u^2/2g=0$），不计两表截面间的能量损失（即 $\sum h_{f1-2}=0$），则泵的扬程可用下式计算。

$$H=h_0+\frac{p_2-p_1}{\rho g} \tag{9-4}$$

应该注意以下两点：

（1）式中 p_2 为泵出口处压力表的读数（Pa）；p_1 为泵进口处真空表的读数（负表压值，Pa）。

（2）注意区分离心泵的扬程（压头）和升扬高度两个不同的概念。

扬程是指单位质量流体经泵后获得的能量。在一管路系统中两截面间（包括泵）列出柏努利方程式并整理可得：

$$H=\Delta z+\frac{\Delta p}{\rho g}+\frac{\Delta u^2}{\rho g}+\sum h_{f1-2} \qquad (9-5)$$

式中，H 为扬程，而升扬高度仅指 Δz 一项。

例 9-1 现测定一台离心泵的扬程。介质为 20℃清水，测得流量为 60m³/h 时，泵进口真空表读数为 -0.02MPa，出口压力表读数为 0.47MPa（表压），已知两表间垂直距离为 0.45m，若泵的吸入管与压出管管径相同，试计算该泵的扬程。

解： 由式 $H=h_0+\frac{p_2-p_1}{\rho g}$

查 20℃ $\rho_{20}=998.2\text{kg/m}^3$

$h_0=0.45\text{m}$

$p_2=0.47\text{MPa}=4.7\times10^5\text{Pa}$

$p_1=-0.02\text{MPa}=-2\times10^4\text{Pa}$

$$H=0.45+\frac{4.7\times10^5-(-2\times10^4)}{998.2\times9.81}$$

$$=50.5\ (\text{m})$$

3. 效率 η

离心泵在输送液体过程中对液体作功是通过泵轴转动带动叶轮转动，由叶轮施加给液体实现的，而泵轴转动所需的能量由电动机提供。由于存在各种能量损失，电动机提供给泵轴的能量不能全部被所输送的液体获得，通常用效率来反映能量损失的大小。离心泵的能量损失包括下述三项。

1）容积损失

容积损失是指离心泵液体泄露所造成的损失。由于液体泄露，一部分已获得能量的高压液体被流失，造成了能量损失。容积损失主要与泵的结构及液体在进出口处的压力差有关。

2）机械损失

由于泵轴与轴承之间，泵轴与填料函之间以及叶轮盖板外表面与液体之间产生摩檫而引起的能量损失称为机械损失。

3）水力损失

水力损失即前述的 $H_{i\infty}$ 与 H 的差别的环流损失、阻力损失、冲击损失三种损失。

离心泵的效率与泵的类型、尺寸、制造精密程度、液体的流量和性质等有关。一般小型离心泵的效率为 50%～70%，大型泵可高达 90%。

4. 有效功率 N_e 和轴功率 N

有效功率是指离心泵实际传给液体的功率，即液体获得实际压头 H 所需功率，其值由下式计算。

$$N_e=HQ\rho g \qquad (9-6)$$

轴功率是指电机提供给泵轴的功率，即：

$$N=\frac{N_e}{\eta}=\frac{QH\rho g}{\eta}=\frac{QH\rho}{102\eta} \qquad (9-7)$$

5. 转速 n

泵的转速 n 是指泵轴每分钟的转速。

6. 比转数 n_s

比转数又称为离心泵的相似准则，即一批结构类型相同的泵（又称相似泵），无论其尺寸大小如何，离心泵工作时，总可以找到一个能反映 n、Q、H 三个之间存在一个固定关系的表达式，即：

$$n_s = 3.65\frac{\sqrt{Q}}{H^{3/4}} = 常数 \tag{9-8}$$

这个常数就称为这批相似泵的比转数。

目前，离心泵的比转数有往高值发展的趋势，因为提高比转数能减小泵的尺寸，使泵的结构更紧凑，成本更低廉。

第三节　离心泵的特性曲线及其应用

一、离心泵的特性曲线

离心泵的特性曲线是指由实验测定的 Q、H、N、η 等数据绘制而成的一组曲线，如图 9-8（a）。此曲线图由泵的制造厂家提供，如图 9-8（b）为离心泵的一组特性曲线，可供使用部门选泵和操作时参考。

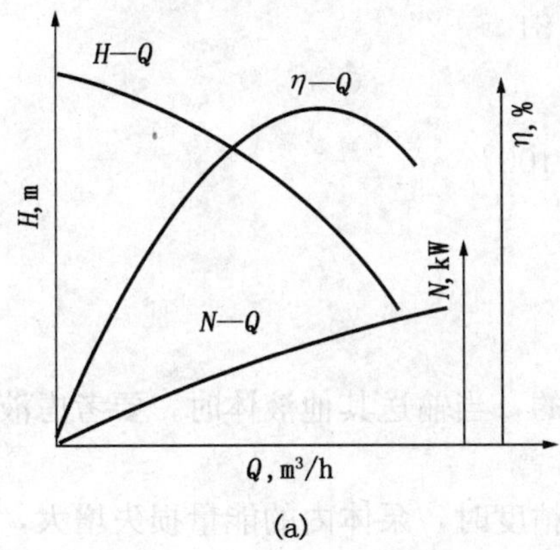

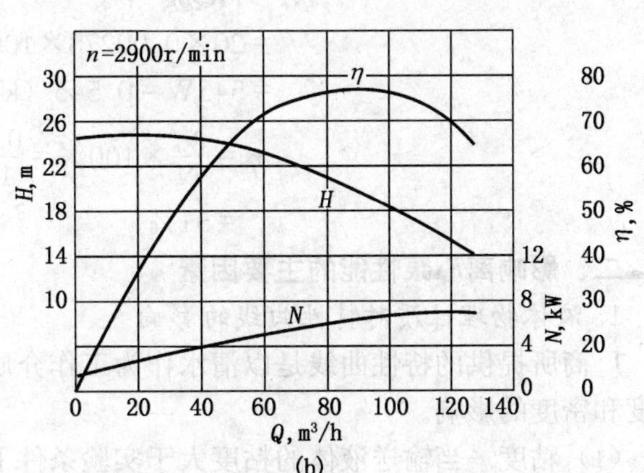

图 9-8　离心泵的特性曲线

（a）离心泵的一般特性曲线；（b）离心泵的特性曲线

不同型号泵的特性曲线不同，但均有以下三条曲线：

（1）H—Q 线：表示压头和流量的关系。

（2）N—Q 线：表示泵轴功率和流量的关系。

（3）η—Q 线：表示泵的效率和流量的关系。

离心泵的特性曲线均在一定转速下测定，故特性曲线图应标记出转速 n 值。

离心泵特性曲线上的效率最高点称为设计工况点，泵在该点对应的压头和流量下工作最为经济。离心泵铭牌上标出的性能参数即为最高效率点上的工况参数。

离心泵的性能曲线可作为选择泵的依据。确定泵的类型后，再依据流量和压头选泵。

例 9－2 用清水测定一台离心泵的主要性能参数。实验中测得流量为 $10m^3/h$，泵出口处压力表的读数为 0.17MPa（表压），入口处真空表的读数为－0.021MPa，轴功率为 1.07kW，电动机的转速为 2900r/min，真空表测压点与压力表测压点的垂直距离为 0.5m。试计算在此实验点下的扬程和效率。

解： 泵的主要性能参数包括转速 n、流量 Q、扬程 H、轴功率 N 和效率 η。

直接测出的参数为：

$$\text{转速} \quad n = 2900\text{r/min}$$

$$\text{流量} \quad Q = 10\text{m}^3/\text{h} = 0.00278\text{m}^3/\text{s}$$

$$\text{轴功率} \quad N = 1.07\text{kW}$$

需要进行计算的有扬程 H 和效率 η。

$$H = h_0 + \frac{p_2 - p_1}{\rho g}$$

已知：

$$h_0 = 0.5\text{m}$$

$$\rho = 1000\text{kg/m}^3$$

$$\frac{p_2}{\rho g} = \frac{1.7 \times 10^5}{1000 \times 9.81} = 17.3\ (\text{m})$$

$$\frac{p_2}{\rho g} = \frac{-2.1 \times 10^4}{1000 \times 9.81} = -2.14\ (\text{m})$$

则：

$$H = 0.5 + 17.3 - (-2.14) \approx 20\ (\text{m})$$

$$N_e = HQ\rho g$$

$$= 20 \times 0.00278 \times 1000 \times 9.81$$

$$= 545\text{W} = 0.545\ (\text{kW})$$

$$\eta = \frac{N_e}{N} \times 100\% = \frac{0.545}{1.07} \times 100\%$$

$$= 51\%$$

二、影响离心泵性能的主要因素

1. 液体物理性质对特性曲线的影响

厂商所提供的特性曲线是以清水作为工作介质测定的，当输送其他液体时，要考虑液体粘度和密度的影响。

（1）粘度。当输送液体的粘度大于实验条件下水的粘度时，泵体内的能量损失增大，泵的流量、压头减小，效率下降，轴功率增大。

（2）密度。离心泵的体积流量及压头与液体密度无关，功率则随密度的增大而增加。

2. 离心泵的转速对特性曲线的影响

当液体粘度不大，泵的效率不变时，流量、压头、轴功率与转速可近似地用下式计算，即：

$$\frac{Q_2}{Q_1} = \frac{n_2}{n_1} \tag{9-9}$$

$$\frac{H_2}{H_1} = \left(\frac{n_2}{n_1}\right)^2 \tag{9-10}$$

$$\frac{N_2}{N_1} = \left(\frac{n_2}{n_1}\right)^3 \tag{9-11}$$

式中 Q_1、H_1、N_1——分别表示离心泵转速为 n_1 时的流量、扬程和功率；

Q_2、H_2、N_2——分别表示离心泵转速为 n_2 时的流量、扬程和功率。

上面的一组公式称为比例定律。当转速变化小于20%时，可认为效率不变，用上面公式进行计算误差不大。

若在转速为 n_1 的特性曲线上多选几个点，利用比例定律算出转速为 n_2 时相应的数据，并将结果标绘在坐标纸上，就可以得到转速为 n_2 时的特性曲线。

3. 叶轮直径对特性曲线的影响

当泵的转速一定时，其扬程、流量与叶轮直径有关。离心泵参数与叶轮直径的关系为：

$$\frac{Q_2}{Q_1}=\frac{D_2}{D_1} \tag{9-12}$$

$$\frac{H_2}{H_1}=\left(\frac{D_2}{D_1}\right)^2 \tag{9-13}$$

$$\frac{N_2}{N_1}=\left(\frac{D_2}{D_1}\right)^3 \tag{9-14}$$

式中 Q_1、H_1、N_1——分别表示离心泵叶轮直径为 D_1 时的流量、扬程和功率；

Q_2、H_2、N_2——分别表示离心泵叶轮直径为 D_2 时的流量、扬程和功率。

当离心泵的流量不能满足要求时，可以用切割叶轮外径的方法调节流量，所以又称为切割定律。

三、离心泵的工作点与流量调节

1. 离心泵的工作点

当离心泵安装在特定的管路系统中工作时，实际工作压头和流量不仅与泵本身的性能有关，还与管路的特性有关，由两者共同决定。管路特性曲线用方程 $H_e=A+BQ_e^2$ 表示，离心泵 H—Q 性能曲线与管路曲线的交点称为离心泵在管路上的工作点，如图9－9所示。该点所对应的流量和压头既能满足管路系统的要求，又是离心泵所提供的流量和扬程。

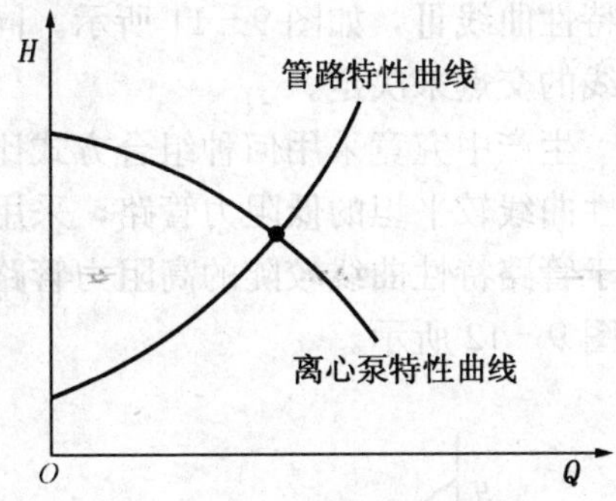

图9－9 离心泵的工作点

2. 离心泵的流量调节

当泵的工作点所提供的流量不能满足新条件下所需要的流量时，应设法改变泵工作点的位置，即需要进行流量调节。

流量调节的方法如下：

（1）在离心泵出口管路上装一个调节阀，改变阀门开度，即改变管路特性曲线 $H_e=A+BQ_e^2$ 中的 B 值，阀门开大，工作点远离纵轴；阀门关小，工作点靠近纵轴。

这种调节方法的优点是操作简便、灵活。其缺点是阀门关小时，管路中阻力增大，能量损失增大，从而使泵不能在最高效率区域内工作，是不经济的。用改变阀门开度的方法来调节流量多用在流量调节幅度不大、而经常需要调节的场合。

（2）改变泵的转速，即改变泵的特性曲线。用变转速调节流量是比较经济的，因为它没有节流引起的能量损失。但是，这要求使用能改变转速的原动机来驱动，如采用直流电动机、双速电动机、汽轮机、在泵与固定转速的电动机间加液力耦合联轴器、在电动机供电线路中安装变频器、改变电动机转速等。

(3) 车削叶轮外径，车削叶轮外径可以改变泵的特性曲线，使泵的工作点发生变化，但车削叶轮外径后无法复原，故适用于需要长期进行流量调节的情况，且叶轮的切削量不宜太大，否则将会造成离心泵的效率下降。

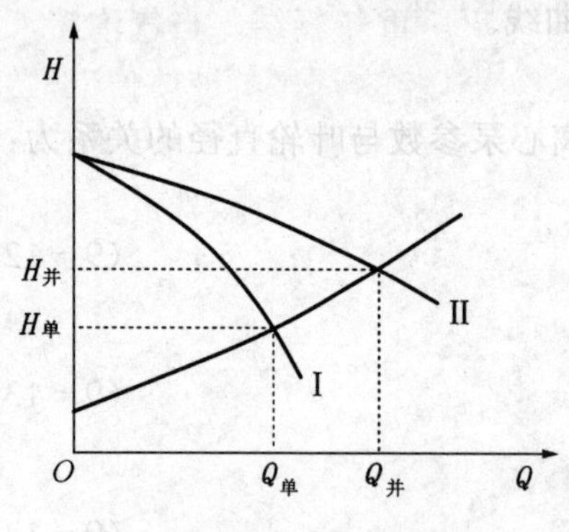

图 9－10　离心泵的并联

四、离心泵的并联和串联

在实际生产中，当单台离心泵不能满足输送任务时可采用离心泵的并联或串联工作。

若将两台型号相同的离心泵并联且各自的吸入管路相同时，则两泵的流量和压头必须各自相同，即具有相同的管路性能曲线和单台泵的性能曲线。在同一压头下，两台并联泵的流量等于单台泵的两倍。于是，依据单台泵性能曲线Ⅰ上的一系列坐标点，保持其纵坐标 H 不变，使横坐标加倍，由此得到一系列对应的坐标点，并可绘出两台泵并联操作的坐标点，就可以得到并联泵的特性曲线Ⅱ，如图 9－10 所示。并联泵的操作流量和压头可由合成特性曲线与管路曲线的工作点来决定。由图可见，由于流量增大，管路的阻力也增大。

如将两台型号相同的泵串联，则每台泵的流量和压头也是各自相同的，因此，在同一流量下，两台串联泵的压头为单台泵的两倍。于是，据单台泵特性曲线Ⅰ上一系列坐标点，保持其横坐标 Q 不变。使纵坐标 H 加倍，由此得到一系列对应点，并可绘出两台串联泵的合成特性曲线Ⅲ，如图 9－11 所示。同样，串联泵的工作点也由管路特性曲线与泵的合成特性曲线的交点来决定。

生产中究竟采用何种组合方式比较经济、合理，决定于管路特性曲线的形状。对于管路特性曲线较平坦的低阻力管路，采用并联组合，可获得比串联组合高的流量和压头；相反，对于管路特性曲线较陡的高阻力管路，采用串联组合，可获得比并联组合高的流量和压头，如图 9－12 所示。

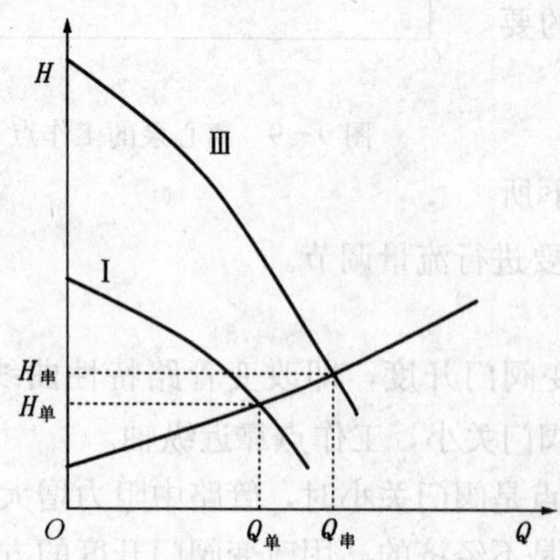

图 9－11　离心泵的串联

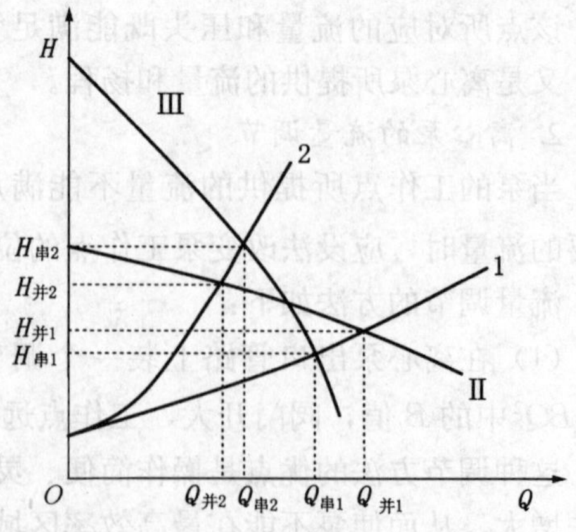

图 9－12　不同管路的串、并联比较

五、离心泵的汽蚀现象与安装高度

1. 汽蚀现象

当离心泵叶轮入口处的液体压力低于输送温度下液体的汽化压力时，液体就开始汽化。同时，原来溶于液体中的其他气体（如空气）也可能逸出。此时，液体中有大量的小气泡形成，这种现象称为空化。由汽化和溶解气逸出而形成的小气泡随液体在叶轮流道内一起流动，当压力逐渐升高时，气泡在周围液体压力的挤压下将会溃灭，重新凝结。当气泡溃灭，重新凝结时，气体所占体积迅速减小，在流道内形成空穴。这时，空穴周围的液体便以极快的速度向空穴冲来，使液体质点或液体质点与金属表面相互撞击，这种由空穴产生的撞击称为水力冲击。气泡越大，溃灭时形成的空穴就越大，水力冲击就越强。

实践证明：这种水力冲击速度快，频率高（每秒可达上万次）；有时气泡内还夹杂某些活泼性气体（如氧气），它们在凝结时放出热量，使局部温度升高。这一方面可使叶轮表面因疲劳而剥落；另一方面，由于温差电池的形成，对金属造成电化学腐蚀，加快了泵叶轮等金属构件的破坏速度。离心泵的这种现象称为汽蚀现象。

2. 汽蚀对离心泵工作的影响

1）引起噪声和振动

气泡溃灭时，液体质点互相撞击，产生各种频率的噪声，有时可听到“噼噼”“啪啪”的爆破声，同时伴有机器的振动。在这种情况下，泵就不能继续工作了。

2）引起泵工作参数的下降

当泵汽蚀较严重时，泵叶轮内的大量气泡将阻塞叶轮流道，使泵内液体流动的连续性遭到破坏，泵的流量、扬程和效率等参数均会明显下降，严重时会出现“抽空”断流现象。这种情况下，泵也不能继续工作了。

3）引起泵叶轮的破坏

泵发生汽蚀时，由于机械剥蚀和电化学腐蚀的共同作用，使叶轮材料呈现海绵状、沟槽状、鱼鳞状等破坏，严重时会出现叶片的蚀穿。

离心泵的汽蚀与介质的性质、输送温度、吸入管线的长度及直径、吸入管线局部部件的多少、离心泵的安装高度等有关，为防止汽蚀的发生，应尽量减小吸入管路的阻力损失，降低输送温度，降低泵的安装高度。

3. 离心泵的安装高度

为了防止离心泵发生汽蚀，泵的安装高度不能太高，若用［H_{g1}］表示离心泵的允许安装高度，可以由下式求得：

$$[H_{g1}] = \frac{p_A - p_v}{\rho g} - h_{A-S} - [\Delta h_r] \qquad (9-15)$$

式中　［Δh_r］——泵允许汽蚀余量，m，由泵产品样本给出；

p_v——输送介质的汽化压力，由相关资料查出；

h_{A-S}——吸入罐液面至泵吸入口全部流动阻力损失，m。

第四节　离心泵的选用及维护

一、离心泵的选用

1. 选泵的基本原则

(1) 必须满足生产工艺提出的流量、扬程及输送油品性质的要求。

(2) 离心泵应有良好的吸入性能及可靠的密封。

(3) 离心泵应具有较宽的高效工作区，以使在流量调节时仍能保持其运行的经济性。

(4) 在基本性能满足的前提下，所选离心泵应结构紧凑、成本低。

(5) 其他特殊要求，如防爆、抗腐蚀等。

2. 选泵的方法和步骤

(1) 列出基础数据。根据工艺条件，详细列出基础数据，包括介质的物理性质（如密度、粘度、饱和蒸汽压、腐蚀等）、操作条件（如操作温度、泵进出口两侧罐内压力或管内压力、处理量等）以及泵所在的位置情况（如环境温度、海拔高度、装置情况及排出侧设备内液面至泵中心线的垂直高度和管线当量长度等）。

(2) 估算泵的流量和扬程。当工艺设计中给出最小流量、正常流量和最大流量时，选泵可直接采用最大流量，若只给出输送的正常流量 Q_p，则应采用适当的安全系数估算泵的流量，一般取 $Q=(1.05-1.10)Q_p$。当工艺设计中给出所需最大扬程时，可直接采用；若需要估算扬程时，应先画出泵装置的立体流程图，表明离心泵在流程中的位置、标高、距离、管线长度及管阀件数量等确定泵的扬程 H_p，一般取 $H=(1.05-1.15)H_p$。

(3) 选择泵的类型及型号。先根据被输送介质的性质确定泵的类型，再按工艺要求的流量和扬程（参考泵类产品样本）选择泵的型号。

(4) 校核泵的性能。在实际生产过程中，为了保证泵正常运转，防止汽蚀发生，要根据工艺流程要求对泵进行性能校核。不能满足要求时，必须另选其他泵，或变更泵的位置，或采取其他措施。

(5) 计算泵的轴功率和驱动机功率。根据输送介质及工作点参数（Q、H、η、n），可以求出泵的轴功率，选用驱动机的功率时应考虑10%～15%储备功率。

二、离心泵的应用及维护

1. 离心泵的操作

离心泵的操作主要包括启动、运行、倒泵与停泵等项内容。

1) 离心泵的启动

(1) 启动前的检查与准备。

①检查联轴器、地脚螺栓等各紧固件是否松动；

②用手或专用工具转动转子数圈，看转动是否均匀，有无异常声音，检查转子是否灵活；

③检查润滑、冷却系统是否完好；

④检查供电系统是否完好；

⑤打开泵的进口阀，关闭泵的出口阀；

⑥灌泵，打开放气阀，排净泵内气体。

(2) 启动。

①合上电源开关，按启动按钮；

②观察电流表和出口压力表，当电流从最大值降到稳定值，泵压稳定后，缓慢打开泵出口阀；

③调节出口阀至需要的排量。

需要注意的是，由于泵在关闭出口阀时，无液体排出，叶轮旋转产生的能量全部转化为热能而使泵发热，若时间较长，有可能将泵的部分部件烧坏。因此，泵启动后，出口阀的关闭时间不得超过 2～3min。若启泵后打不起压力，需停泵后重新灌泵，再启动。

2）离心泵的日常检查

离心泵运行中的检查主要包括以下内容。

（1）观察泵出口压力表、管线压力表、电流表、电压表等仪表，看其参数是否平稳，并根据变化进行及时调节，确保各运行参数在正常范围内。

（2）检查泵、电动机轴承温度，其中，滚动轴承不得超过 80℃，滑动轴承不得超过 70℃，电动机轴承不得超过 80℃（用手摸时，感到烫手，只能短时间停留）。

（3）检查润滑油油面高度和油环工作情况（润滑油油位应在油杯的 2/3～3/4 之间）。

（4）检查泵盘根的密封情况（每分钟滴液 30～60 滴为宜）。

（5）检查泵与电动机的振动情况，转速为 2900r/min 时，振动应小于 0.06mm，转速为 1450r/min 时，振动应不大于 0.08mm（用手摸时，感到比平常振动大则考虑是否振动超标）。

（6）检查泵和管路有无渗漏和进气的地方，特别要保证吸入管和吸入端盘根不漏（可将小纸条靠近被检查部位，若纸条向里贴则表示漏气）。

（7）听各部声音是否正常，发现异常声音应立即停泵检查。

（8）检查泵吸液罐的液位情况，防止泵抽空。

（9）对停运和备用泵机组，每天盘车 1 次，使轴旋转 180℃，以防止泵轴弯曲。

3）离心泵的倒泵与停泵

倒泵是在不停输的情况下，从一台运行泵切换到另一台备用的泵的操作。其方法是：按泵的启动程序启动备用泵，在缓缓开启备用泵出口阀的同时关待停泵的出口阀（一般需两人同时操作），在此过程中，操作要平缓，泵出口压力的波动不能过大。待备用泵运转正常后，关死停运的出口阀，并停止其运转。停泵时先关泵的出口阀，再按停止按钮，停止泵的运转，最后关闭泵的进口阀，停泵 10min 后关循环水。

2. 离心泵的保养

离心泵的保养是一种正常状态下的定期维护，其目的是为了消除自然磨损、腐蚀等因素的影响，保证泵正常、高效的运行。离心泵的保养一般分为三个等级，通常称为“一保”、“二保”、“三保”。

1）一保

离心泵运行 240±8h 后，要进行一级保养，其内容为：

（1）对泵的润滑及冷却系统进行检查与维护，确保两系统工作正常。

（2）检查泵的底座、端盖、泵壳、轴承支架等连接部位的螺丝、螺栓，确保无松动滑扣现象。

（3）检查并维护各管线、阀门、法兰等，确保不渗不漏。

（4）检查并调整前后轴封的工作情况，确保轴封温度不超过 80℃，每分钟泄漏量在 30～60滴之间，压盖与轴套无摩擦现象。

（5）检查联轴器，确保各连接螺丝松紧一致，受力均匀，无松动滑扣现象。

（6）检查压力表，确保指针运转灵活、准确，接头无松动、滑扣、渗漏现象。

（7）检查并清洗过滤器，保证其清洁、畅通，滤网无损坏。

（8）对泵机组整体进行擦拭、清洁、保养。

2）二保

离心泵运行500～1000h后，要进行二级保养，其主要内容为：

(1) 完成“一保”的内容。

(2) 根据泄漏情况拆检密封装置，检查机械密封的动静环密封端面、轴封装置与O型圈或填料磨损情况，必要时进行更换。

(3) 检查上下轴瓦和向心推力轴承，必要时研磨轴瓦，更换推力轴承。

(4) 检查电动机与泵轴的同心度，校对联轴器。

(5) 检查轴承油盒、轴承箱内润滑油、油环等，确保油质清洁、无杂质、颜色正常，油环不变形、无毛刺。清洗润滑油箱和过滤器。

(6) 检查泵轴的窜动量（平衡盘间隙），应不超过6mm（一般在2～6mm之间）。

3）三保

离心泵运行2000～3000h后，要进行三级保养，其主要内容为：

(1) 完成“二保”的内容。

(2) 检查转子径向和端面跳动，测量电动机和泵的振动。

(3) 检查滑动轴承，测量轴瓦间隙；检查滚动轴承，滚珠、滚道及隔离架均无损坏；检查推力轴承，测定推力盘瓢偏度和偏向间隙，刮研推力瓦片，检查平衡盘磨损情况，测定瓢偏度。

(4) 检查泵轴、轴套的表面腐蚀磨损情况（腐蚀麻点不超过轴长的1/10，腐蚀深度不大于0.1mm，腐蚀点面积不大于10mm²，轴套表面无明显磨损为合格）。

(5) 检查轴向间隙和窜量，轴向采用止推滚动轴承的泵，其端面圆与轴承压盖的间隙为0.08～0.15mm，可做纸垫压在压盖端面圆上进行调整。

(6) 检查、修理润滑油泵和封油泵，检修冷却、润滑和封油系统的油箱、冷却器、过滤器及管线。

(7) 检验压力表和温度计。

三、离心泵常见故障与处理方法

(1) 泵泄漏严重的故障及处理方法见表9－1。

表9－1　泵泄漏严重的故障及处理方法

故障发生的原因	故障排除方法
填料太松或密封件损坏	压紧填料或更换密封件
泵轴与驱动机轴线不一致，轴弯曲	调整对正轴线，维修校正泵轴
运动部分不平衡引起振动	检查转子并清除
密封件安装不当或密封液压力不当	正确安装密封件及设置合适的密封液压力

(2) 泵不输出液体、出力不够的故障及处理方法见表9－2。

表9－2　泵不输出液体、出力不够的故障及处理方法

故障发生的原因	故障排除方法
泵壳或吸气管内留有空气、管路漏气	从排气阀排气或重新灌泵，拧紧漏气处
泵或管路内有杂物堵塞	检查并清除
泵的转速不符或旋转方向不对	按要求匹配转速或改变驱动机的旋转方向
液体在泵或吸入管内汽化	减少吸入管路阻力、降低输送温度或正压进泵
泵的扬程不够	减少排出系统阻力，按液体密度、粘度进行换算
密封环磨损过多或密封件安装不当	更换密封环或重新安装密封件

(3) 泵发生振动及噪声的故障及处理方法见表9－3。

表9－3　泵发生振动及噪声的故障及处理方法

故障发生的原因	故障排除方法
泵壳或吸气管内留有空气	从排气阀排气或重新灌泵
液体在泵或吸入管内汽化	减少吸入管路阻力、降低输送温度或正压进泵
泵的排量过小，出现喘振	增大流量或安装旁通循环管
泵轴与驱动机轴线不一致，轴弯曲	调整对正轴线，维修校正泵轴
轴承或密封环磨损过多形成转子偏心	更换轴承、密封环，校正轴线
轴承盒内油过多或太脏	按油位计规定加油或更换新油
泵或管路内有杂物堵塞	检查并清除

(4) 泵或轴承过热的故障及处理方法见表9－4。

表9－4　泵或轴承过热的故障及处理方法

故障发生的原因	故障排除方法
泵的排量过小，出现喘振	增大流量或安装旁通循环管
泵轴与原动机轴线不一致，轴弯曲	调整对正轴线，维修校正泵轴
轴承或密封环磨损过多形成转子偏心	更换轴承、密封环并校正轴线
密封件安装不当或密封液压力不当	正确安装密封件及设置合适的密封液压力
轴承箱内油过多或太脏	按油位计规定加油或更换新油

第十章　液力传动系统

第一节　概　　述

目前，石油钻、采机械多用柴油机驱动，为了改善柴油机的性能，近代钻机、压裂车及部分修井机上都配备了液力传动装置，本章主要介绍液压力传动系统的结构和性能，讨论液力传动的基本原理。

一、液力传动的工作原理

传动装置的作用是把发动机的动力传递给工作机，并调节工作速度以适应工作负荷的变化。传动装置的类型很多，有机械传动、液压传动、液力传动、电传动和气传动等。最初的液力传动采用了由离心泵和涡轮机组装的结构，如图 10－1 所示。由图可见，离心泵轴与发动机相连，当发动机工作时，离心泵将工作液体从液槽经吸入管吸入。工作液体在泵中获得能量以后，就沿着连通管进入涡轮内，高速流动的液体冲击涡轮，带动与涡轮轴相连的工作机旋转，工作液体把能量传给涡轮后，又经出水管排到液槽中，然后再被离心泵吸入。这样，工作液体在能量转化的过程中作为工作介质而循环不已。

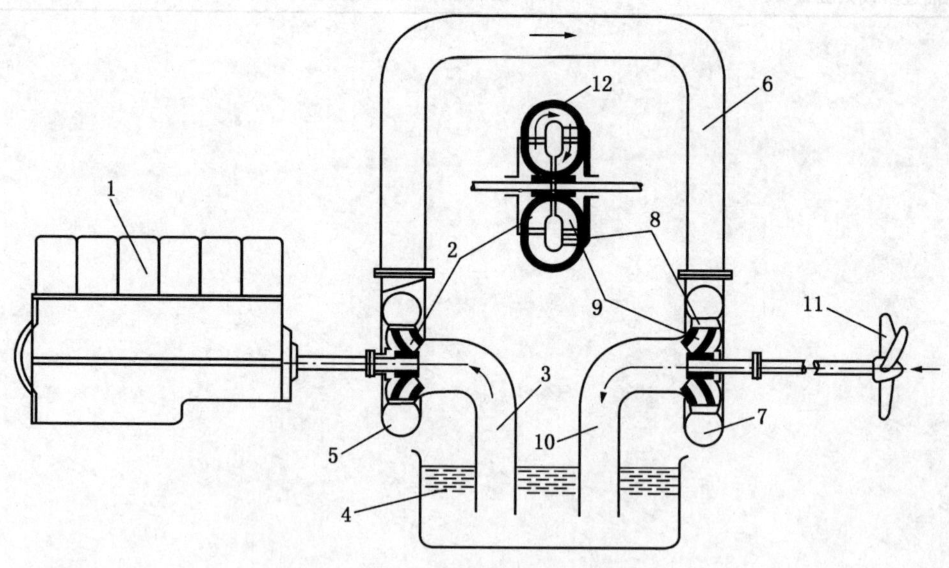

图 10－1　液力传动原理

1—发动机；2—离心泵的工作轮；3—离心泵的进水管；4—集水槽；5—泵的蜗壳；6—连接管路；7—水轮机的蜗壳；8—导水机构；9—水轮机的工作轮；10—水轮机的尾水管；11—螺旋桨；12—现代液力偶合器

在上述装置中，由于泵轮与涡轮相距较远，装置尺寸太大，高速液体流经连通管时，能量损失大，传动效率不高。为了克服这些缺陷，人们取消了连通管，而把泵轮与涡轮放在同一个壳体中，构成了一种新的传动装置，这就是现在的液力传动装置。

二、液力传动的优缺点

液力传动的主要优点是：

（1）传动性能柔和。当负荷变化时，可以自动无级地调节速度，某些液力传动装置还能改变输出扭矩，从而能充分利用动力机所配备的功率，提高生产率。

（2）能吸收振动。它可以消除来自柴油机的扭转振动和来自工作机的动载影响，大大提高了从动力机到工作机相关设备的使用寿命。

（3）可以防止过载，对柴油机和工作机起保护作用，不会使柴油机憋灭火。

（4）能在运转和负载条件下挂挡，操纵方便，易于实现自动化。

液力传动的主要缺点是：

（1）传动功率损失较大，效率较低。

（2）需要一些附加设备，如冷却散热系统、压力补偿系统等，成本较高。

（3）用于低速传动时，其结构尺寸过大，故一般只适用于高速传动。

三、液力传动元件的基本类型

按照传动特点，液力传动可分为液力偶合器、液力变矩器和液力机械变矩器三类。

1. 液力偶合器

目前广泛使用的偶合器，按其性能可分为以下四类。

（1）牵引型偶合器：主要用于传递功率，同时起柔性离合器的作用。

（2）安全型偶合器：主要用于机械在常载、重载条件下启动性能的改善，减少机械冲击，有效地保护原动机和工作机。

（3）调速型偶合器：可根据负载情况（即使负载不变）调节偶合器的工况点，达到调节工作机转速的目的，以满足生产实际中对工作机进行无级调速的需要。

（4）普通型偶合器（也称为标准型偶合器）仅用于要求对系统隔离振动、改善启动冲击或使偶合器只作离合器使用的场合。

2. 液力变矩器

液力变矩器与液力偶合器的区别在于液力变矩器可以根据工况改变其输出转矩。根据液力变矩器的结构和性能特点，通常按照如下方式分类。

（1）根据工作轮在循环圆中的排列顺序分类，有B—T—D型（因涡轮正转，也称为正转型）和B—D—T型（因涡轮反转，也称为反转型）液力变矩器。

（2）根据涡轮数分类，有单级、双级、三级和多级液力变矩器。

（3）根据导轮数分类，有单导轮和双导轮液力变矩器。

（4）根据泵轮数分类，有单泵轮和双泵轮液力变矩器。

（5）根据各个工作轮的组合和工作状态分类，有单相、两相和多相液力变矩器。

（6）根据涡轮的型式分类，有轴流式、离心式和向心式液力变矩器。

（7）根据泵轮和涡轮能否闭锁为一体工作分类，有闭锁式和非闭锁式液力变矩器。

（8）根据液力变矩器的特性能否控制分类，有可调式和不可调式液力变矩器。

3. 液力机械变矩器

液力机械变矩器有功率内分流和功率外分流两种。如双涡轮变矩器、导轮反转变矩器属于功率内分流；而液力元件与行星排的各种组合传动属于功率外分流。

另外，液力偶合器、液力变矩器、液力机械变矩器和动力换挡变速器可组合成液力机械传动装置。

四、液力传动用工作油

在石油钻、采设备中，液力传动装置所用的工作油是矿物油，它不但作为传递动力的工作介质，同时还作为冷却液及润滑液。如果油质不良，不但影响传动的工作性能，而且会造成设备事故，因此，对工作油的选择和使用必须引起充分的注意。

对液力传动用工作油的要求如下：

(1) 密度：从传递功率来看，密度越大越好。密度大，液力传动装置的尺寸可以小些。

(2) 粘性：从提高传动效率，减少管道损失等方面来看，工作油的粘性越小越好。但是工作油还要作为机件的润滑液，故粘性又不宜太小，否则不易形成润滑油膜，影响润滑效果。由于液力传动用工作油的温度是随外界工况而变化的，所以还要求油的粘度在温度改变时变化不大。通常要求工作油在100℃左右时其润滑性能仍不受影响。

(3) 泡沫：油中不能含有气泡或析出泡沫和蒸气。油中泡沫增多会使密度降低，传动功率随之减少，严重时会使液力传动的功率输出中断，油中泡沫过多也会加速油的氧化。

(4) 杂质：工作油中不能含皂脂，否则会产生持续性的泡沫；不能含有溶于水的酸、碱类，这些会腐蚀零件；油中不能含有沥青，因为高温时沥青被分离，沉积于管道壁、阀内，会阻塞油路。

(5) 闪点和凝固点：当火焰移近时，油的蒸气发生闪火的温度称为闪点。为了保证工作安全，希望工作油有较高的闪点，一般不应低于160℃。凝固点是指工作油失去流动性时的温度，它依据设备的工作地区温度而定，一般不应高于－30℃。

根据液力传动对工作油的要求，目前液力传动用工作油主要用20号、30号机械油、合成锭子油、22号透平油、变压器油等矿物油为基础油。为了改善油的品质，常在提纯的矿物油中加入抗氧、消泡、防锈、增粘降凝、抗磨等添加剂。

第二节　液力偶合器

一、液力偶合器的工作原理

液力偶合器由泵轮、涡轮、外壳、输入轴及输出轴等基本零件组成，如图10－2所示。输入轴与泵轮相连。泵轮与涡轮的形状如图10－3所示，它里面装有许多径向安装的平面直叶片，泵轮和涡轮对称布置，其叶片所构成的液体流道互相衔接，形成一个封闭的环形空间，工作液体就在其中循环流动，这个封闭的环形空间称为循环圆。循环圆的最大直径称为有效直径，它是偶合器的代表尺寸。

假想有一个钢球位于泵轮中心左右，如图10－4 (a) 所示，当发动机轴不转时，钢球在原位不动，而当发动机带动泵轮旋转时，钢球便在离心力的作用下从中心沿泵轮壳及叶片所形成的流道向外缘运动。最后，钢球将从泵轮出口向左方飞出，如图10－4 (b) 所示。

如果把结构与泵轮相同的涡轮安装在与泵轮相对的位置，则钢球从泵轮飞出后，将冲向涡轮的叶片。由于钢球从泵轮飞出的方向与泵轮的旋转方向是一致的，因而它冲击涡轮叶片后，将迫使涡轮向同一方向旋转。

液力偶合器内充满的工作油，可看作由无数个像钢球一样的液体质点组成。泵轮一转动，液流就像无数个钢球在整个圆周上从中心向外缘运动，并以高速冲向涡轮叶片，带动涡轮旋转。从涡轮出来的工作油又进入泵轮内缘的叶片入口，如此循环不已。工作液体的这种运动就起到了传动作用。

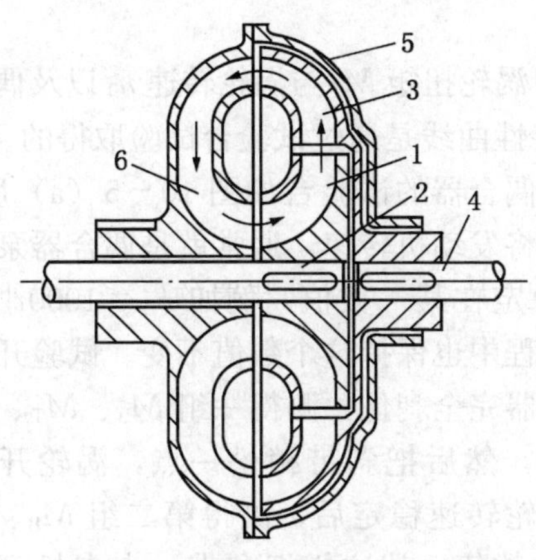

图 10－2　液力传动元件示意图
1—泵轮；2—输入轴；3—涡轮；4—输出轴；
5—外壳；6—导轮

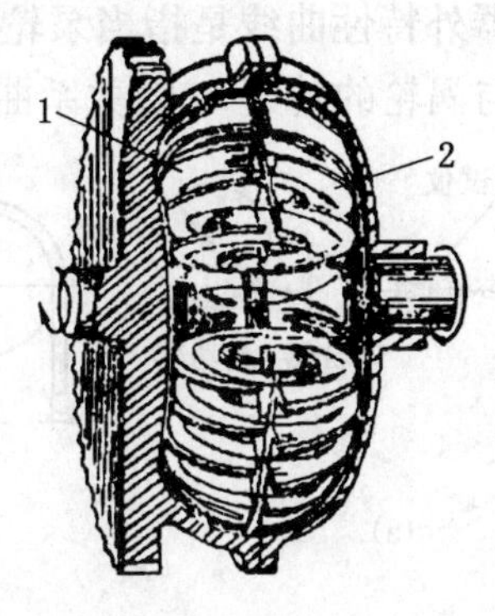

图 10－3　液力偶合器的形状
1—泵轮叶片；2—涡轮叶片

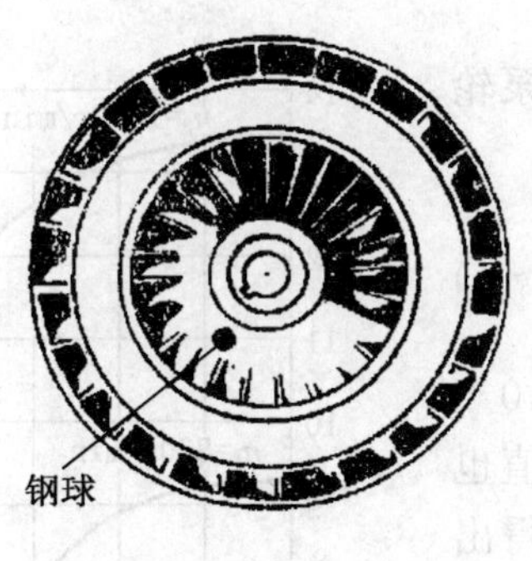

(a)

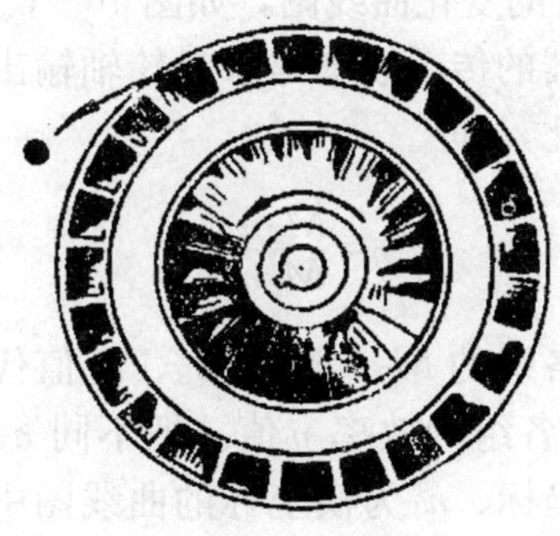
(b)

图 10－4　泵轮内假想钢球的运动
(a) 钢球位于泵轮中；(b) 钢球飞出泵轮

二、液力偶合器的外特性

1. 液力偶合器的外特性参数及变化规律

液力偶合器用于把柴油机的扭矩和转速传递给工作机。偶合器的输入轴与柴油机相连，输出轴与工作机或其他传动机构相连。输入轴方面的参数 M_B和 n_B叫做输入特性参数，它们之间的变化规律叫做输入特性；输出轴方面的参数 M_T、n_T叫做输出特性参数，它们之间的变化规律则叫做输出特性。偶合器的基本性能一般指的就是这两种特性。了解和掌握它的输入特性及输出特性，对于合理地选择和使用偶合器，搞好柴油机与偶合器的匹配是非常必要的。

为便于讨论，先忽略柴油机方面的影响，将泵轮转速 n_B定为一个常数。当 n_B = 常数时，偶合器输出特性参数 M_T与 n_T之间的变化关系叫做偶合器的外部特性，简称外特性。此外，为了表明偶合器的使用经济性，把偶合器的传动效率 η 与 n_T之间的变化规律也归入外特性中。

2. 液力偶合器外特性曲线的测定

偶合器外特性曲线是指当泵轮转速 n_B = 常数时，涡轮扭矩 M_T 与涡轮转速 n_T 以及偶合器的效率 η 与涡轮的转速 n_T 的关系曲线。偶合器的外特性曲线是通过试验台试验取得的。

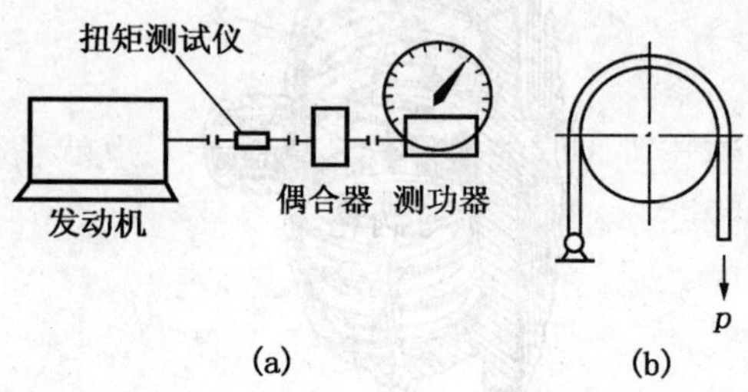

图 10－5　液力偶合器试验台
(a) 试验台；(b) 刹带示意图

液力偶合器的试验台如图 10－5（a）所示。试验前，将发动机转速，通常就是偶合器泵轮的转速 n_B 稳定在某一数值，例如 $n_B = 1000$r/min。在试验过程中也保持这个数值不变。试验开始时先把测功器完全刹住，测得一组 M_B、M_T、n_B 及 n_T 的数值，然后把刹带稍松一点，涡轮开始转动，待涡轮转速稳定后，测得第二组 M_B、M_T、n_B 及 n_T 的数值。就这样把刹带一点点松开，涡轮的转速一点点地加快，由此可测得多组上述各参数的值，直到刹带完全松开，负荷 $M_T = 0$ 为止。根据各组所得的 M_T 与 n_T 的值，以 M_T 为纵坐标，n_T 为横坐标，可绘出当 $n_B = 1000$r/min 时 M_T 与 n_T 的变化曲线图，如图 10－6 所示。

由于偶合器的传动效率等于涡轮轴输出功率与泵轮轴输入功率之比，即

$$\eta = \frac{M_T n_T}{M_B n_B} \qquad (10-1)$$

把所测得各组的 M_B、M_T、n_B、n_T 值代入式（10－1）中，可得到各组的效率 η 值。把不同 n_T 时的 η 值也标于以 η 为纵坐标、n_T 为横坐标的曲线图中，就可得出 $n_B = 1000$r/min 时 η 与 n_T 的变化曲线图，如图 10－6 所示。这两条曲线就是当 $n_B = 1000$r/min 时这个偶合器的外特性曲线。

如果把偶合器的泵轮转速稳定在另一数值，例如 $n_B = 800$r/min，重复上述试验，便可得出另一组外特性曲线。

每个泵轮转速时的偶合器输出特性都是它的外特性。而把多个泵轮转速时的外特性曲线画在一张坐标图上，便称为偶合器的通用特性曲线。

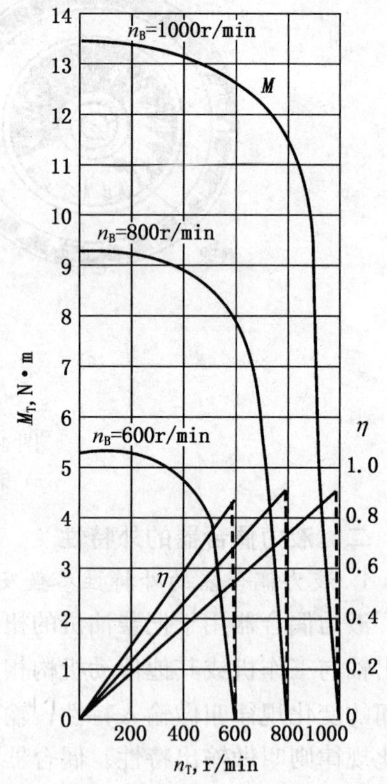

图 10－6　偶合器的外特性曲线

3. 液力偶合器外特性曲线分析

1）M_T—n_T 曲线

如图 10－6 所示，当 $n_T = n_B$ 时，$M_T = 0$；而只有在 $n_T < n_B$ 时，M_T 才具有一定的数值。这说明只有在涡轮转速低于泵轮转速（即存在一定转速差）的情况下，偶合器才能传递扭矩。如图 10－7 所示，当偶合器的泵轮由柴油机带动旋转时，泵轮流道内的工作油在离心力作用下，从泵轮进口处甩向出口处，它的动能和压能都因而增大。当涡轮静止不动时，从泵轮出来的工作油进入涡轮，从涡轮的外缘流向其中心。但当涡轮开始旋转

后，充满涡轮流道中的工作油，也具有一定的离心力。在这个离心力的作用下，工作油也要由涡轮的中心甩向外缘。涡轮作用在工作油上的离心力的方向（图 10－7 中的虚线箭头）正好与泵轮作用于工作油的离心力方向（图 10－7 中的实线箭头）相反，它阻止液流从泵轮进入涡轮。当 $n_B > n_T$时，泵轮流道中的工作油所具有的离心力总是大于涡轮流道中工作油所具有的离心力，因此工作油就连续不断地从泵轮进入涡轮。随着涡轮转速的逐渐增高，涡轮流道内工作油所具有的离心力随之增大，因此阻止液流进入涡轮的倾向不断加大，也就是循环圆中的流量 Q 将不断减少。当 $n_B = n_T$时，工作油在泵轮出口处与涡轮进口处的离心力相等，液体处于平衡状态，这时工作油将停止流动，即 $Q = 0$。

涡轮的输出扭矩 M 与流量 Q 的平方成正比，即 $M \propto Q^2$。因此，当 $n_T = n_B$时，$Q = 0$，$M = 0$；当 $n_T < n_B$，且 n_T不断降低时，Q 和 M 都不断地增大；当 $n_T = 0$ 时，Q 和 M 都达到最大值。

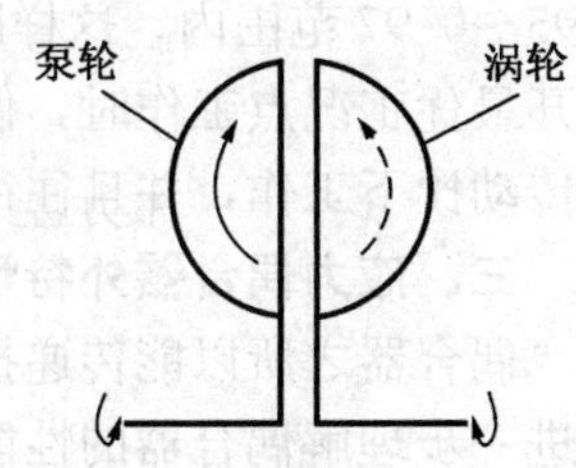

图 10－7　液力偶合器循环圆中液流的离心力

如图 10－6 所示，不同 n_B时的 M_T—n_T 曲线比较可见：在 n_T相同的条件下，n_B越大，M_T也越大，这说明输入轴的转速越高，同一偶合器所能传递的扭矩也越大。

2）M_B—n_T 曲线

由图 10－2 所示的液力传动元件示意图可知，在泵轮和涡轮间无任何中间元件，泵轮和涡轮中的工作液体形成一个闭合的循环。泵轮轴上的扭矩 M_B作用于液体，使液体的动能增大，而液体所增大的动能又作用于涡轮上，全部变为涡轮轴上的输出扭矩 M_T。所以，从理论上讲泵轮轴和涡轮轴上的扭矩是相等的，即：

$$M_B = M_T \tag{10-2}$$

严格地说，M_B并不完全等于 M_T，泵轮轴的扭矩 M_B应等于涡轮扭矩 M_T与机械摩擦阻力矩 M_{fr}（轴与轴承间，旋转工作轮和液体间）之和，即：

$$M_B = M_T + M_{fr} \tag{10-3}$$

这就是在试验中 M_B值略大于 M_T的原因。由于在正常工况下 M_{fr}与 M_T相比，其值很小，可以忽略不计，仍认为 M_B等于 M_T。

既然认为 M_B等于 M_T，所以 M_B与 n_T之间的变化规律与 M_T—n_T是完全相同的，因此在偶合器的外特性中通常只给出 M—n_T曲线，它既代表 M_T—n_T，又代表 M_B—n_T。

3）η—n_T 曲线

从偶合器的外特性曲线中可以看到，偶合器的效率 η 随着涡轮转速 n_T的增大而直线上升，而当 n_T接近 n_B时又急剧下降。

在正常工况下，机械摩擦阻力矩 M_{fr} 值很小，可忽略不计，因此，将 $M_B = M_T$代入式（10－1）可得：

$$\eta = \frac{n_T}{n_B} = i \tag{10-4}$$

式中　i——传动比。

由式（10－4）可知，在正常工况下，当 n_B = 常数时，效率 η 随涡轮转速 n_T的增加成直线增加关系。

但是，当外界负荷显著减小时，M_T及M_B值都大大降低，虽然此时M_{fr}的值仍然不大，但是它在总的扭矩传递中所占的比例就比较大了，这时就不能忽略M_{fr}的影响。因此，当$M_T \simeq 0$时，由式（10-1）可知，$\eta \simeq 0$。试验表明，当$i=0.985$时η可达到最大值；当$i=1$时，$\eta=0$；而$0.985<i<1$时的η值是很难测得的，因此这一段的效率曲线一般用虚线表示。

效率曲线对于实际工作有很重要的指导意义。在设计与选用液力偶合器时，都希望它能经常在高效率下工作，但从外特性曲线上看，最高效率时n_T值已非常趋近n_B值，这时它所能传递的扭矩值很小。为了要传递较大的扭矩，一般选用偶合器的最优工况点的传动比i在0.95～0.97范围内，这样既使偶合器具有较高的传动效率，又使它能传递所需的扭矩，在离开最优工况点工作时，偶合器的传动效率将显著降低，因此在实际使用中不应让偶合器在低传动比下工作，并且往往不把偶合器用作调速的传动装置。

三、液力偶合器外特性理论分析

偶合器之所以能传递扭矩是因为液体在循环圆内运动，并与工作轮相互作用的结果。为了进一步理解偶合器的性能，首先应对液体在循环圆中的运动及液流运动与外特性间的关系进行分析。

1. 液体在偶合器内的运动规律

当偶合器泵轮由柴油机驱动时，循环圆内的液体随着泵轮一起绕轴线$O_1—O_1$一起转动，即作牵连运动，如图10-8（a）所示，泵轮内的液体在上述运动的同时，又在离心力作用下，在循环圆内沿泵轮叶片向外作相对运动，液体离开泵轮进入涡轮时，一方面冲动涡轮绕轴线$O_1—O_1$作旋转运动，另一方面又沿着涡轮叶片向心部作相对运动。因此，工作液体除了绕工作轮轴线$O_1—O_1$旋转外，同时还绕循环圆的中心线O_2作环流运动。循环圆内液体的绝对运动就是上面两种运动的合成，构成一种空间的螺旋管运动，如图10-8（b）所示。

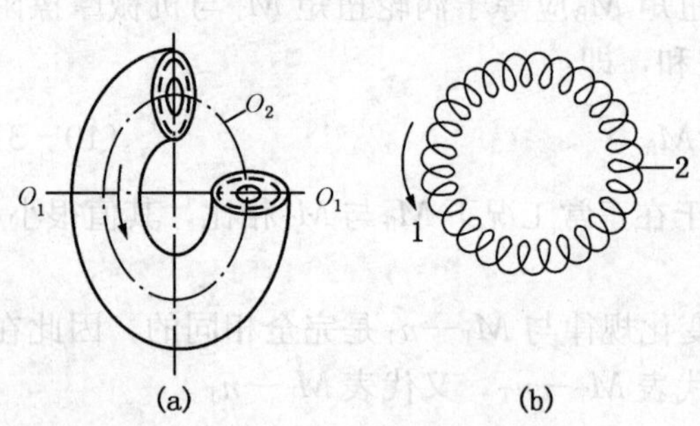

图10-8　循环圆中液体的螺管运动

（a）牵连运动；（b）螺旋管运动

1—圆周运动；2—漩涡运动

下面分析泵轮和涡轮的进口和出口处的液体速度三角形，因为后者直接关系到液体在泵轮和涡轮中的动量矩变化，从而直接影响偶合器的工作性能。各工作轮进、出口处的速度三角形如图10-9所示。此图中工作轮叶片在进出口处的断面形状是这样获得的：用半径分别等于该工作轮进出口处半径的两个圆柱面依次在进出口处切割工作轮，所得的断面形状展开在平面上，就是该工作轮进出口处叶片的断面形状。

偶合器各工作轮流道进、出口处的有关参数符号规定如下：

R——工作轮某处半径；

F——工作轮某处过流断面积；

b——工作轮某处叶片宽度；

n——工作轮转速；

ω——工作轮角速度；

Q——循环圆液体流量。

下标“B”表示泵轮参数，“T”表示涡轮参数，“1”表示进口参数，“2”表示出口

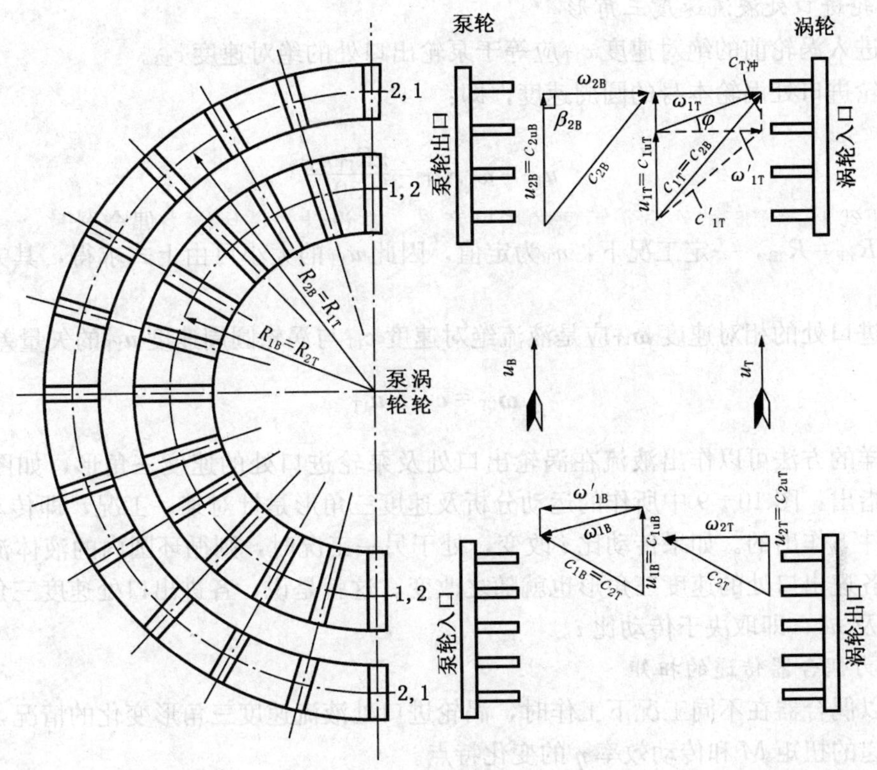

图 10－9　液力偶合器的液流速度三角形

参数。

2. 泵轮出口处液流速度三角形

液流的圆周速度为：

$$u_{2B}=\omega_B R_{2B}=\frac{\pi R_{2B} n_B}{30}$$

从偶合器的结构可知，R_{2B}一定，当 n_B = 常数时，圆周速度 u_{2B}大小可由上式求得，方向是一定的。因此，u_{2B}的大小及方向都是已知的。

液流相对于叶片的相对速度为：

$$\omega_{2B}=\frac{Q}{F_{2B}}=\frac{Q}{2\pi R_{2B} b_{2B}}$$

相对速度 ω_{2B}的方向切于叶片，并与圆周速度 u_{2B}方向垂直，其大小对于一定结构的偶合器在一定工况（或流量 Q）下是一定的。

于是，在泵轮出口处液流的绝对速度为：

$$\boldsymbol{c}_{2B}=\boldsymbol{u}_{2B}+\boldsymbol{\omega}_{2B}$$

由于 $\boldsymbol{u}_{2B}$及 $\boldsymbol{\omega}_{2B}$的方向及大小都已知，因此泵轮出口处的绝对速度 $\boldsymbol{c}_{2B}$的方向和大小可由速度三角形求得，如图 10－9 所示。

3. 涡轮进口处液流速度三角形

液流进入涡轮前的绝对速度 c_{1T}应等于泵轮出口处的绝对速度 c_{2B}。

在涡轮进口处涡轮本身的圆周速度，即：

$$u_{1T}=\omega_T R_{1T}=\frac{\pi R_{1T} n_T}{30}$$

由于 $R_{1T}=R_{2B}$，一定工况下，n_T为定值，因此 u_{1T}的大小可由上式求得，其方向也是已知的。

涡轮进口处的相对速度 $\boldsymbol{\omega}_{1T}$应是液流绝对速度 $\boldsymbol{c}_{1T}$与涡轮圆周速度 $\boldsymbol{u}_{1T}$的矢量差，即：

$$\boldsymbol{\omega}_{1T}=\boldsymbol{c}_{1T}-\boldsymbol{u}_{1T}$$

用同样的方法可以作出液流在涡轮出口处及泵轮进口处的速度三角形，如图 10－9 所示，应该指出：图 10－9 中所作的运动分析及速度三角形是针对某一工况，即传动比 i 为某一常数条件下作出的。如果传动比 i 改变，处于另一工况时，则循环圆内的液体流量将是另一个值，各进出口处的速度三角形也就随之改变。这就是说，各进出口处速度三角形的形状取决于 n_B及 n_T，即取决于传动比 i。

4. 液力偶合器传递的扭矩

下面以偶合器在不同工况下工作时，涡轮进口处液流速度三角形变化的情况，来说明偶合器所传递的扭矩 M 和传动效率 η 的变化特点。

（1）当偶合器处于空负荷工况时，涡轮轴上的扭矩 $M_T\simeq 0$，转速 $n_T\simeq n_B$，因此 $u_{1T}\simeq u_{2B}$，于是 ω_{1T}与 ω_{2B}的方向相近，液流将无冲击地进入涡轮叶片间。由于液流无冲击地进入涡轮，因而此时偶合器的传动效率达到最大值，即 $\eta\rightarrow\eta_{max}$。

（2）当偶合器处于有负荷工况时，涡轮轴的转速 n_T降低，$u_{1T}<u_{2B}$，但涡轮进口处的绝对速度不变，$c_{1T}=c_{2B}$，相对速度 ω_{1T}的方向与叶片方向不一致，因而液流将与涡轮叶片发生冲击，此工况时的偶合器传动效率下降。但当液流与叶片冲击后，在径向平直叶片的强迫作用下，液流只能沿叶片的方向运动，即其相对速度 ω_{2T}必然要与圆周速度 u_{1T}相垂直，如图 10－9 中的虚线所示。图中的 $c_{T冲}$代表涡轮进口处液流因冲击叶片而产生的速度损失。显然，这种迫使液流运动方向改变的力也就形成了涡轮的扭矩，涡轮转速 n_T与泵轮转速 n_B的差值越大，ω_{1T}冲击涡轮叶片后变成 ω_{1T}'的拐角 ϕ_T越大，冲击损失将越大（偶合器的传动效率越低），液流与叶轮的相互作用力也将越大，因而涡轮所能产生的扭矩也越大，

（3）当涡轮轴上负荷达到最大值，使偶合器处于制动工况 $n_T=0$，液流对涡轮叶片的冲击角最大，液流改变方向的拐角 φ_T达到最大值，此时涡轮轴上的扭矩也达到最大值。由于此时涡轮停止转动，不能做功，因而偶合器的传动效率 η 为零。

由动量矩定律知：当液体从泵轮进口流到出口时，单位时间内动量矩的增加量等于泵轮传给液体的外扭矩 M_B。由于 $R_{1B}=R_{2T}$及泵轮进口前的绝对速度就是涡轮出口处的绝对速度，即 $c_{1B}=c_{2T}$，可得到泵轮传给液体的扭矩：

$$M_B=Q\rho\left(c_{2uB}R_{2B}-c_{2uT}R_{2T}\right) \tag{10-5}$$

式中 c_{2uB}——泵轮出口处液流绝对速度在圆周方向上的分量；

c_{2uT}——涡轮出口处液流绝对速度在圆周方向上的分量。

同样，当液体从涡轮进口流到出口时，单位时间内动量矩的减少量等于液体传给涡轮的扭矩，也就等于涡轮轴上的输出扭矩。由于 $R_{1T}=R_{2B}$ 及 $c_{1T}=c_{2B}$，所以：

$$M_T=Q\rho\ (c_{2uB}R_{2B}-c_{2uT}R_{2T}) \tag{10-6}$$

对比式（10－5）及式（10－6）可得出液力偶合器所能传递的扭矩：

$$M=M_B=M_T=Q\rho\ (c_{2uB}R_{2B}-c_{2uT}R_{2T}) \tag{10-7}$$

式（10－7）表明：液力偶合器所能传递的扭矩 M 等于泵轮轴传给工作液体的扭矩 M_B，也就等于液体传给涡轮轴的扭矩，或涡轮轴的输出扭矩 M_T。

5. 液力偶合器的扭矩公式

由式（10－7）可见，液力偶合器的扭矩 M_B 和 M_T 的值不但与各进、出口平均半径 R 及工作轮的转速有关，而且与循环圆中的液体流量 Q 有关。Q 值的大小是不易或不可能通过实验得出的。为了求得液力偶合器的扭矩，较方便的途径是利用叶片式水力机械相似理论的基本规律，即对于两台工作轮几何相似的叶片式水力机械，当他们在运动相似（又称为工况相似）和动力相似条件下工作时，其工作特性参数间的关系可用一系列相似公式来表示。对于一组几何相似的液力偶合器或变矩器来说，工况相似就是指他们的传动比相同，因为，只有在这种情况下才能同时保证它们的工作轮进口和出口速度三角形都相似。至于动力相似的条件，只要一组液力偶合器或变矩器的几何相似和运动相似（即传动比 i 相等）条件得到满足，通常都能满足的。

按照叶片式水力机械相似理论，液力偶合器的扭矩可用式（10－8）表示为：

$$M=\lambda\rho g n_B^2 D^5 \tag{10-8}$$

式中 M——偶合器涡轮所能传递的扭矩；

g——重力加速度；

ρ——工作油密度；

D——工作轮循环圆的有效直径；

n_B——泵轮转速；

λ——偶合器的扭矩系数，它取决于工作轮叶片的结构，也取决于偶合器的传动比 i。

对于一定结构的偶合器，则扭矩系数 λ 是传动比 i 的函数，即 $\lambda=f\ (i)$。

由式（10－8）可以看出，有效直径 D 的增加，对所能传递扭矩的增加起着极大的影响。而对于一定结构尺寸的偶合器来说，提高泵轮转速和增加工作油密度也可以增大扭矩。因此，在实践中常用提高泵轮转速和采用大密度的工作油的措施来达到传递大扭矩及减小偶合器结构尺寸的目的。

四、液力偶合器的无量纲特性曲线

无量纲特性曲线是偶合器最基本的特性曲线，它反映了同类型偶合器的共同性能特征，不但可以用以进行外特性的转换，而且对使用、选型及进行类比设计都有很大作用。

偶合器的无量纲特性表示它的无量纲特性参数之间的相互关系。偶合器的无量纲特性参数有三个：扭矩系数 λ、效率 η 和传动比 i。由这三个参数构成的 λ—i 与 η—i 曲线，就是偶合器的无量纲特性曲线，如图 10－10 所示。

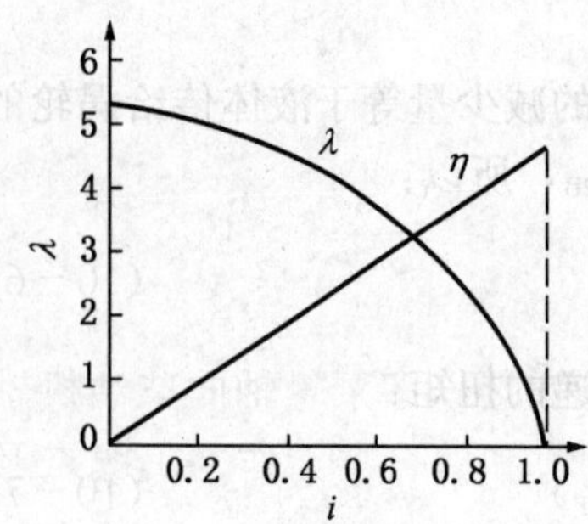

图 10－10 偶合器的无量纲特性曲线

1. 偶合器无量纲特性曲线的绘制

1）λ—i 曲线的绘制

偶合器的无量纲特性曲线 λ—i 是根据扭矩公式，由外特性曲线转换得来的。

偶合器的外特性曲线如图 10－6 所示，它是当 n_B = 常数时，扭矩 M 与涡轮转速 n_T 的关系曲线。由扭矩式（10－8）可知：

$$\lambda=\frac{M}{\rho g n_B^2 D^5} \tag{10-9}$$

当 n_B 为常数，偶合器的结构一定，其有效直径 D 及工作油密度 ρ 均一定的情况下，扭矩系数 λ 与扭矩 M 成正比，扭矩系数 λ 随 n_T 变化的规律实际上代表了扭矩 M 随涡轮转速 n_T 变化的规律。

另外，由式 $i=\frac{n_T}{n_B}$ 可知，当 n_B 一定时，传动比 i 与涡轮转速 n_T 成正比。

由此可见：以 M、n_T 为纵、横坐标的外特性曲线，如果将它们的坐标刻度作一定比例的转换，即可得到纵、横坐标为 λ、i 的无量纲特性曲线。所以，λ—i 曲线是用无量纲的特性参数表示了偶合器的扭矩随其转速变化的规律。

2）η—i 曲线的绘制

根据外特性曲线中的 η—n_T 关系曲线（如图 10－6 所示）及 $i=\frac{n_T}{n_B}$ 关系式，按照上述类似办法，即可得出 η 与 i 的关系曲线（如图 10－10 所示）。

2. 无量纲特性曲线的讨论

（1）由前面的分析已知，无量纲特性曲线是由一定几何形状的偶合器的外特性曲线转换得来的，因此可以把它看成是外特性曲线的一种表达形式。

（2）由无量纲特性曲线可知，对于一定几何形状的偶合器，它的扭矩系数 λ、效率 η 只是传动比 i 的函数，即 $\lambda=f(i)$，$\eta=i$，所以，对于某个偶合器，当其工作条件改变时，并不能影响 λ 与 i 及 η 与 i 的函数关系，也就是说，一个偶合器只能有一组无量纲特性曲线。

（3）由于从外特性曲线转换为无量纲特性曲线时，是把偶合器的具体尺寸 D 以及偶合器的泵轮转速 n_B 与工作油密度 ρ 等具体工作条件都排除掉，成为没有量纲的特性曲线，因此，对于几何相似的偶合器，不管其尺寸大小如何，都具有同一组无量纲特性曲线。而几何形状不同的偶合器，它们的无量纲特性曲线是不同的。

（4）由于几何相似的偶合器只有一组无量纲特性曲线，因此，可以根据无量纲特性曲线，给出一定的 D、n_B 及 ρ，即可换算出该几何形状的偶合器在任意几何尺寸、任意工作条件时的外特性曲线。

无量纲特性曲线代表一定几何形状的液力偶合器本身所具有的基本性能特点，是最重要的特性曲线，在使用、选型及设计中都经常要用到它。

五、液力偶合器与柴油机共同工作

在钻采设备上，液力偶合器总是与柴油机共同工作的。由于工作负荷变化对柴油机本身性能的影响，偶合器泵轮的转速不可能永远保持不变，因此以泵轮转速为常数所得出的外特性，不能完全反映实际工作中的情况。

为了掌握液力偶合器和柴油机共同工作时的特性，就需要讨论共同工作时偶合器的输入轴及输出轴方面的参数变化规律。

柴油机的输出轴与偶合器的输入（泵轮）轴通常是直接相连，中间没有变速机构，因此柴油机转速等于偶合器泵轮转速，即 $n_e = n_B$，柴油机轴上的有效输出扭矩等于泵轮的输入扭矩，即 $M_e = M_B$，而偶合器泵轮轴上承受的外扭矩也就是加到柴油机轴上的负荷扭矩，但是，柴油机本身的输出扭矩特性 $M_e—n_e$ 和偶合器泵轮轴的扭矩特性（即泵轮轴向柴油机轴施加负荷的扭矩变化规律）$M_B—n_B$ 是不相同的。为了确定柴油机和偶合器工作的工况点及变化规律，下面首先讨论柴油机的扭矩特性。

1. 柴油机的扭矩特性

柴油机的扭矩特性是指输出扭矩 M_e 和转速 n_e 的关系曲线。如图 10－11 所示是柴油机的扭矩特性。图中的 n_{emin} 是柴油机能够保持稳定工作的最低转速；n_{er} 是柴油机的额定转速，也是它的最大允许转速。AB 曲线是全喷油量时的最大输出扭矩曲线，也叫全负荷曲线。其中 A 点是额定转速下喷油量最大时的工况点，因此 A 点是柴油机的最大输出功率点，也是额定工况点。

目前所用柴油机，由于它们的调节器不同，其扭矩与转速特性的变化规律也是不同的。常用的调节器有全制调节器和两制调节器两种。

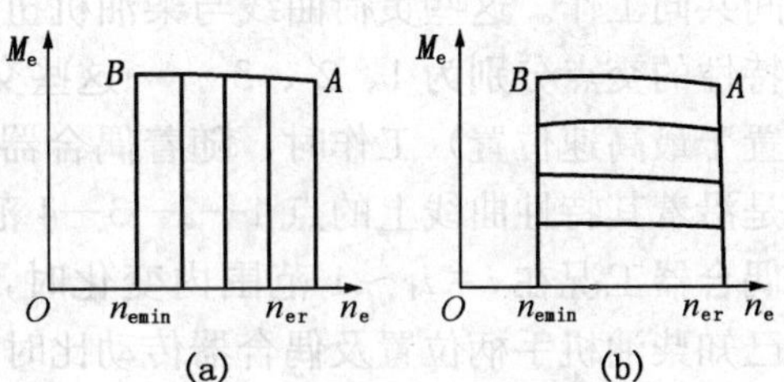

图 10－11　全制调节柴油机与两制调节柴油机的扭矩特性

（a）全制调节；（b）两制调节

如图 10－11（a）所示为全制调节器柴油机的扭矩特性曲线。当调节器固定在某一位置时，即司钻手柄固定在某一位置时，如果加给柴油机的负荷扭矩始终不大于柴油机全喷油量时的最大扭矩，则柴油机可维持在司钻手柄所控制的转速下稳定工作，不随外界负荷变化。但当外界负荷大于全喷油量时的最大扭矩时，则柴油机转速不能继续保持不变，将沿着全喷油量时的外特性 AB 线工作，转速迅速降低。

如图 10－11（b）所示为两制调节器柴油机的扭矩特性曲线。当调节器固定在某一位置时，亦即司钻手柄固定在某一位置时，柴油机的喷油量将固定不变，因此柴油机转速将随着外界负荷的变化而变化，当外负荷减小时转速将自动增大。但是外负荷过小而使柴油机转速有大于额定转速 n_{er} 的趋势时，调节器能在原定喷油量的基础上自动减少，而使转速不超 n_{er}，且稳定在此转速下继续工作。当外负荷增大，则转速降低。但当外负荷过大，柴油机的转速有低于其最低稳定转速 n_{emin} 造成要灭火的趋势时，调节器能在原定喷油量的基础上自动增加喷油量，使柴油机扭矩增加，并保持其转速稳定于 n_{emin} 工作，防止柴油机灭火。当然，当喷油量已增至最大，达到全喷油量仍不能克服外负荷时，柴油机的转速就会降到 n_{emin} 以下，而造成柴油机灭火。

石油钻采设备中所用柴油机大都是全制调节柴油机，下面以全制调节柴油机为对象进行讨论。

2. 柴油机的负荷曲线

柴油机与液力传动元件直接相连时，液力传动元件泵轮轴扭矩就是柴油机的负荷扭矩，因此，偶合器泵轮轴扭矩随转速变化的曲线也就是柴油机的负荷曲线。

由式（10－8）知：$M_B = \lambda n_B^2 D^5 \rho g$。式中工作油的密度 ρ 及偶合器循环圆有效直径 D 都

是常数，而扭矩系数 λ 则是随传动比 i 而变化的，在一定的传动比 i 时的 λ 值为一常数。因此，式（10－8）也可写成：

$$M_B = An_B^2 \tag{10-10}$$

式中，$A=\rho g\lambda D^5=$常数。

式（10－10）表明了偶合器的泵轮扭矩 M_B 和转速 n_B 的关系是一组通过坐标原点的二次抛物线族，如图 10－12 所示。由于工况不同，传动比 i 值改变，因此式（10－10）中的常数 A 也改变。在图 10－12 中，M_B—n_B 曲线族中的每条曲线代表在一定的 i 值时，偶合器泵轮轴上的扭矩 M_B 随转速 n_B 变化的曲线，称为偶合器加于柴油机的负荷曲线。

3. 柴油机与偶合器共同工作时工况点的确定

如图 10－13 所示，负荷曲线与柴油机本身扭矩特性曲线的交点就应是共同工作时的工况点，此时偶合器加于柴油机上的负荷扭矩与柴油机输出的扭矩相等。由于一般偶合器在低传动比时的 λ 值太高，其负荷曲线超出柴油机工作能力范围之外，没有交点，柴油机是带不动的。直到 i 值增加到 i_1 时才开始有交点，这就是说，柴油机与偶合器只能在 $i=i_1$ 到 $i\approx1$ 之间共同工作。这些负荷曲线与柴油机扭矩特性的交点分别为 1、2、3……与手柄第 n 位调节特性的交点分别为 1、2′、3′……这些交点都是对应的工况点。当柴油机在全负荷（指手柄置于最高速位置）工作时，随着偶合器传动比在 $i=i_1\sim1$ 之内变化时，柴油机的工况点总是沿着其特性曲线上的点 1—2—3—4 范围内变动；在部分负荷时，例如手柄置于第 n 位，当偶合器工况在 $i=i_1\sim1$ 范围内变化时，柴油机的工况点将在 1—2′—3′—4′曲线上变动。当已知柴油机手柄位置及偶合器传动比时，就完全可以确定出柴油机的工况点。

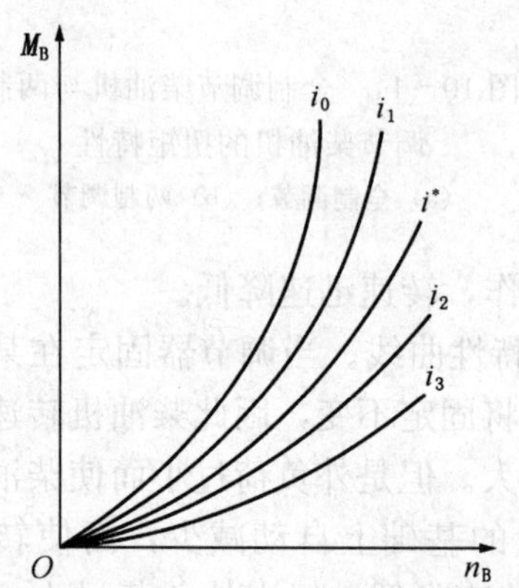

图 10－12 柴油机的负荷曲线

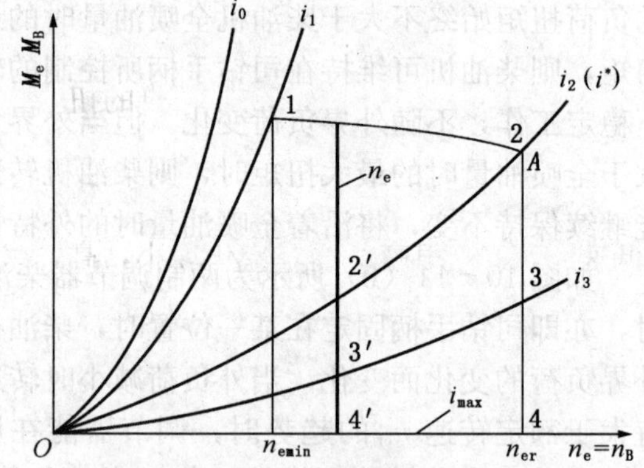

图 10－13 全制调节柴油机与偶合器共同工作时工况点的确定

4. 柴油机与偶合器的合理配合

在实际工作中，并不是一部柴油机与任何一个偶合器组合起来都是合理的，其中存在一个配合是否合理的问题。

柴油机与偶合器的合理配合应满足以下基本条件：即在经常工作的正常工况时，柴油机与偶合器都处在各自的额定工况附近，即应使通过柴油机额定工况点 A 的负荷曲线（图 10－13中的曲线 i_2）所对应的传动比正好是偶合器的额定工况 i^*（即 i_2）。柴油机的额定工况点 A，是柴油机调节手柄置于最大位置，并在全喷油量条件下的工作点，此时柴油机发出的功率最大。为了充分发挥柴油机的能力，希望柴油机经常处于额定工况点 A 附近工作。

对偶合器来说，既然其额定工况 i^* 是经常工作的工况，而偶合器的传动效率就等于传动比，从保持高的传动效率来看，i^* 不能定的太低，但是 i^* 也不能定得过高，过高则扭矩系数 λ 太低，为传递必要的扭矩 M，就必须加大偶合器的尺寸 D。为使偶合器与柴油机的合理配合，一般把 i^* 定在 0.95～0.97 范围内，这样既保持了高效率，又不使结构尺寸过大。

5. 偶合器与柴油机共同工作的联合特性曲线

偶合器与柴油机共同工作的联合特性是在两者特性的相互影响下，偶合器与柴油机特性参数的实际变化规律，这是使用中最有实际意义的特性曲线。联合特性的横坐标是涡轮转速 n_T，纵坐标有两大类：一类是偶合器的输出特性，包括涡轮扭矩 M_T 及偶合器传动效率 η，另一类是柴油机的特性参数，如柴油机的输出功率 P_e 与转速 n_e 等。在这里仅介绍 P_e、M_T 及 η 特性曲线的绘制方法。

当偶合器和柴油机直接相连时，n_T、P_e、M_T 及 η 分别为：

$$n_T = in_B = in_e$$

$$P_e = CM_e n_e \text{（}C\text{ 为换算常数）}$$

$$M_T = M_B = M_e$$

$$\eta = i \tag{10-11}$$

从图 10－13 上取出同一手柄位置下柴油机各工况点的 i，M_e 及 n_e 值代入上述各式，即可算得此手柄位置下的偶合器与柴油机的联合特性曲线，如图 10－14 所示。

先看柴油机全负荷时的联合特性。对应柴油机扭矩特性上点 1、2（A）及 4 的涡轮转速，分别为 $n_{T1} = i_1 n_{emin}$、$n_t^* = i^* n_{er}$ 及 $n_{T4} \simeq n_{er}$。由于 $i_1 < i^* < 1$，所以 $n_{T4}/n_{T1} > n_T^*/n_{T1} > n_{er}/n_{emin}$。就是说，涡轮的转速范围是大于柴油机的转速范围（$n_{emin} \sim n_{er}$）的。在涡轮转速范围内涡轮扭矩 M_T 的变化和柴油机的扭矩特性是很相近的，即从 $n_{T1} \to n_T^*$，M_T 曲线和柴油机扭矩特性的 1—2 段相似，几乎水平变化，偶合器额定工况 i^* 时的 M_T 就是柴油机额定工况点的 M_{er} 值。当 n_T 从 n_T^* 继续增加时，M_T 值迅速下降至 0。至于效率曲线，由于一般偶合器低速时，λ 值很高，而且变化很小，高速时，λ 下降很快，因此起始传动比 i_1 值是较高的。而在涡轮转速范围内，传动效率 η 都是比较高的，一般高过 90%，这是偶合器传动的优点。但是，偶合器与柴油机联用时，柴油机的功率 P_e 变化很大，功率随涡轮的速度一同降低，因此柴油机的功率利用率不高。

柴油机部分负荷时的联合特性（图 10－14 中粗线）和柴油机的调制有关。全制调节柴油机部分负荷时，涡轮转速范围很小，如图 10－14 所示，这是和柴油机调节特性一致的。部分负荷时并不需要柴油机的全功率，此时研究功率利用率是没有意义的，因此，图上未绘出部分负荷时柴油机功率 P_e 的变化曲线。

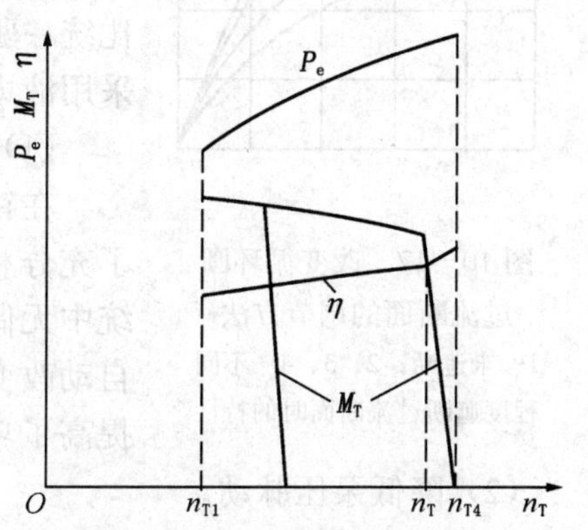

图 10－14　全制调节柴油机与偶合器共同工作时的联合特性

六、液力偶合器特性的调节

发动机和工作机间使用液力偶合器，可改善发动机的驱动特性。但有时由于工作机负荷的多样性，希望在偶合器外特性曲线具有自动调节特性外，还能对偶合器的输出特性（扭矩和转速）进行一定的调节。

调节偶合器的输出扭矩和转速的方法很多，常见的有以下几种：

（1）改变偶合器的输入转速。

当改变发动机的转速使偶合器泵轮转速改变时，偶合器的特性将按前述的通用特性曲线的规律变化，如图 10－15 所示。由图中可以看出，由于 n_B 的改变，在一定外界负荷 $M_{出}$ 的条件下，可以得到不同的输出转速 n_T。这是一种常用的调节办法。

（2）改变循环圆内的充液量。

改变循环圆内的充液量（即液体的充满程度）会引起循环流量的变化（在同一传动比时）。由于偶合器传递的扭矩大小与流量成正比，故可近似地认为偶合器的外特性曲线随充液量的变化而改变。如图 10－16 所示，在不同液体充满程度下偶合器输出的扭矩都不同，从而可达到调节扭矩的目的；又如输出轴上的负荷扭矩 $M_{出}$ 不变，则在不同充液量时，也可获得不同的输出转速。

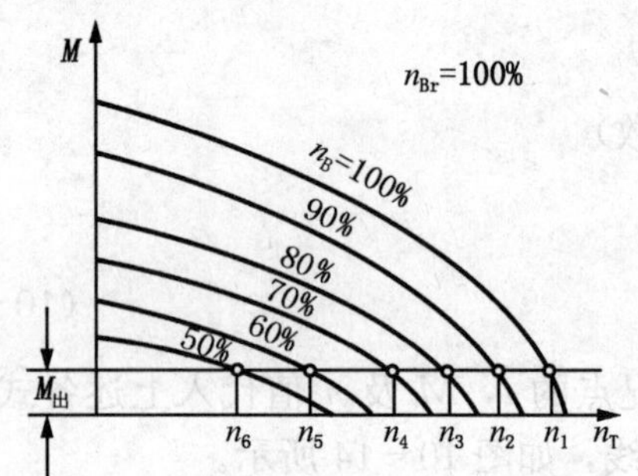

图 10－15　改变柴油机转速的调节方法

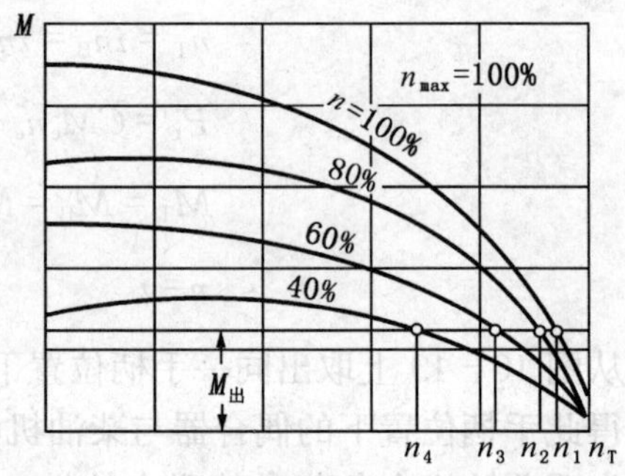

图 10－16　改变循环圆充液量的调节方法

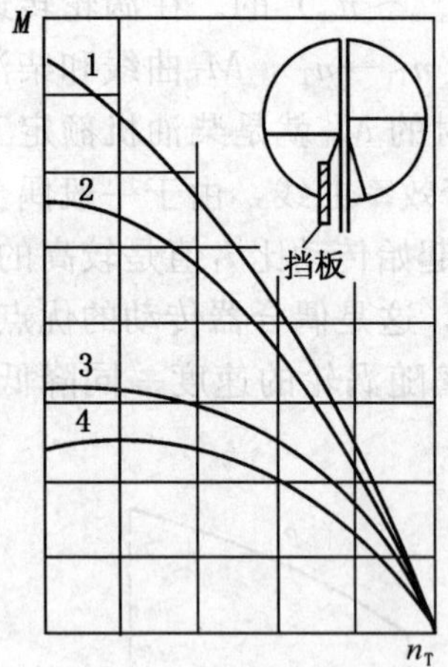

图 10－17　改变循环圆过流断面的调节方法

1—未遮断；2、3、4—不同程度遮断过流断面时的特性

（3）改变循环圆的过流断面。

这是采用增加或减少循环圆内的过流断面，从而改变流动阻力，使循环流量变化，以达到调节的目的。其实质上与第二种方法类似。图 10－17 即为采用改变环形节流盘遮断过流断面的偶合器示意图，以及在不同调节位置时的输出特性曲线。

七、液力偶合器在石油钻机上的应用

1. 液力偶合器用于钻井泵的传动

不少现代钻机的钻井泵采用单独驱动，构成独立的机泵组。比统一驱动具有更大的灵活性，安装也较容易。机泵组传动中采用液力偶合器的主要优点如下：

（1）提高了功率利用率。

在钻井过程中，随着井深的不断增加，泵压逐渐增高，为了充分利用钻井泵的装机功率，排量应相应地降低。当传动系统中无偶合器时是做不到这一点的。如果有了偶合器，就可以自动改变钻井泵的排量以适应泵压的变化，从而在一定程度上提高了功率利用率。

（2）降低泵压脉动。

目前，往复式钻井泵的排量和压力是脉动的。这种脉动，使管汇系统发生振动，使泵的传动机构运动不均匀，对柴油机的工作和寿命也很不利。如果在传动中配备了偶合器，使柴油机与钻井泵之间变为柔性连接，可使排量不均度降低50%左右，柴油机的工作寿命明显提高。

(3) 便于处理事故。

在钻井过程中常发生钻头泥包、井漏或卡钻等复杂情况，此时要求钻井泵能在很广的范围内改变泵压及排量。如井中钻头泥包或卡钻时，需要降低排量，并保持高压，以憋开循环通路。在未配备偶合器时，通常采用移注闸门或从泵中取出几个泵阀等办法，操作复杂且不可靠。

当机泵组的传动中配备了偶合器后，由于其柔性传动的特点，可使泵压憋到最高值。当憋开通路后，排量会适应解卡的程度而不断提高。同时，在操作上也大为简化。

(4) 简化开双泵操作。

钻井中用泵通常是两台泵并联，当一台泵已开后，再开第二台泵时，如无偶合器，通常要用启动闸门，在第一台泵停车或卸压后再并联的办法，这些都使操作复杂化。配备偶合器后就可在第一台泵工作过程中，随时启动第二台泵，大大简化了开泵操作。

2. 液力偶合器用于绞车及转盘的传动

少数钻机在主传动上采用了偶合器，例如，罗马尼亚生产的4LD重型钻机的主传动上就应用了偶合器，而在国外的一些轻便钻机上也较多地应用偶合器作为整机的传动装置，其功用主要是用以缓和冲击，吸收振动及较充分地利用功率。

此外，一些深井钻机还利用液力偶合器作为辅助的传动装置。图10-18所示即为其中的一个方案。在此方案中两部柴油机通过液力变矩器及摩擦离合器输出功率，在并车后一方面驱动两台泥浆泵，另一方面驱动绞车和转盘。由于在钻井中有时需要转盘慢转或绞车轻提，同时又要开双泵给出大泵量。如果在传动中没有偶合器时，为了满足这种工艺要求，就要摘开并车链条，使一台柴油机输出小功率带动绞车或转盘，另一台柴油机带钻井泵。显然采用这种办法无法充分利用柴油机功率。而一台柴油机带两台泵，功率又不足。为了解决这个问题，在传动上增加了一套辅助的传动装置，其中包括一个带输液管的可调节式偶合器。在正常钻进时偶合器内不充液体，因此它对传动不起影响，当绞车要求轻提或转盘要求慢转，同时要求大泵量时，柴油机仍可并车运转，但此时摘开绞车传动中的主离合器，向偶合器中充入一定的液体，这样从柴油机输到绞车的功率就不通过主离合器，而是通过液力偶合器来实现传递。供给绞车的功率大小可由偶合器的充液量多少来控制。采用了这种辅助传动装置后，既保证了泥浆泵从柴油机获得全功率，又能靠偶合器来准确地调节传给绞车或转盘必要的扭矩及转速，其性能柔和，操作简便。

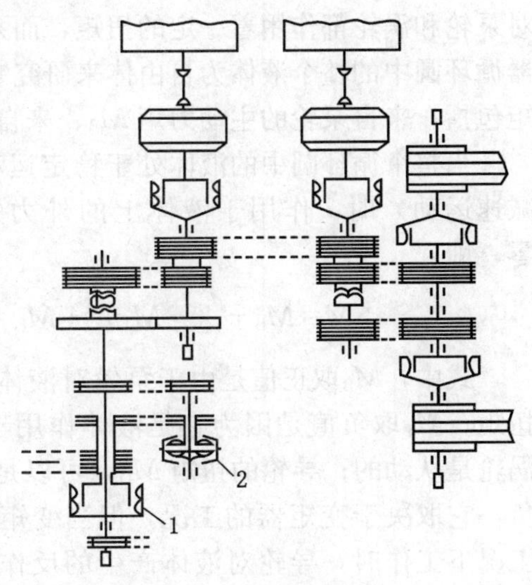

图10-18　液力偶合器用于绞车及转盘的辅助传动中

1—主偶合器；2—偶合器

第三节　液力变矩器

一、液力变矩器的工作原理

液力变矩器的工作原理与液力偶合器类似，变矩器除泵轮和涡轮外，还有一个固定不动的叶轮，叫做导轮。因此，变矩器的循环圆是由泵轮、涡轮和导轮三个工作轮所组成，如图10－19所示。

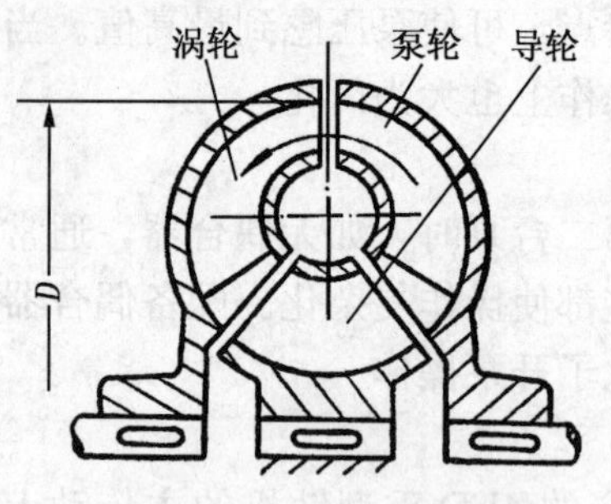

图10－19　液力变矩器循环圆示意图

变矩器的主要性能特点在于它能改变扭矩，即在工作过程中，变矩器能把泵轮轴上的扭矩（通常就是发动机的输出扭矩）转变为较大或较小的涡轮轴输出扭矩。

当变矩器工作时，液体在循环圆中从泵轮→涡轮→导轮→泵轮作不停的循环运动，如图10－20所示。液体在导轮进口和出口处的速度的方向和大小都发生了变化，从而引起了液体动量矩的变化。正是由于这个变化，使液体对导轮产生了一个作用扭矩，此作用扭矩经导轮传给固定的外壳，由外壳所承受。而固定的导轮反过来又给液体以反作用扭矩。同样，循环圆中的液体流经过泵轮时动量矩也发生变化，液体对泵轮和涡轮都作用着一定的扭矩，而泵轮及涡轮都对液体作用着反扭矩。这样，如取变矩器循环圆中的整个液体为自由体来研究它的力矩平衡问题，可以看到，作用于液体上的外力矩包括：来自泵轮的主动力矩M_B、来自涡轮的阻力矩M_T、来自导轮的反作用力矩M_D。

当整个循环圆中的液体处于稳定运动状态（无加、减速运动）时，作用于液体上的外力矩之和应等于零，即：

$$\Sigma M = M_B + (-M_T) + M_D = 0 \qquad (10-12)$$

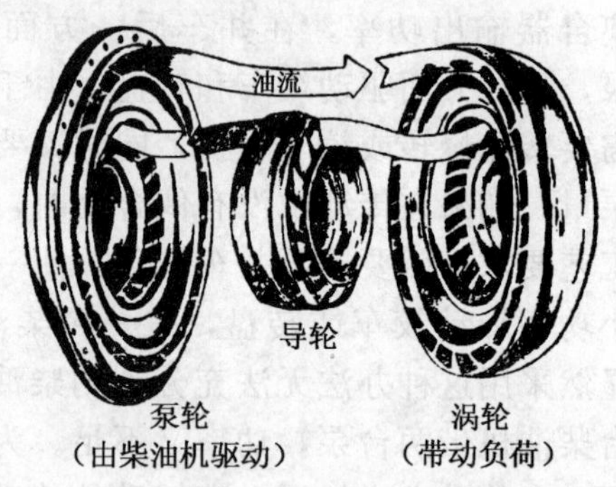

图10－20　液体在变矩器各工作轮中作循环运动

式中，M_B取正值是由于泵轮对液体总是产生主动扭矩；M_T取负值是因为它是液体作用于涡轮的扭矩，涡轮是从动的；导轮的扭矩M_D，可以是正，也可以是负，它取决于变矩器的工况，但当变矩器在正常变矩工况下工作时，导轮对液体产生的反作用扭矩方向与泵轮扭矩的方向是相同的，因此M_D通常也为正的。把式（10－12）移项，可得：

$$M_T = M_B + M_D \qquad (10-13)$$

由此可见，由于有固定导轮的存在，在循环圆中，它对液体构成了一个扭矩支点，对液体施加一定的反作用扭矩，从而使液力变矩器的泵轮扭矩（或发动机扭矩）M_B，可改变为比它大或小的涡轮轴输出扭矩M_T。

也就是说，涡轮从液体中所获得的扭矩等于泵轮和导轮所给予液体扭矩的代数和。

二、液力变矩器的典型结构

工业部门中应用的液力变矩器类型很多，下面仅介绍我国石油矿场上广泛应用的两种石油钻机用的变矩器：一种是用于国产ZJ－45钻机的WB－700型液力变矩器，另一种是用于罗马尼亚产钻机上的CHC型液力变矩器。

1. WB－700型液力变矩器

如图10－21所示为这种变矩器的结构图，泵轮与连接套用螺钉9相连，而连接套又通过螺钉3与主动轴相连。这样，泵轮、连接套及主动轴就组成了主动部分。主动部分由滚子轴承2和右端球轴承所支承。涡轮通过螺钉与从动轴的凸缘相连，组成了变矩器的从动部分。从动部分由滚子轴承14和左端的球轴承所支撑。导轮通过花键与配油套相连，配油套通过螺栓15与固定外壳12相连，因此，导轮是固定不动的。固定外壳分为左右两部分，由螺栓10连接在一起。其下部装有齿轮泵，用以供给循环圆一定压力的工作油，其压力一般保持在7～8个大气压。配油套一方面用来连接导轮与外壳，保证导轮固定不动；另一方面通过其进出油路为工作油体外循环提供通道。工作油在体外循环中要经过油水换热器进行冷却。

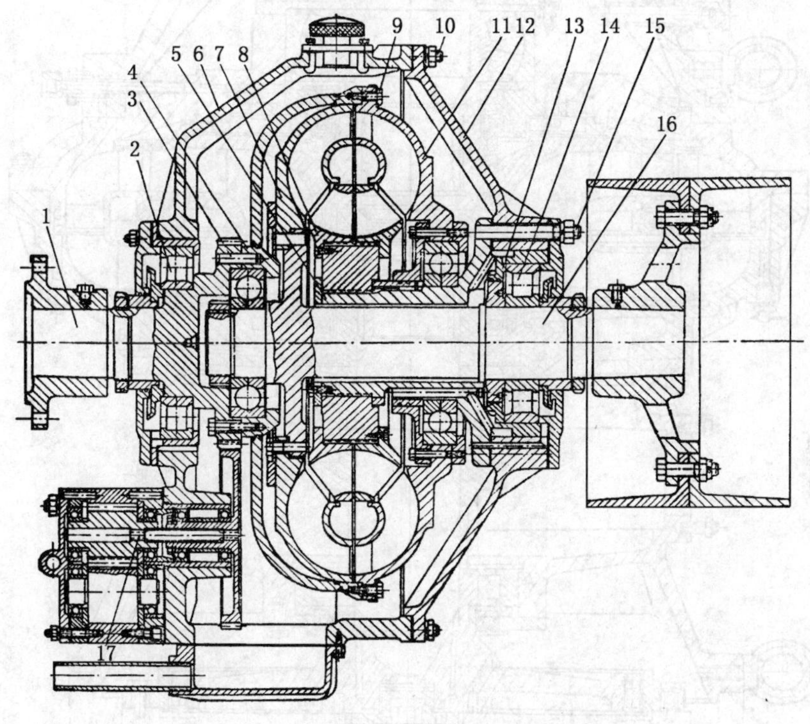

图10－21　WB－700型液力变矩器

1—主动轴；2、14—滚子轴承；3、9—螺钉；4—连接套；5—配油套；
6、12—外壳；7—涡轮；8—导轮；10、15—螺栓；11—泵轮；
13—密封件；16—从动轴；17—齿轮泵

这种变矩器有两道密封，它们都是活塞环密封装置。第一道密封在泵轮法兰的内孔处，用来防止工作油从循环圆窜到外壳的空腔，保证循环圆内液体的正常工作。另一道密封用来隔绝进油路与外界的联系，防止工作油的外漏。

泵轮、涡轮与导轮的叶片都是空间扭曲叶片，工作轮都是铝合金铸件。

2. CHC型液力变矩器

罗马尼亚石油钻机用的CHC型液力变矩器如图10－22所示，是一种有三级涡轮的变矩器。根据变矩器循环圆尺寸大小不同，有CHC－650及CHC－750两种规格，其结构是相似的。

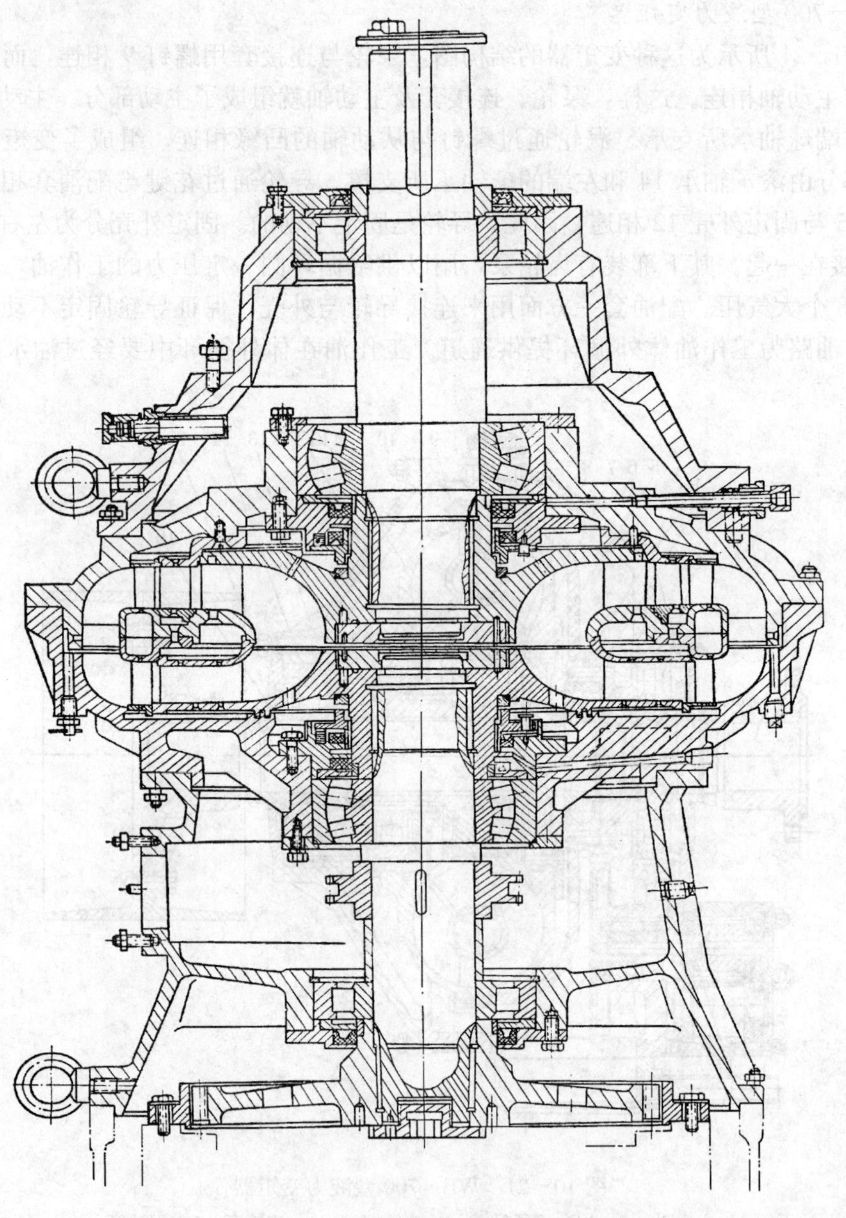

图 10-22　CHC 型液力变矩器

此变矩器由一级泵轮、三级涡轮和两级导轮组成。柴油机驱动泵轮旋转，把工作油打入第一级涡轮，经过第一级导轮进入第二级涡轮，再经过第二级导轮进入第三级涡轮，最后工作油又重新进入泵轮，如此进行循环。

CHC 型变矩器的各个工作轮过去全部采用铜叶片铆接而成。三级涡轮的圆盘都铆接在一起，形成一个整体，用花键连接到涡轮轴上，两级导轮则分别用圆柱销铆接到导轮壳体上。近年来生产的 CHC-750 型变矩器，为提高叶片强度，把全部铜叶片改为钢叶片。这类变矩器的叶片形状比较简单，通常都是用机加工方法铣制的。

三、液力变矩器的外特性

液力变矩器的主要外特性参数有：泵轮扭矩 M_B、涡轮扭矩 M_T、泵轮转速 n_B、涡轮转速 n_T 及传动效率 η。其外特性是指在 n_B 为常数时，M_B—n_T、M_T—n_T 和 η—n_T 的变化规律。

变矩器的外特性曲线与偶合器一样，是合理选择和正确使用变矩器的重要依据。测试外特性的试验装置及试验方法也是类似的。通过试验得到的变矩器外特性曲线如图 10－23 所示。由图可见，变矩器的外特性具有下列特点：

（1）在涡轮转速 n_T 改变时，泵轮扭矩 M_B 也有变化，但是变化不大。

（2）涡轮扭矩 M_T 在工作范围内变化很大。M_T—n_T 的变化规律近似一条斜直线。在制动工况 $n_T=0$ 时，M_T 达到最大值，制动工况时的涡轮扭矩 M_{T0} 可比此时的泵轮扭矩 M_{B0} 大好几倍。随着 n_T 的增大，M_T 不断地减小，当 n_T 达到最大值 $n_T=n_{Tmax}$ 时，$M_T=0$。

（3）变矩器的传动效率 η 与 n_T 的关系与偶合器不同，它有一个最大值，而当 $n_T=0$ 及 $n_T=n_{Tmax}$ 时，η 都等于零。

（4）外特性测试时，把 n_B 从一个定值调到另一个定值，则 M_B—n_T、M_T—n_T 及 η—n_T 三条曲线的基本形状不变，但数值发生了变化。当 n_B 减小时，各参数值都相应地向较小的数值方向变化，但效率值减小不多。

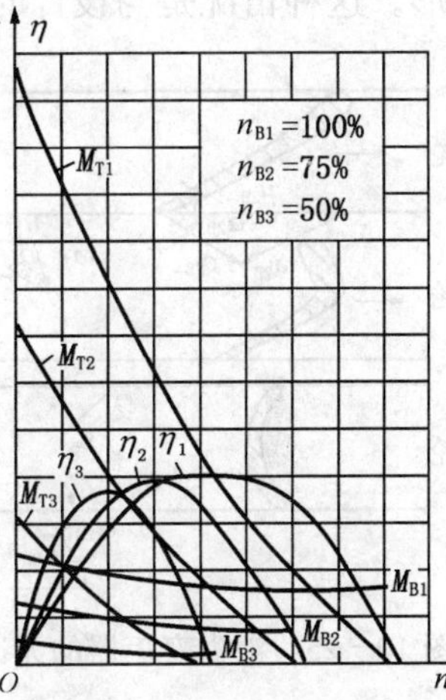

图 10－23　液力变矩器的外特性曲线

（5）还应指出的是：变矩器除了上述正常工况的外特性外，还有反转工况的外特性。

所谓正常工况的外特性是指如图 10－23 所示的外特性，此时，涡轮的转速为 $0\leqslant n_T\leqslant n_{Tmax}$。

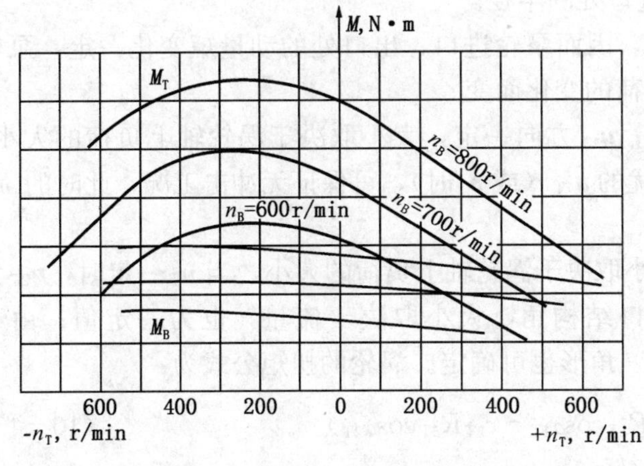

图 10－24　变矩器反转工况特性

反转工况是指当涡轮转动方向与泵轮转动方向相反时的工况，此时，$n_T<0$。反转工况的特性曲线如图 10－24 中的左半图所示。图中的 M_T 值即为变矩器在不同反转工况（即不同的“$-n_T$”转速）时涡轮轴上遇到的阻力矩，此值往往超过了变矩器涡轮轴的制动扭矩。在钻井时，可利用变矩器反转工况的特性，由司钻遥控柴油机油门来控制下钻速度，即由变矩器起水刹车作用。

由于水力制动产生的热量将使工作油温剧增，以及变矩器反转工况输出扭矩可能使整个传动件负荷超过设计许用值，所以，目前还只利用这种工况进行钻具上提、下放的辅助操作。

四、液力变矩器特性理论分析——变矩原理

为了进一步认识液力变矩器的特性，有必要对它进行理论上的分析。同偶合器一样，在变矩器中也首先从液体在循环圆内的运动规律着手进行讨论，并且也只是分析各工作轮进、出口处的液体运动状况。

液力变矩器各工作轮的叶栅都是环形布置的。为了便于说明问题，把环形叶栅拉直成为平直的叶栅，然后按循环圆内的工作轮的先后次序排列成如图 10－25 所示的情况。下面讨论泵轮转速 n_B不变及循环圆内流量不变的条件下，变矩器各工作轮在无冲击工况时的速度三角形。这种情况是与设计时的计算工况相适应的。

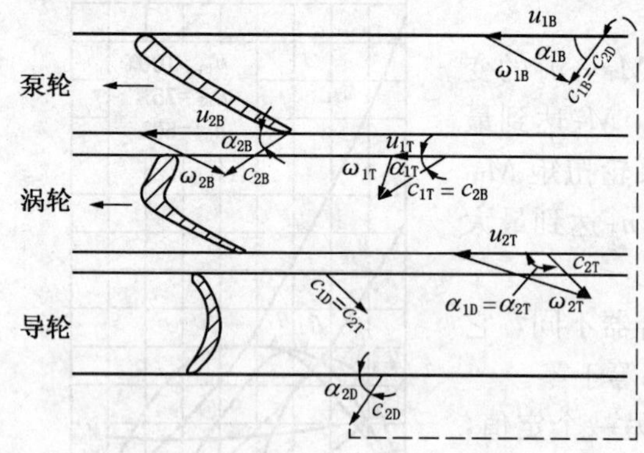

图 10－25　液力变矩器的无冲击速度三角形

（1）导轮出口与泵轮进口处：导轮出口处液流的绝对速度就是泵轮进口处的绝对速度，即 $\boldsymbol{c}_{1B}=\boldsymbol{c}_{2D}$，其方向取决于导轮叶片的出口结构角，大小正比于流量，当流量一定时，$\boldsymbol{c}_{1B}$或$\boldsymbol{c}_{2D}$为一定值；当 n_B一定时，$\boldsymbol{u}_{1B}$的方向和大小均为已知值；由于 $\boldsymbol{\omega}_{1B}=\boldsymbol{c}_{1B}-\boldsymbol{u}_{1B}$，故泵轮进口处的速度三角形可以确定。

（2）泵轮出口处：由于 n_B一定，故 $\boldsymbol{u}_{2B}$的方向和大小为已知值；$\boldsymbol{\omega}_{2B}$的方向取决于泵轮叶片的出口结构角，大小正比于流量，当流量一定时，也为一定值；由于 $\boldsymbol{c}_{2B}=\boldsymbol{u}_{2B}+\boldsymbol{\omega}_{2B}$，因此泵轮出口处的速度三角形也可确定。

与液力偶合器相同，泵轮增加了工作液体的动量矩。泵轮作用于液体的扭矩 M_B等于液体在单位时间内动量矩的增值，即：

$$M_B=Q\rho\ (c_{2B}R_{2B}\cos\alpha_{2B}-c_{1B}R_{1B}\cos\alpha_{1B}) \tag{10-14}$$

式中　R_{2B}、R_{1B}——分别为泵轮出口、进口处的半径。

由于 $\boldsymbol{c}_{1B}$、$\boldsymbol{c}_{2B}$的方向和大小均为定值，因而泵轮进口、出口处的动量矩变化一定，泵轮的扭矩 M_B也就一定，它不随涡轮轴上负荷的变化而变。

（3）涡轮进口处：$\boldsymbol{c}_{1T}=\boldsymbol{c}_{2B}$为一定值；$\boldsymbol{u}_{1T}$方向一定，大小取决于涡轮轴上负荷的大小，由于 $\boldsymbol{\omega}_{1T}=\boldsymbol{c}_{1T}-\boldsymbol{u}_{1T}$，所以，只有某一最优的 $\boldsymbol{u}_{1T}$（或 n_T时），可保证无冲击工况，此时的 ω_{1T}方向与涡轮叶片进口的结构角一致。

（4）涡轮出口处：$\boldsymbol{u}_{2T}$方向一定，大小取决于涡轮轴上负荷的大小，当 n_T一定时，$\boldsymbol{u}_{2T}$为一定值；$\boldsymbol{\omega}_{2T}$方向取决于涡轮叶片的出口结构角，大小取决于流量，也为一定值；由于 $\boldsymbol{c}_{2T}=\boldsymbol{u}_{2T}+\boldsymbol{\omega}_{2T}$，因此，涡轮出口处的速度三角形也可确定。涡轮的扭矩公式为：

$$M_T=Q\rho\ (c_{1T}R_{1T}\cos\alpha_{1T}-c_{2T}R_{2T}\cos\alpha_{2T}) \tag{10-15}$$

式中　R_{1T}、R_{2T}——分别为涡轮进口及出口处的半径。

由于 $\boldsymbol{c}_{1T}=\boldsymbol{c}_{2B}$为一定值，故涡轮进口处液体的动量矩一定，而出口处的动量矩则将随 $\boldsymbol{c}_{2T}$的大小而变。

当涡轮轴上负荷增大时，涡轮出口处的圆周速度由 $\boldsymbol{u}_{2T}$降为 $\boldsymbol{u}_{2T}'$，如图 10－26（b）所示，使绝对速度 $\boldsymbol{c}_{2T}$变为 $\boldsymbol{c}_{2T}'$，此时式（10－15）中绝对速度的圆周分速的负值增大，因而

涡轮的扭矩 M_T增大。另外，从图 10－26（b）中涡轮进口及出口的速度三角形也可看出，这时涡轮中绝对速度从 $\boldsymbol{c}_{1T}$变成 $\boldsymbol{c}_{2T}'$，液流的回转角增大。显然，液流的回转角度越大，对涡轮的冲力越大，因而在涡轮上产生的扭矩也越大。当涡轮轴上负荷降低时，涡轮出口处圆周速度由 $\boldsymbol{u}_{2T}$增大为 $\boldsymbol{u}_{2T}''$，如图 10－26（c）所示，$\boldsymbol{c}_{2T}$变成 $\boldsymbol{c}_{2T}''$，此时，式（10－15）中绝对速度的圆周分速由负值变为正值，从而使涡轮的扭矩 M_T降低。此时，液流由 $\boldsymbol{c}_{1T}$变为 $\boldsymbol{c}_{2T}''$的回转角也减小。

从以上分析可见，涡轮出口的动量矩是随着涡轮转速的变化而变化的，当涡轮转速 $n_T=0$ 时，涡轮出口处的 $\boldsymbol{c}_{2T}$的圆周分速为最大负值，即出口的动量矩具有最大负值。从式（10－21）可见，此时的 M_T最大。与此同时，液流在涡轮中的回转角也最大。当涡轮转速增加时，涡轮出口的动量矩将从负值逐渐变为正值。由式（10－15）可见，此时 M_T是随 n_T的不断增大而逐渐减小的。M_T的这个变化规律是与图 10－23 所示的实测外特性曲线中的 M_T—n_T曲线是一致的。

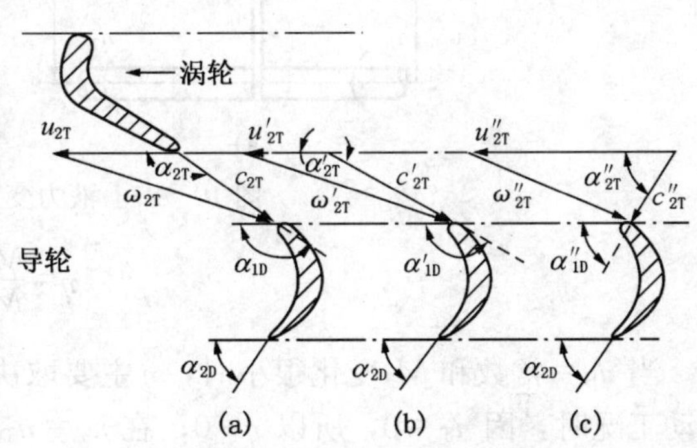

图 10－26　涡轮轴上负荷变化时出口速度三角形

(5) 导轮进口及出口处：$\boldsymbol{c}_{1D}=\boldsymbol{c}_{2T}$，$\alpha_{1D}=\alpha_{2T}$。在无冲击工况时，$\boldsymbol{c}_{1D}$的方向与导轮叶片进口结构角一致，保证无冲击进入导轮，如图 10－25、图 10－26（a）所示。$\boldsymbol{c}_{2D}$在流量一定时，其方向及大小都是一定的。

当涡轮轴上负荷增加，速度三角形为图 10－26（b）所示情况时，进入导轮的绝对速度 $\boldsymbol{c}_{2T}'$的进口角 α_{1D}'也增大了，从而使液流经过导轮时的回转角度增大，因此导轮承受的扭矩也增大。当涡轮轴上负荷减小，速度三度形为图 10－26（c）所示情况时，导轮进口处液流的进口角 α_{1D}''减小，从而使液流经过导轮时的回转角减小，导轮承受的扭矩也减小。当涡轮的负荷继续减小，当 $\alpha_{1D}=\alpha_{2D}$时，液流在导轮中经过时运动方向不变，固导轮不承受扭矩，此时 $M_D=0$，$M_B=M_T$。这种工况称为偶合器工况。如涡轮转速增加，使 $\alpha_{1D}<\alpha_{2D}$时，液流将冲击导轮叶片的背面，导轮将承受与泵轮方向相反的扭矩。

综上所述，导轮上承受的扭矩 M_D可正可负，方向是可变的。液力变矩器之所以能变矩，正是由于导轮上扭矩变化的结果，即在泵轮扭矩不变的情况下，用导轮上扭矩的变化来平衡涡轮上扭矩的变化。

为了形象地看清上述各工作轮上的扭矩关系，可以用如图 10－27 所示的液力变矩器外特性曲线来加以说明。变矩器三个工作轮上的扭矩公式为：$M_T=M_B+M_D$，即液体传给涡轮的扭矩 M_T应等于泵轮及导轮给予液体的扭矩 M_B和 M_D的代数和。

由图 10－27 可见，当 $M_T>M_B$，即液体传给涡轮的扭矩大于泵轮给予液体的扭矩时，M_D为正值，即此时导轮增加了液体的动量矩。在 $M_T<M_B$，即液体传给涡轮的扭矩小于泵轮给予液体的扭矩时，M_D为负值，此时导轮不但不给液体增加动量矩，反而降低液体所具有的动量矩。当 $M_D=0$ 时，$M_T=M_B$。

以上分析了变矩器外特性的 M_B—n_T及 M_T—n_T曲线。下面再对 η—n_T曲线稍作讨论。液力变矩器的效率 η 是变矩器的输出功率与输入功率之比，即：

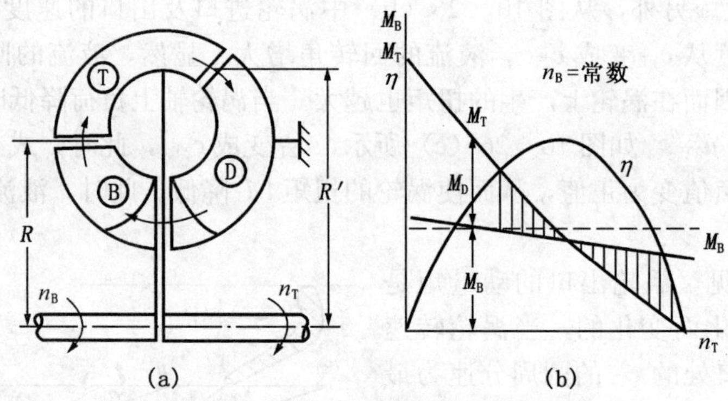

图 10－27　液力变矩器的外特性曲线

$$\eta = \frac{M_T n_T}{M_B n_B}$$

当 n_B = 常数和 M_B变化很小时，η 主要取决于涡轮扭矩 M_T及涡轮转速 n_T两个因素。在制动工况时，因 $n_T = 0$，所以 $\eta = 0$；在 $n_T = n_{Tmax}$时，因 $M_T = 0$，所以 $\eta = 0$；在计算工况时，$n_T = n_T^*$，各工作轮进口全是无冲击工况，损失最小，所以效率 η 最高，$\eta = \eta^*$。在涡轮转速 n_T大于或小于 n_T^*时，涡轮及导轮进口处都有冲击损失，所以效率降低，因此就出现了如图 10－27 中所示的 η—n_T曲线形式。

上面的分析都是在假定循环圆中流量不变的情况下进行的。而实际工作时，变矩器循环圆中的流量也变化不大，因此，上面所有的讨论，在质的方面并没有变化，特性曲线的基本规律也没有变。

五、液力变矩器的无量纲特性

1. 液力变矩器的无量纲特性参数

液力变矩器的无量纲特性参数包括：泵轮的扭矩系数 λ_B、涡轮的扭矩系数 λ_T、变矩系数 K、传动效率 η、传动比 i。

1）变矩器的泵轮扭矩系数 λ_B及涡轮扭矩系数 λ_T

与偶合器一样，由叶片式水力机械的相似理论知，λ_B和 λ_T可用以下公式表示：

$$M_B = \lambda_B n_B^2 D^5 \rho g \tag{10-16}$$

$$M_T = \lambda_T n_B^2 D^5 \rho g \tag{10-17}$$

则 λ_B和 λ_T分别为：

$$\lambda_B = \frac{M_B}{n_B^2 D^5 \rho g} \tag{10-18}$$

$$\lambda_T = \frac{M_T}{n_B^2 D^5 \rho g} \tag{10-19}$$

同样，λ_B和 λ_T都是传动比 i 的函数，即：

$$\lambda_B = f_1 (i) \tag{10-20}$$

$$\lambda_T = f_2 (i) \tag{10-21}$$

几何相似的液力变矩器，在传动比 i 相同时，它们的 λ_B与 λ_T分别相等。

2）变矩系数 K

变矩系数 K 等于涡轮扭矩与泵轮扭矩之比，即：

$$K=\frac{M_T}{M_B} \tag{10-22}$$

把式（10－18）及式（10－19）代入式（10－22），可得：

$$K=\frac{\lambda_T}{\lambda_B} \tag{10-23}$$

由此可见：在几何相似的液力变矩器中，变矩系数 K 也是传动比 i 的函数，即 $K=f_3\ (i)$。也就是说，几何相似的变矩器，在传动比相同的情况下，它们的变矩系数 K 值相等。

3）传动效率 η

传动效率 η 为：

$$\eta=\frac{M_T n_T}{M_B n_B}=Ki \tag{10-24}$$

在几何相似的液力变矩器中，K 是 i 的函数，因此，$\eta=f_4\ (i)$。也就是说，对于几何相似的液力变矩器，在传动比 i 相同时，它们的效率 η 也相等。

以上分析表明：对于几何相似的液力变矩器，它们的无量纲特性参数 λ_B、λ_T、K 及 η 都是传动比 i 的函数，如果传动比相同，则几何相似变矩器的各无量纲参数都分别相等。因此，无量纲特性是几何相似液力变矩器的共同的外特性，它比具有一定几何尺寸，在某个泵轮转速下工作的变矩器外特性，在应用上有更普遍的意义。

2. 变矩器无量纲特性曲线的绘制

变矩器的无量纲特性曲线包括：λ_B—i、λ_T—i、K—i 及 η—i 4 条曲线。当已知变矩器的外特性，同时知道其几何尺寸 D、泵轮转速 n_B 及工作油的密度 ρ，则无量纲特性曲线可由外特性曲线换算得出。

方法如下：利用某一个泵轮转速 n_B 时的外特性曲线，给出不同的涡轮转速 n_T，可以查得相应的 M_B、M_T 及 η 值。再由 $i=\frac{n_T}{n_B}$，求出传动比 i，然后再分别求得不同传动比 i 时的 λ_B、λ_T、K 及 η 值。以 i 为横坐标，λ_B、λ_T、K 及 η 为纵坐标，可绘出 λ_B—i、λ_T—i、K—i 及 η—i 的曲线。如图 10－28 所示。

应该指出，由于 K—i 曲线不仅反映了变矩器的变矩能力，而且基本上也反映了变矩器的负荷变化情况，因此有了 K—i 曲线后，λ_T—i 曲线在实际上应用价值不大，所以在无量纲特性曲线中多不列入。

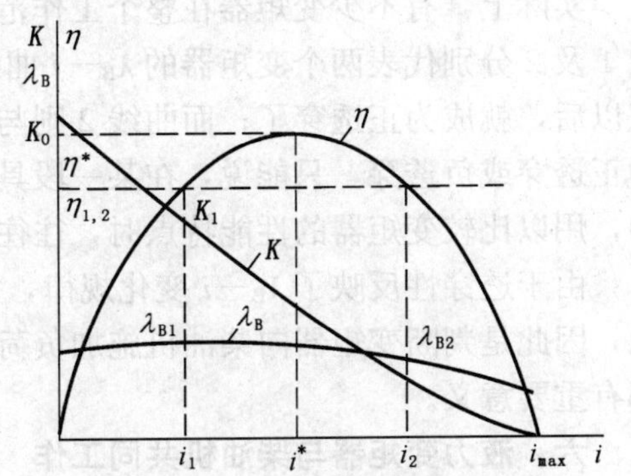

图 10－28　变矩器的无量纲特性曲线

3. 无量纲特性曲线的意义及应用

如图 10－28 所示的变矩器无量纲特性曲线可知：

（1）每个液力变矩器都有一组无量纲特性曲线，而同类型变矩器的无量纲特性曲线完全相同。

因此无量纲特性曲线是表明某种类型变矩器的特性的，它在使用、选型、类比设计等方面是很重要的特性曲线。

(2) 传动效率 η 与传动比 i 的关系。液力变矩器的传动效率 η 反映了它的经济指标。从外特性曲线或无量纲特性曲线中可见，变矩器可以在由 $i=0$ 到 $i=i_{max}$ （$n_T=n_{Tmax}$）这样一个大范围内进行扭矩的调节。但在 i 值很大或很小时，变矩器的传动效率很低。长期在低效率区使用变矩器是不允许的，因为此时从泵轮轴传来的大部分功率并未传到涡轮轴上去，而是化为热能，使油温升高。这不仅经济性很差，而且给工作油的散热造成困难。

为了提高变矩器的经济性，在设计及使用中往往限定变矩器在一定的调速范围内工作，如在图 10－28 中所示的由传动比 i_1 到传动比 i_2 的范围。这个范围的选择既要考虑到实际的调速范围要求，又要考虑到变矩器的经济性，即规定在工作范围内的最低效率值 $\eta_{1,2}$ 不低于某一个值（例如 75％）。i_1 和 i_2 之间的区域就叫做高效区，i_1 称为高效区的下限，i_2 称为高效区的上限，$\frac{i_2}{i_1}=d$ 称为高效区的范围。

高效区范围 d 的大小及高效区的最低效率 $\eta_{1,2}$ 的大小，反映了变矩器的调速范围内的经济性，也是变矩器的重要经济性能指标。当然变矩器的最高效率 η^* 的大小及计算工况的传动比 i^* 也是重要的经济性能指标。它们和 d 及 $\eta_{1,2}$ 有密切的关系。因此，变矩器的重要经济性能指标包括 $d=\frac{i_2}{i_1}$、$\eta_{1,2}$、i^* 及 η^* 等 4 个参数。

(3) 泵轮扭矩系数 λ_B 与传动比 i 的关系——液力变矩器的透穿性。图 10－29 中的 λ_B—i 特性曲线表示了液力变矩器的泵轮扭矩系数 λ_B 随传动比 i 变化的规律。对于与柴油机轴直接相连的变矩器，泵轮轴上的扭矩就等于柴油机轴上的负荷扭矩。因此，变矩器泵轮扭矩系数 λ_B 的大小就反映了变矩器向柴油机轴上施加负荷的规律。对于不同类型的变矩器，其泵轮扭矩系数与传动比的变化规律也是不同的。

通常可以有下列 3 种如图 10－29 所示的基本情况：

①λ_B 在 i 改变时保持为一个常数。这种变矩器叫做非透穿变矩器，就是说，负荷变化时，变矩器的工况发生变化，但是这种变化不会“透过”变矩器而影响柴油机的工况。

②λ_B 随 i 的增大而降低。这种变矩器叫做正透穿变矩器。

③λ_B 随 i 的增大而增大。这种变矩器叫做负透穿变矩器。

后两类变矩器，在它们的输出轴上负荷发生变化而引起工况变化时，扭矩的变化都可透过变矩器而影响到柴油机，使柴油机的输出扭矩和转速发生变化。

实际上，有不少变矩器在整个工作范围内并非保持单一透穿性，如图 10－30 所示，曲线 1 及 2 分别代表两个变矩器的 λ_B—i 曲线。曲线 1 在低 i 区时为负透穿，当 i 增大到一定值以后，就成为正透穿了；而曲线 2 则与曲线 1 相反，以上这两种变矩器都不能简单地称之为正透穿或负透穿，只能说，在某一段具有正透穿性，而在某一段则具有负透穿性。在实践中，用以比较变矩器的性能特点时，往往是针对某一传动比 i 区段的透穿性而言的。

由于透穿性反映了 λ_B—i 变化规律，即反映了工作负荷透过变矩器施加于柴油机轴的情况，因此是判断变矩器向柴油机施加负荷特点的重要指标，它对变矩器的使用、选型和设计都有重要意义。

六、液力变矩器与柴油机共同工作

在石油钻采机械中，液力变矩器总是与柴油机共同工作的。为了了解变矩器在实际工作中的性能，有必要讨论液力变矩器与柴油机共同工作时的联合特性。液力变矩器与柴油机共同工作时的联合特性通常表示以下 4 个关系：

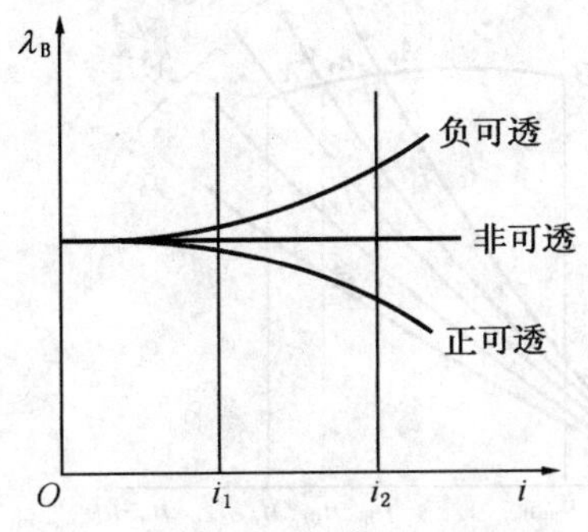

图 10－29　变矩器的穿透性

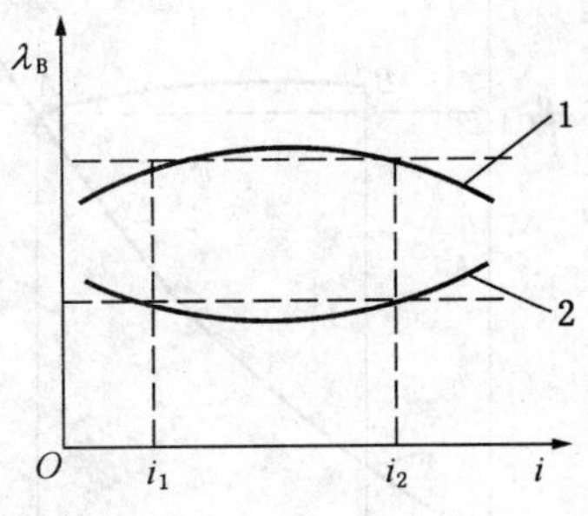

图 10－30　变矩器的双重穿透性

（1）柴油机输出扭矩（或泵轮扭矩）和涡轮转速间的关系，$M_e = f_1(n_T)$；

（2）柴油机转速和涡轮转速间的关系，$n_e = f_2(n_T)$；

（3）涡轮轴输出扭矩和涡轮转速间的关系，$M_T = f_3(n_T)$；

（4）变矩器效率和涡轮转速间的关系，$\eta = f_4(n_T)$。

有时联合特性中还包括柴油机输出功率及单位油耗量随涡轮转速 n_T 变化的曲线。通过这些关系曲线，就可以在联合特性曲线图上十分清楚地看出在任意涡轮转速下变矩器的输入端及输出端的全部特性。

为了得到上述联合特性，首先需要知道共同工作时在不同涡轮转速下的柴油机工况参数，为此就必须确定加于柴油机的负荷曲线。因为柴油机的负荷曲线和其扭矩特性曲线的交点决定了共同工作时柴油机的工况点。下面针对非透穿和可透穿液力变矩器这两种情况，就全制调节柴油机的负荷曲线及工况点的建立问题分别进行讨论。

1. 非透穿液力变矩器

非透穿变矩器的扭矩系数 λ_B 不随工况 i 而变，即 λ_B = 常数。对于使用一定工作油和尺寸一定的变矩器，ρ 和 D 都是定值，因此，泵轮扭矩式（10－16）可转换为：

$$M_B = \alpha n_B^2 \tag{10-25}$$

式中，$\alpha = \rho g \lambda_B D^5$ = 常数。

由式（10－25）可见：泵轮扭矩与泵轮转速的关系，是一条通过原点的二次抛物线，并不随工况而变。它表明随着泵轮转速 n_B 的不同，变矩器对柴油机施加负荷的规律，称为变矩器的负荷抛物线。把这条负荷抛物线画在柴油机的扭矩特性图上，它与柴油机的扭矩曲线的交点 A 就是共同工作时的工况点，如图 10－31（a）所示。A 点表明：在变矩器与柴油机共同工作时，变矩器输出轴的扭矩和转速无论如何变化，柴油机及泵轮始终保持在 A 点所决定的扭矩 M_{eA} 和转速 n_{emax} 下工作。

2. 可透穿液力变矩器

可透穿液力变矩器的泵轮扭矩系数 λ_B 随工况 i 而变，不是常数。由无因次特性可知，对应于不同的工况 i_0、i_1、i_2……便有不同的扭矩系数 λ_{B0}、λ_{B1}、λ_{B2}……因此，与非透穿变矩器时不同，其输入特性不是一条负荷抛物线，而是一束负荷抛物线，它们的关系式为：

$$M_{B0} = \alpha_0 n_B^2；M_{B1} = \alpha_1 n_B^2；M_{B2} = \alpha_2 n_B^2；\cdots \tag{10-26}$$

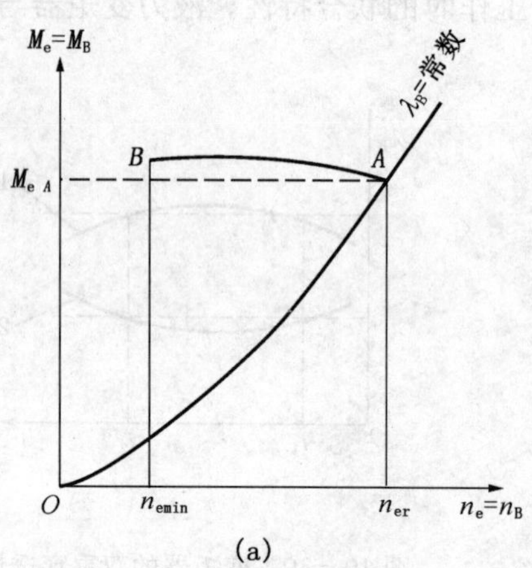

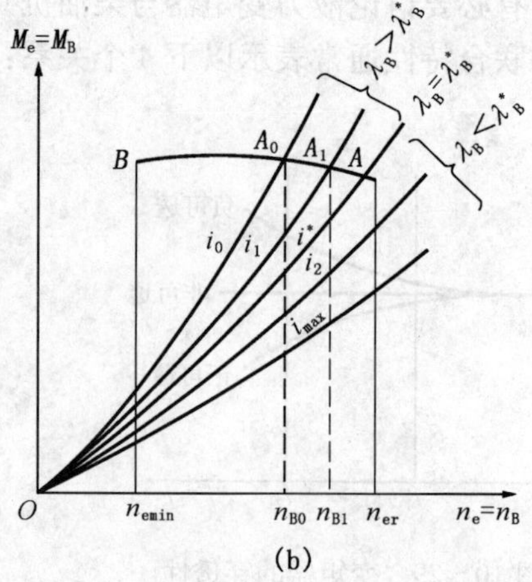

图 10－31　液力变矩器与柴油机共同工作时工况点的确定

(a) 非可穿透性液力变矩器；(b) 可穿透性液力变矩器

式中　$a_0=\lambda_{B0}\rho gD^5$；$a_1=\lambda_{B1}\rho gD^5$；$a_2=\lambda_{B2}\rho gD^5$；…

这一束负荷抛物线与柴油机扭矩曲线相交，可得一系列共同工作点 A_0、A_1、A_2……如图 10－31（b）所示。至于抛物线束在柴油机扭矩特性图上的分布趋势与范围宽窄，则完全取决于液力变矩器的透穿性，即 λ_B—i 曲线的变化规律。图 10－31（b）中扭矩特性表明，可透穿液力变矩器在不同工况 i 时，泵轮轴（柴油机轴）的扭矩和转速将按共同工作点 A_0、A_1、A_2……变化。

3. *液力变矩器与柴油机的合理配合*

液力变矩器与柴油机配合的主要标志为：

（1）变矩器全负荷工作时，柴油机的输出功率尽可能大，即柴油机应处于额定工况点附近工作，以充分利用配备的功率。

（2）与变矩器高效工作区相适应的柴油机工作范围，应处于柴油机单位耗油量最低的范围，以提高燃料经济性。

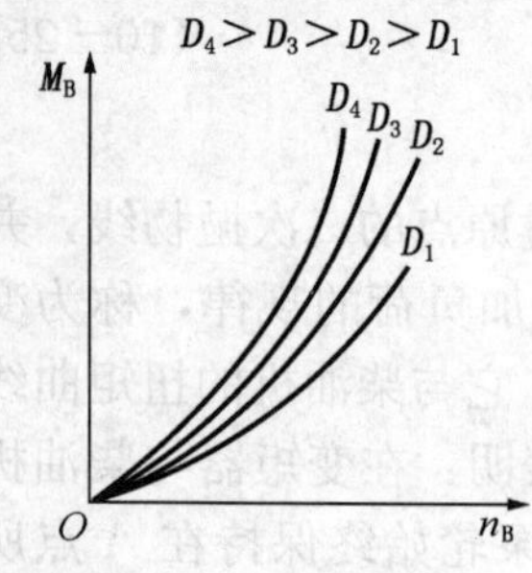

图 10－32　不同尺寸液力变矩器的负荷抛物线

根据上述要求，必须使液力变矩器额定工况 i^* 时的负荷抛物线 M_B—n_B 正好通过柴油机的额定工况点 A。

在液力变矩器一定的情况下，其额定工况 i^* 时的 λ_B^* 为定值。由泵轮扭矩式（10－16）可知，在 ρ 也确定时，不同几何尺寸的变矩器，在其额定工况 i^* 时的负荷抛物线都不同。因此，如给出一系列不同的 D 值，即可得出如图 10－32 所示的一束负荷抛物线，这就是不同几何尺寸变矩器在额定工况 i^* 时的负荷抛物线。显然，只能有一条抛物线与柴油机扭矩特性曲线的交点，正好是柴油机的额定工况点 A。那么，这条负荷抛物线所对应的几何尺寸 D，就是符合合理配合原则的变矩器的有效直径。

七、液力变矩器的选型及应用

1. *液力变矩器的类型及其性能特点*

液力变矩器的类型很多，不同类型的变矩器，性能差别也很大。常见的液力变矩器可以分为：单级、二级、三级液力变矩器；离心涡轮式、向心涡轮式、轴流涡轮式液力变矩器；综合式和非综合式液力变矩等。

1）单级、二级、三级液力变矩器

这是根据循环圆内涡轮叶栅的列数而定的。单级液力变矩器指的是循环圆内只有一列涡轮叶栅，亦即沿涡轮圆周规则地排列了一圈叶片；多级液力变矩器就是循环圆内有两列或三列涡轮叶栅、称为二级或三级液力变矩器。每两列涡轮叶栅之间插入一列导轮叶栅。各列涡轮叶栅相互之间刚性连接，并与涡轮轴相连，而各列导轮叶栅则与固定不动的壳体相连。CHC型液力变矩器就有三列涡轮叶栅与两列导轮叶栅，称为三级液力变矩器，如图10－22所示。在多级变矩器中由于液流能连续作用到两列或三列涡轮叶栅上，因而具有较高的变矩系数，在低速及启动工况时，能得到较大的扭矩。但是，多级变矩器的结构复杂，效率比单级的低，因此应用最广泛的还是单级变矩器，也叫做三轮变矩器。

2）离心涡轮式、向心涡轮式和轴流涡轮式液力变矩器

液体在泵轮中的流动总是离心的，而在涡轮中的流向，则由于涡轮布置位置的不同，可分为离心式、向心式及轴流式三种，如图10－33所示。

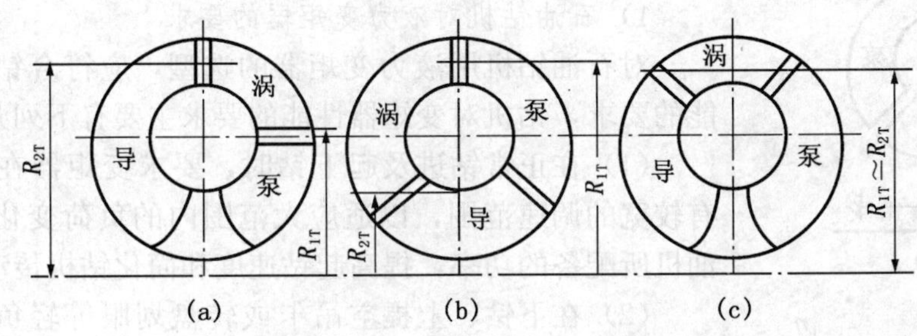

图10－33　不同涡轮布置位置的单级变矩器

(a) 离心式；(b) 向心式；(c) 轴流式

向心式液力变矩器的最高效率值 η^* 比另两类高，特别是在高传动比区段中，最高效率 η^* 可达0.90～0.92。这主要是因为在这类变矩器中，当 i 大于一定值后，循环圆中的流量 Q 要比离心式和轴流式变矩器中的流量小得多，因而在工作轮中液流的相对速度低，各种水力损失相对减小，所以，向心涡轮式液力变矩器在高传动比范围内具有较高的效率值。

由于向心式液力变矩器的流量 Q 随 i 的增大而由某一最大值降低到零，因此，它可以具有很大的正透穿性，特别是在高传动比区段，如涡轮轴为空负荷（$M_T\simeq0$，$i\simeq1$）情况下，由于正透穿性大，泵轮轴上的扭矩 M_B 也趋近于零，也就是发动机可以在空负荷下运转，输入变矩器的功率很小。因此，液力变矩器在空负荷运转时，功率损失很小，工作油不易发热。

离心式和轴流式液力变矩器，循环圆内流量变化范围窄，只能获得小的正透穿或基本非透穿的特性。当变矩器在轻负荷工况下运转时，由于循环圆内 $Q\neq0$，因此，泵轮的扭矩 $M_B\neq0$，有时甚至可能是很大的数值。此时，发动机仍要消耗较大的功率，使工作油发热。

3）综合式与非综合式液力变矩器

按照导轮在液力变矩器内是否绝对固定，可分为综合式和非综合式液力变矩器。一般液力变矩器的导轮都是与壳体固定的，也就是非综合式的，如图10－34所示。

变矩器是依靠导轮的作用来改变扭矩的，当涡轮在低速大负荷下工作时，导轮起增加液

体动量矩的作用，M_D为正值；当涡轮在高速低负荷下工作时，导轮起降低液体动量矩的作用，M_D为负值。为了提高涡轮在高速低负荷工作的变矩器的效率，最好将此区域变为一个偶合器工况区，而在M_D为正值的区域仍保留$M_T > M_B$的特性，即仍为变矩器工况区。这种结构的液力变矩器就兼有了变矩器能够变扭矩和偶合器具有高效率的优点。因此利用导轮上承受扭矩方向发生变化的特点，将导轮装在单向离合器上。这种离合器在一个方向上固定，而在另一个方向上可自由转动。因此，作用在导轮上的扭矩为某一个方向（M_D为正值）时，导轮就与变矩器壳体固定，起变矩器的作用；当作用在导轮上的扭矩反向（M_D为负值）时，导轮从离合器上松脱，能自由转动，不承受扭矩；当$M_D = 0$时，与偶合器的作用一样。这种兼有变矩器和偶合器两者性能优点的液力传动元件称为综合式液力变矩器，其外特性曲线如图 10－34（b）所示。由图可见，它的效率 η 与涡轮转速 n_T 的关系曲线，在偶合器工况时，变成一条直线。这种液力变矩器的性能比较理想，在运输车辆及工程机械上有较多应用。但是，其单向离合器结构较复杂，在大功率条件下易出故障，因此在石油钻采设备中的应用受到限制。

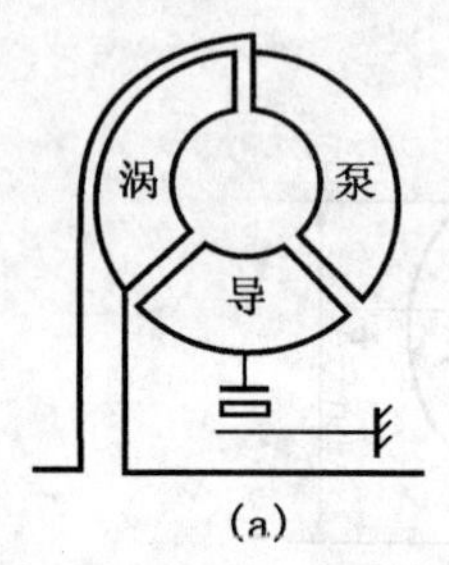

(a)

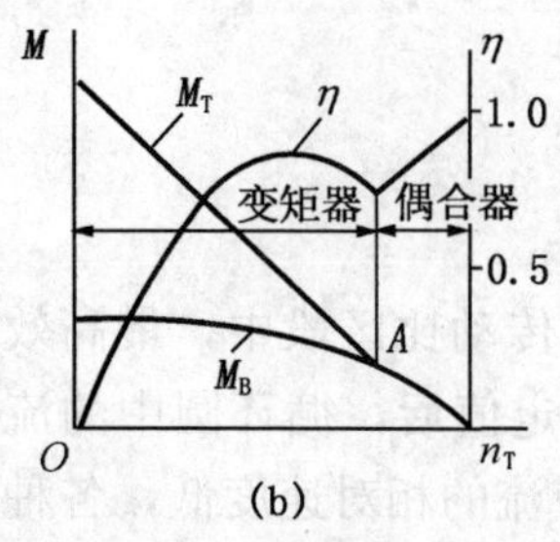

(b)

图 10－34　综合式液力变矩器及其特性

(a) 结构示意图；(b) 外特性曲线

2. 液力变矩器的选型

1）石油钻机对液力变矩器的要求

对石油钻机用液力变矩器的选型，应符合钻机对变矩器性能的要求，钻机对变矩器性能的要求主要有下列几点：

（1）在正常钻进及起下钻时，要求变矩器在高效率情况下有较宽的调速范围，以适应大范围内的负荷变化，充分利用柴油机所配备的功率，提高起钻速度和简化钻机传动。

（2）在下钻、上提空吊卡或转盘划眼等轻负荷工况时，变矩器消耗的功率应尽可能少，减轻柴油机的负荷，以免浪费柴油机功率及使变矩器的油温过高。

（3）钻机负载启动时，在保证柴油机稳定工作的情况下，变矩器能提供足够的起动能力。

（4）变矩器结构力求简单，工作可靠，使用寿命长及维护保养方便。

以上要求可以归结为，变矩器应具有良好的经济性能、负荷性能、变矩性能，并具有较好的结构工艺性。

2）液力变矩器性能的选择

（1）经济性能及其指标。变矩器的经济性能由其 η—i 特性曲线表示，它主要包括 4 个指标，即：最高效率 η^*、最高效率时的传动比 i^*、在正常工作时的调速范围 $d = \frac{i_2}{i_1}$、调速范围内的最低效率 $\eta_{1,2}$。

由于在钻进及起下钻操作时，工作负荷变化频繁，变矩器工况变化很大，很难在一定的工况下工作，因此，最高效率 η^* 及所对应的传动比 i^*，并不是评价钻机用液力变矩器最重要的性能指标，更重要的指标是其正常工作时调速范围 d，以及调速范围内的最低效率 $\eta_{1,2}$。

一般钻机绞车和转盘所要求的调速范围都比较宽，而变矩器高效区内的调速范围则要小得多。因此，必须在变矩器与绞车、转盘之间设置一定的变速装置。从减少变速挡数的目的出发，希望钻机变矩器有足够宽的高效区。

（2）负荷性能及其指标。为了充分利用柴油机所配备的功率，希望当液力变矩器在高效区范围（$i_2 \leqslant i \leqslant i_1$）时，柴油机始终在额定工况点附近工作，即在变矩器高效区范围内，其负荷性能应是非透穿的，如图 10－35 所示。

当液力变矩器在轻负荷或空负荷（$i_2 < i < i_{max}$）工况下工作时，钻机实际需要的功率很小，如果这时候变矩器保持为非透穿特性，则柴油机仍将发出最大功率，不但会造成功率浪费，而且由于此时变矩器效率很低，过多的功率将变为工作油的热能，使油温迅速升高，对变矩器的工作非常不利。为此，所选的变矩器在 $i_2 < i < i_{max}$ 区段应具有较大的正透穿的负荷性能（图 10－35），这样，既能满足钻井工艺要求，又可使柴油机的功率消耗大为减少，变矩器工作油的发热情况显著改善。

当变矩器处于 $0 \leqslant i < i_1$ 工作段时，相当于钻机处于重负荷或起动工况，由于柴油机的最大扭矩与额定工况下的扭矩相比相差不大，因此，此段内变矩器的负荷性能，仍以非透穿或有小的正透穿为好。

综合上述，符合钻机需要的变矩器的负荷性能 λ_B—i 如图 10－35 所示。但是，实际变矩器的负荷性能与此不可能完全相似，因此，选型时应结合需要与可能，选择相似的负荷性能。

（3）变矩性能及其指标。液力变矩器的变矩性能，可由 K—i 特性曲线表示，它反映了变矩器适应外界负荷变化的能力。在评价其变矩性能时，通常可用起动工况时的变矩系数 K_0 及高效工作范围的最大变矩系数 K_1 表示。

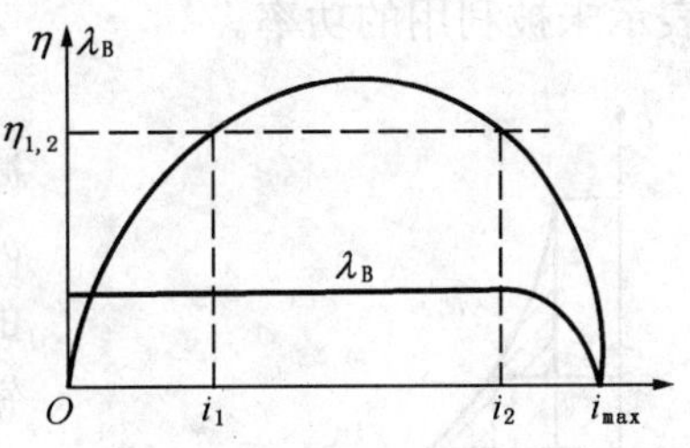

图 10－35　液力变矩器的负荷特性

目前对选择石油钻机变矩器的 K_0 值，并没有绝对标准。但是从更好地满足钻井工艺要求出发，仍以选择较高的启动变矩系数 K_0 较为有利。变矩系数 K_1 所对应的是高效工作范围的最大输出扭矩。为了提高钻机变矩器在高效工作范围内对外界负荷变化的适应能力，也希望变矩器的 K_1 值尽可能大一些。

3）石油钻机用液力变矩器类型的选择

下面来探讨一下液力变矩器具体类型的选择问题。

多级液力变矩器，如罗马尼亚的 CHC 型三级变矩器，具有变矩系数大，高效工作范围的传动比低等优点，但是结构复杂、制造困难、效率也比较低。因此，不宜作为新设计石油钻机用液力变矩器的机型。综合式液力变矩器与可调节的液力变矩器，也因结构复杂、易出故障以及成本昂贵等原因，在大功率石油钻机上很少采用。

向心式液力变矩器具有效率高（η^* 可达 0.90～0.92），高效工作范围较宽（$d \geqslant 2$），以及在轻负荷与空负荷工况下能够得到大的正透穿性，即负荷性能比较理想等优点，因此国内外石油钻机上应用比较广泛，因此可以作为优先考虑的选型对象。向心式液力变矩器的不足之处是，它的高效区传动比较高（$i^* = 0.6 \sim 0.8$），而变矩系数则相对稍低。由于变矩器的 i_2 值通常在 0.8 以上，使涡轮轴的输出转速偏高，在配套高速柴油机的石油钻机中，往往使变矩器后面传动部分零件的圆周速度超过允许值。当然，改变向心式变矩器工作轮叶片的进出口角度，使这种变矩器的高效工作范围移向低传动比段，可以使变矩器性能变得比较理想。但是，这样性能的向心式变矩器，目前还没有现成的机型，尚需要进行试验研究工作。

离心式变矩器可以得到较大的起动变矩系数 K_0，相应的 K_1 也比较大，它的高效工作范围通常在低传动比段（$i^*=0.35\sim0.55$），高效工作范围的 d 值也很高。目前，德国伏伊特公司生产的L820型单级离心式变矩器的最高效率已接近0.9，因此能较好地满足石油钻机对工艺的要求。

离心式变矩器的不足之处是只能得到较小的正透穿性，存在着轻负荷时吸收功率较大的缺点，从而容易造成工作油过热现象。此外，由于离心式变矩器的涡轮布置在泵轮的外侧，它限制了泵轮的尺寸，因此，在传递相同的功率时，这种类型变矩器需要的尺寸较大。

综上所述，单级向心式与离心式变矩器的性能都比较适合作为石油钻机用的变矩器，但应对向心式的工作轮叶栅系统进行改造，以降低其输出转速。而离心式变矩器在轻负荷工况时吸收功率多，使工作油发热量大的问题，也有待研究改进。

3. 液力变矩器在石油钻机上的应用

1）变矩器在绞车上的应用

当钻机动力机组装上液力变矩器后，显著改善了绞车的性能。主要表现在以下几个方面：

（1）充分利用了钻机功率。在起钻过程中，大钩上的负荷是不断变化的。机械传动钻机的绞车挡数有限（4～6挡）。因此，功率的利用很不充分，如图10－36所示中的阴影部分，表示未被利用的功率。

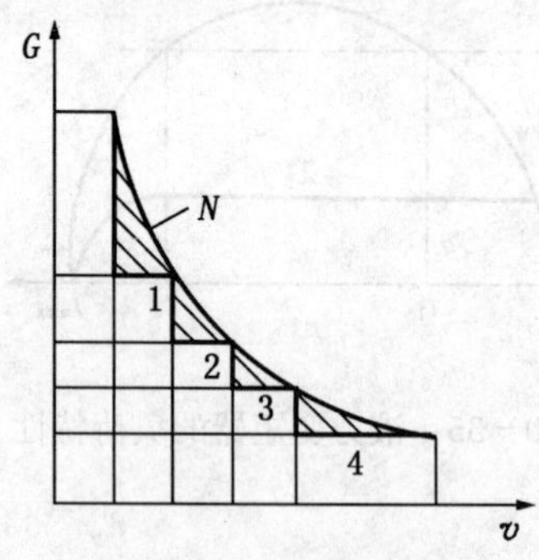

图10－36　大钩负荷 G 与提升速度 v 的关系

当使用液力变矩器后，大钩的提升速度就能随负荷的增减，自动无级地降低或提高。此时大钩的负荷 G 与提升速度 v 的变化情况基本上接近图10－36中的等功率曲线。使钻机的功率得到充分利用，从而加快了起下钻速度，这对于深井钻井显得更重要。

（2）改善绞车的调节性能。钻机动力机组配上液力变矩器后，可使绞车的调节性能大为改善。变矩器施加到柴油机轴上的负荷曲线，可由公式 $M_e=\alpha n_B^2$ 表示。由于泵轮轴上的扭矩与转速就等于柴油机轴上的扭矩与转速（$M_e=M_B$，$n_e=n_B$）上式亦可写成，$M_e=\alpha n_e^2$。则：

$$\eta=\frac{M_T n_T}{M_e n_e} \tag{10-27}$$

$$\alpha n_e^3\eta=M_T n_T$$

$$n_T=\frac{\alpha n_e^3\eta}{M_T} \tag{10-28}$$

式（10－28）表明，当大钩负荷不变时，变矩器输出轴扭矩 M_T 不变，变矩器输出轴转 n_T（或大钩提升速度）与柴油机转速 n_e 的三次方成正比，也就是说，司钻稍微调节一下柴油机的转速 n_e，就可以使大钩的提升速度在很大范围内变化。式（10－28）也可变换为：

$$M_T=\frac{\alpha n_e^3\eta}{n_T} \tag{10-29}$$

由式（10－29）可见，当变矩器输出轴转速 n_T 不变（相当于大钩提升速度不变），其输出轴扭矩 M_T（或大钩负荷能力）与柴油机转速 n_e 的三次方成正比。使用液力变矩器后，在起下钻过程中，摘挂挡次数和换挡次数大大减少，不仅加速了起下钻过程，也减轻了司钻的劳动强度。

(3) 提高绞车工作的柔和性与可靠性。

液力变矩器的输入轴与输出轴之间，没有刚性的机械连接，而是靠液体作为传递能量的介质。因此，柴油机轴上的周期性扭矩振动不会传到工作机组上去，而各工作机组在工作过程中所产生的振动和冲击负荷也传不到柴油机上去。由于这种平稳而柔和的传动性能，显著地减少了钻机各个部件的磨损，延长了它们的使用寿命。

液力变矩器具有输出转速越低，扭矩越高的特性，这种特性对于处理钻井事故特别有利，例如当起钻遇到阻卡时，大钩上的负荷突然升高，这时液力变矩器能使绞车以极低的速度和比平时大几倍的提升能力，把被卡的钻具从井下提出。又如钻井过程中有一部柴油机损坏，也可以利用其余的柴油机以低速立即把钻具从井中提出，保证了钻井的安全生产。

2) 变矩器在转盘上的应用

与绞车的情况相同，变矩器可以使转盘的有级变速变为平稳的无级变速，使转盘功率得到充分利用。转盘采用液力变矩器后，由于它工作的柔和性，可以减少扭断钻杆的危险。在钻头遇卡时，柴油机也不会灭火，即使转盘出现短时的停转，也能很快恢复正常运转。

3) 变矩器对钻井泵的作用

液力变矩器对钻井泵的作用与液力偶合器类似，可提高泵组功率利用率；降低泵压脉动；便于处理事故；提高了泵组工作的可靠性以及简化了开泵、并车操作等。

附　录

附录一　常用物理量及其符号

物理量名称	符　号	单位名称	单位符号
长度	L	米	m
质量	m	千克	kg
面积	A或S	平方米	m^2
体积	V	立方米	m^3
温度	T	摄氏度	℃
时间	t	秒	s
速度	v	米每秒	m/s
加速度	a	米每二次方秒	m/s^2
密度	ρ	千克每三次方米	kg/m^3
动力粘度	μ	帕秒	Pa·s
运动粘度	ν	二次方米每秒	m^2/s
力	F或Q或W	牛［顿］	N
力矩	M或T	牛［顿］米	N·m
压力	p	帕	Pa
流量	Q	三次方米每秒	m^3/s
功率	P或N	瓦	W
效率	η		%

附录二　常用液压、气动元件图形符号

名　称	符　号	名　称	符　号
单向定量液压泵	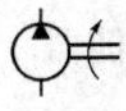	溢流减压阀	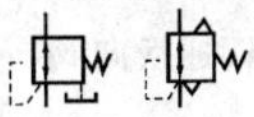
双向定量液压泵	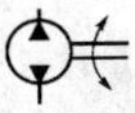	先导型溢流阀	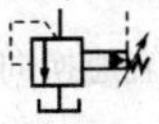
单向变量液压泵		先导型比例电磁溢流阀	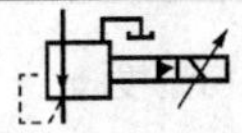
双向变量液压泵		直动型减压阀	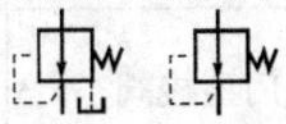
单向定量马达	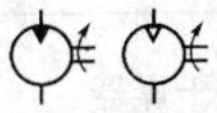	先导型减压阀	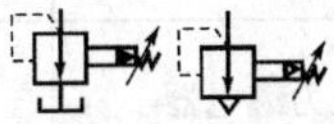
双向定量马达		定差减压阀	
双向变量马达		直动型卸荷阀	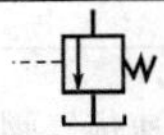
单向变量马达		不可调节流阀	
摆动马达	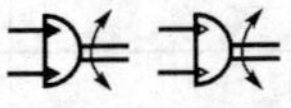	可调节流阀	
单作用弹簧复位缸	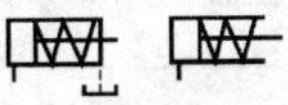	单向阀	
单作用伸缩缸		液控单向阀	
双作用单活塞杆缸	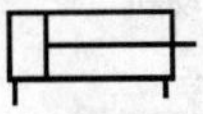	液压锁	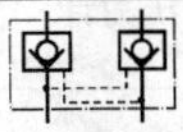
双作用双活塞杆缸	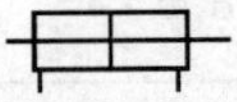	可调单向节流阀	
双作用伸缩缸		调速阀	
增压器	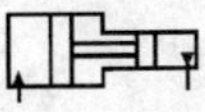	单向调速阀	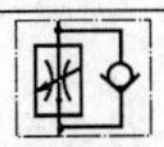
直动型溢流阀	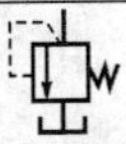	分流集流阀	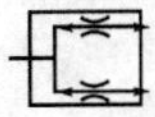
二位二通换向阀	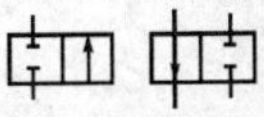	液面计	
二位三通换向阀	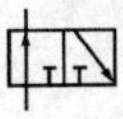	温度计	
二位四通换向阀	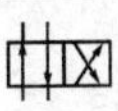	冷却器	

续表

名　称	符　号	名　称	符　号
二位五通换向阀		加热器	
三位四通换向阀		蓄能器	
三位五通换向阀		流量计	
或门型梭阀		空气过滤器	
与门型梭阀		分水排水器	
压力继电器		空气干燥器	
带消声的节流阀		除油器	
快速排气阀		油雾器	
过滤器		气液转换器	
磁芯过滤器		消音器	
温度调节器		电动机	M
压力计		原动机	M
气罐		液压源	
气源调节装置		气压源	

参 考 文 献

1 顾永泉．流体动密封．东营：石油大学出版社，1990
2 李继志，陈容振．石油钻采机械概论．东营：石油大学出版社，2003
3 钱锡俊，陈弘．泵和压缩机．东营：石油大学出版社，1989
4 王光然．油气储运设备．东营：石油大学出版社，2005
5 华东石油学院矿机教研室．石油钻采机械．北京：石油工业出版社，1990
6 方华灿．海洋石油钻采装备与结构．北京：石油工业出版社，1990
7 李继志，陈荣振．石油钻采设备及工艺概论．东营：石油大学出版社，1992
8 马永峰．钻机操作维护手册．北京：石油工业出版社，2005
9 陈如恒．电动钻机的工作理论基础．石油矿场机械，2005，34（3）：1～10；2005，34（4）：1～8
10 马文星．液力传动理论与设计．北京：化学工业出版社，2004